Philip Specht

Die 50 wichtigsten Themen der Digitalisierung

Für meine Eltern

Philip Specht

Die 50 wichtigsten Themen der Digitalisierung

Künstliche Intelligenz, Blockchain, Robotik,
Virtual Reality und vieles mehr verständlich erklärt

REDLINE | VERLAG

Bibliografische Information der Deutschen Nationalbibliothek:
Die Deutsche Nationalbibliothek verzeichnet diese Publikation in der Deutschen National-
bibliografie; detaillierte bibliografische Daten sind im Internet über **http://d-nb.de** abrufbar.

Für Fragen und Anregungen:
info@redline-verlag.de

4. Auflage 2019

© 2018 by Redline Verlag, ein Imprint der Münchner Verlagsgruppe GmbH
Nymphenburger Straße 86
D-80636 München
Tel.: 089 651285-0
Fax: 089 652096

Redaktion: Christiane Otto, München
Umschlaggestaltung: Pamela Machleidt, München
Satz: Carsten Klein, Torgau
Druck: GGP Media GmbH, Pößneck
Printed in Germany

ISBN Print 978-3-86881-705-8
ISBN E-Book (PDF) 978-3-96267-020-7
ISBN E-Book (EPUB, Mobi) 978-3-96267-021-4

Weitere Informationen zum Verlag finden Sie unter
www.redline-verlag.de
Beachten Sie auch unsere weiteren Verlage unter www.m-vg.de

Inhalt

Vorwort 9

Ein Blick in die Zukunft: Werden wir alle
Maschinenmenschen? 15

   1. Technologische Singularität 16

Das 1x1 der Digitalisierung 21

   2. Bits & Bytes 22

   3. Hardware 25

   4. Software 34

   5. Programmieren 37

   6. Netzwerke 43

   7. Internet 49

   8. World Wide Web 56

   9. Cloud 60

   10. Exponentielles Wachstum 64

   11. Digitale Disruption 67

   12. Silicon Valley 70

   13. Silicon Germany – die deutsche Digitalszene 76

   14. Der digitale Arbeitsmodus: Design Thinking & MVPs 82

   15. Venture Capital & Co. 89

Das Internet aus Sicht von Privatnutzern
und Unternehmen 101

   16. Online-Trends 101

   17. Monetarisierungsmodelle im Internet 112

   18. Search Engine Optimization (SEO) 119

19. Search Engine Advertising (SEA) & Google Adsense 124

20. Content-, Social-Media- & Influencer-Marketing, Bots 127

21. Online-Sales 131

Die Schattenseiten des Netzes............................ 137

22. Die Millennial-Diskussion 137

23. Filterblasen 144

24. Fake News 146

25. Trolle.. 150

26. Viren, Würmer und andere Schadsoftware............... 153

27. NSA und Datenüberwachung 159

28. Darknet.. 166

Die zehn wichtigsten digitalen Technologietrends........... 175

29. Internet of Things 175

30. Big Data 180

31. Virtual Reality 187

32. Augmented Reality 198

33. 3-D-Druck... 205

34. Blockchain und Bitcoin 211

35. Künstliche Intelligenz................................ 221

36. Robotik 236

37. Nanotechnologie..................................... 244

38. Biotechnologie....................................... 248

39. Unausweichliche Entwicklungsstränge................. 256

Der Einfluss der Digitalisierung auf ausgewählte
Lebensbereiche 265

40. Smart Home 265

41. Sexualität 273

42. Smart Health 279

43. Autonomes Fahren 287

44. Industrie 4.0 298

45. Arbeitsmarkt & Wohlstand 302

46. Identität 312

47. Vom Homo Sapiens zum Homo Deus 317

48. Menschheit in Gefahr 323

Der Weg in eine menschenfreundliche digitale Zukunft **329**

49. Digitale Ethik 329

50. Handlungsoptionen 335

Danksagung **349**

Anmerkungen **351**

Stichwortverzeichnis **379**

Vorwort

Plötzlich war sie da, die Digitalisierung. Sie trat in mein Leben in Form eines klobigen, grauen Computers, den meine Eltern 1998 für unsere Familie gekauft hatten. Bis zu diesem Zeitpunkt – ich war gerade zwölf Jahre alt geworden – hatte Technik in meiner Kindheit nur eine untergeordnete Rolle gespielt. Ab und zu hörte ich Kassette, sah fern oder spielte mit meinem ferngesteuerten Auto. Im Urlaub durfte ich manchmal mit der Videokamera meines Vaters ein paar verwackelte Aufnahmen machen. Das einzige technische Gadget, das ich mir immer gewünscht hatte, war ein Bildtelefon, um meine 600 Kilometer entfernt lebende Großmutter beim Telefonieren sehen zu können.

Mit dem neuen Computer wusste ich anfangs nicht viel anzufangen, doch Internet, E-Mails und der Flugsimulator erwiesen sich schnell als interessanter Zeitvertreib. Als ich 13 Jahre alt war, bekam ich mein erstes Handy geschenkt, ein Nokia 3210. Mehrmals täglich checkte ich meinen SMS-Eingang und auf einmal spielte digitale Technik eine zentrale Rolle in meinem Leben. Mit 22 kaufte ich mir mein erstes Smartphone. Seitdem beantwortet mir Google innerhalb von Sekunden jede wichtige Alltagsfrage. Auch der Wunsch nach einem »Bildtelefon« wurde Realität. Meine Großmutter traute ihren Augen kaum, als auf dem Laptop plötzlich per Skype das Gesicht ihres Enkels aus dem Auslandssemester in Singapur erschien. Spätestens seit meinem Berufsstart dominierte ein digitales Gerät den Großteil meines Alltags.

In den letzten Jahren habe ich viel darüber nachgedacht, wie die Digitalisierung, die nur 20 Jahre zuvor für mich völlig irrelevant war, mein Leben und unsere ganze Gesellschaft über die Zeit immer tiefgreifender geprägt hat. Dass dieser Trend sich noch weiter beschleunigt, faszinierte und beunruhigte mich zugleich. Je intensiver ich mich damit auseinandersetzte, desto geneigter war ich, mich der radikalen Meinung zahlreicher Digitalisierungsexperten und Zukunftsforscher anzuschließen: Der Fortschritt der Digitalisierung wird uns zeitnah mit der wohl größten zivilisatorischen Herausforderung konfrontieren, die es je zu bewältigen galt. Folgt man den progressiven Zukunftsprognosen, stehen wir menschheitsgeschichtlich nur einen Wimpernschlag vor dem Moment, in dem künstliche Intelligenz das bisherige Primat des Menschen als höchste Intelligenzform auf diesem Planeten ersetzt. Gleichzeitig führen Innovationen im Bereich der künstlichen Intelligenz, Genetik und Nanotechnologie unweigerlich dazu, dass Menschen sich künftig technisch »optimieren« können. In letzter Konsequenz könnten die Grenzen zwischen Mensch und Maschine tatsächlich verschwimmen – ein Szenario, das bis vor Kurzem im Reich der Science-Fiction angesiedelt war.

Falls Ihnen diese Gedanken zu weit hergeholt erscheinen, lassen wir an dieser Stelle die Aussagen von drei der weltweit einflussreichsten Köpfe für sich selbst sprechen. »Computer werden Menschen innerhalb der nächsten hundert Jahre mit künstlicher Intelligenz überholen«, sagt beispielsweise der berühmte Physiker Stephen Hawkings, und nennt dabei noch einen relativ weit gefassten Zeitrahmen.[1] Sein Urteil zu dieser Entwicklung ist zwiespältig: Künstliche Intelligenz werde entweder »das Beste sein, das der Menschheit passieren kann. Oder das Schlechteste«.[2] Der Visionär und Gründer von Tesla und Space X, Elon Musk, ist der Meinung, dass künstliche Intelligenz »das größte Risiko für unsere Zivilisation« sei. Die Menschheit müsste zudem ihre Fähigkeiten durch eine »Verschmelzung von biologischer und maschineller Intelligenz« erweitern, falls sie mit den Fähigkeiten künstlicher Intelligenzen mithalten wollte.[3] Vor diesem Hintergrund erklärt sich auch Elon Musks jüngst bekannt gegebenes Investment in die Firma Neuralink, die an der Technologie für Gehirn-Computer-Schnittstellen arbeitet. Der Chefingenieur von Google, Ray Kurzweil, geht in seinen Gedanken sogar noch einen Schritt weiter. Er behauptet, dass der technische Fortschritt sich in den nächsten drei Dekaden derart rasant entwickelt, dass nach dem Jahr 2045 »das menschliche Leben einen unwiderruflichen Wandel erfährt« und die Zukunft der Menschheit nicht mehr vorhersehbar ist.[4]

Natürlich gibt es auch moderatere Stimmen. Marc Zuckerberg glaubt zum Beispiel, dass künstliche Intelligenz menschliche Fähigkeiten nur in bestimmten Teilbereichen übertreffen wird. Darunter fallen Sinneswahrnehmungen wie Sehen und Hören oder die Spracherkennung. Er prognostiziert, dass es möglich sei, »in den nächsten fünf bis zehn Jahren an den Punkt zu kommen, an dem Computersysteme besser als Menschen in all diesen Fähigkeiten sind«. Die Furcht vor künstlicher Intelligenz hält er hingegen für »hysterisch«.[5]

Ich möchte Mark Zuckerberg mit allem Respekt entgegenhalten, dass die Furcht vor künstlicher Intelligenz keineswegs hysterisch ist. Zumindest eine ernsthafte Sorge ist angebracht, und zwar nicht nur vor künstlicher Intelligenz, sondern den Folgen der Digitalisierung im Allgemeinen. Wenn sich selbst die größten Experten nicht einig sind, wie viele Jahrzehnte der Mensch in seiner gegenwärtigen Daseinsform neben immer klügeren Maschinen eine vernünftige Lebensperspektive hat, sollte dann nicht jeder stutzig werden?

Als ich vermehrt begann, mit Bekannten über diese Fragen zu sprechen, erlangte ich zwei Erkenntnisse. Erstens: In Bezug auf digitale Zukunftstrends sind oft wenig mehr als Schlagworte und einige oberflächliche Fakten bekannt. Zweitens: Selbst wenn weitreichendere Kenntnisse vorhanden sind, erschwert ein mangelndes Verständnis technischer und konzeptioneller Grundlagen die Diskussion. Von diesem mangelnden Verständnis möchte ich mich selbst nicht ausschließen, im Gegenteil. Je mehr ich versuchte, eine ganzheitliche Perspektive auf das Thema Digitalisierung zu gewinnen, desto mehr Lücken entdeckte ich in meinem Grundwissen. Um diese persönlichen Beobachtungen einmal zu verallgemeinern, möchte ich die Behauptung aufstellen, dass sich das gesellschaftliche Verständnis von Digitalisierung grob in vier Personengruppen widerspiegelt:

1. Die erste Gruppe sind die »Verweigerer«. Ich denke hier zum Beispiel an meine Großmutter, Jahrgang 1920. Sie hat niemals Ambitionen gehegt, die Welt des Internet und der Smartphones für sich zu erschließen.

2. Die zweite Gruppe sind die »Neuland-Entdecker«, um Angela Merkels berühmte Aussage aus dem Jahr 2013 aufzugreifen, dass das Internet »für uns alle Neuland« sei.[6] Zu dieser Gruppe würde ich beispielsweise meine Eltern zählen. Sie haben den Schritt in die digitale Welt gewagt und nutzen digitale Hilfsmittel im Alltag. Wenn Geräte aber nicht wie erwartet funktionieren, benötigen sie schnell Hilfe.

3. Die dritte Personengruppe sind die »Digital-Affinen«. Sie setzen sich privat oder beruflich mit manchen Digitalthemen intensiv auseinander und würden das Internet daher sicher nicht als »Neuland« bezeichnen. Doch auch sie sind über einige Digitalthemen nur oberflächlich informiert. Die meisten der sogenannten *Digital Natives* zählen zur digital-affinen Personengruppe, also Menschen, die seit 1980 geboren wurden und bereits früh in ihrer Jugendzeit mit der Digitalisierung in Kontakt gekommen sind. Natürlich gibt es auch aus den vorherigen Generationen viele Menschen, die digital versiert sind.

4. Schließlich gibt es noch die relativ kleine Gruppe der »Digital-Experten« und »Nerds«, die sich extrem gut im »Neuland« auskennen. Die Digitalisierung ist ihr Leben oder zumindest ihr Beruf. Sie arbeiten in der Start-up-Welt und den Innovationsabteilungen großer Unternehmen. Ihre Vorbilder sind die Vordenker, Erfinder und Konzernlenker aus dem Silicon Valley.

Es dürfte niemanden überraschen, dass der Kreis von Experten aus der vierten Gruppe mit seinen Unternehmungen und Entscheidungen unsere Gesellschaft immer stärker prägt. Ihr Handeln hat bereits heute fundamentale Implikationen für unseren Alltag – und mehr noch in unserer Zukunft. Daraus sollten wir folgende Schlussfolgerung ziehen: Niemand darf sich beim Thema Digitalisierung abhängen lassen, der mit offenen Augen in die eigene Zukunft blicken und das Zepter der Zukunftsgestaltung nicht an einen kleinen Kreis von Digitalisierungsexperten abgeben möchte. Niemand darf sich beim Thema Digitalisierung abhängen lassen, der unsere Gesellschaft als Bürger und Wähler, als Angestellter oder Unternehmer dauerhaft mitgestalten möchte. Dabei ist es nicht notwendig, dass jeder selbst Experte wird. Ein guter Anfang ist es, sich ein umfassendes Grundlagenverständnis von Digitalisierung als Teil einer zeitgemäßen Allgemeinbildung anzueignen. Ein solches Vorhaben kostet Zeit – zu viel Zeit meiner Meinung nach.

Es gibt viele großartige Bücher über Digitalisierung, aber tatsächlich haben weder die Buchhandlung um die Ecke noch Amazon mir mit einem einzelnen Buch weiterhelfen können, das den gesamten Themenkomplex umreißt. Daher habe ich selbst den Versuch gewagt, dieses Buch zu schreiben und die 50 wichtigsten Aspekte der Digitalisierung jeweils auf wenigen Seiten zu erläutern. Als potenziellen Leser hatte ich dabei vor allem Menschen aus dem oben beschriebenen zweiten und dritten Personenkreis vor Augen – also Personen, die weder digitaler Laie noch Digitalexperte sind.

Vielleicht fragen Sie sich, warum gerade ich ein solches Buch schreibe. Ich bin weder Journalist noch selbsterklärter Digitalisierungsguru; doch durch meine frühere Tätigkeit als Unternehmensberater und durch den Aufbau eines digitalen Start-ups habe ich mit verschiedenen Digitalthemen einschlägige Erfahrungen gemacht, auf denen ich bei der Recherche für dieses Buch aufbauen konnte. Ich möchte vor diesem Hintergrund die Digitalisierung aus der Perspektive eines unbefangenen, neugierigen, digital-affinen Menschen beleuchten und sowohl die großen Zusammenhänge als auch wichtige Details in verständlicher Weise erläutern. Meine Hoffnung ist es, all denjenigen ein hilfreiches

Kompendium an die Hand zu geben, die ihr Grundlagenverständnis von Digitalisierung möglichst schnell und dennoch umfassend erweitern wollen.

Ein Blick in die Zukunft: Werden wir alle Maschinenmenschen?

»Die Zukunft gehört denen, die die Möglichkeiten erkennen, bevor sie offensichtlich werden.«

Oscar Wilde

Versuchen Sie sich einen Moment vorzustellen, wie die Welt im Jahr 2045 aussehen wird. Was sehen Sie? Humanoide Roboter, die uns unsere Wohnung putzen? Fliegende autonome Autos? Menschen mit Gehirn-Computer-Schnittstellen, wie Elon Musk sie erschaffen will? Vielleicht ist das auch etwas zu weit gegriffen und Sie haben eine gemäßigtere Vorstellung vom technischen Fortschritt.

Welche Bilder auch immer gerade vor Ihrem inneren Auge erscheinen, sie sind wahrscheinlich stark durch Science-Fiction geprägt. Science-Fiction kann uns tatsächlich helfen, Möglichkeiten zu erkennen, bevor sie offensichtlich werden (um die oben zitierten Worte Oscar Wildes aufzugreifen). Denn wie die Vergangenheit uns gelehrt hat, werden einige Szenarien aus der Science-Fiction tatsächlich irgendwann Realität. Ein gutes Beispiel sind die selbstfahrenden Autos, die in zahlreichen Science-Fiction-Filmen die Straßen der Zukunft befahren. Lange Zeit wurde autonomes Fahren als Hollywood-Schwärmerei abgetan. Mittlerweile sind autonome Fahrzeuge aber so real, dass sie erfolgreich Millionen von Testkilometern auf den Straßen der USA und anderer Länder absolviert haben.

Was aber, wenn Science-Fiction zu kurz greift, um das wahre Potenzial des technologischen Wandels zu erkennen? Einige sehr kluge Menschen sind der Meinung, dass genau dies der Fall sei und die Realität schon innerhalb der nächsten 30 Jahre (nicht 100 oder 200!) die meisten Science-Fiction-Szenarien überholen werde. Sie sind Anhänger einer Denkschule, die das baldige Eintreten der sogenannten technologischen Singularität postuliert: das Stadium einer Entwicklungsspirale, in dem sich technologischer Wandel so schnell und tief greifend vollzieht, dass er jeden Aspekt des menschlichen Lebens irreversibel verändert. Diesem Zukunftsszenario ist das erste Kapitel des Buches gewidmet – ein ähnlich radikaler Einstieg, als hätte man vor 100 Jahren ein Physikbuch mit Überlegungen zum Bau einer Atombombe eingeleitet. Die Singularität soll dabei nicht als unvermeidliches Schicksal der Menschheit positioniert werden. Vielmehr geht es darum, einen Denkanstoß zu geben, welche technischen, ethischen und vielleicht sogar existenziellen Fragestellungen die Digitalisierung aufwirft.

1. Technologische Singularität

Im Jahr 2045 erreicht die Menschheit die technologische Singularität. Der technische Fortschritt hat sich bis zu diesem Ereignis derart beschleunigt, dass die Zukunft der Menschheit danach nicht mehr vorhersehbar ist. Schon viele Jahre vor der Singularität wird es gelungen sein, mithilfe modernster bildgebender Verfahren ein genaues Verständnis von Aufbau und Funktion unseres Gehirns zu gewinnen. Bis zum Jahr 2030 kommen bei Gehirnscans sogenannte Nanobots in unseren Hirnkapillaren zum Einsatz, kleine Nanoroboter aus Kohlenstoffatomen. Dadurch kann das Gehirn nicht mehr nur von außen, sondern auch von innen »durchleuchtet« werden. Gehirnscans erkennen somit bis ins kleinste Detail, welche Neuronen bei bestimmten Handlungen und Emotionen Impulse senden. Auf Basis dieser Erkenntnisse kann in einem Reverse-Engineering-Verfahren Software erstellt werden, die alle Fähigkeiten unseres Gehirns simuliert, inklusive unserer emotionalen Intelligenz. Solche Computer und Maschinen entwickeln unweigerlich auch die Fähigkeit, sich ohne menschliches Zutun weiterzuentwickeln. Und je höher die Maschinen entwickelt sind, desto schneller können sie sich selbst weiter verbessern. So entsteht über die Jahre ein sich selbst verstärkender Prozess, eine Spirale des Fortschritts, die sich stetig beschleunigt. Im Jahr 2045 entfacht das Eintreten der Singularität eine Dynamik der Ereignisse, die sich unserer heutigen Vorstellungskraft entzieht.

Der entscheidende Treiber der Entwicklung bis zur Singularität ist exponentieller Fortschritt in verschiedenen technologischen Bereichen, insbesondere in der Computertechnologie, der Nanotechnologie, der Robotik und der künstlichen Intelligenz. Exponentielles Wachstum ist trügerisch: Im Gegensatz zu linearem Wachstum beginnt es zunächst langsam, nimmt aber dann zu einem bestimmten Zeitpunkt geradezu explosionsartig Fahrt auf. Dieses Phänomen erklärt den Entwicklungssprung der Technik in den Jahren 2015 bis 2045: Zwischen 2015 und 2020 ist ein Punkt in der Kurve erreicht, ab dem sich technischer Fortschritt – gerade im Bereich künstlicher Intelligenz – dramatisch beschleunigt.

Die Singularität wird die Menschheit jedoch nicht unvorbereitet treffen. Bis zu ihrem Eintreten werden wir die weitere Entwicklung absehen und proaktiv gestalten können. Die rasante technologische Entwicklung wird nämlich auch vor dem menschlichen Körper nicht haltmachen. Revolutionäre Fortschritte in der Genetik und Nanotechnologie werden dem Menschen erheblich bessere körperliche und geistige Fähigkeiten verschaffen. Unsere Körper werden jung und gesund bleiben und überwiegend aus anorganischen Teilen bestehen. In unseren Blutbahnen werden Milliarden von Nanobots fließen. Sie bekämpfen nicht nur Krankheiten und reparieren alternde Zellen; sie versorgen uns auch mit Sauerstoff – viel effizienter als die obsolet gewordenen roten Blutkörperchen. Auch in unseren Gehirnen werden Nanobots aktiv sein. Sie werden unsere geistigen Fähigkeiten um ein Vielfaches erweitern und uns mit dem Internet verbinden. Zudem können die Nanobots im Gehirn neuronale Reize aus der Außenwelt ausschalten und mit künstlichen überdecken, sodass wir uns je nach Belieben in der Realität oder einer virtuellen Realität aufhalten können. Bis zum Jahr 2045 wird ein neuer Typus Mensch entstanden sein: Cyborgs, bei denen es keine klare Unterscheidung mehr zwischen biologischer und nicht-biologischer Intelligenz gibt. Doch damit nicht genug: Sobald es uns gelingt, mittels Gehirnscans sämtliche relevanten Details der Gehirnstruktur zu erfassen, werden wir auch lernen, diesen Zustand in einem anderen, leistungsstärkeren Substrat zu reproduzieren. Ein solcher Gehirnupload wird uns ein ewiges Leben außerhalb unseres physischen Körpers ermöglichen.[7]

Vielleicht erschreckt Sie dieser Ausblick ins Jahr 2045 ein wenig. Oder Sie fragen sich, welch absurde Fantasien den Urheber dieser Gedanken überkommen haben. In beiden Fällen mag es Sie vermutlich erstaunen, dass der wohl renommierteste Zukunftsforscher unserer Zeit dieses Zukunftsbild skizziert. Ray Kurzweil lautet der Name des bereits in der Einleitung erwähnten und nicht unumstrittenen, US-amerikanischen Futuristen, der in Deutschland über Fachkreise hinaus noch relativ unbekannt ist. Dabei dürfen seine kühnen und folgenreichen Thesen in keiner ernsthaften Diskussion über die langfristigen Folgen der Digitalisierung fehlen. Doch wer genau ist die Person Ray Kurzweil? Und was entgegnen seine Kritiker?

Ray Kurzweil wurde 1948 in New York geboren und studierte nach der Highschool am Massachusetts Institute of Technology (MIT) Computerwissenschaften und Literatur. Schon vor seinem 30. Lebensjahr erlangte er Bekanntheit, indem er eine Maschine für blinde Menschen entwickelte, die in der Lage war, gedruckte Texte vorzulesen. Von 1990 bis heute veröffentlichte Kurzweil sieben Bücher (davon fünf Bestseller), die sich mit Zukunftstechnologien, Gesundheit, Transhumanismus und technologischer Singularität befassen. Darin sagte er gleich mehrere technologische Entwicklungen korrekt voraus, unter anderem den ersten Sieg eines Schachcomputers über den Schachweltmeister bis zum Jahr 1998. Seit 2012 ist Kurzweil Head of Engineering bei Google und hält damit eine der wichtigsten Positionen im Konzern inne. Im Jahr 2015 nannte ihn

Microsoft-Gründer und Multimilliardär Bill Gates »die beste Person, die ich kenne, um die Zukunft künstlicher Intelligenz vorherzusagen«.[8]

Sie sehen also, dieser Mann sollte nicht allzu leicht als verrückter Zukunftsprophet abgetan werden. Immerhin hält die Unternehmensspitze von zwei der größten Technologiekonzerne der Welt, Google und Microsoft, große Stücke auf seine Fähigkeiten. Der Öffentlichkeit bekannt ist Ray Kurzweil heute vor allem durch seine Thesen zur Singularität. Erfunden hat er diesen Begriff allerdings nicht. »Singularity« ist ein fester Begriff der englischen Sprache und steht ursprünglich für ein einzigartiges Ereignis, mit einzigartigen Auswirkungen. Die Mathematik hat den Begriff schon früh übernommen, um einen Wert zu beschreiben, der alle endlichen Schranken übersteigt. 1958 wurde »Singularity« vom IT-Forscher John von Neumann, dem vielleicht wichtigsten Wegbereiter der modernen IT, erstmals in einem technologischen Kontext verwendet. Er beschrieb damals eine »stete Beschleunigung des technischen Fortschritts und der Veränderung im Lebenswandel, die den Anschein macht, auf eine entscheidende Singularität in der Geschichte der Menschheit hinauszulaufen, nach der die Lebensverhältnisse, so wie wir sie kennen, sich nicht fortsetzen könnten«.[9] Kurzweil hat den Singularitätsbegriff jedoch entscheidend weiterentwickelt, insbesondere durch sein Werk *The Singularity is near* aus dem Jahr 2005.

Bei allem Renommee von Kurzweil gibt es auch zahlreiche Kritiker seiner Theorien. Ein häufig angeführter Kritikpunkt ist, dass Kurzweil zu sehr dem Prinzip exponentiellen Wachstums in verschiedensten Technologiebereichen verhaftet sei und reale Wachstumspotenziale überschätzt.[10] Ein weiterer Einwand ist, dass Kurzweils theoretisches Verständnis des Gehirns sowie der Möglichkeiten zur Replikation des menschlichen Geistes nicht ausreiche.[11] Besonders pointiert hat Pulitzer-Preisträger Douglas Hofstadter die Stimmen der Kritiker zusammengefasst: Kurzweils Buch über die nahende Singularität beschreibt er als eine »sehr bizarre Mischung von Ideen, die solide sind, mit Ideen, die verrückt sind«.[12]

Eines sollte bei der Auseinandersetzung mit Kurzweils Ideen aber deutlich werden: Auch wenn nur ein Teil seiner Prophezeiungen eintritt, wird die Digitalisierung die Menschheit stärker verändern, als die meisten unter uns bisher für möglich halten. Sie wird ungeahnte Chancen und Risiken mit sich bringen und mit jedem Tag an Einfluss auf unser Leben gewinnen. Nehmen wir diese Erkenntnis als Motivation, die Grundlagen der Digitalisierung besser zu verstehen und unsere digitale Zukunft kritisch zu hinterfragen.

Das 1x1 der Digitalisierung

Wie kann man die technischen Grundlagen der Digitalisierung am besten erklären? Nähern wir uns dem Thema anhand eines einfachen Beispiels: Sie schießen mit Ihrer Handykamera ein Foto und versenden es per WhatsApp an einen Bekannten. Was passiert aus technischer Sicht bei diesem Vorgang?

Beim Fotografieren projiziert die Linse der Kamera das Bild auf winzige lichtsensitive Sensoren, die jeweils ein Bildelement, einen sogenannten Pixel, auffangen. Die Sensoren erzeugen eine elektrische Spannung, die abhängig ist von der Intensität des Lichteinfalls. Der ermittelten Spannung wird jeweils ein exakter numerischer Wert zugeordnet, den man als eine Kombination der Ziffern Null und Eins ausdrücken kann. Ihr Bild ist somit in digitale Form umgewandelt und kann von der Software Ihres Handys in der Hardware beziehungsweise dem Speicher des Handys abgelegt werden. Zudem veranlasst die Software, dass das Foto auf Ihrem Bildschirm angezeigt wird. Bei diesem Vorgang wird die für jeden Pixel gespeicherte Zahlenreihe aus Nullen und Einsen als Instruktion für die Einfärbung der Bildpunkte auf dem Handy-Display genutzt. Wenn Sie nun Ihr WhatsApp-Programm öffnen und Ihr Foto versenden, wandelt das Handy den digitalen Code des Fotos in Funkwellen um, die über die Antenne versendet werden. Der nächste Funkmast (falls Sie nicht über WLAN eingeloggt sind) wird das Signal empfangen, in elektrische Form umwandeln und über Telefon- oder Internetkabel zu dem Funkmasten senden, mit dem das Handy Ihres Bekannten verbunden ist.

Das Beispiel veranschaulicht die Bestandteile eines digitalen Vorgangs: Informationen werden in einer binären, also durch die Zahlen Null und Eins ausdrückbaren Form gespeichert, verarbeitet und weiterkommuniziert. Lassen Sie uns Digitalisierung als das Zusammenspiel der folgenden vier Elemente betrachten:

1. Informationen, die in binärer Form darstellbar sind.
2. Hardware (tangibel) speichert und verarbeitet Informationen, zum Beispiel Computer und Handys.
3. Software (nicht tangibel) instruiert die Hardware, wie Informationen zu speichern und zu verarbeiten sind.
4. Kommunikationsnetzwerke ermöglichen den Informationsaustausch zwischen digitalen Geräten.

Über diese vier Elemente der Digitalisierung sprechen wir in den nächsten Kapiteln, mit weiteren Vertiefungen zu den Themen Programmieren, Internet, Websites und Cloud.

2. Bits & Bytes

Wer verstehen will, was unsere komplexe digitale Welt im Innersten zusammenhält, der stößt schnell auf eine erstaunlich simple Antwort: »Bits«. Ein »Bit« ist die kleinste Informationseinheit in der digitalen Welt. Es kann immer nur einen von zwei möglichen Werten annehmen und wird üblicherweise durch die beiden Ziffern des binären Zahlensystems, Null oder Eins, ausgedrückt. Dieser Tatsache verdankt das Wort »Bit« auch seinen Namen, eine Abkürzung für den englischen Begriff »Binary Digit« – Binärzahl.

Es erscheint zunächst paradox, komplexe Informationen durch ein so simples Zahlensystem wie das binäre System abzubilden. Warum bilden wir Daten nicht wenigstens mit Zahlen aus unserem Dezimalsystem ab, das aus zehn Ziffern besteht und uns viel besser vertraut ist? Ein technischer Grund liefert die Antwort auf diese Frage:

Es ist viel einfacher, ein technisches System zu bauen, dass nur zwei logische Zustände kennt, als ein System, das zwischen mehreren Zuständen unterscheiden muss. Zwei verschiedene Spannungen in einem elektrischen Schaltkreis oder die Polarisierungen eines Magnets reichen bereits aus, um binäre Informationen wie »0/1«, »Ja/Nein«, »an/aus«, »richtig/falsch« oder »hoch/runter« zu speichern. Kombiniert man mehrere Schaltkreise hintereinander, so entsteht aus unterschiedlichen Spannungszuständen der Schaltkreise eine Kombination aus Nullen und Einsen. Diese Ziffernkombination kann zum Beispiel für einen Buchstaben stehen. Alles, was man jetzt noch benötigt, ist ein Schlüssel, der jedem Buchstaben genau eine Kombination der Werte Null und Eins zuordnet. Solch einen Schlüssel gibt es tatsächlich. Er heißt ASCII – abgekürzt für American Standard Code for Information Interchange – und ist weltweit anerkannter Standard. Der Binärcode für den Buchstaben A lautet 01000001.[13] Ein weiterer Vorteil binär dargestellter Informationen ist, dass die zur Verarbeitung benötigten technischen Systeme immer kleiner werden und immer günstiger herzustellen sind. Somit können mehr Schaltkreise nach ausgeklügelten logischen Prinzipien miteinander verknüpft werden und dadurch größere Datenmengen gespeichert und verarbeitet werden.

Wie wir oben gesehen haben, sind mehrere Bits nötig, um aus binären Zahlenreihen komplexere Informationen wie Buchstaben, Zahlen oder Worte zu erstellen. Daher ist es bei modernen Computern mittlerweile Standard, acht Bits als eine Einheit zu behandeln, die man *Bytes* nennt. Der Binärcode für den Buchstaben A wird durch acht Bits beziehungsweise ein Byte repräsentiert. Insgesamt können durch die Kombination von acht Bits 256 verschiedene Varianten eines Bytes erstellt werden, die jeweils für ein anderes Schriftzeichen stehen. Da 256 Optionen nicht ausreichen, um alle gebräuchlichen Zeichen abzudecken, werden komplexere Zeichen durch eine festgelegte Kombination mehrerer Bytes ausgedrückt. Die japanischen Schriftzeichen für das Wort Tokyo 東京 setzen sich beispielsweise aus vier Bytes, zwei pro Schriftzeichen, zusammen. Wichtig ist, dass jedes einzelne der 256 möglichen Bytes nicht nur als Schriftzeichen interpretiert werden kann. Schließlich wollen wir auf einem Computer ja auch Musik hören und Filme ansehen. Ein Byte kann auch als

Bildelement eines Filmes oder als Ton zu verstehen sein. Die Bedeutung ist davon abhängig, welches Programm und welche Softwarebefehle gerade ausgeführt werden.[14]

Verdeutlichen wir uns bei der Besprechung von Bits und Bytes nochmal den Gegensatz zwischen analoger Technik und digitaler Technik. Bei analoger Informationsübertragung wird ein Signal ohne Unterbrechung und exakt proportional in eine andere, besser übertragbare Signalform umgewandelt. Die Schallplatte ist ein gutes Beispiel: Beim Aufnehmen einer Platte werden Schallwellen in Druck umgewandelt, der wiederum genutzt wird, um die Rillen in der Schallplatte proportional zum Druck zu formen. Das so gespeicherte Schallsignal wird beim Abspielen der Schallplatte von der Abtastspitze des Tonabnehmers erkannt. Die Schwingungen der Abtastspitze werden dann in elektrische Signale proportionaler Stärke umgewandelt. Diese werden schließlich an einen Lautsprecher gesandt, in dem die Lautsprechermembran entsprechend der Signalstärke in Schwingung gerät und Schallwellen erzeugt.

Ganz anders erfolgt die digitale Informationsübertragung. Hier werden Signale in diskrete Werte umgewandelt – einzelne Zahlen, die in binärer Form dargestellt werden. Etwas zu digitalisieren bedeutet also, eine Sache in Ziffern auszudrücken, wie bereits der englische Wortstamm digit (=Ziffer) andeutet. Kommen wir zur Veranschaulichung erneut auf das Beispiel einer Musikaufnahme zurück: Die Schallwellen der Musik werden in einem Mikrofon in elektrische Signale umgewandelt, die wiederum in diskrete Daten – Bits und Bytes – überführt und gespeichert werden. Wenn die Musik abgespielt werden soll, veranlasst eine Software die Rückumwandlung der diskreten Daten in elektrische Signale. Diese werden an Lautsprecher gesendet und dort wie beim analogen Vorgang in Töne umgewandelt.

Wie wir gesehen haben, funktionieren analoge und digitale Technik mit ganz unterschiedlichen Mitteln der Informationsübertragung. Bei der Digitalisierung geht es letztendlich darum, immer mehr Aspekte dieser Welt in Form von Bits und Bytes ausdrücken zu können. Musik ist dabei noch einer der am leichtesten digitalisierbaren Aspekte. Mittlerweile lässt sich sogar der Sitzabdruck unseres Allerwertesten in einen digitalen Code übersetzen: Wissenschaftlern der Universität Tokyo ist es gelungen, anhand der Messdaten von 360 Sensorpunkten auf Autositzen, Versuchspersonen mit 98-prozentiger Trefferquote an ihrem Hinterteil zu identifizieren – ein interessanter Ansatz zum Beispiel zur Verhinderung von Autodiebstahl.[15] Wie das erste Kapitel gezeigt hat, führen uns die heutigen Ambitionen der Digitalisierung möglicherweise so weit, dass wir Gehirne perfekt scannen können. Jeder menschliche Gedanke wäre dann ausschließlich in Bits und Bytes, also in Kombination der Werte Null und Eins, darstellbar.

3. Hardware

Dieses Kapitel über Hardware und Computer ist wahrscheinlich das technischste des ganzen Buches. Das Thema ist zugegebenermaßen etwas trocken, aber ein gewisses Hardwareverständnis kann in vielerlei Hinsicht augenöffnend sein, zum Beispiel um zu verstehen, warum schon wieder der Computer »abstürzt«. Begeben wir uns also in die Welt der Computerhardware:

Die Geschichte des Computers reicht, je nach Definition, bis in die Antike zurück. Der ursprünglichen Bedeutung nach ist ein Computer nichts anderes als ein »Rechner« (englisch to compute = rechnen). Bereits vor über 3000 Jahren kamen erste mechanische Rechner zum Einsatz. Sie kennen vermutlich alle den Abakus, ein Rahmen mit Stäben, auf denen Kugeln für Rechenoperationen aufgereiht sind. Auch einfache mechanische Geräte für astronomische Berechnungen wurden bereits früh genutzt. Ein Beispiel aus der jüngeren Vergangenheit ist der sogenannte Jacquard-Webstuhl, den der Franzose Joseph-Marie Jacquard im Jahr 1805 vorstellte. Der Webstuhl wird über eine Karte mit unterschiedlich gestanzten Reihen von Löchern gesteuert und kann dadurch selbstständig verschiedene Webmuster produzieren. Solche Lochkarten dienten in weiterentwickelter Form teilweise noch bis in die 1950er-Jahre als »Code« zur Programmierung von Maschinen aus unterschiedlichsten Anwendungsgebieten.

Abakus

Heute verstehen wir unter Computern meist Geräte, die nicht mechanisch, sondern voll elektronisch arbeiten. Die Entwicklung solcher Rechner begann während des Zweiten Weltkriegs und wurde begünstigt durch rasche Fortschritte im Bereich der Elektronik. Die ersten Prototypen waren noch raumgroße, energiehungrige Technikmonster. Sie basierten auf fragilen Vakuumröhren, die als Regelelemente beziehungsweise »Ein-/Ausschalter« die Ladungszustände in elektrischen Schaltkreisen festlegten (also den Binärcode Null oder Eins definierten). Zwei wesentliche Innovationen verhalfen bis Ende der 50er-Jahre zum Durchbruch in die moderne Ära des Computers: zum einen die Erfindung des Transistors, ein deutlich kleinerer Ein-/Ausschalter für elektrische Schaltkreise als Vakuumröhren. Zum anderen die Erfindung integrierter Schaltkreise, ein komplexes System, das die Weiterleitung elektrischer Signale (beziehungsweise von Binärcode) zwischen einzelnen Schaltkreisen nach verschiedenen logischen Prinzipien erlaubte.

Seit den 50er-Jahren ist der funktionelle Aufbau von Computern weitgehend identisch geblieben. Die in derselben Zeitspanne erzielte Verbesserung der Leistungsfähigkeit der einzelnen Komponenten gleicht jedoch einem Quantensprung. Der amerikanische IT-Forscher und Autor Brian W. Kernighan beschreibt in diesem Zusammenhang eine eingängige Analogie zu Autos: Schon vor 100 Jahren bestand ein Auto aus denselben Komponenten wie heute: ein Motor, der den Wagen mithilfe eines Brennstoffs antreibt, ein Tank, ein Lenkrad zur Steuerung, eine Personenkabine, Kofferraum etc. Physisch jedoch haben sich die Komponenten enorm verändert, bieten mehr Leistung, Komfort und Sicherheit.

In praktisch jedem Computer finden sich heutzutage folgende fünf funktionellen Einheiten: der Prozessor (CPU), der Arbeitsspeicher (RAM), die Festplatte (Hard Drive oder Flash Memory), Ein- und Ausgabewerk (Tastatur, Maus, Kamera, Bildschirm) sowie Motherboard mit BUS-System.

Der Prozessor (CPU)

Prozessor

Der Prozessor, auf Englisch *Central Processing Unit (CPU)* genannt, ist das Herzstück jedes Computers. Der Prozessor führt Rechenoperationen durch, veranlasst Datenbewegungen und Speichervorgänge und kontrolliert auch alle weiteren Komponenten des Computers wie zum Beispiel den Bildschirm. Die Funktionsweise des Prozessors folgt einem rigiden Befehlszyklus, der zwar nur eine begrenzte Anzahl von Operationen kennt, dafür aber in einer unglaublichen Geschwindigkeit arbeitet. Die Befehlsverarbeitung folgt einem festen Zyklus und lautet immer *FETCH, DECODE, FETCH OPERANDS, EXECUTE, WRITE BACK*. Veranschaulichen wir uns dieses Schema anhand eines vereinfachten Beispiels, der Addition von 2 + 3 mit einer Rechensoftware:

1. **FETCH – Befehlsabruf:** Der Prozessor lädt den nächsten Befehl der Rechensoftware aus dem Arbeitsspeicher (RAM) in den Prozessor – in diesem Fall »addiere 2 und 3«.
2. **DECODE – Dekodierung:** Der Prozessor liest den Befehl »Addiere« aus sowie codierte Informationen zum Speicherort der Summanden im Arbeitsspeicher.
3. **FETCH OPERANDS – Abruf der Operanden:** Der Prozessor lädt die Summanden 2 und 3 aus dem Arbeitsspeicher.
4. **EXECUTE – Befehlsausführung:** Das Rechenwerk im Prozessor addiert die Summanden 2 und 3 zur Zahl 5.
5. **WRITE BACK – Rückschreiben des Resultats:** Falls notwendig, schreibt der Prozessor das Ergebnis in den Arbeitsspeicher zurück. Nach Beendigung des Befehlszyklus können neue Befehlszyklen starten, beispielsweise zur Anzeige des Ergebnisses auf dem Bildschirm.

Der beschriebene Mechanismus wird angetrieben durch einen regelmäßigen Impuls des Prozessors, der wie ein Herzschlag eine Aktion nach der anderen auslöst. Vielleicht haben Sie sich schon mal gefragt, wofür die Bezeichnung GHz oder Gigahertz bei Computern steht: Sie quantifiziert die Leistungsfähigkeit des Prozessors anhand der

Anzahl der Aktionen, die pro Sekunde durchgeführt werden können. Die Maßeinheit Hertz drückt hierbei die Taktzahl pro Sekunde aus und ist zurückzuführen auf den deutschen Physiker Heinrich Hertz. 1888 war es Hertz erstmals gelungen, elektromagnetische Strahlung zu erzeugen, die Basis für Funk- und Radiotechnik (zum Beispiel 96,3 MHz für Radio Gong in München). Die Abkürzung »MHz« steht für Megahertz beziehungsweise 1 Million Hertz, die Abkürzung »GHz« für Gigahertz beziehungsweise 1 Milliarde Hertz. Heutige Prozessoren sind fast unbegreiflich schnell: Während unser menschlicher Herzschlag ca. 1 Hz beträgt, verfügt ein handelsüblicher Laptop über einen 2,2-GHz-Prozessor. Der Prozessor schafft also in einer Sekunde 2,2 Milliarden »Schläge«. Unser Herz benötigt dafür 70 Jahre.

Physisch besteht der Prozessor aus einem integrierten Schaltkreis, der vereinfacht meist als Computerchip bezeichnet wird. Der Chip ist mit nur ein bis zwei Zentimetern Seitenlänge erstaunlich klein. Zum Schutz ist das fragile Gebilde in ein mehrfach größeres Chipgehäuse eingekapselt. Im Inneren des Computerchips sind unzählige kleinste Schaltkreise und weitere elektronische Bauelemente miteinander verbunden. Die Leiterbahnen haben heute nur noch die Breite einiger Atome – ein menschliches Haar wirkt dagegen so groß wie ein Baumstamm.[16] Eine zentrale Rolle im Computerchip spielen Transistoren, die man am einfachsten als Ein-/Ausschalter für elektronische Schaltkreise bezeichnen kann. Mit der Hilfe der Transistoren lassen sich mehrere Schaltkreise so verknüpfen, dass elektrische Signale nur entsprechend einfacher logischer Prinzipien weitergeleitet werden. Man spricht auch von sogenannten Logikgattern. Die Kombination unzähliger Logikgatter ermöglicht die Durchführung vieler komplexer logischer Operationen in kürzester Zeit.

Prozessoren werden seit Jahrzehnten aus halbleitendem Silizium hergestellt (daher auch der Begriff Silicon Valley). Ein komplexes Verfahren aus chemischen und optischen Prozessen ermöglicht es, die Schaltkreise mit Transistoren flach und drahtlos auf mikroskopisch kleine Siliziumscheibchen aufzutragen. Deshalb haben die Schaltkreise in einem Computerchip nur wenig mit den verdrahteten Konstruktionen zu tun, die Sie vielleicht als Schaltkreis aus dem Physikunterricht in Erinnerung haben. Der Vorteil der platzsparenden Bauart: Je mehr Transistoren auf Computerchips passen, desto schneller werden logische Operationen durchgeführt. Im Jahr 1975 prophezeite Intel Gründer Gordon Moore, die Anzahl Transistoren in integrierten Schaltkreisen werde sich zukünftig alle zwei Jahre verdoppeln. Diese Voraussage wurde auch als »Moore's Law« bekannt und sollte sich weitgehend bewahrheiten. Tatsächlich verdoppelte sich die Anzahl Transistoren – und damit die Leistung von Computerchips – in den letzten 40 Jahren sogar noch etwas schneller, alle 18–20 Monate.

Der Arbeitsspeicher (RAM)

Der Arbeitsspeicher ist ein Zwischenspeicher für Daten, auf die der Prozessor oft zugreifen muss. Dabei handelt es sich einerseits um codierte Arbeitsbefehle, die dem Prozessor die nächsten Arbeitsschritte vorgeben, andererseits um Rohdaten, die als Input bei den Arbeitsschritten verarbeitet werden (zum Beispiel zwei zu addierende Zahlen). Hat der Prozessor nach einem abgeschlossenen Arbeitsschritt ein Ergebnis oder Zwischenergebnis ermittelt, legt er die entsprechenden Daten wieder im Arbeitsspeicher ab.

Der wesentliche Vorteil des Arbeitsspeichers liegt in der vergleichsweise kurzen Zugriffszeit. Daten aus dem Arbeitsspeicher kann der Prozessor über 100 000-mal schneller laden als Daten von der Festplatte, unter anderem aufgrund der physischen Nähe des RAMs zur CPU und einer schnelleren Datenverbindung zwischen den Komponenten. Dadurch kann der Prozessor seine ganze Schnelligkeit ausspielen. Der wesentliche Nachteil des Arbeitsspeichers ist seine begrenzte Speicherkapazität. Um Kapazitätsengpässe zu umgehen, werden daher immer nur Daten der aktuell genutzten Programme von der Festplatte in den Arbeitsspeicher kopiert.

Das schnelle Zusammenspiel zwischen Prozessor und Arbeitsspeicher ermöglicht ein Parallelbetrieb mehrerer Programme auf dem Computer. Zum Beispiel können Sie zur selben Zeit an einem

Word-Dokument arbeiten, in Ihrem Browser in mehreren Fenstern im Internet surfen und Ihre Lieblingsmusik hören. Sobald der Nutzer ein Programm beendet, wird der im Arbeitsspeicher blockierte Platz nach Bedarf überschrieben. Wird der Computer vom Strom getrennt, löscht sich der Arbeitsspeicher sogar vollständig. Diese Tatsache hat schon für viele Dramen und Wutanfälle gesorgt: Vielleicht kommt Ihnen das Szenario bekannt vor, dass Sie vor lauter Konzentration auf ein wichtiges Dokument das Zwischenspeichern vergessen haben, der Computer sich »aufhängt« und Stunden wertvoller Arbeit verloren sind. Ein solcher »Aufhänger« ist oft darauf zurückzuführen, dass der Arbeitsspeicher durch den Parallelbetrieb zu vieler Programme oder offener Internetfenster überlastet ist und deshalb Fehler produziert.

Arbeitsspeicher

Physisch besteht ein Arbeitsspeicher ebenso wie ein Prozessor aus Schaltkreisen mit Transistoren. Der Aufbau eines Arbeitsspeichers ist allerdings viel simpler, denn für die Datenspeicherung bedarf es weniger komplexer Schaltkreisanordnungen als für die Datenverarbeitung. Aus diesem Grund können Schaltkreise im Arbeitsspeicher in einfachen rechteckigen Rastern auf allerkleinstem Raum angeordnet werden. Auf welchen Koordinaten einzelne Bits und Bytes in diesen Rastern abgespeichert sind, ist zweitrangig, denn der Prozessor kann auf alle Orte im Arbeitsspeicher gleich schnell zugreifen. Man bezeichnet Arbeitsspeicher deswegen auch häufig als *RAM*, abgekürzt für *Random Access Memory*. Die Maßeinheit für RAM-Speicherkapazität ist Byte. Ein guter handelsüblicher Laptop im Jahr 2017 hat ca. 32 Gigabyte (GB) RAM. Das entspricht in etwa der Speicherkapazität für 29 Millionen Buchseiten oder 11 000 Fotos.[17]

Die Festplatte

Die Festplatte und der Arbeitsspeicher sind zwei komplementär funktionierende Speichermedien. Festplatten haben viel Speicherkapazität und dienen als Langzeitspeicher des Computers. Alle Programme und Dateien eines Computers sind auf der Festplatte hinterlegt. Sie sind auch dann sicher aufgehoben, wenn die Stromverbindung zum Computer gekappt wird. Gleichzeitig haben Festplatten eher lange Zugriffszeiten. Vielleicht sind Ihnen die langen Zugriffszeiten schon einmal beim Öffnen größerer Dokumente aufgefallen, zum Beispiel einer PowerPoint-Datei mit vielen Bildern. Die Ladezeit des Dokuments beträgt oft mehrere Sekunden. Wenn Sie das Dokument wieder schließen und erneut öffnen, fällt die Ladezeit oft deutlich kürzer aus. Das liegt daran, dass das Dokument noch im Arbeitsspeicher abgelegt ist und der Speicherplatz noch nicht durch ein anderes Programm überschrieben wurde.

In heutigen Laptops sind zwei Arten von Festplatten im Einsatz. Bis vor wenigen Jahren wurden fast ausschließlich scheibenförmige magnetische Festplatten verbaut, sogenannte *Hard Discs* oder *Hard Drives*. Das Speichern und Auslesen von Daten erfolgt bei Hard Discs mithilfe eines Schreib- und Lesekopfes, der kleinste Abschnitte auf der Scheibe magnetisch polarisieren kann beziehungsweise eine bestehende Polarisierung mit einem Sensor messen kann. Mehrere Abschnitte werden auf der Platte wie bei einer Spule aneinandergereiht, sodass die Daten in konzentrischen Kreisen angeordnet sind. Falls Sie einen etwas älteren Laptop haben und dieser ab und zu ein »Klacker«

von sich gibt, dann hören Sie den Schreib- und Lesekopf, der zwischen einzelnen Koordinaten auf der Platte hin- und herspringt.

Traditionelle Hard-Disc-Festplatte

Magnetische Festplatten werden zunehmend durch *Solid State Drives (SSD) mit Flash-Speichertechnologie* abgelöst. Flash-Speicher finden schon länger bei USB-Sticks und Fotokameras Anwendung. Sie haben schnellere Zugriffszeiten, sind leichter und bruchfester, aber gegenwärtig noch teurer als Hard Drives. Bei dieser Speichertechnologie werden Daten als elektrische Ladung in Schaltkreisen gespeichert, wobei der Ladungszustand im Gegensatz zum Arbeitsspeicher auch dann noch erhalten bleibt, wenn der Strom gekappt wird. Auf einer guten Festplatte können heutzutage um die 1000 GB (1 Terabyte) gespeichert werden, genug Speicherplatz für circa 350 000 Fotos oder 1000 Filme.[18]

Eingabe-/Ausgabewerk

All die prozessierten und gespeicherten Daten würden uns nur wenig helfen, wenn wir mit dem Computer nicht interagieren können. Daher gibt es verschiedenste *Eingabe- und Ausgabewerke* für Computer wie beispielsweise Tastatur, Maus, Touch Pads, Mikrofone, Scanner, Kameras, Bildschirm, Lautsprecher, Kopfhörer etc.

Motherboard & BUS-System

Das Motherboard ist die Hauptplatine des Computers. Auf ihr sind die einzelnen Bauteile des Computers, unter anderem Prozessor und RAM-Speicher angebracht. Damit zwischen der Hardware im Inneren des Computers und den Eingabe-/Ausgabewerken Datenaustausch stattfinden kann, müssen alle Komponenten durch ein System elektrischer Leitungen miteinander verbunden werden. Dieses System nennt man *BUS*-System, ein aus der Elektrik entlehnter Begriff, dessen genaue Herkunft umstritten ist. Auf der Rückseite des Motherboards kann man sehr gut einzelne elektrische Leitungen oder BUSe mit Lötaugen erkennen.

4. Software

Wenn man eine lose Analogie bemühen möchte, hat Software mit seinen Algorithmen für einen Computer eine ähnliche Funktion wie Rezepte für einen Koch. Erst durch die Vorgaben eines Rezepts kann ein Koch die einzelnen Zutaten für ein Gericht sinnvoll bearbeiten und vermengen. Ebenso kann ein Computer die einzelnen Hardwarekomponenten erst durch Softwarebefehle sinnvoll vernetzen und nützliche Arbeitsschritte ausführen. Ohne Befehle ist ein Computer letztlich nur eine dumme Maschine, die keinen einzigen Arbeitsschritt von alleine tätigen würde.

Ein Softwareprogramm setzt sich zusammen aus mindestens einem, normalerweise aber mehreren Algorithmen. Ein Algorithmus ist eine systematische, logische Sequenz von Befehlen in Form von Programmcode, die zur Lösung eines konkreten Problems angewendet wird. Beispielsweise kann ein Algorithmus die Instruktionen vorgeben für die Addition von zwei Zahlen. Oder für die alphabetische Sortierung einer Namensliste. Oder für die Erkennung von Hasskommentaren in sozialen Medien (wie man Instruktionen formuliert, die ein Computer versteht, wird im nächsten Kapitel über Code und Programmiersprachen eingehend behandelt). Verallgemeinert kann man sagen: Je komplexer die Aufgabe, desto mehr Zeilen Programmiercode hat ein Algorithmus; und je breiter gefächert das Aufgabenspektrum einer Software, desto mehr Algorithmen werden benötigt. So erklärt sich, dass man eine simple Software zur Addition von Zahlen in wenigen Zeilen Programmiercode niederschreiben kann; ein komplexes Programm wie Microsoft Excel hingegen basiert auf mehreren Millionen Zeilen Code.

Software auf einem Computer erfüllt verschiedene Aufgaben, die für den Nutzer mehr oder weniger ersichtlich sind. Der Nutzer mag denken, er arbeite gerade mit der Software von PowerPoint, obwohl in Wirklichkeit mehrere Programme parallel laufen, die den reibungslosen Betrieb des Computers sicherstellen. Die absolute Basissoftware eines Computers ist die sogenannte *Assembler-Software*. Sie hat den Zweck, den von Programmierern geschriebenen Softwarecode in binären Code umzuwandeln und dadurch für die Hardware prozessierbar zu machen.

Die Assembler-Software ist auch die Grundlage dafür, dass das wichtigste Softwareprogramm auf Ihrem und meinem Computer, *das Betriebssystem*, funktioniert. Das Betriebssystem sorgt dafür, dass verschiedenste Prozesse und weitere Softwareanwendungen auf einem Computer parallel und ressourceneffizient ablaufen können. Die am meisten verbreiteten Programme sind Windows von Microsoft, MAC OS von Apple und das freie Programm Linux, das von Programmierern rund um den Globus als unentgeltliches Gemeinschaftsprojekt entwickelt wurde. Linux ist auch das Standardbetriebssystem von Android-Telefonen (wie zum Beispiel das Samsung Galaxy).

Ein Betriebssystem deckt fünf wesentliche Tätigkeiten ab:

1. Das Betriebssystem verwaltet die begrenzte Rechenkapazität des Prozessors. Dabei priorisiert es Programme, die ad hoc Re-

chenkapazität benötigen, wie zum Beispiel ein Browser beim Laden einer Webseite. Weniger zeitkritische Prozesse, beispielsweise ein im Hintergrund laufendes Antivirenprogramm, erhalten spätere Zeitfenster.

2. Das Betriebssystem kontrolliert den Arbeitsspeicher. Es lädt neu gestartete Programme von der Festplatte auf den Arbeitsspeicher, sodass die Softwareinstruktionen vom Prozessor schnell abgearbeitet werden können. Dabei überschreibt das Betriebssystem Speicherplatz, der nicht mehr oder weniger dringend benötigt wird.

3. Das Betriebssystem überwacht den Festplattenspeicher und trägt dafür Sorge, dass alle Daten und Programme in einem hierarchischen Ordnersystem abgelegt sind.

4. Das Betriebssystem koordiniert das Zusammenspiel zwischen Ein- und Ausgabewerken sowie den laufenden Programmen. Es leitet beispielsweise Eingabeinformationen von Maus und Tastatur an das richtige Programm weiter und aktualisiert darauf basierend die Bildschirmanzeige.

5. Das Betriebssystem dient anderen Softwareanwendungen als Plattform.

Punkt Nummer fünf verdient genauere Betrachtung. Denn als Nutzer von Computern oder Handys interagieren wir zum größten Teil nicht mit dem Betriebssystem, sondern mit vielen verschiedenen *Softwareanwendungen* (engl. Software *Applications*, kurz *Apps*). Darunter fallen die unterschiedlichsten Programme, sowohl selbst programmierte Software als auch große kommerzielle Anwendungen wie PowerPoint oder Photoshop. Der Plattformgedanke impliziert, dass alle Softwareprogramme auf dem Betriebssystem als Basissoftware andocken. Diese Systematik erleichtert die Einführung einer neuen Softwareanwendung erheblich, denn der Code für eine neue Anwendung muss nur kompatibel sein mit den wenigen üblichen Betriebssystemen (zum Beispiel Windows oder Apple) und nicht für jeden Computertyp einzeln niedergeschrieben werden.

Zusammengefasst hat ein Computer drei Ebenen von Software-programmen. Auf der ersten Ebene interagiert die Assembler-Software mit dem Betriebssystem und wandelt dessen Instruktionen in binären Code. Auf der zweiten Ebene interagiert das Betriebssystem mit den Software- beziehungsweise Nutzeranwendungen. Auf der dritten Ebene interagieren die Nutzeranwendungen mit dem Nutzer.

5. Programmieren

Wie bringt man einen Computer am besten dazu, den Instruktionen eines Menschen zu folgen? Wie schreibt man gute Software? Mit dieser Frage befassen sich Programmierer nun schon seit gut 70 Jahren. Die wichtigste Rahmenbedingung hat sich nicht geändert: Ein Computer versteht nur binäre Informationen. Die Art und Weise, wie ein Programmierer Code schreibt und an den Computer übermittelt, hat sich jedoch fundamental gewandelt.

Programmiersprachen

Um in den Anfangstagen des Programmierens einem Computer Befehle zu geben, musste Binärcode durch manuelle Bedienung von Schaltkreisen oder durch das Einlesen von Lochkarten in den Computer geladen werden. Eine solche Art des Programmierens ist sehr nah an der Maschine orientiert – binäre Impulse werden direkt in den Rechner eingegeben. Binärcode wird daher auch Maschinencode genannt, oder Maschinensprache. Binärcode gilt allerdings noch nicht als echte Programmiersprache, denn das Repertoire an verwendeten Zeichen besteht nur aus den beiden Ziffern Null und Eins.

Unser menschliches Gehirn ist es nicht gewohnt, Befehle als Sequenzen von Nullen und Einsen zu formulieren. Das frühe Programmieren mit Maschinencode war dementsprechend mühsam, fehleranfällig und ineffizient. Mit der Programmierung der ersten

Assembler vereinfachte sich die Arbeit (engl. to assemble = montieren, zusammensetzen). Fortan mussten Programmierer nicht mehr in den Zahlen Null und Eins denken, sondern konnten Code als Dezimalzahlen und Buchstaben schreiben, die der Assembler nach einem festgelegten Schlüssel zurück in binäre Zahlenreihen umwandelte. Zudem wurden sinnvolle Worte für wichtige und häufige Computerbefehle eingeführt, die weniger intuitive Zeichenfolgen bei der Programmierung ersetzten (beispielsweise *ADD* für einen Additionsbefehl anstatt der Zeichenkombination 1A). Die Erfindung des Assemblers führte folglich zur Entwicklung der ersten Programmiersprachen, sogenannter *Assemblersprachen*. Jeder Prozessortyp wird über eine andere Assemblersprache gesteuert. Für einen Intel-Prozessor in einem Laptop wird beispielsweise ein ganz anderer Assembler-Code benötigt als für den ARM-Prozessor eines Mobiltelefons. Glücklicherweise werden heute nicht mehr so viele Prozessortypen wie früher verwendet, sodass nur wenige Assemblersprachen für die Softwareentwicklung relevant sind.

Auch eine Assemblersprache ist noch relativ hardwareorientiert und nur bedingt programmierfreundlich. Deswegen haben Programmierer noch intuitivere Sprachen entwickelt, sogenannte *höhere Programmiersprachen*. Sie können viele kleinere Programmierbefehle in einfachen Begriffen aggregieren. Die einzelnen Programmiersprachen unterscheiden sich durch ihre Syntax, das heißt Befehle werden durch verschiedene Begriffe ausgedrückt oder über andere Zeichen verknüpft. Im Lauf der letzten Jahrzehnte sind viele Tausende höhere Programmiersprachen entstanden, oft auf ganz bestimmte Zwecke optimiert. Einige wenige Programmiersprachen haben sich durch Nutzerfreundlichkeit und vielseitige Anwendbarkeit besonders bewährt und sind zu weit verbreiteten Standards geworden. Eine einzige dieser Sprachen zu beherrschen kann ausreichen, um verschiedenste Softwareanwendungen entwickeln zu können. Der hohe Abstraktionsgrad der populären Programmiersprachen bedeutet im Umkehrschluss, dass der Code nicht sehr hardwareorientiert ist und zunächst in die Assemblersprache des jeweiligen Computers übersetzt werden muss. Diese Aufgabe übernimmt meist das Betriebssystem, also zum Beispiel Windows oder Mac IO X.

Werfen wir nun einen kurzen Blick auf die fünf wichtigsten Programmiersprachen. Auf ihrem Code baut ein Großteil unserer digitalen Welt auf.[19]

C++: C und die Weiterentwicklungen C++ und C# sind seit den 70er-Jahren die wahrscheinlich am häufigsten eingesetzten Programmiersprachen. Die wichtigsten Betriebssysteme Windows, Mac und Linux sind überwiegend in C++ verfasst. C++ ist sehr umfangreich und deshalb verhältnismäßig schwer zu erlernen.

Java: Java wird vor allem für die Entwicklung von Webseiten angewendet. Zudem kommt Java häufig zum Einsatz für die Entwicklung von Spielen, Multimedia-Anwendungen und Softwareapplikationen für Android-Mobiltelefone. Java ist eine eingetragene Marke des Unternehmens *Sun Microsystems,* das 2010 von *Oracle* aufgekauft wurde.

JavaScript: Java und JavaScript stehen trotz des ähnlichen Namens in keinem inhaltlichen oder schöpferischen Zusammenhang. Die Firma *Netscape* hat JavaScript 1995 entwickelt, um in Webbrowsern Benutzeraktionen auszuwerten, Inhalte zu verändern oder nachzuladen.[20]

Python: Python hat einen weiten Anwendungsbereich und zeichnet sich durch eine besonders klare und leicht verständliche Syntax aus. Die Anfang der 90er-Jahre von einem niederländischen Entwickler erfundene Programmiersprache ist verhältnismäßig einfach zu erlernen und eignet sich daher sehr gut für angehende Programmierer als Einstieg in die Softwareentwicklung.

PHP: PHP wurde 1995 von einem dänischen Programmierer entwickelt und steht ursprünglich für *Personal Home Page Tools,* heute aber für **PHP: Hypertext Preprocessor.** PHP ist eine weitere beliebte Programmiersprache für die Entwicklung von Webseiten und auch von Datenbanken.

Nachfolgend sind zwei Beispiele angeführt, die zeigen, wie der Code von Programmiersprachen aussehen kann. Abgebildet ist der

Programmierbefehl für die Addition von 2 + 3 sowohl in C-Code als auch in Python:

Klar erkennbar ist, wie Sprache und Syntax der beiden Programmiersprachen voneinander abweichen und wie viel schlanker die modernere Programmiersprache Python ist.

Programmiersprache C

```
#include <stdio.h>
int main() {

    - /* Deklarieren einer Variablen */
    - int result;
    - /* Durchführen der Berechnung und Zuweisen an die Variable ›result‹*/
    - result = 2 + 3;
```

Programmiersprache Python

```
# Durchführen der Berechnung
result = 2 + 3
# Ausgeben des Ergebnisses
```

Bei der obigen Aufzählung von Programmiersprachen sind zwei wichtige Sprachen ausgelassen, die bei der Strukturierung und Gestaltung fast aller modernen Websites zum Einsatz kommen: **HTML** und **CSS.** Beide Sprachen gelten aber nicht als wahre Programmiersprachen, da man mit ihnen zwar Webseiten gestalten kann, nicht aber kompliziertere logische Funktionen programmieren kann (zum Beispiel was passiert, wenn ein Nutzer auf eine Dialogbox klickt). HTML-Kenntnisse gelten in der Programmierwelt als Basiskompetenz, die von jedem Programmierer als selbstverständlich erwartet wird.

Programmieren

Jeden Tag schreiben Programmierer rund um den Globus Milliarden Zeilen Code. Interessanterweise entfällt nur ein Bruchteil dieses Programmieraufwandes auf die Gestaltung der für den Nutzer sichtbaren Bildschirminhalte. Der Großteil des Aufwandes wird getätigt, um im Hintergrund die richtigen Daten und Informationen zur Verfügung zu stellen. Man spricht auch von Programmierarbeit für das *Front-End* versus *Back-End*. Ein Beispiel zur Veranschaulichung: Wenn Sie Flugmöglichkeiten auf einem Reiseportal recherchieren, dann sehen Sie das Front-End der Website und tippen dort Ihre Suchanfrage ein. Im Back-End läuft daraufhin ein Algorithmus und identifiziert Reiseoptionen, die Ihnen im Front-End angezeigt werden. Der Programmieraufwand für den Back-End-Algorithmus ist dabei um ein Vielfaches höher als der Programmieraufwand des Front-Ends.

Gute Programmierer sind gewöhnlich auf einen der beiden Bereiche, Front-End oder Back-End, spezialisiert. Ein guter Front-End-Programmierer hat wahrscheinlich profunde Kenntnisse in HTML/CSS und versteht etwas vom Design von Benutzerschnittstellen (*User Interface/UI*) und der Gestaltung des Nutzererlebnisses (*User Experience/UX*) – oder er pflegt eine enge Zusammenarbeit mit Experten aus diesen Disziplinen.

Die Schwierigkeit der Aufgaben von Programmierern variiert wie auch in anderen Berufen erheblich. Einige Aufgaben sind so simpel und repetitiv, dass Unternehmen sie bevorzugt in Länder mit niedrigeren Lohnkosten als in Deutschland auslagern. Andere Aufgaben sind kompliziert, aber schon häufig gelöst worden, sodass Programmierer sich den Code aus Online-Code-Bibliotheken kopieren können (*Open Source Code*). Viele Aufgaben aber sind neu, anspruchsvoll und fordern ein hohes Maß an analytischer und mathematischer Problemlösungskompetenz. Da in Deutschland das Nachwuchsangebot an guten Programmierern kaum Schritt hält mit der steigenden Nachfrage, können Programmiertalente schon weit vor dem 30sten Lebensjahr sechsstellige Gehälter verdienen.

Eine wesentliche Herausforderung beim Programmieren liegt in der Formulierung von möglichst klarem, schlankem Code. Zur Veranschaulichung eine Analogie: Am Samstag besuchen 100 Leute und am Sonntag 80 Leute eine Theatervorstellung. Ein Ticket kostet

10 Euro. Die Berechnung der Wochenendeinnahme kann man auf 2 Arten ausdrücken.

> **Variante 1:** Gesamteinnahmen = (100x10)+(80x10).
> **Variante 2:** Gesamteinnahmen = (100+80)x10.

Variante 2 ist kürzer und eleganter. Analog gibt es nicht den einen richtigen Weg, einen Algorithmus zu schreiben, beispielsweise für Preisvergleiche von Flugreisen, aber es gibt mehr oder weniger schlanke und elegante Varianten.

Eine weitere große Herausforderung ist die Vermeidung von Programmierfehlern, sogenannten *Bugs* (engl. Wanze, Ungeziefer). Der Begriff führt der Legende nach auf eine ruhebedürftige Motte zurück, die am 9. September 1947 in einem Elektronikteil des damaligen Supercomputers der Universität Harvard eine kleine Entspannungspause einlegte. Es kam zu einer Fehlfunktion des Computers, woraufhin die Motte entdeckt wurde und als Synonym für alle zukünftigen Programmierfehler in die Computergeschichte einging. Doch zurück zum Programmieren: Bugs entstehen zum Beispiel durch Fehler in der Syntax (ein Zeichen wird falsch gesetzt) oder durch Logikfehler. 1000 oder 10 000 Zeilen Softwarecode ohne Fehler zu schreiben ist extrem schwer. Selbst die besten Programmierer produzieren dabei immer wieder Bugs. Deswegen ist es eine zentrale Programmieraufgabe, Softwarecode ausgiebig in verschiedenste Richtungen zu testen. Fast unmöglich ist es, bei großen Softwareprogrammen alle gewollten und ungewollten Aktionen zukünftiger Nutzer zu antizipieren und bei der Programmierung alle theoretisch möglichen Probleme der Software zu berücksichtigen. Um das zukünftige Nutzerverhalten im Umgang mit einer Software besser zu verstehen und möglichst viele Bugs vor der offiziellen Markteinführung auszumerzen, wird neue Software häufig bereits in einer *Betaphase* einem erweiterten Nutzerkreis zugänglich gemacht.

Angesichts dieser Herausforderungen hat sich in der Programmierbranche eine relativ neue und vergleichsweise unkonventionelle Arbeitsmethode herausgebildet. Programmierarbeit wird in Projektzyklen von ein bis drei Wochen eingeteilt, sogenannte *Sprints*. Für jeden Sprint werden im Team feste Ziele und Aufgaben verteilt. Das Team bespricht in einem fixen täglichen Meeting den Fortschritt, der über ein gemeinschaftlich genutztes Softwaretool auch jederzeit auf alle Einzelpersonen heruntergebrochen werden kann. Zum Ende des Sprints testet das Team die neuen Software-Elemente ausgiebig. Der große Vorteil des Arbeitens in Sprints liegt darin, dass man Software sehr flexibel weiterentwickeln und Probleme frühzeitig erkennen kann (*agile development*).

6. Netzwerke

Menschen vereinsamen, wenn sie nicht mit anderen Menschen sprechen können. Digitalen Geräten ist es herzlich egal, ob sie mit anderen Geräten kommunizieren können. Allerdings sind sie ohne Kommunikationsmöglichkeiten viel weniger wert für uns. Was bringt uns ein Smartphone ohne Netzanbindung? Sehr wenig – wir können höchstens ein paar schöne Fotos schießen. Im Alltag sind wir daher auf verschiedenste Kommunikationsnetzwerke angewiesen: Internet über Telefon- oder Fernsehkabel, lokale Netzwerke (Ethernet) sowie verschiedene drahtlose Kommunikationsformen wie WLAN und Mobilfunk. Alle Kommunikationssysteme funktionieren nach dem gleichen Prinzip: Das Kommunikationsgerät des Absenders bringt Informationen in eine Form, die durch ein Medium übertragen werden kann. Das Kommunikationsgerät des Empfängers wandelt die Informationen im zweiten Schritt in eine konsumierbare Form zurück.[21]

Aussterbende Netzwerkanschlüsse für Haushalte: analoges Modem und ISDN

Der traditionelle Netzwerkanschluss von Haushalten ist das Telefonnetz. Es eignet sich nicht nur zur Übertragung von Gesprächen, sondern auch zur Übermittlung von Daten aus dem Internet, das – wie im nächsten Kapitel noch ausführlicher erklärt wird – im Grunde ein Netzwerk aus verschiedenen Netzwerken ist. In den 90er-Jahren wurden Haushalte über Telefonkabel nach und nach zu diesem Netzwerkverbund hinzugeschaltet. Traditionell erfolgte beim Telefonieren die Übertragung von Informationen analog, das heißt das Gesprochene wurde in eine breite Amplitude elektrischer Impulse umgewandelt. Weil Computer Informationen aber digital austauschen, war ein Gerät nötig, das zwischen Computer und Telefonanschluss geschaltet ist und einzelne digitale Bits in analoge elektrische Signale umwandeln kann. Dieses Gerät nennt sich Modem. Der Internetanschluss per analogem Modem ist heute fast verschwunden, denn diese Technologie hat zwei große Nachteile: Erstens kann man über eine einzelne Telefonleitung nicht gleichzeitig telefonieren und im Internet surfen; zweitens ist die Datenübertragungsrate auf 56 Kbit/s (56 000 Bits pro Sekunde) reduziert, sodass sich viele Webseiten quälend langsam über mehrere Sekunden laden.

Auch die etwas modernere *ISDN*-Technik (Integrated Services Digital Network) gilt mittlerweile als veraltet. Hier verfügen Haushalte über einen digitalen Kabelanschluss an der normalen Telefonleitung. Der ISDN-Anschluss hat zwei Kanäle, sodass man mit ISDN gleichzeitig telefonieren und im Internet surfen kann. Die Datenübertragungsrate ist etwas höher als mit einem analogen Modem, aber für heutige Verhältnisse immer noch sehr langsam.

Moderne Netzwerkanschlüsse für Haushalte: DSL, Fernsehkabel und Glasfaserkabel

Der übliche Internetzugang über die Telefonleitung ist heutzutage der *DSL*(Digital Subscriber Line)-Anschluss. Kern der Technologie ist ein DSL-Modem, das digitale Daten in einen hohen elektrischen Frequenzbereich überträgt, in dem keine Interferenzen mit dem Telefonsignal bestehen und hohe Übertragungsraten möglich sind (gegenwärtig bis zu 100 Mbit/s – 100 Millionen Bit pro Sekunde). Man spricht in diesem Kontext auch von mehr *Bandbreite*, da beim DSL-Anschluss ein breites Frequenzband zur parallelen Datenübertragung genutzt werden kann. Ein großer Nachteil dieser Technologie ist die geringe Reichweite der DSL-Signale im Telefonkabel – nach spätestens 5 Kilometern müssen die Signale in einer Vermittlungsstelle verstärkt werden.

Eine weitere schnelle Variante des Internetzugangs bietet das Fernsehkabel mit Kabelmodem. Fernsehkabel sind darauf ausgelegt, Daten von zahlreichen Fernsehkanälen gleichzeitig zu senden. Sie sind daher mit ausreichend freier Bandbreite ausgestattet, um parallel Daten aus dem Internet zu übertragen. Üblicherweise können über Fernsehkabel ähnliche Übertragungsraten wie über DSL erreicht werden.

Glasfaserkabel sind die modernste und schnellste Form der Datenübertragung. Die einzelnen Bits jagen nicht als elektronische Signale, sondern als Lichtimpulse durch die Glasfasern. Die Datenübertragung erfolgt nahezu mit Lichtgeschwindigkeit. Fast alle großen Datenautobahnen quer über unsere Kontinente und Ozeanböden bestehen bereits aus Glasfaserkabeln. In immer mehr Städten kann man sich einen Anschluss auch bis in die eigene Wohnung legen lassen. Datenübertragungsraten von bis zu 400 Mbit/s sorgen dann für besonders schnelles Surfvergnügen.

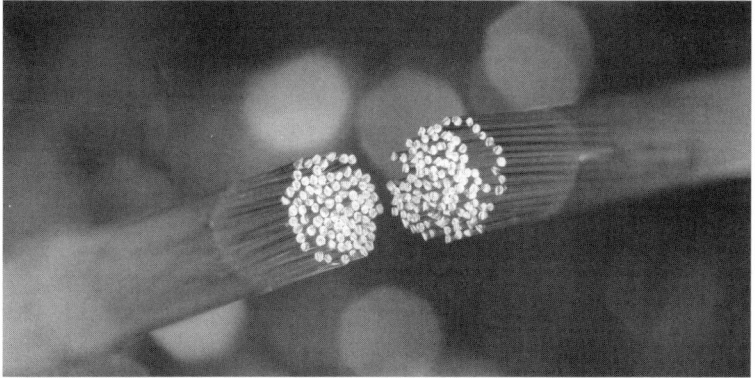

Glasfaserkabel

Netzwerke für geschlossene Systeme: Ethernet

Ethernet ist eine Netzwerktechnologie, bei der Daten innerhalb eines geschlossenen Systems über Kabel ausgetauscht werden. Ethernet-Netzwerke sind lokale Netzwerke in Wohnungen, Studentenwohnheimen oder Firmen. Neben Computern können verschiedenste Hardwaregeräte wie zum Beispiel Drucker, Server, externe Festplatten und moderne Fernseher Teil eines Ethernets sein. Eine typische private Anwendung für Ethernet wäre die Verbindung von Laptop und Fernseher mit einem Ethernet-Kabel (bekannter unter dem Begriff LAN-Kabel), um Fotos oder einen Film anzusehen. In vielen Anwendungsbereichen wird das Ethernet mittlerweile durch WLAN verdrängt.

Ethernet-Kabel

Selbst am Strand unverzichtbar?: Wireless LAN

Wie Sie vielleicht schon festgestellt haben, hat *WLAN* (Wireless Local Area Network) mittlerweile eine so hohe Alltagsrelevanz, dass sich junge Leute häufig als Erstes für den Zugang zum WLAN interessieren, wenn sie einen neuen Ort besuchen. WLAN ist eines von verschiedenen Kommunikationssystemen, das elektromagnetische Wellen beziehungsweise Funkwellen nutzt, um Informationen zu

übertragen. Ähnlich wie beim Radio werden die Funkwellen auf bestimmten Frequenzbereichen gesendet, deren Verteilung staatlich
reguliert ist. Häufig wird auch der Begriff *Wi-Fi* (für *Wireless Fidelity*)
synonym für WLAN genutzt, eine Namenserfindung eines amerikanischen Unternehmerverbundes.[22] Ein handelsübliches WLAN hat
eine Reichweite von 30–100 Meter auf freier Fläche, in Gebäuden
meist deutlich geringer.[23]

Allumfassende Vernetzung: Mobilfunk

Wenn ein Mobilfunktechniker eine Landkarte malen müsste, dann
würde er keine Städte-, Gemeinde- und Landesgrenzen zeichnen,
sondern zahlreiche Kreise, die sich an den Rändern überschneiden.
Die Kreise zeigen die Reichweite einzelner Mobilfunkzellen, in deren
Zentrum jeweils ein Funkmast steht. Jeder Mast ist an das Telefonnetz angeschlossen. Befinden Sie sich an einem Ort außerhalb der
Reichweite dieser Funkmasten, ärgern Sie sich wahrscheinlich – Sie
haben keinen Handyempfang. Funkzellen variieren in ihrem Radius
von einigen 100 Metern bis zu Dutzenden Kilometern, abhängig
vor allem von natürlichen und künstlichen Hindernissen. Wenn Sie
im Auto oder Zug reisen, springt die Verbindung Ihres Handys von
Funkmast zu Funkmast. Doch wie genau funktioniert dieses System?
 Jedes Mobiltelefon ist mit einer einzigartigen 15-stelligen Identifikationsnummer gekennzeichnet. Sobald Sie Ihr Handy einschalten,
sendet es automatisch diese Identifikationsnummer. Das Signal wird
vom nächsten Funkmast empfangen und das Telefon beim Netzbe-
treiber verifiziert. Auch im Standby-Modus sendet das Telefon weiterhin regelmäßig seine ID und bleibt mit dem Funkmast verbunden, der das stärkste Signal sendet. Wechselt die Funkverbindung
von einer Funkzelle zur nächsten, wird das Mobiltelefon erneut beim
Netzwerkbetreiber registriert, sodass ein eingehender Anruf direkt
über den jeweils nächsten Funkmast durchgestellt werden kann.
 Falls Sie in unmittelbarer Nähe eines Funkmastes leben, dürfen
Sie sich freuen: Der Akku Ihres Handys hält in der Nähe länger. Ihr

Mobiltelefon passt die Stärke seines ID-Signals an die Distanz zum nächsten Funkmast an und belastet die Batterie bei geringer Entfernung weniger. Es könnte allerdings sein, dass die Strahlung, die von diesen Masten ausgeht, gesundheitsschädlich ist. Die Wissenschaft hat die Schädlichkeit noch nicht restlos widerlegt.

Andere wichtige kabellose Systeme

Bluetooth ist eine weitere verbreitete Technologie für kabellose Kommunikation, insbesondere für Datenaustausch auf kurze Distanz. Sie kommt vor allem in Mobiltelefonen sowie kabellosen Computermäusen, Kopfhörern, Tastaturen, Gaming-Controllern oder Fernbedienungen zum Einsatz. Erstaunlich, aber wahr: Der Name Bluetooth geht auf den dänischen König Harald Blauzahn (935–985 n. Chr.) zurück, der einst Dänemark zum ersten Mal unter einer Krone vereinte. Skandinavische Programmierer der Firmen Ericsson und Nokia, die an der Entwicklung von Bluetooth beteiligt waren, gaben der Technologie ihren Namen.

Die *RFID* (Radio Frequency Identification)-Technologie kommt mit wenig oder gar keinem Strom aus. RFID-Geräte sind automatische Funkgeräte, auch *RFID-Transponder* oder *RFID-Chips* genannt, die so klein wie Reiskörner sein können. Sie reagieren auf bestimmte Funksignale und senden eine Antwort aus einfachen Daten. Die Energie ziehen sie aus einer Batterie am Transponder – oder in der batterielosen Variante über eine winzige Antenne, die Energie aus dem Funksignal generieren kann. RFID-Chips haben viele Anwendungsbereiche: in der Logistik beispielsweise zur Ortung von Gütern, bei Mautkontrollen im Verkehr zur Erkennung von Fahrzeugen, in der Landwirtschaft zur Ortung von Tieren. In Mobiltelefonen, Geldkarten oder Studentenausweisen kommt oft eine spezielle Form der RFID-Technologie zum Einsatz, die sogenannte *Near Field Communication* (*NFC*). Damit können Daten über kurze Strecken von wenigen Zentimetern ausgetauscht werden.

Im Gegensatz zur RFID ist das *GPS-Satelliten-Navigationssystem* (Global Positioning System) ein Einweg-Kommunikationssystem, das es Geräten erlaubt, ihren eigenen Standort auf Basis von Funksignalen von Satelliten zu bestimmen. Alle GPS-Satelliten senden ständig ihre aktuelle Position an die Erde. Aus den Daten von vier Satelliten kann ein GPS-Gerät seine Position errechnen, oft mit einer Genauigkeit von unter zehn Metern. GPS-Geräte finden sich als Navigationshilfe insbesondere in Fortbewegungsmitteln (Auto, Flugzeug, Schiff) oder Mobiltelefonen.

7. Internet

Das Internet ist das größte und wichtigste aller Netzwerke – ein Netzwerk aus Netzwerken. Der australisch-amerikanische Medientycoon Rupert Murdoch verglich die Bedeutung der Entwicklung des Internets einmal mit der Erfindung des Buchdrucks.[24] Zumindest für das Informationswesen kann man dieser Aussage getrost zustimmen – keine andere Innovation der letzten 500 Jahre hat die Verbreitung von Informationen mehr begünstigt als das Internet. Und keine andere Innovation in den letzten 20 Jahren war ein stärkerer Katalysator für die Digitalisierung.

Die Erfolgsgeschichte des Internets begann früher als gemeinhin bekannt, und zwar mit einem kuriosen Fehlschlag: 1969 startete das US-Verteidigungsministerium ein Projekt zur Vernetzung von Universitäten und Forschungseinrichtungen durch das sogenannte *ARPANET*. Ziel des Projekts war es, die knappen Rechenkapazitäten teurer Großcomputer effizienter zu nutzen. Am 29. Oktober 1969 wurde schließlich die erste Nachricht über das ARPANET von der University of California Los Angeles an die 550 km entfernt gelegene Stanford University (bei San Francisco) gesendet. Das System brach jedoch bei der Übertragung zusammen, sodass die erste Nachricht des Internetzeitalters nicht wie geplant »LOGIN« lautete, sondern schlicht »LO«.

Der Übertragungsfehler wurde schnell behoben. Das ARPANET etablierte sich und wuchs zu einem internationalen Netzwerk. Ab den 80er-Jahren verbreitete sich der Begriff *Internet* als neuer Name für das Netzwerk, eine Abkürzung für *internetwork*, ein Verbund von Rechnernetzwerken. Bis zu Beginn der 90er-Jahre nutzten hauptsächlich Wissenschaftler das Medium. Erst im Jahr 1990 beschloss die US-amerikanische National Science Foundation, das Internet auch für kommerzielle Zwecke zu öffnen. Zwei wichtige technische Innovationen schufen darüber hinaus die Basis für das spätere explosionsartige Wachstum des Internets:

Sir Berners-Lee, der Erfinder des WWW

Zunächst erfand 1989 der britische Physiker und Informatiker Tim Berners-Lee an der schweizerischen Forschungseinrichtung CERN ein System, das durch Hyperlinks Zugriff auf Forschungsergebnisse und wissenschaftliche Artikel ermöglichte. Er nannte dieses System *World Wide Web*. Berners-Lee erklärte das World Wide Web als »eine großräumige Hypermedia-Initiative zur Informationsbeschaffung mit dem Ziel, den allgemeinen Zugang zu einer großen Sammlung von Dokumenten zu erlauben«.[25] Mittlerweile wird der Begriff oft synonym für das Internet gebraucht; technisch haben die Begriffe jedoch unterschiedliche Bedeutungen – *World Wide Web* bezieht sich allein auf das System durch Hyperlinks verknüpfter Webseiten.

1993 wurden dann die ersten grafikfähigen Webbrowser entwickelt (ein Webbrowser ist eine Software, die das Surfen im Internet ermöglicht, zum Beispiel Internet Explorer, Google Chrome, Mozilla Firefox). Durch die neuen Browser konnten nicht mehr nur einfache Text-Webseiten angezeigt werden, sondern auch Bilder, Grafiken etc.

Heutzutage ist das Internet ein hochkomplexes Gebilde, das Millionen von kleinen und größeren Computernetzwerken miteinander verbindet und Endnutzern Informationen auf über einer Milliarde Websites im World Wide Web bereitstellt.[26] Damit ein solches Konstrukt funktionieren kann, bedarf es allgemein anerkannter Regeln und Mechanismen. Die wichtigsten sind nachfolgend erklärt:

IP-Adressen

Damit Computer über das Internet miteinander kommunizieren können, muss jeder einzelne Computer durch eine eindeutige *IP-Adresse* (Internetprotokoll) identifizierbar sein. Eine IP-Adresse besteht traditionell aus 32 Bits (4 Bytes) und wird ausgedrückt in einem Standardformat aus vier Zahlen zwischen 0 und 255, die durch einen Punkt voneinander getrennt sind, zum Beispiel »128.65.210.8«. Dieses System wird auch *Internetprotokoll Version 4* genannt, kurz *IPv4*. Stationäre Computer haben dauerhaft dieselbe IP-Adresse, mobile Geräte wie Laptops und Handys wechseln die IP-Adresse mit jedem neuen *Log-in* ins Internet. Auch Webseiten haben eine IP-Adresse, denn die auf der Webseite gezeigten Informationen werden immer von einem sogenannten *Host*-Computer bereitgestellt. Computer, die Webseiten hosten, nennt man auch *Server*. Die oben aufgeführte IP-Adresse gehört zum Beispiel zu einem Server, der die Webseite Spiegel.de hostet.[27]

Verwaltet und zugeteilt werden die IP-Adressen von einer zentralen Institution aus den USA namens *Internet Corporation for Assigned Names and Numbers*, kurz *ICANN*. ICANN vergibt die IP-Adressen in Blöcken an einzelne Netzwerkanbieter, die die Adressen weiter innerhalb des Netzwerks verteilen. Wenn ich zum Beispiel mein iPhone einschalte, bekomme ich bei der Einwahl ins Internet eine temporäre IP-Adresse von meinem Netzwerkanbieter O2 zugeteilt. Insgesamt kann ICANN 2^{32} oder ca. 4,3 Milliarden IPv4-Adressen vergeben. Diese Zahl ist nicht mehr ausreichend für den gegenwärtigen Bedarf, und erst recht nicht ausreichend, um jeden Weltbürger mit einer IP-Adresse auszustatten. Daher wird seit Jahren sukzessive das neue IPv6-System eingeführt, das 128 Bit/16 Byte-IP-Adressen nutzt. IPv6 bietet 2^{128} Adressoptionen, genug, um jeder Ameise auf Erden eine IP-Adresse zu geben.

Domain Name System (DNS)

Da sich kein Mensch IP-Adressen gerne als Zahlenkombinationen merkt, wurden als zweites Kennungsmerkmal für Webseiten schon früh Namensadressen nach dem sogenannten *Domain Name System (DNS)* eingeführt. Der Aufbau von Namensadressen, auch *Unified Resource Locator*, kurz *URL* genannt, erfolgt im Domain Name System nach einem festen Schema. Veranschaulichen wir uns dieses Schema an einer Beispiel-URL vom Online-Magazin *Gründerszene*:

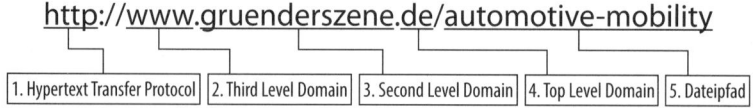

| 1. Hypertext Transfer Protocol | 2. Third Level Domain | 3. Second Level Domain | 4. Top Level Domain | 5. Dateipfad |

1. **http** steht für *Hypertext Transfer Protocol,* ein Set an Regeln, wie Daten über das Internet übertragen werden (Text-, Grafik-, Bild-, Sound-, Video- oder andere Multimedia-Dateien). HTTP ist das Standardprotokoll im Internet für die Kommunikation zwischen den Servern von Websites und dem vom Internet-Nutzer verwendeten Browser. Neben HTTP gibt es noch weitere bekannte Netzwerkprotokolle: Das *HTTPS*-Protokoll zum Beispiel gleicht dem http-Protokoll und verschlüsselt darüber hinaus die Datenübertragung (das s steht für Secure); *SMTP (Simple Mail Transfer Protocol)* und *IMAP (Internet Message Access Protocoll)* werden für den E-Mail-Verkehr genutzt.[28]

2. **www** ist die sogenannte *Third Level Domain* und ist die etablierte Abkürzung für die Ansprache eines Servers. Sie können im Allgemeinen das »www« beim Öffnen von Websites in Ihrem Browser auch weglassen – die Seite öffnet sich dennoch. Die Third Level Domain bietet Websites eine zusätzliche Möglichkeit logischer Trennung der Inhalte nach Divisionen und Abteilungen (zum Beispiel *motorrad*.bmw.de) oder Produkt- und Informationsangeboten (zum Beispiel *blog*.tagesschau.de).

3. **Gründerszene** ist die *Second Level Domain,* meist einfach Domainname genannt. Jeder kann im Internet Domainnamen registrieren, sofern diese nicht bereits vergeben sind.

4. **.de** ist die Top-Level-Domain. Länderdomains wie *.de, .at* (Österreich) oder *.ch* (Schweiz) sind ein starker Indikator dafür, an welche Landsleute eine Webseite ausgerichtet ist. In den letzten Jahren wurden auch viele generische Top Level Domains freigegeben, zum Beispiel *.info, .edu* oder *.adult.*

5. **automotive-mobility** lautet der Dateipfad zum Speicherort der abzurufenden Informationen auf dem Webserver des Online-Magazins. Er ergibt sich meist aus der Ordnerstruktur auf dem Server.

Wie für IP-Adressen ist die Internet Corporation for Assigned Names and Numbers (ICANN) auch für das Domain Name System

die verwaltende Instanz und bestimmt über Freigabe und Nutzungs-
bedingungen neuer Top-Level-Domains. Dass so viel Gestaltungs-
macht im Internet in den Händen einer einzigen US-Institution
liegt, ist politisch nicht überall auf der Welt gerne gesehen.

Das Bindeglied, das einzelne IP-Adressen und die korrespon-
dierenden Domain-Namen miteinander verknüpft, sind 13 über die
Welt verteilte *Root* Server. Sie sind eine Art Adressbuch des Internets und erfassen die IP-Adressen aller vergebenen Top-Level-Domains (.com, .de, .edu etc.), die wiederum über ein Register aller
Sub-Domains mit entsprechenden IP-Adressen verfügen. Wenn Sie
also im Browser eine Namensadresse eingeben, dann kann durch
den Abgleich mit einem der Root Server immer die richtige IP-Adresse identifiziert werden, an die das Datenpaket zu senden ist.

Protokolle – oder: die Transportmodalitäten für Bits & Bytes

Diplomatische Protokolle bestimmen die Regeln und Abläufe politischer Kommunikation mit dem Ausland. Protokolle im Internet
haben eine übertragbare Funktion: Sie legen fest, nach welchen Regeln die unterschiedlichsten Geräte im Internet interagieren. Das
vielleicht wichtigste Protokoll haben wir gerade kennengelernt,
das Internetprotokoll (*IP*). Das Internetprotokoll regelt nicht nur
das Format von IP-Adressen, sondern definiert auch den Versand-
modus von Daten. Informationen werden online stets als *IP-Pakete*
mit einem maximalen Datenvolumen von 65 kB versendet. Größere
Nachrichten werden in mehrere IP-Pakete zerstückelt, unabhängig
voneinander über das Internet gesendet und beim Empfänger wieder zusammengesetzt. Zusätzlich zur Kernnachricht transportiert
ein IP-Paket immer noch einige weitere Bytes, die technische Informationen enthalten. Dazu zählen unter anderem Adressat und Empfänger des Datenpakets, die Version des Internetprotokolls (IPv4 vs.
IPv6) und ein Code, der sicherstellt, dass ein fehlgeleitetes Datenpaket auf den Datenautobahnen des Internets nicht unkontrolliert
im Kreis herumjagt.

Neben dem Internetprotokoll gibt es noch weitere Protokolle, die gewissermaßen übereinander geschichtet werden. Das *Transmission Control Protocol* (TCP) fasst zum Beispiel einzelne IP-Pakete in deutlich größeren Datensegmenten zusammen, die besonders schnell und zuverlässig transportiert werden können.

Router – oder: die Reise von Bits & Bytes durchs Internet

Menschen können mit dem Auto direkt von A nach B fahren. Für online versandte Datenpakete gibt es hingegen keine direkte Reiseroute; vielmehr werden sie auf ausgeklügelte Weise über mehrere Netzwerk-*Router* vom Adressaten zum Empfänger geschleust. Router sind spezialisierte Geräte, die Informationen aus einem Netzwerk bündeln und über eine direkte Verbindung an benachbarte Netzwerke weiterleiten. Die hierarchische Organisation dieses Router-Systems bewältigt den komplexen Datenverkehr im Internet:

Auf der untersten Hierarchieebene stehen Router in Heimnetzwerken, öffentlichen Netzwerken und Arbeitsnetzwerken, die über Wireless LAN oder Ethernet die Internetnutzer mit dem Netz verbinden. Die auf diesem Weg ins Internet gespeisten Informationen werden auf der nächsten Hierarchieebene durch Router von Internetdienstanbietern aggregiert. Weltweit gibt es einige Zehntausende dieser Knotenpunkte. Sie teilen untereinander kontinuierlich Informationen über die ihnen angegliederten lokalen Netzwerke und IP-Adressen. Auf Basis dieser Informationstransparenz können Datenpakete zielführend von einem Knotenpunkt zum nächsten geroutet werden. Schließlich gibt es auf oberster Hierarchieebene noch über 870 *Internetknoten* weltweit, die den Datenaustausch zwischen mehreren, oft Hunderten Internetprovidern regeln.[29] Küstennahe Knoten verbinden die Kontinente über Tiefseekabel miteinander. Der größte Internetknoten der Welt liegt in Frankfurt. Falls Sie in Deutschland eine Information über das Internet versenden, ist die Wahrscheinlichkeit sehr hoch, dass das Datenpaket über den Knotenpunkt an der Mainmetropole läuft. Sind Ihre Bits und Bytes an einen Adressaten auf einem anderen Kontinent gerichtet, kann Ihr Datenpaket bis zu 20 Router passieren und durch die Netze verschiedenster Anbieter in mehreren Ländern geleitet werden.

8. World Wide Web

Im letzten Kapitel haben wir Geschichte, Funktion, Regeln und Protokolle des Internets näher kennengelernt. Vor dem Hintergrund dieser Erkenntnisse beleuchten wir jetzt den uns vertrautesten Aspekt des Internets etwas näher: das World Wide Web und seine über eine Milliarde Websites. Versuchen wir zunächst noch einmal den bereits erwähnten Unterschied zwischen dem Internet und dem World Wide Web besser zu verstehen – die IT-Firma Cisco liefert hierzu die gute Erklärung, laut der das Internet ein physisches Konstrukt beziehungsweise ein Netzwerk aus Switches, Routern und anderen Geräten ist. Seine primäre Funktion ist es, Informationen von einem Punkt zum anderen schnell, zuverlässig und sicher zu transportieren. Das Web ist dagegen eine nicht-physische Applikation, die auf der Infrastruktur des Internets aufbaut. Seine primäre Rolle ist es, eine optische Schnittstelle zur Verfügung zu stellen, welche den Informationsfluss im Internet nutzbar macht.[30]

Funktionsweise von Websites und Webseiten

Die Begriffe Web*site* und Web*seite* werden fälschlicherweise oft synonym verwendetet. Eine Web*site* ist der gesamthafte Internetauftritt einer Person oder Institution, auch Webpräsenz genannt. Diese wiederum besteht meist aus mehreren Web*seiten*, die durch einfache Navigation zu erreichen sind. Web*seiten* sind einzelne Dokumente aus Text und anderen Medieninhalten. Sie können über eine URL aufgerufen werden.

Der Inhalt von Webseiten ist als HTML-Dateien auf Host-Computern oder Servern abgespeichert. HTML-Dateien beinhalten HTML-Code, eine einfache Sprache zur Strukturierung von Texten,

Bildern, Links und anderen Inhalten auf einer Webseite. Schon wenige Zeilen HTML reichen aus, um eine Minimalversion einer Textwebseite anzuzeigen.

Hallo Welt!

Vielen Dank für den Besuch der Website.

Minimalversion einer mit HTML-Code erstellten Webseite

Die geringe Komplexität von HTML geht mit limitierten Fähigkeiten der Sprache einher. Reiner HTML-Code ermöglicht nur das Programmieren von einfachsten Webseiten mit eingeschränkten Grafikeigenschaften und wenig interaktiven Funktionen. Mehr Möglichkeiten bieten CSS-Code (Cascading Style Sheets) und JavaScript-Code, die in den HTML-Code eingebettet sind. CSS bietet vielfältige Möglichkeiten für das Layout (Schriftarten, Farben, Ränder, Linien, Höhen, Breiten, Hintergrundbilder) und erlaubt eine dynamische Anpassung von Formatierungen an verschiedene Bildschirmgrößen. JavaScript erweckt Grafiken zum Leben, validiert Daten aus Eingabemasken, und – ja, leider auch das – belästigt uns mit nervigen Pop-up-Fenstern.

Minimalversion einer mit HTML- und CSS-Code erstellten Webseite

So viel zum Aufbau einer Webseite – aber wie kommt das Bild einer Webseite beim Surfen im Internet auf Ihren Bildschirm? Wenn Sie zum Beispiel auf den Link www.sueddeutsche.de/sport klicken, passiert Folgendes: Ihr Browser sendet eine Datenanfrage an den Server, dessen numerische IP-Adresse der Domain »sueddeutsche. de« entspricht (zur Erinnerung: Zwischengeschaltete Rout-Server erstellen einen Match zwischen Namensadresse und IP-Adresse). Durch den Dateipfad /sport aus der URL wird die Datenanfrage konkretisiert und bestimmt, welche HTML-Datei auf dem Server des Verlags abgerufen wird. Die Süddeutsche Zeitung sendet daraufhin diese HTML-Datei an Ihre IP-Adresse, sodass Ihr Browser den HTML-Code (inkl. CSS- und JavaScript-Code) entpacken kann und für Sie die neuesten Sportnachrichten anzeigt. Wenn Sie möchten, können Sie den Code in Ihrem Browser unter den Entwickleroptionen einsehen und sogar manipulieren. Ihr Browser zeigt dann lokal auf Ihrem Bildschirm den Wunschtext an, zum Beispiel: »HSV gewinnt die deutsche Meisterschaft«.

Erstellung einer Website

Haben Sie schon einmal versucht, eine Website zu erstellen? Falls nein: Es ist einfacher, als die meisten Anfänger vermuten. Vor allem müssen Sie dafür nicht zwingend programmieren können.

Nehmen wir an, wir wollen die Website *www.erste-website.de* erstellen. Der erste Schritt wäre die offizielle Registrierung der Website. Zwei Voraussetzungen müssen zur erfolgreichen Registrierung erfüllt sein[31]: Erstens muss der Domainname gewissen formalen Kriterien entsprechen. Er darf unter anderem nicht länger als 63 Zeichen lang sein. Zweitens muss der Name verfügbar, also nicht bereits an einen anderen Domaininhaber vergeben sein. Ob beide Voraussetzungen erfüllt sind, kann man auf der Webseite eines Internet-Serviceproviders überprüfen, zum Beispiel beim Anbieter *United Domains*. Bei positiver Antwort kann man die Domain gegen ein geringes Entgelt erwerben. Der Serviceprovider meldet daraufhin die Domain bei einer deutschen Genossenschaft namens *DENIC (DE Network Information Center)* an, die von der Internet Corporation for Assigned Names and Numbers (ICANN) dafür akkreditiert ist, alle Web-Adressen mit der Top-Level-Domain ».de« zu verwalten.[32] Der Jahrespreis für die dauerhafte Registrierung und Verwaltung einer normalen ».de«-Adresse liegt meist unter 20 Euro; für andere Top-Level-Domains wie zum Beispiel ».shop« wird etwas mehr verlangt.

Eine eingängige Internetadresse zu erstehen ist nicht immer einfach. Ist die eigene Wunschdomain bereits vergriffen, muss man entweder auf eine kreative Alternative umsteigen oder versuchen, die Domain vom gegenwärtigen Eigentümer zu erwerben. Letzteres kann den Käufer teuer zu stehen kommen – und bietet umgekehrt eine interessante Geschäftsmöglichkeit. Schon zu frühen Internetzeiten hat sich rund um den Handel mit Domains eine kleine Nischenbranche entwickelt. Die Akteure antizipieren in der Zukunft gefragte Domainnamen, erwerben diese günstig und versuchen sie später gewinnbringend zu veräußern (sogenanntes *Domaingrabbing*). Wäre unsere Wunschdomain nicht erste-web*site*.de, sondern erste-web*seite*.de, wären wir beispielsweise mit einem typischen Fall von Domaingrabbing konfrontiert. Die Webseite ist vergriffen und beim Aufrufen der Domain wird auf eine Landing Page umgeleitet, welche die Domain für 400 Euro zum Verkauf anbietet.

Falls wir unsere neue Website auch mit Inhalten füllen möchten, benötigen wir Speicherplatz für diese Inhalte. Üblicherweise greift man dafür nicht auf den eigenen Rechner zurück, sondern auf die *Host-Server* spezialisierter Dienstleister, die 24 Stunden am Tag mit dem Internet verbunden sind. Die meisten Internet-Serviceprovider bieten eigene Host-Server bereits für 3–5 Euro pro Monat an.

Die Ausgestaltung der Inhalte erfolgt, wie oben geschildert, über HTML-Code, CSS etc., allerdings ist es heutzutage nicht mehr nötig, selbst programmieren zu können. Online-Anbieter wie Jimdo und Wix ermöglichen es auch technisch kaum versierten Nutzern, über ein Baukastensystem mit wenigen Klicks eine persönliche Website, eine Blogging-Site oder einen Online-Shop zu erstellen. Die einzelnen Baukastenelemente sind bereits vorprogrammiert, sodass der Nutzer nur noch über »drag and drop« die grafischen Elemente anordnen, Farben auswählen und Texte verfassen muss.

9. Cloud

Im Jahr 2015 kehrte ich meinem ersten Job in einer Unternehmensberatung den Rücken und nahm die Chance wahr, ein junges Start-up mit aufzubauen. In der Zusammenarbeit mit den neuen Arbeitskollegen fiel mir schnell auf, dass für die wichtigsten alltäglichen Aufgaben andere Softwareprogramme Verwendung fanden als in meinem vorherigen Job. In der Beratung nutzte ich vor allem Programme, die auf meinem Computer lokal gespeichert waren und am unteren Bildschirmrand in der Task-Leiste angezeigt wurden: Outlook für E-Mails, PowerPoint für Präsentationen, Excel für Berechnungen, Internet Explorer als Browser. Meine To-dos verwaltete ich ganz klassisch auf Papier. Meine neuen Kollegen hingegen nutzten ausschließlich onlinebasierte Softwareanwendungen. Dieser neuen Arbeitsweise passte ich mich schnell an – nach einer Woche war in meiner Task-Leiste nur noch Google Chrome als neuer Internetbrowser geöffnet. Im Browser hatte ich am oberen Bildschirmrand künftig mehrere offene Tabs, in denen Programme für alle Alltagsaufgaben liefen: Gmail, Google Calender, Google Drive zur Dokumentenablage, Google Docs zum Erstellen von Dokumenten, Slack für die Chat-Kommunikation im Team, Trello für das To-do-Management, Salesforce zur Verwaltung von Kundendaten und noch einige mehr. Worauf ich hinaus will: Die private und berufliche Computernutzung verlagert sich immer mehr von lokal gespeicherten Programmen auf internetbasierte Anwendungen in der *Cloud*, die nicht unten in der Taskleiste angezeigt werden, sondern oben in Browser Tabs als »Fenster« zur Cloud.

Die meisten Menschen haben mittlerweile zumindest ein grobes Verständnis vom Begriff Cloud. Hier nochmal die technische Erklärung: Die Cloud ist ein Zusammenschluss vieler Computer, sogenannter Server, die über das Internet IT-Infrastruktur in Form von Rechenleistung, Arbeitsspeicher und Langzeitspeicher bereitstellen. Genau genommen gibt es nicht nur eine Cloud, sondern viele Clouds, die unterschiedlichen Akteuren gehören. Viele Unternehmen betreiben auf ihren eigenen Servern eine private Cloud, da sie ihre Daten nicht in die Hände fremder Dienstleister geben möchten. Meist spielt der Begriff Cloud aber auf riesige Serverfarmen an, die IT-Konzerne wie Google, Amazon, Facebook, Microsoft oder IBM rund um die Welt aufgebaut haben. Solche Serverfarmen sind in teils Fußballfeld-großen Hallen untergebrachte, technisch hochgerüstete Komplexe. Ein signifikanter Anteil der Infrastruktur ist für Kühlanlagen vorgesehen (Klimatisierung, Wasserkühlung, Luftgebläse), die dafür sorgen, dass die Server nicht überhitzen und stets bei 25–27 Grad Celsius vor sich hin brummen können.

Serverfarm

Entstanden sind die Rechenzentren der großen Cloud-Service-Anbieter zunächst aus Eigenbedarf. Google beispielsweise muss Kopien aller Internetseiten im Netz auf seinen Servern ablegen und gleichzeitig enorme Rechenpower vorhalten. Nur so kann das Unternehmen die Vielzahl an Suchanfragen – heutzutage über 9 Milliarden pro Tag – in kürzester Zeit beantworten.[33] Mit der Verbreitung schnellerer Internetanschlüsse in den letzten zehn Jahren entwickelten sich auch externe Vermarktungsmöglichkeiten für die eigenen Serverkapazitäten. Denn je schneller der Internetanschluss eines Nutzers, desto besser kann er im Browser Dateien abrufen und Softwareprogramme verwenden, die nicht lokal gespeichert sind. Sobald ein halbwegs schneller Internetanschluss vorhanden ist, ergeben sich dann für Internetnutzer und Unternehmen gute Argumente, Cloud-Dienstleistungen wahrzunehmen: Daten in der Cloud sind zum Beispiel 24 Stunden am Tag von unterschiedlichen Geräten abrufbar (Laptop, Handy, Tablett). Zusammenarbeit in Teams wird erleichtert durch geteilte Online-Ordner (zum Beispiel Dropbox, Google Drive) und To-do-Listen (beispielsweise Trello, Wunderlist, Jira). Präsentationen, Texte und Spreadsheets können parallel von Mitarbeitern bearbeitet werden (Google Docs). Softwareprogramme, die früher mühselig auf CDs installiert werden mussten, laufen heute ohne Installationsaufwand direkt im Browser (Software as a Service). Limitierungen durch begrenzten lokalen Speicherplatz oder Rechnerkapazität existieren nicht mehr. Jeder kann unbegrenzt Musik, Filme oder Serien streamen, ohne seine lokale Festplatte vollzustopfen.

Über diese Vorteile hinaus profitieren Nutzer von Cloud Computing auch durch die Auslagerung von Aufwand, Kosten und Risiken in Zusammenhang mit ihrer IT-Infrastruktur. Cloud-Dienstleister verfügen über modernste IT-Infrastruktur, nehmen Kunden die Wartungsaufgaben ab und investieren in aufwendige Absicherungen ihrer Systeme. Kundendaten auf Cloud-Servern sind möglichst redundant angelegt, sodass bei Serverausfällen an einem Ort auf Kopien der Daten auf Servern an einem anderen Ort zurückgegriffen werden kann. Nehmen wir an, Sie streamen auf *Amazon Prime* einen Film und ein Asteroid würde auf den Server stürzen, auf dem die Filmdaten liegen – die Wahrscheinlichkeit wäre hoch, dass Sie den Film problemlos über einen anderen Server weiterschauen könnten. Die Stabilität des Gesamtsystems und die Datensicherheit der großen Cloud-Anbieter ist konkurrenzlos. Größere Serverausfälle sind so ungewöhnlich, dass sie schnell mediale Beachtung erfahren, so wie im Februar 2017, als ein mehrstündiger Serverausfall bei Amazon Web Services die Dienste einiger bekannter Tech-Unternehmen stark beeinträchtigte. Üblicherweise aber summieren sich diese sogenannten *Server Downtimes* bei den großen Anbietern auf nur wenige Stunden pro Jahr. Google Cloud Server fielen 2014 sogar nur ganze 14 Minuten aus – das entspricht einer Verfügbarkeitsquote von über 99,999 Prozent.[34]

All die genannten Aspekte haben dazu geführt, dass Cloud Computing in den letzten Jahren einen wahren Boom erfahren hat und dieser Trend auch weiter anhalten wird. Allein von 2015 bis 2017 soll sich der Datenverkehr in der Cloud von 3,85 auf 7,71 Zettabyte (10 hoch 21 Byte) verdoppeln – und bis 2020 soll sich der Datenverkehr erneut verdoppeln.[35] Für Amazon, Google und Co. haben sich Cloud-Dienstleistungen zu einem wichtigen wirtschaftlichen Standbein entwickelt. Amazon hat mit seinem Geschäftsbereich Amazon Web Services 2016 über 9 Prozent seines Konzernumsatzes und 29 Prozent seines Konzerngewinns erwirtschaftet.[36]

Ein so attraktiver Wachstumsmarkt ist natürlich heiß umkämpft. Junge Unternehmen, die besonders datengetrieben arbeiten und große Rechenkapazitäten benötigen, werden daher schon in frühen Unternehmensphasen von den Cloud-Anbietern mit kostenlosen Cloud-Dienstleistungen im Wert von bis zu 100 000 Euro geködert. Nach Ablauf der Förderzeit, so das Kalkül, werden die Unternehmen in gut zahlende Kunden konvertiert.

Die Cloud wird gerne als schneeweiße Wolke symbolhaft dargestellt. In Wirklichkeit hat die Cloud aber auch ihre Schattenseiten. Zunächst einmal ein eher praktisches Problem: Je mehr Daten in der Cloud gespeichert sind und je mehr Computer zu einem reinen Fenster in die Cloud mutieren, desto mehr steigt auch die Abhängigkeit von einem guten Internetzugang. Wichtige Dokumente sollte man daher immer auch auf einem lokalen Speichermedium vorhalten. Problematische Aspekte größerer Tragweite ergeben sich bezüglich Privatsphäre, Datensicherheit und Haftungsthemen: Welchen Einblick dürfen Cloud-Anbieter in persönliche Daten haben? Welche Nutzungsrechte? Welche Daten dürfen bei Strafermittlungen herausgegeben werden? Wie gut können Cloud-Anbieter trotz höchster Sicherheitsvorkehrungen sicherstellen, dass nicht doch einmal vertrauliche Daten gestohlen oder wichtige cloudbasierte Softwaresysteme manipuliert werden? Wer haftet, wenn Datenklau oder ein Serverausfall zu materiellen Schäden führt? Der Gesetzgeber hat diese Fragen bisher nicht ausreichend geregelt. Kunden von Cloud-Anbietern sollten sich daher der Risiken der Cloud und ihrer unsicheren rechtlichen Lage bewusst sein.

Der Motor der Digitalisierung

Nachdem wir die wichtigsten technischen Grundlagen der Digitalisierung verstanden haben, geht es als Nächstes um den »Motor der Digitalisierung«. Wir besprechen, welche ökonomischen Mechanismen den digitalen Wandel befeuern, und versuchen zu verstehen, wie im Silicon Valley und in Deutschland Digitalisierung vorangetrieben wird. Zudem ergründen wir, mit welchen Arbeitsmethoden Unternehmer und Innovatoren erfolgreich Ideen umsetzen. Der letzte Teil dieses Buchabschnitts dreht sich um den Schmierstoff, der den digitalen Motor auf Trab hält: Wagniskapital. Dabei wird auch erläutert, warum manche guten Ideen mit Unsummen von Geld unterstützt werden – und andere eben nicht.

10. Exponentielles Wachstum

Einer arabischen Legende nach wurde das Schachspiel im dritten oder vierten Jahrhundert nach Christus im Reich des indischen Königs Shiram von einem weisen Brahmanen erfunden. Nachdem der Brahmane den König in der Kunst des Spiels unterrichtet hatte, war dieser schwer beeindruckt. Aus Dankbarkeit für den neuen, kurzweiligen Zeitvertreib gewährte der König dem Brahmanen einen freien Wunsch. Der Brahmane pries die Großzügigkeit des Königs und sagte: »Nichts weiter will ich, edler Gebieter, als dass Ihr das Schachbrett mit Reis auffüllen möget. Legt ein Reiskorn auf das erste Feld, und dann auf jedes weitere Feld stets die doppelte Anzahl an Körnern. Also zwei Reiskörner auf das zweite Feld, vier Reiskörner auf das dritte, acht auf das vierte und so fort.« »Der Wunsch sei dir gewährt«, sagte der König, beeindruckt von der scheinbaren Bescheidenheit des Brahmanen. Als sich der König wenig später bei seinem Rechenmeister erkundigte, ob der Brahmane seine Belohnung in Empfang genommen habe, musste er zu seinem Erstaunen feststellen, dass er seine Schuld nicht werde einlösen können. Der Brahmane hatte nicht weniger als 2^{64}, also ungefähr 18 Trillionen Reiskörner gefordert.[37] Doch der Rechenmeister half dem Herrscher aus der Verlegenheit, indem er ihm empfahl, den Bittsteller ganz einfach das Getreide Korn für Korn nachzählen zu lassen.

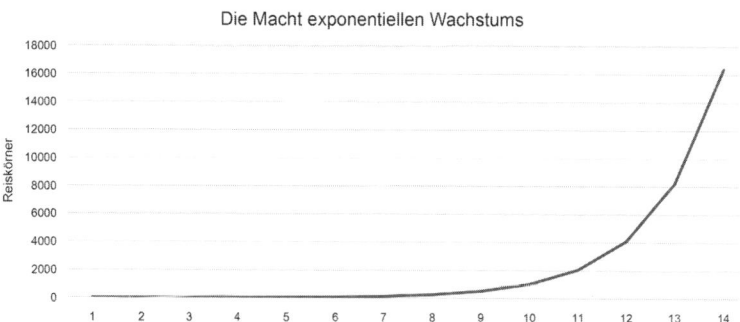

Die Macht exponentiellen Wachstums

Diese Legende ist ein gutes Beispiel dafür, wie schwer es uns Menschen fällt, die Geschwindigkeit exponentiellen Wachstums richtig einzuschätzen. Der König hätte wahrscheinlich ausreichend Reis liefern können, um die erste Hälfte des Schachbretts zu befüllen. Hierfür hätte er ungefähr 4 Milliarden Reiskörner aufbringen müssen – der landwirtschaftliche Ertrag eines größeren Ackers. Nach

Befüllung der ersten 32 Schachbrettfelder aber wären die landwirtschaftlichen Ressourcen des Königs schnell aufgebraucht gewesen. Der König war sich also nicht bewusst, dass exponentielles im Gegensatz zu linearem Wachstum zunächst nur langsam zunimmt, dann aber zu einem bestimmten Punkt geradezu explosionsartig Fahrt aufnimmt.

Auf dem Weg zu explosionsartigem Fortschritt

Im Rahmen der Digitalisierung lassen sich exponentielle Wachstumskurven heute in vielen technischen Bereichen feststellen. Dies gilt insbesondere für die Leistungsfähigkeit der Informationstechnik in den letzten Jahrzehnten (Preis-Leistungs-Verhältnis, Geschwindigkeit, Speicherkapazität, Bandbreite). Das prominenteste Beispiel für exponentielles Wachstum in der IT sind Computerchips. Abgesehen von Moore's Law finden sich in der IT noch zahlreiche weitere Beispiele für exponentielle Wachstumskurven, unter anderem für die Entwicklung von Speicherplatz auf Computern, für die Menge ausgetauschter Daten im Internet oder die räumliche Auflösung von Gehirnscans.

Im Jahr 2018 ist die digitale Evolution an einem Punkt angelangt, an dem exponentieller Fortschritt immer mehr durch zwei zusätzliche ökonomische Effekte verstärkt wird. Der erste Effekt ist ein kombinatorischer Effekt. Fortschritte in einzelnen technischen Disziplinen begünstigen Innovationen in anderen Disziplinen. Beispielsweise beflügeln technische Durchbrüche im Bereich künstlicher Intelligenz auch die Weiterentwicklung des Internet of Things und der Robotik (s. Kapitel 29 und 36). Der zweite Effekt ist ein rekursiver, also ein sich selbst verstärkender Effekt. Mittlerweile ist zum Beispiel künstliche Intelligenz auf einem technischen Stand, an dem Software sich teils selbst weiterprogrammieren kann und Roboter sich erste Fähigkeiten selber »beibringen«.

11. Digitale Disruption

Ein wesentlicher Effekt des exponentiellen technischen Fortschritts auf die Wirtschaft ist ein plötzlicher, radikaler Wandel in bestimmten Wirtschaftsbranchen, der häufig mit dem Schlagwort »Digital Disruption« umschrieben wird. Betrachten wir ein paar Beispiele für digitale Disruption in den letzten 25 Jahren:

In der Telekommunikationsindustrie wurde Festnetztelefonie weitgehend durch Mobilfunk und Internettelefonie (*Voice over IP*) ersetzt. Kaum ein junger Mensch hat noch ein Festnetztelefon zu Hause. In der Musikindustrie spielen CD-Verkäufe nur noch eine untergeordnete Rolle. Musikliebhaber zahlen lieber für Online-Streaming-Dienste wie Spotify und Soundcloud, die eine nahezu grenzenlose Auswahl an Musiktiteln anbieten. In der Filmindustrie haben DVDs zunächst Videokassetten abgelöst. DVDs wiederum wurden überflüssig, als Streaming-Dienste wie Netflix und Amazon Prime unbegrenzten Zugang zu einer gigantischen Videothek von Filmen, Serien und Dokumentationen ermöglichten. Die Fernsehindustrie leidet darunter, dass in vielen Haushalten der Fernseher – wenn überhaupt – nur noch als zweiter Bildschirm neben Laptop oder Smartphone genutzt wird. Im Buchhandel sterben die kleinen Buchläden aus, seit Amazon in fast jeder Dimension überlegenen Service bietet. Und in der Medienbranche kämpft ein Großteil der Zeitungshäuser ums wirtschaftliche Überleben. Viele Menschen möchten sich schlichtweg keinen Haufen Papier mehr nach Hause liefern lassen, wenn man im Internet von überall auf ein breites Angebot journalistischer Formate zugreifen kann – größtenteils kostenlos.

Diese Aufzählung könnte man noch lange fortführen. Einen besonders starken Wandel erleben wir gegenwärtig zum Beispiel in der Banken-, Versicherungs- und Bauindustrie sowie in der Logistikbranche. Interessant ist aber vor allem die Frage, wie Industrien auf den Kopf gestellt werden können, in denen Innovationen in den 25 Jahren zuvor nicht annähernd dieselben Verwerfungen verursachten. Der Grund dafür ist, dass Fortschritt in den genannten Industrien vor dem digitalen Zeitalter auf inkrementelle Art und Weise vonstattenging, also in relativ kleinen Schritten. Die Digitalisierung hat jedoch neue Technologien und Geschäftsmodelle hervorgebracht, die die jeweiligen Industrien wie ein Erdbeben erschütterten.

Der österreichische Ökonom und Harvard-Professor Joseph Schumpeter prägte für diesen Prozess abrupten Wandels 1942 den Begriff »schöpferische Zerstörung« (engl. *creative destruction*). Für Schumpeter war dieser Begriff nicht negativ konnotiert, sondern ein natürlicher ökonomischer Prozess, Voraussetzung für Wachstum und Fortschritt. Er postulierte, dass sich die Wirtschaft stets in langen Zyklen entwickelt, an deren Ende „dynamische Unternehmer" eine Neukombination von Produktionsfaktoren erfolgreich durchsetzen und alte Strukturen aufgelöst werden.[38] Gesamtwirtschaftlich ist diese Entwicklung vorteilhaft. Sie impliziert aber auch, dass viele alte eingesessene Unternehmen in einer bestimmten Branche, oft bisherige Marktführer, vom Markt gedrängt werden.

Mit diesem Verdrängungsmechanismus setzte sich ein halbes Jahrhundert später ein weiterer Harvard-Professor auseinander, Clayton M. Christensen. Anstelle von Schumpeters Kraft der »schöpferischen Zerstörung« führte er die Begriffe »Disruptive Technologie« und »Disruptive Innovation« ein, deren Charakter und Wirkungsweise er in seinem 1995 erschienenen Werk *The Innovator's Dilemma* erläutert hat. Als disruptive Technologie beschreibt Christensen eine Innovation, die eine bestehende Technologie, ein bestehendes Produkt oder eine bestehende Dienstleistung vom Markt verdrängt.[39] Produkte, die auf disruptiven Technologien basieren, sind anfangs den etablierten Technologien noch weitgehend unterlegen – so wie die ersten Digitalkameras mit geringer Pixelzahl in den 90er-Jahren. Doch gleichzeitig zeichnen sie sich durch ein neuartiges Nutzenversprechen aus, das eine kleine Kundengruppe bereits zu schätzen weiß. Die neuen Produkte können günstiger sein, kleiner, einfacher oder angenehmer zu nutzen. Für die marktführenden Unternehmen entsteht diese neue Marktnische unerwartet und weckt aufgrund geringer Marktgröße und Margen auch anfangs kein Interesse. Im Zeitverlauf verbessert sich die neue Technologie aber so schnell, dass die Innovatoren schneller über ein überlegenes Angebot verfügen, als etablierte Unternehmen reagieren können. In der Folge werden viele bestehende Unternehmen verdrängt, wie in der Fotokamerabranche die Firma Kodak, die einst 145 000 Mitarbeiter beschäftigte und 2012 Insolvenz anmelden musste.[40] Die Innovatoren wachsen derweil zu florierenden Unternehmen heran – bis irgendwann eine neue disruptive Technologie am Horizont auftaucht und das wirtschaftliche Überleben der neuen Branchengrößen bedroht. Dieses Risiko erfolgreicher Innovatoren nennt Christensen *The Innovator's Dilemma*.

Digitale Disruption erklärt, warum viele Unternehmen und Geschäftsmodelle durch die Digitalisierung bedroht sind, bereits verschwunden sind, oder noch verschwinden werden. Künstliche Intelligenz ist wahrscheinlich die Innovation, die die größten Umbrüche in unterschiedlichen Industrien verursachen wird. Nach und nach wird künstliche Intelligenz den Menschen bei der Bewältigung immer komplexerer Aufgaben ablösen und dadurch Unternehmen und Mitarbeiter aus dem Markt drängen, die ihre Kompetenzen nicht früh genug den neuen Gegebenheiten anpassen. Ein Vergleich der Unternehmensliste von Dax und Dow Jones vor 25 Jahren mit den heute noch in den Indizes gelisteten Unternehmen lässt erahnen, wie sehr sich die Wettbewerbslandkarte erst recht in den nächsten 25 Jahren verändern wird: Von den ursprünglich gelisteten Unternehmen aus dem Dax sind heute nur noch zwölf, aus dem Dow Jones noch 13 gelistet.

Als Nächstes befassen wir uns mit einem Ort, der mehr disruptive Innovationen hervorgebracht hat als jeder andere: das Silicon Valley.

12. Silicon Valley

Das Silicon Valley ist ein Tal auf der südlichen Hälfte der Halbinsel von San Francisco. Es umfasst das Santa Clara Valley und reicht von San Mateo bis nach San Jose, ist ungefähr 70 Kilometer lang und 30 Kilometer breit. Davon ist nur ein zehn Kilometer breiter Streifen durchgehend bebaut – eine Fläche kaum größer als Berlin. Städtchen mit klangvollen Namen wie San Carlos, Menlo Park, Palo Alto, Mountain View, Cupertino und Sunnyvale reihen sich aneinander. Der Journalist Christoph Keese schreibt in seinem 2014 veröffentlichten Bestseller *Silicon Valley*: »Die Trivialität dieser Gegend verblüfft mich immer wieder. Nicht die Landschaft ist trivial. [...] Trivial aber ist die Bebauung [...]. Das stellt man sich irgendwie anders vor. Dass Googles Heimat irgendwie mächtig aussieht, bedeutsam und einflussreich.«[41] Charakteristisch für die Region, insbesondere Palo Alto, ist auch das hippe, non-konformistische, entspannte Flair und ein revolutionärer Geist.

Im Silicon Valley, dem wohl mächtigsten Tal der Welt, schlägt das Herz der Digitalisierung. Rund um die Welt hat es in der Vergangenheit zahlreiche Versuche gegeben, ein »Silicon Valley von X« aufzubauen. Doch nirgendwo ist es geglückt, einen vergleichbar erfolgreichen Standort für die IT- und Hightech-Industrie zu errichten. Drei der fünf bedeutendsten westlichen Tech-Unternehmen der heutigen Zeit – Google, Apple, Facebook – haben allesamt ihre Hauptsitze im Silicon Valley. Dazu kommen weitere Branchengrößen wie eBay, Yahoo!, Intel, Hewlett-Packard, Cisco, Dell und Adobe.

Die Entstehungsgeschichte eines einzigartigen Tech-Ökosystems

Der Mythos dieses Tals, so wird gerne erzählt, nahm seinen Anfang mit einem visionären Universitätsdekan, zwei begabten Unternehmern und einer Garage in Palo Alto. Frederick Terman, Dekan der Stanford University, hatte schon vor dem Zweiten Weltkrieg Potenzial darin erkannt, junge Unternehmer mit Kapital zu unterstützen und in der Region zu halten. Hiervon profitierten 1939 auch die beiden Freunde William Hewlett und David Packard, die mit gerade einmal 538 Dollar Startkapital die Firma HP gründeten. Als ersten Firmensitz konnten sie eine kleine Garage in Palo Alto auftreiben, die gerne als Geburtsort des Silicon Valley bezeichnet wird. Denn trotz ihrer bescheidenen Ausgangssituation gelang es Hewlett und Packard, ihr Garagen-Start-up zu einem großen Firmenimperium und zum Vorreiter der Hightech-Branche aufzubauen.

Betrachtet man die Geschichte des Silicon Valley etwas sachlicher, liegt die Wurzel allen Erfolgs in einer Kombination dreier sich gegenseitig begünstigender Faktoren. Erstens verfügt die Region mit den bereits im 19. Jahrhundert gegründeten Universitäten Stanford und Berkeley über zwei Eliteinstitutionen, die seit eh und je bestens ausgebildete Arbeitskräfte hervorbringen. Zweitens wurde 1933 mitten in der Region des Silicon Valley das Moffett Federal Airfield gebaut, das sich im Zweiten Weltkrieg zum zentralen Militärflughafen der Region entwickelte. Um den Flughafen herum siedelten sich etliche Unternehmen des militärisch-industriellen Komplexes an (zum Beispiel die Firma Lockheed Martin), deren Forschung von der US-Regierung massiv subventioniert wurde. So bildete sich im Valley eine erste Keimzelle für die Hightech-Industrie. Drittens entstand ab 1952 auf universitätseigenem Gelände der Standford Industrial Park, in dem sich vor allem von Studenten gegründete Elektronikunternehmen niederließen. Bald war dieser Forschungs- und Industriepark so gut belegt, dass sich neue Unternehmen entlang des Highway 101 ansiedelten und sich eine zweite Keimzelle der Hightech-Industrie entwickelte. Durch die Konvergenz von florierendem Privatsektor, staatlicher Unterstützung und exzellenten akademischen Institutionen auf engstem Raum war somit schon in den 50er-Jahren im Silicon Valley eine weltweit einzigartige Umgebung entstanden.[42] Die Voraussetzungen für weiteren Erfolg waren geschaffen.

Die Aufbruchsstimmung im Valley lockte immer mehr kluge Köpfe und Talente aus allen Ecken des Landes an. So auch William

B. Shockley, den Urvater der Silizium-Computerchips, der sich 1956 im Valley niederließ. Seine Erfindungen hatten wesentlichen Einfluss auf den Aufschwung der Halbleiter- und Computerindustrie in der Region. Die massenhafte Produktion der Silizium-Chips verleitete schließlich 1971 eine Zeitung dazu, die Region als »Silicon Valley« zu betiteln – eine Bezeichnung, die hängen blieb. Doch der Erfolg des Valley war nicht nur auf Computerchips und Hardware beschränkt. Begünstigt durch die zunehmende Verbreitung von Standardsoftware, entwickelte sich neben der Hardwarebranche ab den 70er-Jahren eine ebenso prosperierende Softwarebranche. Als Glücksfall sollte sich erweisen, dass das Internet in seiner Frühform ein elitäres Netzwerk war, zu dem nur ein geringer Bevölkerungsanteil, vorwiegend die Armee und Universitäten, Zugang hatten. Die Öffentlichkeit war weitgehend vom Netz ausgeschlossen. Im Silicon Valley jedoch genossen überproportional viele Menschen die Möglichkeit, das Internet über militärische und universitäre Projekte kennenzulernen. Die Menschen im Valley sind also auf der Poleposition ins Internetzeitalter gestartet. So überrascht es wenig, dass man in dieser Region früher als anderswo verstanden hat, wie man das Internet auch für kommerzielle Zwecken nutzen kann.

Warum das Silicon Valley so schwer zu kopieren ist

Wie zu den Zeiten von William Hewlett und David Packard ist die Stanford University nach wie vor der akademische Brutkasten des Silicon Valley. Das Renommee und die akademische Leistung der einst ziemlich provinziellen Universität sind über die Jahrzehnte erheblich gestiegen. Je nach Fakultät belegt Stanford den ersten oder zweiten Platz der meisten Hochschul-Rankings in den USA. Das Jahresbudget der Universität beträgt unglaubliche fünf Milliarden US-Dollar – fast zehnmal so viel wie das Budget der Universität von Köln, Deutschlands größter Universität. Dabei studieren in Köln mit 45 000 Studenten dreimal mehr Studenten als in Stanford mit seinen 15 000 Studenten.[43] Das Betreuungsverhältnis zwischen Professoren und Studenten ist in Stanford ganze zwölfmal besser. Auf dem Campus geben sich die Elite der USA und zahlreiche hochrangige Gäste aus dem Ausland die Klinke in die Hand, halten Vorträge und betreiben Imagepflege für die Organisationen, die sie vertreten. So gelangen Studenten schon früh an wertvolle Kontakte. Darüber hinaus hat Stanford sich zu einer wahren Unternehmerschmiede entwickelt, aus der serienmäßig erfolgreiche Start-ups entstehen. Gründertraining ist ein fester Bestandteil im Lehrplan. Zusätzlich veranstaltet die Uni Start-up-Bootcamps, stellt studentischen Gründerteams Räumlichkeiten zur Verfügung und bietet die Möglichkeit, sich beim universitätseigenen Accelerator-Program *StartX* anzumelden. Stanford ist so gründerorientiert ausgerichtet, dass in der Vergangenheit bereits Vorwürfe laut wurden, die Universität drohe ihre Balance zwischen Kommerz und Lehre zu verlieren.[44]

Im Gegensatz zu den akademischen Institutionen spielt der Staat im Valley keine nennenswerte Rolle mehr. Waren es früher noch staatliche Subventionen, die Unternehmen und Gründer ins Valley lockten, sind es heute die Geldtöpfe der Wagniskapitalgeber. Diese sogenannten *Venture-Capital*-Firmen haben seit den 70er-Jahren Einzug im Silicon Valley gehalten. Mittlerweile haben fast alle namhaften Unternehmen der amerikanischen Venture-Capital-Branche einen Standort im Valley. Die meisten haben sich in Menlo Park entlang der Sand Hill Road angesiedelt – für die Venture-Capital-Welt das Äquivalent der Wall Street. 2016 wurden in der gesamten Bay Area (San Francisco und Silicon Valley) schwindelerregende 25 Milliarden Dollar in Start-ups investiert. Das entspricht einem Viertel des weltweit investierten Risikokapitals, mehr als in ganz Europa investiert wurde und über zehnmal so viel wie in Deutschland.[45][46] Die Zahlen sollen nicht darüber wegtäuschen, dass auch Europa mittlerweile über eine etablierte Venture-Capital-Szene verfügt. Allerdings ist es auf unserem Kontinent nach wie vor schwieriger, Wagniskapital zu erhalten, insbesondere größere Summen für kapitalintensive, risikoreiche Geschäftsmodelle. Viele europäische Gründer machen sich daher auf der Suche nach Investoren ins Silicon Valley auf.

Ein weiterer wichtiger Erfolgsfaktor des Valleys ist die unmittelbare Nähe, in der Tausende hochtalentierte Menschen miteinander leben. Gründer, Forscher, Innovatoren und Kapitalgeber laufen sich ständig über den Weg. Wissen wird schnell transferiert und das Kreativpotenzial ist hoch. Vor allem schafft die Nähe auch wichtiges Vertrauen, wie Saeed Amidi, eine Unternehmergröße aus dem Valley, in Christoph Keeses Buch erklärt: »Fernbeziehungen sind verpönt. Wer etwas erreichen will, muss vor Ort sein. Besonders Investoren legen größten Wert auf Nähe. Wen man nicht kennt, dem traut man nicht, und wem man nicht traut, mit dem macht man keine Geschäfte.«[47] Aus der Perspektive von Unternehmensgründern ist die Nähe zu Investoren ebenso vorteilhaft. »Was Gründer suchen, sind das persönliche Engagement und das Netzwerk des Investors«, sagt Investor-Legende Marc Andreessen, »[…] und das geht nur, wenn er direkt um die Ecke sitzt. Auf Entfernung funktioniert das nicht.«[48]

Schwer zu kopieren ist auch der viel zitierte Spirit, der im Silicon Valley herrscht. »Silicon Valley is a state of mind, not just a place« ist ein gern bemühter Ausspruch. Doch wie erklärt sich die spezielle Geisteshaltung im Valley? Was macht sie aus?

Ein wichtiges Fundament ist die ursprünglich sehr kleinstädtische, fast dörfliche Struktur der Region. Mit anderen zu kollaborieren und zu teilen hatte in dieser Gemeinschaft einen herausragenden Stellenwert.[49] Nicht minder einflussreich war das liberale, non-konformistische, teils revolutionäre Gedankengut, das von den regionalen Universitäten ins Valley getragen wurde. Stanford, Berkeley, Palo Alto waren in den 60er- und 70er-Jahren allesamt Hochburgen der Hippie-Bewegung. In den 90er-Jahren prägte der starke Zuzug von Ingenieuren und Programmierern den lokalen Spirit auf neue Weise. Die Neuankömmlinge waren technikfokussierte Revoluzzer im Kapuzenpulli, die mit Gitarre spielenden Hippies nicht viel anfangen konnten.

All die beschriebenen Einflüsse speisen die heutige Kultur im Valley. Mit anderen Menschen zu teilen spielt dabei nach wie vor eine große Rolle: Die Valley-Bewohner teilen Ideen, Feedback,

Kontakte, Büroräume, Autos, Erfolge und vielleicht am wichtigsten: auch Niederlagen. Die Bereitschaft, Niederlagen und Pleiten zu feiern, und den daraus gewonnenen Lernerfolg in den Vordergrund zu stellen, sucht ihresgleichen. Wichtig ist nur die Geschwindigkeit, in der sich der Lernprozess vollzieht: »Fail fast, learn fast« lautet das Mantra im Valley. Was die revolutionäre Ader der Menschen angeht, wird heute nicht mehr nur die Politik infrage gestellt, sondern praktisch alle Lebensbereiche. Alles kann man neu erfinden, für jedes Problem gibt es eine technische Lösung. Innovation wird nicht in kleinen Schritten gedacht, sondern am besten in ehrgeizigen und bahnbrechenden Projekten, sogenannten *Moonshots*. Wie Google Chairmann Eric Schmidt in seinem Buch *How Google Works* erklärt, entstehen wahre Informationen erst, wenn man nicht versucht, Dinge um zehn Prozent zu verbessern, sondern um den Faktor zehn.[50]

Nicht zuletzt profitiert das Valley auch sehr stark von seiner Internationalität. Mehrere Studien haben in den letzten Jahren die essenzielle Bedeutung von Immigranten für den Unternehmenserfolg amerikanischer Start-ups herausgestellt, darunter auch eine Studie der National Foundation for American Policy. Der Thinktank untersuchte 87 sogenannte *Unicorns,* also nicht-börsennotierte Unternehmen mit einer Unternehmensbewertung von mehr als einer Milliarde Dollar. 44 dieser Unternehmen wurden von Immigranten gegründet, 32 davon in Kalifornien.[51] Für den Erfolg der Immigranten im Silicon Valley gibt es zwei gute Erklärungsmodelle. Einerseits handelt es sich um eine hochbegabte Elite von internationalen Absolventen der Universitäten Stanford und Berkeley, vorselektiert durch die harten Aufnahmekriterien der Universitäten. Anderseits verfügen viele Immigranten über eine besonders starke Motivation, nachdem sie ihr Leben in ihren Heimatländern aufgegeben haben. Sie sehen die USA und insbesondere das Silicon Valley als einmalige Chance, etwas Großes aufzubauen.

Wir haben jetzt nun eine ganze Reihe von Erfolgsfaktoren des Silicon Valley kennengelernt. Einige davon mögen kopierbar sein, alle auf einmal jedoch kaum. Allein der legendäre Ruf des Valleys ist wie ein Donnerhall, der alles andere übertönt. Und so wird im Silicon Valley auch weiterhin das Herz der Digitalisierung schlagen.

13. Silicon Germany – die deutsche Digitalszene

Genug der schönen Worte über das Silicon Valley. Wie sieht es mit der Digitalisierung in Deutschland aus? Mit genau dieser Frage befasst sich Christoph Keese nach seinem Buch *Silicon Valley* in seinem nächsten Bestseller *Silicon Germany*. Sein Resümee: »Wir können alles, außer digital.« [52] Ähnlich negativ fasst der Digitalexperte Tim Cole in seinem Buch *Digitale Transformation* die Situation in unserer Heimat zusammen: »Deutschland hat noch eine, wenn auch nur eine Außenseiterchance beim ›Great Game‹, der Neuverteilung der Welt im Zeitalter der digitalen Transformation.« [53] Auch unsere Kanzlerin hat die Herausforderungen erkannt und sorgt sich dabei vor allem um das Zugpferd unserer Wirtschaft, die Industrie. Beim Davoser Weltwirtschaftsforum 2015 warnte sie: „Wir müssen [...] die Verschmelzung der Welt des Internets mit der Welt der industriellen Produktion [...] schnell bewältigen, weil uns sonst diejenigen, die im digitalen Bereich führend sind, die industrielle Produktion wegnehmen werden.« [54]

In Zahlen fällt die Bestandsaufnahme noch ernüchternder aus, nicht nur für Deutschland, sondern für ganz Europa. 41 Prozent der europäischen Arbeitnehmer verfügen laut einer Studie der EU-Kommission über keine oder geringe digitale Fähigkeiten. Bis zum Jahr 2020 werden in Europas Digitalindustrie 756 000 Stellen erwartet, die nicht adäquat mit Einheimischen besetzt werden können. Der Bundesverband der deutschen Industrie (BDI) rechnet bis zum Jahr 2025 in Europa aufgrund von Versäumnissen bei der Digitalisierung mit einem Verlustpotenzial von 605 Milliarden in acht wirtschaftlichen Kernbranchen. Davon entfallen 220 Milliarden auf Deutschland. [55]

Dass der Motor der Digitalisierung in Deutschland stottert, liegt an einer Reihe von Gründen. Zunächst haben wir in Deutschland den historischen Nachteil, dass wir im Vergleich zu den USA seit Ende des Zweiten Weltkriegs eine deutlich kleinere Rüstungs- und Raumfahrtindustrie haben. Im Silicon Valley bildeten genau diese beiden Industrien eine Keimzelle der Digitalisierung, die uns hierzulande fehlt. Es ist uns auch nicht geglückt, diese Ausganssituation auf andere Weise wettzumachen. Die Politik hat die digitale Transformation zunächst vollkommen verschlafen. Emblematisch ist Angela Merkels legendäre Aussage aus dem Jahr 2013: »Das Internet ist für uns alle Neuland.«[56] Die politische Verantwortung für die Schadensbegrenzung lastet auf mehreren Schultern. Im Moment haben Wirtschaftsministerium, Verkehrsministerium und Innenministerium in Bezug auf die Digitalisierung die Verantwortung. Zusätzlich nehmen auch noch das Justizministerium und Bildungsministerium Einfluss. Grundsätzlich ist die Verteilung der Verantwortung durchaus sinnvoll, doch regelmäßige Uneinigkeit über die Verteilung von Budgets und Kompetenzen bremsen die politische Tatkraft nachhaltig ein.[57]

Auch unser Bildungssystem ist nicht ausreichend vorbereitet. Man mag es kaum glauben, aber 2017 stand Informatik nur in Bayern, Sachsen und Mecklenburg-Vorpommern verpflichtend auf dem Stundenplan. Währenddessen lernen in England, Finnland, Estland und anderen Staaten schon Grundschüler den spielerischen Umgang mit Code. »In Sachen Coding sind wir Entwicklungsland«, sagt der Hauptgeschäftsführer des Digitalverbandes Bitkom, Bernhard Rohleder. Viele Schulen sind mit unzeitgemäßer IT-Infrastruktur ausgerüstet. Nur wenige Lehrer sind wirklich digital qualifiziert. Rohleder belegt dies gern am Beispiel Niedersachsens: »Niedersachsen wollte Informatik als Pflichtfach einführen, hatte dafür aber nicht genug Informatiklehrer. Also hat man das Projekt gestrichen. So kann es nicht weitergehen.«[58]

Wir haben viele gute Universitäten im deutschen Raum, aber keine private und erst recht keine öffentliche Universität, die auch

nur annähernd so viele erfolgreiche Gründer wie Stanford hervorgebracht hat. Ungefähr zwei Drittel der deutschen Gründer bewerten
das deutsche Schulsystem im Hinblick auf die Vermittlung unternehmerischen Denkens und Handelns als mangelhaft oder ungenü-
gend.[59]

Im privatwirtschaftlichen Bereich hat die deutsche Industrie
durchaus bewiesen, dass sie etwas von Hightech versteht. Problematisch sind ironischerweise die bisherigen Stärken. Zu lange hat
sich die deutsche Industrie auf ihren Erfolgen in der maschinellen
Produktion und im Qualitätsmanagement ausgeruht. Chancen und
Herausforderungen der Digitalisierung wurden nicht ausreichend
ernst genommen. Nun muss es gelingen, Prozesse und Wertschöp-
fungsketten besser zu vernetzen. Aufgeschlossenheit für neue Wege
ist gefragt – zum Beispiel dürfen Geschäftsgeheimnisse an richtiger
Stelle auch mal offengelegt werden. Viele US-Unternehmen machen
beispielsweise Teile ihres Programmiercodes der Öffentlichkeit zugänglich, so zum Beispiel Apple. Tesla hat sogar die eigenen Patente anderen Unternehmen zur freien Verfügung gestellt.[60] Dahinter
steckt Berechnung: Man büßt zwar Geschäftsgeheimnisse ein, profitiert aber langfristig, indem andere Unternehmen für die eigene
Technologieplattform gewonnen werden. Die Beteiligung Dritter
führt zu mehr Ideen und Ressourcen für die Verbesserung der Plattform und langfristig zu mehr Umsätzen. Bei Tesla erhofft man sich
beispielsweise durch die Freigabe von Patenten zusätzliche Investitionen in die Technologie und Infrastruktur von Elektromobilität,
wovon letztendlich auch Tesla profitiert. Nicht zuletzt wird die digitale Transformation in Deutschland auch durch die vorherrschende
Geisteshaltung in der deutschen Wirtschaft gebremst. Risikoversion
ist weitverbreitet, die Fehlertoleranz ist gering. Lieber abwarten als
scheitern, denn das ist mit einem Makel behaftet. Im englischen
Sprachraum gibt es sogar einen dedizierten Ausdruck für diese Haltung: »German Angst«. German Angst wird oft als Folge der Trau-
mata von Krieg und Nationalsozialismus gesehen, die als kognitives
Erbe an die Nachfolgegenerationen weitergegeben wurden. Tatsäch-

lich gibt es wissenschaftliche Studien, die darauf hindeuten, dass Kriegserfahrungen das Erbgut verändern können. Was auch immer uns zu einem Volk von Bedenkenträgern macht, unsere Einstellung steht im krassen Gegensatz zum Mantra des Silicon Valley »Fail fast, learn fast«.

Doch bei all den geschilderten Problemen und Herausforderungen tut sich in Deutschland in Sachen Digitalisierung auch eine ganze Menge Gutes. Die meisten größeren Unternehmen haben inzwischen Digitalisierungsprogramme eingeführt. Wenn Kompetenzen fehlen, wird externe Unterstützung eingekauft. Digitalagenturen und die Digitalsparten der großen Unternehmensberatungen erfreuen sich stetig wachsender Auftragszahlen. An Universitäten mit betriebswirtschaftlichem oder technischem Fokus bemüht man sich um attraktive Gründerprogramme. Auch die staatliche Gründerförderung hat sich verbessert. Die bisherigen Bemühungen und Ambitionen von Politik und Privatwirtschaft sind vielleicht noch nicht ausreichend, aber immerhin ist der Handlungsbedarf erkannt.

In mehreren deutschen Großstädten hat sich in den letzten zehn Jahren eine lebhafte Gründerszene entwickelt. Die wichtigsten Entrepreneurship-Cluster sind Berlin, Hamburg, München und Köln. Das Epizentrum der deutschen Unternehmerszene ist bekanntermaßen Berlin – wenn man so will das deutsche Silicon Valley. Das mag erstaunen, war doch Berlin bis zur Wende wirtschaftlich ziemlich abgeschieden vom Rest der Republik und alles andere als ein Hotspot der Wirtschaft. Doch nach der Wende lag Berlin auf einmal im Herzen Deutschlands. Wie kein anderer deutscher Ort vereinte Berlin attraktives Großstadtflair, günstige Mieten und Lebenshaltungskosten (insbesondere im ehemaligen Ostteil der Stadt) sowie eine freigeistige Kultur. So zog es mit den Jahren immer mehr Gründer nach Berlin und gleichzeitig schlugen deutsche und internationale Risikokapitalgeber in Berlin ihre Zelte auf. Mittlerweile hat sich Berlin als eines der weltweit dynamischsten Entrepreneurship-Ökosysteme etabliert. 2015 war Berlin hinsichtlich des investierten Risikokapitals sogar noch vor London »Start-up-Hauptstadt« Europas.

Risikokapitalgeber investierten über zwei Milliarden Euro in 183 junge und wachsende Unternehmen.[61] 2016 und 2017 hat London seinen Spitzenplatz allerdings wieder zurückerobert.

Rocket Internet und die Samwer-Brüder

Ein Geschwistertrio hat sich um den Aufbau der Gründerhauptstadt Berlin besonders verdient gemacht. Jede Beschreibung der deutschen Digitalszene wäre unvollständig, ohne über die Samwer-Brüder zu berichten. Marc, Oliver und Alexander Samwer, geboren zwischen 1970 und 1975, aufgewachsen in Köln, sind die berühmtesten, erfolgreichsten, aber auch berüchtigtsten deutschen Internetunternehmer. Ihre Unternehmerkarriere startete 1999. Gemeinsam mit zwei Bekannten gründeten die drei Brüder das Internet-Auktionshaus Alando, einen Klon des amerikanischen Wettbewerbers eBay. Bereits zwei Monate nach dem Online-Launch der Webseite gelang den Samwers der Verkauf des Unternehmens für 43 Millionen Dollar an eBay. Ein Jahr später gründeten die Samwers den Klingelton-Anbieter Jamba. Vielen Lesern dieses Buches dürfte von diesem Unternehmen nur der »Crazy Frog« in Erinnerung geblieben sein, ein nervtötender, animierter Frosch, der eine Zeit lang ständig in der Fernsehwerbung auftauchte. Jamba wurde 2004 für 273 Millionen an ein amerikanisches Unternehmen verkauft. Seit 2006 haben die Samwer-Brüder mit ihrem Unternehmen Rocket Internet zahlreiche Firmen rund um den Erdball gegründet. Darüber hinaus beteiligen sie sich sowohl über Rocket Internet als auch ihre Investmentvehikel European Founders Fund (seit 2006) und Global Founders Capital Fond (seit 2013) an Start-ups. Das operative Geschäft leitet jeweils Oliver Samwer. Zu den bisherigen Investments gehören unter anderem die Möbelversandmarken Home 24 und Westwing, die Gutscheinplattform CityDeal (2010 für 170 Millionen Euro an Groupon verkauft), die Essenslieferdienste Foodora, Delivery Hero (Börsengang 2017) und Hello Fresh (Börsengang 2017) sowie das Online-Versandhaus Zalando (Börsengang 2014). Im Jahr 2014 erfolgte schließlich der Börsengang von Rocket Internet, der alle drei Brüder zu Milliardären machte.[62]

Nicht nur der Erfolg hat die Samwer-Brüder bekannt gemacht, sondern auch ihre teilweise umstrittene Geschäftsphilosophie. Anfangs beschränkten sie sich fast ausschließlich auf das Kopieren von Geschäftsmodellen, die sich anderswo bereits bewährt hatten (sog. *Copycats*). Bei zwei ihrer ersten großen Start-up-Erfolge, Alando und CityDeal, war sogar das Layout fast eins zu eins von den Originalen eBay und Groupon übernommen. Zudem erlangte Oliver Samwer als CEO von Rocket Internet fragwürdigen Kultstatus durch seinen »Zuckerbrot und Peitsche«-Führungsstil. Zahlreiche Anekdoten über die Wutausbrüche von »Olli« kursierten in der Vergangenheit durch die Gründerszene und Presse.[63] Der negative Höhepunkt medialer Aufmerksamkeit war erreicht, als eine unternehmensinterne E-Mail von Oliver Samwer an die Presse gelangte. Sie war überschrieben mit dem Betreff »when is it time for blitzkrieg« und adressiert verschiedene strategische Fragen, darunter die internationale Expansion von Rocket Internet. Samwer schreibt in teils abenteuerlichem Englisch: »there are only 3 areas in ecommerce to build billion dollar business: amazon, zappos and furniture. the only thing is that the time for the blitzkrieg must be chosen wisely, so each country tells me with blood when it is time. i am ready – anytime!«. Samwer weiter: »we can only get to 80% marketshare if we beat our competitors by aggressiveneess in each category, it must be a blitzkrieg-invasion.« Die E-Mail endet mit einer speziellen Form der Mitarbeitermotivation: »I am the most aggressive guy on internet on the planet. I will die to win and i expect the same from you!« Oliver Samwer entschuldigte sich kurz darauf in der Öffentlichkeit und bei seinem Team für seine Wortwahl, insbesondere für die unangebrachte Blitzkrieg-Metapher.[64]

Bei aller Kritik genießen die Samwers aber zu Recht auch großen Respekt. Sie sind bekannt als extrem harte Arbeiter und als kluge Manager mit viel Fachwissen. Vor allem aber haben sie mit ihren Leistungen und mit ihrem Optimismus viele Studenten inspiriert, indem sie zeigten, dass man auch in Deutschland im Internetgeschäft sehr weit kommen kann. Im Grunde haben erst die Samwers den Internetgründerhype in Deutschland so richtig entfacht. Um den Unternehmerstandort Berlin haben sie sich wie niemand anders verdient gemacht. Dass Start-ups auf einmal ein Trend wurden, konnte ich in meiner Studienzeit gut beobachten. In meinem ersten Studienjahr 2006 wollte fast kein Student nach dem Studienabschluss Gründer werden oder während der Universitätsjahre ein Praktikum bei einem Start-up machen. Alles war daraus ausgerichtet, einen prestigeträchtigen Job in einem DAX-Konzern, in der Unternehmensberatung oder in einer Bank zu ergattern. In den Jahren 2008 und 2009 fiel mir dann aber auf, dass einige wenige Studenten für ein Praktikum nach Berlin gingen, zur mir damals noch unbekannten Firma Rocket Internet. Die meisten berichteten begeistert von ihren Erfahrungen. Kurze Zeit später war Rocket Internet in aller Munde und viele Kommilitonen überlegten, wie sie erste Start-up-Erfahrungen sammeln könnten.

Meine beschränkten persönlichen Erfahrungen mit den Samwers waren ausgesprochen positiv. In einem Münchener Start-up, in dem ich für einige Zeit gearbeitet habe, war Alex Samwers Fondsgesellschaft Hauptinvestor. In dieser Zeit habe ich ihn und sein Team als kluge und hilfsbereite Partner kennengelernt. Einen Ratschlag, den er uns immer wieder ans Herz gelegt hat, ist die schnelle Entwicklung eines *Minimal Viable Products*. Was es damit auf sich hat, erfahren wir im nächsten Kapitel.

14. Der digitale Arbeitsmodus: Design Thinking & MVPs

Die Geisteshaltung digitaler Innovatoren »Learn fast, fail fast« manifestiert sich in bestimmten Arbeitsmethoden, mit denen man mit überschaubarem Aufwand erste Produkte entwickeln und testen kann. Man spricht auch von *Lean Product Development*. Gerade junge Unternehmen sind auf eine »schlanke Produktentwicklung« angewiesen, da sie in der Regel nur begrenzte finanzielle Mittel zur Verfügung haben. Wenn es Start-ups gelingt, erfolgreich eine neue App oder einen neuen Web-Dienst einzuführen, stehen hinter der Idee meist Teams, die etwas von Lean Product Development verstehen. Doch genauso kann auch in Konzernen nach dem Lean-Gedanken gearbeitet werden. Drei Ansätze, die sich teils überschneiden, sind beim Lean Product Development besonders populär: *Design Thinking*, die Entwicklung von *Minimal Viable Products* und das Arbeiten in Sprints.

Design Thinking

Gute Ideen sind kein Zufall. Eine Möglichkeit, gute Ideen zu entwickeln, ist, sich an der Arbeit von Designern zu orientieren. Designer kombinieren Intuition, Inspiration und Kreativität mit Erkenntnissen aus der Beobachtung zukünftiger Anwender und Kunden. Wenn ein Designer einen neuen Schreibtischstuhl entwirft, wird er versuchen, ein optisch ansprechendes Möbelstück zu erschaffen. Gleichzeitig wird er aber auch genau verstehen wollen, in welcher Haltung ein Mensch komfortabel sitzt und welche Möglichkeiten zu Verstellung der Sitzhöhe bei einem Stuhl nötig sind. Die gewonnenen Erkenntnisse berücksichtigt der Designer bei seinem Entwurf. Inspiriert von dieser Denk- und Arbeitsweise ist Anfang der 90er-Jahre an der Stanford University die Produktentwicklungsmethode Design Thinking entstanden. Von Anfang an standen beim Design Thinking die Bedürfnisse des Menschen klar im Vordergrund. Oft ist auch von *Human-centred Design* die Rede. Teams, die nach der Design-Thinking-Methode arbeiten, sollten immer interdisziplinär zusammengestellt sein. So können ganz unterschiedliche Perspektiven auf eine Problemstellung eingebracht werden. Die Räumlichkeiten für Teams sind im Optimalfall eine Art Villa Kunterbunt für Kreative: möglichst flexible Möbel, viel Platz an den Wänden und verschiedene Materialien, um neue Ideen zu visualisieren. Die Ideenfindung sollte dabei auf Basis eines möglichst detaillierten Verständnisses der Bedürfnisse und Ansprüche der zukünftigen Kunden erfolgen. Seit Beginn der 90er-Jahre hat sich bei vielen Anwendern der Design-Thinking-Methode ein relativ ähnlicher, sechsstufiger Prozess bis zur Realisierung einer Idee durchgesetzt.

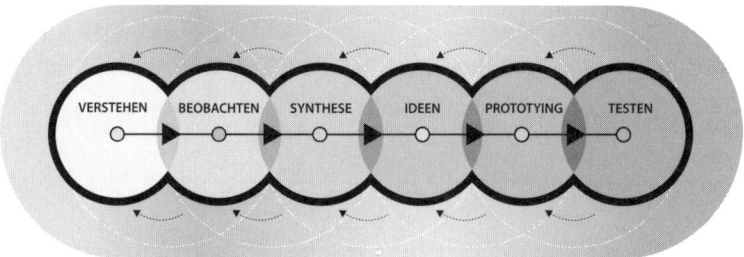

Zunächst geht es beim Design-Thinking-Prozess darum, die Ausgangssituation zu verstehen. Teammitglieder sollen zu »Sofort-Experten« im relevanten Themenbereich werden. Hierzu wird intensive Marktrecherche betrieben. Als Nächstes wird der zukünftige Anwender ganz genau unter die Lupe genommen. Dabei wird auf ein breites Repertoire an Methoden zurückgegriffen:

> **Interviews:** Klassische Interviews mit Nutzern und anderen relevanten Personengruppen
> **Shadowing:** Wissentliche oder unwissentliche Beobachtung von Anwendern
> **Community Research:** Eintauchen in Online-Communities
> **Day-in-a-life Analyse:** Beschreibung eines Tages im Leben des Anwenders. Unter Umständen erlebt der Researcher selber einen Tag aus Anwendersicht
> **Customer Journey Mapping:** Untersuchung der Erfahrung eine Anwenders vom Entstehen des Bedürfnisses an bis zur tatsächlichen Auseinandersetzung mit dem Produkt

> **Customer-Personas-Analyse:** Beschreibung verschiedener archetypischer Anwenderprofile

Alle Teammitglieder tragen ihre Rechercheergebnisse in möglichst anschaulicher Form vor. Dabei können verschiedene Visualisierungstechniken eingesetzt werden: bunte Post-Its, Grafiken und Comics an mobilen Flipboards, Foto- und Videovorführungen, Rollenspiele. Auf Basis dieser Synthese von Beobachtungen ist jedes Teammitglied aufgefordert, Vorschläge zur Problemlösung zu entwickeln, die unter den Gesichtspunkten Anwenderorientierung, Umsetzbarkeit und Wirtschaftlichkeit bewertet werden. Vielversprechende Vorschläge werden in erste Prototypen übersetzt, die noch sehr rudimentär sein dürfen. Schnelles und iteratives Prototyping ist eines der charakterisierenden Merkmale des Design Thinkings. Bei physischen Produkten können zum Beispiel Pappmodelle zum Einsatz kommen. Bei Handy-Apps können mit Bildbearbeitungsprogrammen erste Mock-ups entworfen werden (Mock-ups sind Darstellungen eines noch nicht tatsächlich programmierten Softwareprogramms). Wichtig ist, dass mit den Prototypen schnelle Tests möglich sind und Feedback eingeholt werden kann. Die Rückmeldungen der Testpersonen ermöglichen kontinuierliche Verbesserungen der Prototypen, bis eine Version gefunden ist, die bereit ist für die Markteinführung.[65]

The Lean Start-up & Minimal Viable Products

Im Jahr 2011 veröffentlichte der amerikanische Unternehmer Eric Ries seinen Bestseller *The Lean Startup* und löste damit einen wahren Hype in der Szene aus. Fast jeder angehende Unternehmer, der sich halbwegs mit der Theorie von Gründungen auseinandergesetzt hat, wird Ihnen sagen, dass er sein Unternehmen nach Lean-Start-up-Prinzipien aufbauen möchte. Interessant an diesem Konzept ist, dass es zwar für junge Unternehmen entwickelt wurde, sich viele Aspekte der Lean-Start-up-Theorie aber auch bei der

Umsetzung von Ideen in anderen beruflichen oder privaten Kontexten umsetzen lassen.

Im Kern des Lean-Start-up-Konzepts steht die Entwicklung eines *Minimal Viable Products (MVP)*, also die Minimalversion eines Prototypen, mit dem erstes Kundenfeedback eingeholt wird. Das Lean-Start-up-Konzept hat also durchaus Überschneidungen mit der Design-Thinking-Methode. Der wichtigste Unterschied zwischen den beiden Ansätzen ist die Art der Ideenfindung. Beim Design-Thinking-Prozess wird anfangs viel mehr Wert darauf gelegt, tiefer gehende Kundenbedürfnisse zu verstehen. Was damit gemeint ist, lässt sich gut erklären, wenn wir uns einen berühmten Ausspruch von Henry Ford ins Gedächtnis rufen: »Wenn ich die Leute gefragt hätte, was sie wollen, hätten sie gesagt: schnellere Pferde.« Der Design-Thinking-Ansatz würde hier das tiefer liegende Kundenbedürfnis nach schnellerer Fortbewegung identifizieren und damit erst ein Automobil als mögliche Lösung des Kundenproblems ins Spiel bringen. Beim Lean-Start-up-Prozess hätte man womöglich auf die Züchtung schnellerer Pferde gesetzt, da der Prozess mit einer vorgefertigten Produktvision gestartet wird.

Oft kommt es vor, dass Gründer in Gesprächen und Interviews sehr positives Feedback zu Produktideen erhalten. Entscheidend ist jedoch, dass Kunden das Produkt auch tatsächlich kaufen. Um belastbares Kundenfeedback zu erhalten, ohne ein Produkt vollständig entwickeln zu müssen, sieht der Lean-Start-up-Prozess daher die Entwicklung des besagten Minimal Viable Products vor. Ein erfolgreiches MVP muss mit Geld bezahlt werden. Alternativ muss zumindest ein klares Kundeninteresse durch eine Vorbestellung oder durch die Abgabe persönlicher Daten (zum Beispiel E-Mail-Adresse) bezeugt werden. Besonders häufig kommen neben einfachen **Produktprototypen** die folgenden MVP-Varianten zum Einsatz:

> ➤ **Erklärvideo**: Ein Erklärvideo erläutert, was das künftige Produkt kann und warum Kunden es kaufen sollten. Meist wird der

Kunde am Ende des Videos aufgefordert, eine Vorbestellung zu tätigen oder seine E-Mail-Adresse zu hinterlassen. Das Unternehmen Dropbox startete mit dieser Art von MVP seine Erfolgsgeschichte.[66]

➤ **Landing Page:** Eine Landing Page ist eine Webseite, die das künftige Produkt vorstellt und potenzielle Kunden veranlasst, Vorbestellungen oder E-Mail-Adressen zu hinterlassen. Diese MVP-Variante wird von den meisten angehenden Online-Start-ups genutzt.

➤ **Wizard of Oz MVP:** Bei einem Wizard of Oz MVP wird ein vermeintlich automatischer Service oder standardisierter Prozess im Hintergrund manuell durchgeführt. Der Gründer des US-Unternehmens Zappos, ein Online-Shop für Schuhe (2009 für 1,2 Millionen Dollar von Amazon gekauft), testete seine Gründeridee zunächst mit einer simplen Webseite und gänzlich ohne Lagerbestand.[67] Stattdessen kaufte er zunächst bei jeder neuen Bestellung die Schuhe in Shops in seiner Umgebung.

➤ **Crowdfunding:** »Sell it before you build it.« Dieser Lean-Start-up-Ansatz kommt beim Crowdfunding-MVP perfekt zur Geltung. Der Virtual-Reality-Brillen-Hersteller Oculus Rift hat beispielsweise seine Erfolgsgeschichte mit einer 2,4 Millionen Dollar schweren Crowdfunding-Kampagne gestartet.[68]

Bleibt das Kundenfeedback unter den Erwartungen, muss eine strategische Kurskorrektur eingeleitet werden, die in der Lean-Start-up-Sprache *Pivot* heißt. Es gibt zahlreiche Pivot-Varianten. Besonders häufig ist ein sogenanntes *customer need pivot*. Dabei wird erkannt, dass die Zielgruppe zwar ein Problem hat, allerdings nicht das vermutete. Daher wird ein anderes Kundenbedürfnis adressiert. Eine ähnliche Logik wird bei einem *customer segment pivot* angewandt: Hier wird erkannt, dass das Kundenproblem zwar besteht, allerdings nicht für die vermutete Zielgruppe.

Nach einem Pivot wird die angepasste Geschäftsidee erneut mit einem MVP getestet.

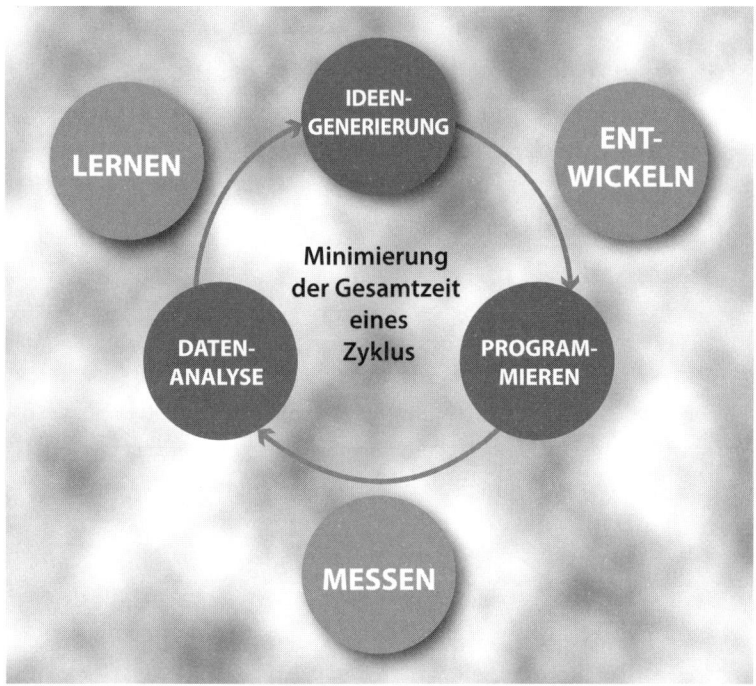

Lean-Start-up-Prozess

Wie eingangs erwähnt, kann die Lean-Start-up-Methode, insbesondere das Konzept eines MVPs, auch außerhalb des unternehmerischen Kontexts angewendet werden. Wann immer Sie ein Projekt starten – sei es beruflicher oder privater Natur, kommerziell oder nicht-kommerziell – ist es sinnvoll, über ein mögliches MVP nachzudenken. So bekommen Sie möglichst früh externes Feedback und sparen Zeit und Energie bis zur erfolgreichen Umsetzung Ihrer Idee. Selbst beim Schreiben eines Buches ist es gang und gäbe, eine Art MVP bei Verlagen einzureichen. Bei der Umsetzung meines Buchs war mein »MVP« eine kurze Leseprobe aus Gliederung, Einleitung und drei Beispielkapiteln. Durch das Feedback der Verlage wusste ich schon früh, ob das Buch auch eine Chance auf Veröffentlichung hat oder ob das Buch einen »Pivot« braucht.

15. Venture Capital & Co.

Ein junges Unternehmen kann sich noch so schlank aufstellen – ausreichend Kapital ist in der Start-up-Welt fast immer ein zentraler Erfolgsfaktor. Ein guter Zugang zu Investoren, wie er zum Beispiel im Silicon Valley gegeben ist, ist ein enormer Vorteil. Die meisten der heute führenden Unternehmen der digitalen Welt – Google, Amazon, Facebook, Zalando, Delivery Hero, um nur ein paar Beispiele zu nennen – haben früher oder später Geld von Investoren angenommen, um ihre Ideen verwirklichen zu können. Mit ihren Investmententscheidungen haben die Geldgeber wesentlichen Einfluss auf die zukünftige Entwicklung der Digitalisierung. In Anbetracht dessen ist es erstaunlich, dass außerhalb der Szene nur wenig über Start-up-Finanzierung und Venture Capital bekannt ist. Zur Einführung in dieses Thema hilft es, sich zunächst die verschiedenen Finanzierungsmöglichkeiten für Gründer anzusehen.

Elf Finanzierungsmöglichkeiten für Gründer[69]

1. **Bootstrapping – aus eigener Kraft:** Der Begriff *Bootstrap* ist vor allem in den USA geläufig und bedeutet übersetzt Schnürsenkel. Bootstrapping spielt darauf an, die Schnürsenkel eng zu ziehen, wenig Kosten zu verursachen, unabhängig zu bleiben und ein Unternehmen möglichst schnell in die Gewinnzone zu führen. Eigentlich so wie Unternehmer es schon immer gemacht haben.[70]
2. **FFF – Family, Friends and Fools:** Familie und Freunde lassen sich oft einfacher als professionelle Investoren für die Unterstützung eines Gründungsvorhabens gewinnen. Leichtgläubige »Fools« (Dummköpfe) sind noch einfacher zu begeistern. Allerdings können sie auch schnell ungemütlich werden, wenn sie realisieren, dass man ihnen mit einer windigen Geschäftsidee Geld aus der Tasche gezogen hat.

3. **Bankkredit – vermutlich Zeitverschwendung:** Einen Bankkredit für eine Start-up-Idee zu erhalten, ist relativ unwahrscheinlich, denn das Antragsverfahren ist langatmig und bürokratisch. Oft werden hohe Sicherheiten für den Bankkredit verlangt und detaillierte Businesspläne, die in einer frühen Unternehmensphase nicht viel mehr taugen als das Lesen einer Glaskugel.[71]

4. **Staatliche Förderungen – die bürokratische Variante:** Hier sind vor allem Programme der Kreditbank für Wiederaufbau (KfW) zu nennen, der weltweit größten staatlichen Förderbank. Interessant ist auch das *Exist*-Gründerstipendium. Es ist ideal für Wissenschaftler und Studenten, die technologieorientierte und wissensbasierte Geschäftsideen verfolgen möchten. Die Gewinner erhalten ein Jahresstipendium im Wert von bis zu 50 000 Euro für ihren Lebensunterhalt, Coaching und Mittel für Sachausgaben (zum Beispiel für einen Prototypen).[72] Der Bewerbungsprozess ist jedoch sehr bürokratisch. Und ohne staatliche Förderung schlechtreden zu wollen: Die ganz großen Erfolgsgeschichten sind bei staatlich geförderten Start-ups eher selten.

5. **Wettbewerbe und TV-Shows – der Beauty Contest:** Es gibt unzählige Wettbewerbe von öffentlicher Hand, Verbänden und Privatunternehmen, bei denen junge Unternehmer ihre Start-up-Idee vorstellen können. Teilweise werden dabei sechsstellige Beträge vergeben. Aus eigener Erfahrung weiß ich, dass sich die Teilnahme lohnen kann – in meinem letzten Start-up gewannen wir bei mehreren Wettbewerben einen mittleren sechsstelligen Förderbetrag. Bei TV-Shows wie *Die Höhle der Löwen* besteht zusätzlich der Vorteil kostenloser PR. Man sollte es als Start-up mit diesen »Beauty Contests« aber nicht übertreiben, da man sonst leicht den Fokus verliert.

6. **Crowdfunding – die Masse entscheidet:** Beim Crowdfunding pitchen Start-ups ihre Geschäftsidee einer großen Anzahl an Klein- und Kleinstinvestoren. Ziel ist es, über eine Plattform (zum Beispiel Kickstarter oder Indiegogo) möglichst viele Geld-

geber (die *Crowd*) für die Geschäftsidee zu gewinnen. Meist gibt es eine im Vorfeld definierte Mindestkapitalsumme, die in einem festgelegten Zeitraum erreicht werden muss. Für Gründer gibt es drei wichtige Schwarmfinanzierungsmodelle: Am weitesten verbreitet ist das *Rewards-based Crowdfunding*. Dabei erhalten die Kapitalgeber eine kleine Gegenleistung als Dankeschön, zum Beispiel wird ihnen das Produkt noch vor dem eigentlichen Verkaufsstart zugesendet. Daneben gibt es das *Equity-based Crowdfunding*, bei dem die Crowd Unternehmensanteile erwirbt, sowie das *Lending-based Crowdfunding,* bei dem die Crowd verzinsliche Kredite ausstellt. Gerade für kapitalintensive Hardware-Start-ups eröffnen sich durch Crowdfunding ganz neue Möglichkeiten. Sie verkaufen gegen Vorkasse und erhalten darüber hinaus Zugang zu »Early Adoptern«.

7. **Acceleratoren – Bootcamps für Gründer:** Ein Accelerator (von engl. accelerate = beschleunigen) ist ein zeitlich begrenztes Förderprogramm, für das sich Start-ups in der Frühphase bewerben können. Typischerweise werden Förderplätze in Acceleratoren von Universitäten, Unternehmen oder auch Privatpersonen mit wenigen Monaten Laufzeit aufgesetzt. Die Gründerteams dürfen dabei die Räumlichkeiten des Accelerators nutzen, genießen intensives Coaching durch erfahrene Mentoren und bekommen bei organisierten »Demo-Days« Zugang zu Investoren. Bei den meisten Acceleratoren werden die Start-ups auch durch ein kleines Investment unterstützt, müssen dafür aber einstellige Unternehmensanteile abgeben. Der bekannteste Accelerator weltweit ist der 2005 gegründete *Y Combinator* aus dem Silicon Valley, der Start-ups wie *Airbnb, Dropbox* und *Reddit* hervorgebracht hat. In Deutschland eröffnen fast monatlich neue Acceleratoren von unterschiedlicher Qualität. Drei etablierte Beispiele sind *Techstars Berlin, Axel Springer Plug & Play* und *Techfounders* von der TU München.[73]

8. **Inkubatoren – die Unternehmensberatungen der Start-up-Welt:** In der Medizin ist ein Inkubator ein Brutkasten für Früh-

geborene. In der Entrepreneurship-Welt versteht man unter einem Inkubator zwei nicht immer gleiche Konzepte: Einerseits ein Gründerzentrum, also eine Art universitärer oder privatwirtschaftlicher Brutkasten für Start-ups. Solche Inkubatoren sind ähnlich wie Acceleratoren, haben aber eine unbegrenzte Laufzeit und kein Programm, das in Kohorten startet. Andererseits gibt es Inkubatoren, die nicht nur Geldmittel zur Verfügung stellen, sondern teilweise auch eigene Ideen umsetzen, wie zum Beispiel *Rocket Internet*. Hierfür stellen die Inkubatoren eine Truppe von Führungskräften als »Gründer« oder Manager ein (besonders gerne ehemalige Berater, Banker oder Gründer) und unterstützen diese bei operativen Aufgaben (zum Beispiel Human Resources, Marketing). Die Mehrheit der Unternehmensanteile verbleibt beim Inkubator, die Gründer erhalten eine Minderheitsbeteiligung.

9. **Business Angels – ein bunter Haufen:** Business Angel beteiligen sich in einer sehr frühen Unternehmensphase an Start-ups und unterstützen darüber hinaus mit ihrem Netzwerk und ihrer Expertise. Business Angels können Fluch und Segen sein. Einige Business Angels sind absolute Profis, erfolgreiche ehemalige Gründer, die zahlreiche Investments pro Jahr tätigen. Viele aber sind wohlhabende Amateure, die sich als Business Angel bezeichnen, aber wenig Erfahrung haben. Wenn man als Gründer Pech hat, kann Letzterer durch Einmischung und falsche Ratschläge schnell zur Belastung werden.

10. **Venture Capital (VC) – der Ritterschlag:** Wenn Start-ups in der Anfangsphase so erfolgreich sind, dass sie das Interesse eines Venture-Capital-Fonds wecken, dann kann man gratulieren. VC-Fonds investieren zwischen Hunderttausenden Euros und zweistelligen Millionenbeträgen. Die Partner, die die Fonds leiten, sind Investmentprofis, die sehr stark am Erfolg der Gründer interessiert sind. Die Gründer werden dementsprechend in jeder möglichen Hinsicht gefördert – aber auch gefordert. Nun heißt es »Get big or fail«.

11. **ICOs – der neueste Hype:** 2017 war das erste große Jahr der ICOs, kurz für *Initial Coin Offerings*. Wie der Name bereits vermuten lässt, ähnelt ein ICO einem Börsengang. Es werden jedoch keine Aktien veräußert, sondern eigens kreierte Einheiten einer Digitalwährung (siehe auch Kapitel 34). Darüber hinaus ist ein Zugang zum geplanten Service möglich und in seltenen Fällen auch eine Beteiligung an künftigen Gewinnen. ICOs haben sich bisher als gute Möglichkeit erwiesen, schnell und unkompliziert an große Summen Risikokapital zu gelangen. Regulierer nehmen diese Finanzierungsform jedoch zunehmend kritischer unter die Lupe, da es in der Vergangenheit zahlreiche Betrugsfälle gegeben hat. In China wurden ICOs im September 2017 bereits verboten.[74]

Investmentphasen bei einem jungen Unternehmen

Die verschiedenen Finanzierungsoptionen bieten sich nicht zu jeder Phase im Lebenszyklus eines Start-ups gleichermaßen an. Ein typischer Finanzierungsprozess könnte wie folgt aussehen:

> **Pre-Seed - Gründung:** Zunächst benötigen die Gründer Startkapital im fünfstelligen Bereich. Falls Bootstrapping für die Gründer keine Option ist, müssen sie ein sogenanntes *Founding-Investment* oder *Pre-Seed-Investment* einwerben. Üblicherweise geben die Gründer dafür einen einstelligen Prozentsatz der Unternehmensanteile an die Investoren ab. Typische Investoren in dieser Phase sind die 3F – Friends, Family and Fools – oder Business Angels. Das eingeworbene Geld wird genutzt, um die eigentliche Unternehmensgründung zu finanzieren und einen ersten Prototypen des Produkts herzustellen. Parallel erfolgen oft Bewerbungen bei Start-up-Wettbewerben.

> **Seed - Markteintritt:** Wenn die ersten Meilensteine erreicht sind und eventuell schon die ersten Umsätze erzielt werden, wird frisches Kapital benötigt, um ein größeres Team aufzubauen,

(10 bis 20 Mitarbeiter) und die Zeit nach dem Markteintritt zu finanzieren. Der hierfür benötigte, meist sechsstellige Betrag kann über Crowdfunding eingeholt werden oder ein sogenanntes *Seed-Investment*, für das die Gründer circa 5–20 Prozent der Unternehmensanteile abgeben. Unter Umständen kann es auch mehrere kleinere Seed-Runden geben. Die Seed-Investoren sind meist Business Angels, Acceleratoren oder Frühphasen-VCs.

➤ **Series A – Wachstum:** Schafft es das Unternehmen, eine signifikante Anzahl von Kunden von ihrem Produkt zu überzeugen und vielversprechende erste Geschäftszahlen vorzuweisen, wird ein *Growth-Investment* aufgenommen – eine sogenannte *Series-A-Finanzierung*. Ziel dieser Finanzierungsrunde ist es, die Ausgaben für das Unternehmenswachstum (*traction*) zu decken, zum Beispiel für Produktverbesserungen, Marketingmaßnahmen und den Ausbau des Sales-Teams. Eine Series-A-Finanzierung liegt in Europa meist im siebenstelligen Bereich und kostet die Gründer ungefähr 10–25 Prozent ihrer Unternehmensanteile. Üblicherweise sind vor allem VCs an Series-A-Runden beteiligt.

➤ **Series B – Skalierung:** Je nachdem, wie schnell das Erreichen der Gewinnzone vorgesehen ist und je nachdem, wie aggressiv das Start-up wachsen möchte (*scaling*), werden weitere Finanzierungsrunden abgeschlossen, die alphabetisch fortgeschrieben werden – *Series B, Series C, Series D etc.* Wenn das Unternehmen einmal so weit ist, dass es Investitionsrunden im hohen zweistelligen oder dreistelligen Millionenbereich abschließt, beteiligen sich auch größere Fonds, zum Beispiel Private-Equity-Fonds oder staatliche Investment-Fonds. Im Jahr 2016 hat beispielsweise die Firma *UBER* in einer Series-G-Runde sagenhafte 3,5 Milliarden Dollar aufgenommen. Alleiniger Investor war der *Saudi Arabia's Public Investment Fund.*[75]

Aufbau eines Venture-Capital-Fonds

Da Venture-Capital-Fonds einen so prägenden Einfluss bei der Digitalisierung haben, befassen wir uns etwas näher mit diesem Typ von Investor. Beginnen wir mit dem Aufbau eines Fonds: Eine Venture-Capital-Firma setzt sich strenggenommen aus mehreren Firmen zusammen. In der *Kapitalverwaltungsgesellschaft* oder auch *Managementgesellschaft* ist das Managementteam aktiv und betreibt das operative Geschäft: attraktive Start-ups finden, investieren, Start-ups unterstützen. Die Beteiligungen an den Start-ups werden aber nicht von der Managementgesellschaft gehalten, sondern durch eine Fondsgesellschaft (meist einfach Fonds genannt). Der Fonds hat keine Mitarbeiter, sondern ist eine reine Finanzholding, in den die Kapitalgeber des Fonds einzahlen.[76] Die Kapitalgeber können aus unterschiedlichen Parteien bestehen: staatliche und privatwirtschaftliche Pensionskassen, Versicherungen, Banken, andere professionelle Investorgesellschaften, High Net Worth Individuals, Charities etc. Bei den großen Venture-Capital-Firmen wird normalerweise ein Betrag von über 100 Millionen Euro für einen Fonds aufgenommen. Es gibt aber auch erfolgreiche Frühphasenfonds, die kleinere Investments tätigen und daher weniger Geld benötigen. Die Managementgesellschaft nicht nur einen, sondern mehrere Fonds verwalten. Dies ist der Tatsache geschuldet, dass das gesamte Geld aus einem einzelnen Fonds innerhalb einer begrenzten Zeitspanne investiert wird – üblicherweise zwischen drei und fünf Jahren. Will das Managementteam danach weiter als Investor aktiv bleiben, muss es Geld für einen neuen Fonds auftreiben. Etablierte VCs legen daher alle drei bis fünf Jahre einen neuen Fonds auf.

Geschäftsmodell eines VC-Fonds

VC-Managementteams haben das Ziel, die Rendite der Kapitalgeber durch gute Investments zu maximieren und gleichzeitig als Managementteam einen möglichst großen Profit zu machen. Der zeitliche Ablauf ist dabei wie folgt: Das von den Kapitalgebern in die Fonds eingezahlte Geld wird innerhalb der Investmentperiode in verschiedenen vielversprechenden Start-ups angelegt. Einige Jahre später, so das Kalkül, machen möglichst viele der Start-ups einen erfolgreichen *Exit,* das heißt sie werden zu einer höheren Bewertung verkauft oder schaffen den Gang an die Börse. Nach meist zehn Jahren endet die Laufzeit des Fonds. Die Anleger erhalten den Großteil des eingesetzten Kapitals plus erwirtschaftete Renditen zurück. Den Überschuss erhält das Managementteam.

Die Kompensation des Managements wird durch zwei Komponenten bestimmt. Zum einen erhält das Management eine jährliche *Management Fee* als Vergütung für die Verwaltung des Fonds. Der jährliche Betrag liegt bei circa 2 Prozent des ursprünglich in den Fonds eingelegten Kapitals. Viel spannender für das Management ist aber der sogenannte *Carry,* die erfolgsabhänge Variable der Kompensation. Normalerweise ist der Carry ein circa 20-prozentiger Anteil am Profit, den der Fonds über seine Laufzeit hinweg erwirtschaftet. Ein Beispiel: Angenommen, ein 100-Millionen-Euro-Fonds hat nach zehn Jahren Laufzeit das eingesetzte Kapital auf 300 Millionen Euro verdreifacht (*3X Return*). In diesem Fall würde das Management über die Laufzeit hinweg eine 20-Millionen-Euro-Management Fee (10 x 2 Prozent des Fondskapitals) erhalten sowie 40 Millionen Euro Carry (20 Prozent der 200 Millionen Rendite).

Wäre ein 3X Return wie in unserem Zahlenbeispiel ein erfolgreiches Ergebnis für den VC? Die Antwort lautet: Es kommt auf die Renditeerwartung der Kapitalgeber an. Die Kapitalgeber haben zwar einen soliden Gewinn gemacht, doch Start-up-Investments sind Hochrisikoinvestments. Daher erwarten die Kapitalgeber eine hohe Verzinsung – mindestens 12 Prozent pro Jahr.[77] Bei einem Fonds, der auf zehn Jahre angelegt ist, liegt die hochgerechnete Renditeerwartung damit bei 3.1X. Unser Fonds hätte mit einem 3.0X Return das Ziel also knapp verfehlt. Dennoch dürften viele Investoren mit diesem Ergebnis einigermaßen zufrieden sein, denn ein Großteil der VCs verfehlt die Renditeziele noch deutlicher.[78] [79]

Hat man den Lebenszyklus, die Gewinnverteilung und die Renditeerwartungen eines Fonds einmal verstanden, ist die allgemeine Investmentstrategie von VCs einleuchtend: Beteiligungen sind nicht langfristig auf mehrere Jahrzehnte ausgerichtet, sondern sollen im Schnellverfahren möglichst große Gewinne abwerfen. VCs wollen Cash sehen. Spannend sind daher vor allem Start-ups, die zwei Kriterien erfüllen: Erstens sollten sie in weniger als zehn Jahren einen Exit schaffen können. Zweitens sollte sich der Wert eines Start-ups seit dem Zeitpunkt des Investments mindestens verdreißigfachen können (*30X return*).[80] Der Grund für den hohen Renditeanspruch sind die sogenannten *Fund Economics*: Selbst die besten VCs investieren regelmäßig in Start-ups, die später scheitern. In einem erfolgreichen Fonds erwirtschaften 20 Prozent der Investments 80 Prozent der Gewinne. 40–50 Prozent der Beteiligungen schneiden mittelmäßig bis schwach ab. Die restlichen 20–30 Prozent der Beteiligungen entwickeln sich zu Verlusten oder gehen pleite. Um über die gesamte Fonds-Laufzeit eine adäquate Rendite auf das eingesetzte Geld zu erwirtschaften, müssen daher ein bis zwei Start-ups regelrecht durch die Decke gehen und – ich erspare Ihnen die Berechnungsdetails – einen 30X Return (oder mehr) erwirtschaften.[81] Übersetzt bedeutet das: VCs beteiligen sich meist nur an Start-ups, wenn sie eine Steigerung des Unternehmenswerts auf mindestens mehrere Hundert Millionen Euro für möglich halten. Dies führt uns zu der Frage, wie man Start-ups mit einem so großen Potenzial überhaupt erkennen kann.

Investmentkriterien im Venture Capital

PayPal-Gründer und Investmentguru Peter Thiel beschreibt in seinem Buch *Zero to One*, dass viele junge Unternehmen bewährte Geschäftsmodelle nur kopieren oder modifizieren. Sie gehen »von 1 auf 0«. Einige wenige Start-ups jedoch erschaffen etwas komplett Neues, sie gehen »von 0 auf 1«. »Risikokapitalgeber müssen die

Handvoll Unternehmen erkennen, die den Sprung von null auf eins schaffen, und sie dann mit aller Kraft unterstützen«, erklärt er.[82]

Etwas wirklich Neues zu erschaffen, ist aber bei Weitem nicht das einzige Entscheidungskriterium, weswegen ein VC ein Investment tätigt. Grundsätzlich prüfen VCs potenzielle *Investment-Targets* auf eine ganze Reihe von Faktoren rund um die Aspekte Produkt, Markt, Team, Financials und Investment Case. Eine beispielhafte Checkliste an Investmentkriterien könnte wie folgt aussehen:

Checkliste Entscheidungskriterien bei Venture-Capital-Investments		
Produkt	**Produkt & Technologie**	Bietet das Angebot dem Kunden einen großen Mehrwert?
	USP & Verteidigungsmöglichkeit	Sind Produkt, Technologie und Marke schwer kopierbar?
	Skalierbarkeit	Kann das Produkt leicht in hoher Stückzahl vertrieben werden?
	Netzwerkeffekte	Wird das Produkt wertvoller, je mehr Menschen es benutzen?
	Marke	Hat das Produkt eine starke Marke?
Markt	**Marktgröße**	Ist das Marktvolumen für das Produkt mind. 1 Mrd. Euro?
	Marktwachstum	Wächst der Markt?
	Wettbewerb	Kann gegen den Wettbewerb bestanden werden? Oder gibt es zumindest eine ausreichend große Marktnische?

Checkliste Entscheidungskriterien bei Venture-Capital-Investments

Team	Teamstruktur	Ist das Team sinnvoll und komplementär aufgestellt?
	Track Record	Haben die Teammitglieder in der Vergangenheit relevante Fähigkeiten unter Beweis gestellt?
	Teamkohäsion	Hat das Team einen guten Zusammenhalt? Hat es in schwierigen Situationen bisher konstruktiv zusammengearbeitet?
Financials & Traction	Monetarisierung	Ist das Monetarisierungsmodell plausibel? Sind Gewinne absehbar?
	Traction	Sind die bisherigen Geschäftszahlen, der Trend, ausreichend positiv?
	Ausblick	Sind die Geschäftsprognosen ausreichend positiv?
Investment Case	Investment-Historie	Sind die bisherigen Investitionen in das Start-up sinnvoll? Kann man mit den bisherigen Investoren gut zusammenarbeiten?
	Investment-Summe & Bewertung	Ist die Höhe des gewünschten Investments sinnvoll? Ist die Höhe der gewünschten Unternehmensbewertung angemessen?
	Exit-Potenzial	Gibt es potentielle Käufer für das Unternehmen? Könnte ein Börsengang infrage kommen?

Manche dieser Investmentkriterien sind wichtiger als andere. Laut Peter Thiel sind es vor allem vier Erfolgsfaktoren, die besonders wichtig sind: Erstens eine proprietäre Technologie, die schwer oder unmöglich zu kopieren ist – der wichtigste Vorteil, den ein Unternehmen haben kann. Zweitens ein Lock-in des Kunden durch Netzwerkeffekte (wie zum Beispiel bei sozialen Netzwerken). Drittens Economies of Scale: Das Geschäft wird mit zunehmender Größe immer robuster, die Fixkosten sinken. Und viertens eine starke Marke – ein Faktor, der mit wachsender Unternehmensgröße immer relevanter wird. Erfüllt ein junges Unternehmen all diese Erfolgsfaktoren, bestehen beste Voraussetzungen, eine dominierende Position auf dem Markt zu erlangen. Wie Google, Facebook und andere es bereits vorgemacht haben, schnellen in einer marktbeherrschenden Position die Gewinne – und damit die Unternehmensbewertung – in schwindelerregende Höhen. Ein Traum für jeden Investor.

Das Internet aus Sicht von Privatnutzern und Unternehmen

Als Nächstes beleuchten wir, wie die verschiedenen Akteure in unserer Gesellschaft das Internet für ihre Zwecke nutzen. Wie verhält sich der normale Bürger im Internet? Mit welchen Modellen versuchen Unternehmen im Internet Geld zu verdienen? Welche Strategien wenden Unternehmen an, um uns auf Angebote aufmerksam zu machen und uns zum Kauf zu bewegen?

Gerade weil wir uns unsere Meinungen und Kaufentscheidungen oft unbewusst bilden, ist ein grundsätzliches Verständnis über die dabei zugrunde liegenden Mechanismen wichtig. Wer in dieser Hinsicht aufgeklärt und aufmerksam ist, läuft auch nicht Gefahr, zu fremdgesteuert in der digitalen Welt zu agieren.

16. Online-Trends

Sehen wir uns zuerst ein paar Fakten an. Im Jahr 2016 nutzen in Deutschland laut ARD/ZDF Online-Studie knapp 84 Prozent der Bevölkerung das Internet, ca. 4 Prozent mehr als im Vorjahr.[83] Wenig überraschend unterscheidet sich der Anteil erheblich zwischen den verschiedenen Altersgruppen. Während bereits alle 14- bis 19-Jährigen online sind, liegt der Anteil bei den über 60-Jährigen erst bei 57 Prozent. Diese Lücke schließt sich sukzessive, bedingt zum einen durch das Aussterben älterer Internetverweigerer, zum anderen durch die Verbreitung von Smartphones. Smartphones befeuern zudem den täglichen Internetkonsum, der über alle Altersgruppen hinweg steigt. Allerdings gibt es hier auch wieder starke

Unterschiede zwischen Jung und Alt: Während 50- bis 69-Jährige täglich ca. eineinhalb Stunden im Internet verbringen, sind es bei den 14- bis 29-Jährigen bereits über vier Stunden – ungefähr ein Viertel der wach verbrachten Zeit!

Der Gebrauch des Internets lässt sich herunterbrechen in fünf Nutzungsarten. Kommunikation ist, gemessen am Zeitaufwand, der wichtigste Anwendungsbereich – darauf entfallen ganze 40 Prozent unserer Zeit im Internet. Auf den folgenden Plätzen sind Medienkonsum (24 Prozent Zeitanteil), Informationssuche (17 Prozent) und Spiele im Internet (14 Prozent). Transaktionen im Internet beziehungsweise E-Commerce beschäftigen uns nur 6 Prozent unserer online verbrachten Zeit. Interessanterweise ist die investierte Zeit in die verschiedenen Nutzungsarten über alle Altersgruppen hinweg relativ konsistent, nur die über 70-Jährigen fallen aus der Reihe. Diese Generation verbringt im Internet mehr Zeit mit Computerspielen (30 Prozent) als mit irgendeiner anderen Tätigkeit – wer hätte das gedacht?

Schauen wir uns an, welche Entwicklungen und Trends es in den einzelnen Anwendungsbereichen gibt, insbesondere dem besonders alltagsrelevanten Bereich Kommunikation.

Kommunikation

Die Internetnutzer kommunizieren auf einer immer breiteren Klaviatur an Kommunikationskanälen gleichzeitig, wie etwa E-Mail, WhatsApp, Facebook-Messenger, Slack etc. Auffällig sind zwei dabei gegenläufige Trends:

Zum einen gibt es eine steigende Bereitschaft, eigene Gedanken und private Momente mit einer breiten Allgemeinheit zu teilen. Nehmen wir als Beispiel den modernen Hochzeitsantrag, der in etwa wie folgt abläuft: Schritt 1: Antrag machen, kurze Freude über die (hoffentlich) positive Rückmeldung. Schritt 2: Verlobungsfoto auf Instagram posten – der Ring ist gut sichtbar – und dabei die Hashtags *#shesaidyes* und *#engaged* angeben. Zugegeben, dieses Szenario mag vielleicht nicht für alle Verlobungsanträge zutreffen, aber unter dem Hashtag *#engaged* gibt es immerhin knapp sieben Millionen Treffer auf Instagram. Für die jüngere Generation, die noch nicht ganz im Verlobungsalter ist, hat das Teilen von Inhalten in den sozialen Medien sogar eine noch größere Bedeutung – sie kennen gar keine Welt mehr ohne soziale Medien. Für sie ist es natürlich, dass sozialer Status ganz wesentlich auch durch Likes auf Instagram definiert ist. Fern der Social-Media-Bubble entdecken zudem viele Menschen die zahlreichen Möglichkeiten – und damit auch das Bedürfnis – dem Umfeld eigene Gedanken und eigenes Wissen zu vermitteln. Als Kanäle nutzen sie unter anderem Blogging-Plattformen, Podcasts, Wikipedia-Artikel, YouTube-Videos und eigene Websites.

Zum anderen realisieren immer mehr Menschen, dass viele der Daten, die sie über E-Mail, Messenger-Dienste etc. produzieren, auf unbestimmte Zeit auf den Servern der zumeist amerikanischen Media-Giganten gespeichert bleiben. Sie verzichten auf Social-Media-Präsenz und sind besorgt über Datenüberwachung und die zunehmende Beschränkung der Privatsphäre. WhatsApp hat darauf zumindest teilweise reagiert und die *end-to-end*-Verschlüsselung eingeführt. Nachrichten werden also beim Versand verschlüsselt und erst auf Empfängerseite wieder entschlüsselt. WhatsApp sammelt jedoch weiterhin Meta-Daten und weiß daher, welche Personen zu welchen Zeitpunkt miteinander kommunizieren. Da WhatsApp zu Facebook gehört, übermittelt WhatsApp all diese Daten inklusive den Telefonnummern aus der persönlichen Kontaktliste an Facebook. Der Konzern hat damit noch besseren Einblick in unsere sozialen Aktivitäten. Vor diesem Hintergrund erfreuen sich Messenger-Dienste, die keine Metadaten speichern, zunehmender Beliebtheit.

Auch für Edward Snowden ein wichtiges Thema, welches er versuchte, seinen Twitter-Followern nahezubringen: die Sammlung von Meta-Daten[84]

Vergleicht man die Relevanz der verschiedenen Kommunikationskanäle im Internet, fällt vor allem die herausragende Bedeutung von Messengern und Social Media auf. E-Mail ist immer mehr »Old School«, im Privaten ohnehin, aber teilweise auch im Beruflichen. Das Angebot an Messenger und Social-Media-Diensten ist so groß, dass sich ein Überblick lohnt. Viele Dienste dürften bekannt sein, aber vielleicht entdecken Sie auch das ein oder andere unbekannte Angebot, etwa im Bereich der anonymen Community-Netzwerke, die unter Jugendlichen und Studenten stark gehypt werden.

Messenger: WhatsApp steht bei den reinen Messenger-Diensten in der westlichen Welt klar an der Spitze der Beliebtheit. Die über eine Milliarde Nutzer von WhatsApp übermittelten bereits Anfang 2016 über 42 Milliarden Nachrichten pro Tag und verschickten täglich 1,6 Milliarden Fotos und 250 Millionen Videos.[85] Der Messenger-Dienst der WhatsApp-Muttergesellschaft Facebook wird etwas weniger intensiv genutzt, erreicht aber ganze zwei Milliarden Facebook-Mitglieder. Der Messenger könnte künftig noch mehr an Bedeutung gewinnen, denn gegenwärtig versucht Facebook den Messenger als Kommunikationskanal zwischen Facebook-Mitgliedern und dritten Unternehmen aufzubauen. So kann man beispielsweise in den USA bereits ein Uber-Taxi per Facebook-Messenger bestellen. Bei jungen Menschen besonders beliebt ist der Messenger von *Snapchat*. Das Anfang 2017 zu einer Bewertung von 34 Milliarden Dollar an die Börse gebrachte Unternehmen hat zwei wichtige Social-Media-Trends entfacht: erstens den Versand von Fotos, die mit grafischen Elementen ausgeschmückt werden können, und zweitens das automatischen Löschen von Fotos wenige Sekunden nach dem Versand.[86] Ein anderer Branchenriese heißt WeChat, im Westen wenig bekannt, aber in China mit fast einer Milliarde Mitgliedern Marktführer. Wie bereits angedeutet, werden die großen Marktführer angegriffen von einer Reihe Angebote, die sich besseren Datenschutz auf die Fahne schreiben, darunter die Dienste Telegram, Threema, Wire und der von Edward Snowden genutzte Messenger Signal.

Soziale Netzwerke und Messenger lassen sich nicht immer unterscheiden, da viele Social-Media-Plattformen über eine Messenger-Funktion verfügen. Im Unterschied zu Messengern ermöglichen Social-Media-Plattformen aber nicht nur mit Bekannten zu interagieren, sondern auch fremde Netzwerkteilnehmer zu kontaktieren und ihre Profile und Beiträge zumindest teilweise einzusehen.

Social Media kann man grob in mehrere Kategorien untergliedern:

> **Soziale Beziehungsnetzwerke:** Die Mütter aller Social-Media-Plattformen sind soziale Beziehungsnetzwerke wie Facebook oder Google +. Zu dieser Kategorie lassen sich im weitesten Sinne auch diverse zweckgebundene soziale Netzwerke zählen, zum Beispiel Partnerbörsen Tinder (für alle geschlechtlichen Vorlieben) und Grindr (für Bi- und Homosexuelle), die über ihre App Personen in der Umgebung anzeigen, die interessiert sind, fremde Menschen kennenzulernen (siehe folgende Bilder). Ein Beispiel aus dem Gesundheitsbereich ist die Webseite Patients-

LikeMe, über die man sich mit fremden Menschen mit ähnlichen Krankheitsbild austauschen kann.

App-Store-Screenshots von Tinder, Instagram, Snapchat und Spotify App

➤ **Foto-Sharing-Plattformen:** Die beliebteste Plattform im Bereich der Foto-Sharing ist Instagram, das in seiner App zahlreiche Möglichkeiten zu Bildbearbeitung bietet. Über das #-Zeichen (Hashtag) können Beiträge bestimmten Themen zugeordnet werden. Seit 2016 bietet Instagram eine Funktion namens »Story«, in der mehrere Fotos und Videos zu einer »Geschichte« zusammengefasst werden, die sich nach 24 Stunden automatisch löscht. Auch bei Snapchat gibt es die MyStory-Funktion. Die Plattform Pinterest ist eine Art virtuelle Pinnwand, insbesondere für Fotos in den Bereichen Mode, Wohnen, Lebensmittel oder Reisen. Ich kenne einige (vor allem weibliche) Personen, die Pinterest bei der Wohnungseinrichtung oder sogar bei der Hochzeitsplanung als Inspirationsquelle nutzen. Für Unternehmen dient Pinterest als Instrument zur Kundenbindung und Stärkung der eigenen Marke. Eine der ältesten und bekanntesten Fotoplattformen ist Flickr, die viele Hobby- und Berufsfotografen zu ihren Mitgliedern zählt.

➤ **Videonetzwerke:** Plattformen wie YouTube und Vimeo (vor allem für hochwertige Inhalte genutzt) kann man im weiteren Sinne auch zu sozialen Netzwerken zählen, da Nutzer über eine

Bewertungs- und Kommentarfunktion miteinander agieren. Bei Jugendlichen sehr beliebt ist die Videoplattform musical.ly, auf die man 15-Sekunden-Videos stellt, in denen man zu angesagten Liedern Playback singt und tanzt.

➤ **Blogging- und Micro-Blogging-Netzwerke:** Spätestens seit Donald Trumps Präsidentschaftswahlkampf ist Twitter weltweit bekannt. Doch wissen Sie auch, was das englische Wort »tweet« eigentlich bedeutet? Vogelgezwitscher, wobei jedes Gezwitscher von Twitter auf eine Länge von 280 Zeichen begrenzt ist (bis vor Kurzem waren nur 140 Zeichen möglich). Mittels dem @-Zeichen können andere Nutzer direkt angesprochen werden, dazu kann man auch Fotos und Videos anhängen. Die *Kanäle* anderer Mitglieder kann man abonnieren und bekommt dadurch als *Follower* deren Tweets im *Newsfeed* angezeigt. Wie im Fall Trump, wird Twitter sehr gerne von bekannten Persönlichkeiten und Institutionen als PR-Kanal und Informationsmedium genutzt. Bei anderen Plattformen steht hingegen das klassische Blogging im Vordergrund, wie zum Beispiel bei Tumblr oder Medium.

➤ **Professionelle Netzwerke:** Im professionellen Umfeld spielen LinkedIn (international) und Xing (vor allem in Deutschland) eine große Rolle. Berufliche Kommunikation und die Präsentation eigener Fähigkeiten stehen hier im Vordergrund. AngelList ist ein ähnliches Netzwerk im Start-up-Bereich. Auf der Plattform Slideshare kann man Präsentationen zu Fachthemen publizieren, die von Usern kommentiert und geteilt werden können.

➤ **Anonyme Community-Netzwerke:** Netzwerke, in denen sich Mitglieder einer Community anonym austauschen können, sind gegenwärtig der größte Social-Media-Trend. Bereits seit 2014 hat die App Jodel deutsche und internationale Universitäten im Sturm erobert. Die App ermöglicht ihren Nutzern, in anonymisierter Form Beiträge (*Jodel*) zu veröffentlichen, die in einem Radius von zehn Kilometern für andere Nutzer sichtbar sind. Anschließend können die Beiträge von anderen Nutzern in der Nähe positiv und negativ beurteilt werden. Besonders bei

Jugendlichen sind derzeit Apps gehypt, in den man andere Nutzer anonym bewerten kann, etwa deren Aussehen, Kleidungsstil oder Charaktereigenschaften. Hierzu zählen die deutschen Apps Tellonym und Whocares sowie die aus Saudi-Arabien stammende App Sarahah (arabisch für Ehrlichkeit). Sarahah war im Sommer 2017 in den USA die am meisten heruntergeladene App im Apple's iTunes-Store, noch vor Apps wie WhatsApp und Instagram. Im Oktober 2017 kaufte Facebook die virale Teenie-App tbh (steht für *to be honest*) nur neun Wochen nach dem Start – laut Insider-Berichten für etwas weniger als 100 Millionen US-Dollar.[87] Mit der App lassen sich anonymisierte Komplimente an die eigene Kontaktliste senden. Eher als »Läster-App« bekannt ist hingegen die aus dem Silicon Valley stammende App Blind, über die sich Mitarbeiter anonym über ihre Arbeitgeber austauschen können.

Medienkonsum

Digitale Mediennutzung ist auf dem besten Wege, den traditionellen, analogen Medienkonsum bis auf kleine Nischenbereiche zu ersetzen. In einigen Bereichen ist der Trend weiter fortgeschritten als in anderen. So gibt es kaum noch Jugendliche, die CDs besitzen. Bücher sind etwas weniger stark aussortiert worden. Einige Entwicklungen stechen bei der Mediennutzung besonders ins Auge:

Konsumenten wünschen sich heute Zugriff auf eine möglichst allumfassende Bibliothek an Musik, Film, Literatur und journalistischen Inhalten. Und zwar sofort – zu jeder Zeit, von jedem Ort. Die Medienkonzerne arbeiten hart daran, dieser Anspruchshaltung gerecht zu werden. Nahezu alle Musiktitel, die jemals komponiert wurden, kann man auf Plattformen wie Spotify, Amazon Music oder YouTube anhören. Das sogar umsonst, wenn man bereit ist, Werbeeinblendungen zu ignorieren. Fast alle bekannten Filme, die je gedreht wurden, kann man entweder über Netflix, Amazon Prime oder iTunes streamen. Die meisten wichtigen Bücher können umgehend auf Amazon als E-Book heruntergeladen werden. Zeitungen und Zeitschriften sind, wenn nicht ohnehin online frei zugänglich, in elektronischer Version verfügbar.

Die unmittelbare Verfügbarkeit von Medieninhalten verändert auch das allgemeine Verhältnis zu Eigentum. Immer mehr Menschen sind bereit, auf das Eigentum von CDs, DVDs, Büchern und Zeitschriften zu verzichten, solange sie online Zugriff auf alle Inhalte haben.

Eine andere interessante Entwicklung ist der steigende Erfolg von Medieninhalten, die von Algorithmen zusammengestellt werden. Facebooks Algorithmus ist mittlerweile so gut darin, die Interessen der Nutzer zu verstehen, dass fast die Hälfte der Amerikaner ihre Nachrichten über den Facebook-Newsfeed konsumiert. Was den Nutzern gezeigt wird, hängt nicht von der Wichtigkeit der Information ab, sondern davon, was der Algorithmus von Facebook als interessant für den Nutzer erachtet (für die Leser, die kein Facebook haben: Im Newsfeed werden Facebook-Nutzern selektiv einzelne Artikel und Videos verschiedenster Online-Medien angezeigt, die von anderen Netzwerk-Mitgliedern eingestellt werden).[88] Algorithmen machen teils schon bessere Empfehlungen als die eigenen Freunde, so zum Beispiel bei den Filmempfehlungen von Netflix. Ganz allgemein erfreuen sich gut kuratierte Medieninhalte äußerster Beliebtheit. Weitere Beispiele hierfür sind Webseiten wie Buzzfeed (Artikel, Blog-Posts und Videos, teils user-generiert), Reddit (user-generierte Beiträge und Links) und Medium (Blogartikel).

Unter allen Medienformaten wird vor allem das bewegte Bild immer beliebter. YouTube wächst weiterhin stark und hat neue Medienformate wie zum Beispiel »Vlogs« genannte Videoblogs hervorgebracht. Klassische Online-Nachrichtenportale wie Bild. de zeigen immer mehr Videos und eigens produzierte Inhalte, die dem klassischen Fernsehen ähneln. Twitter erlaubt gewissen Nutzern über ihre Plattform Live-Stream-Übertragungen, die vom Mobiltelefon aus gefilmt werden. In den sozialen Netzwerken wimmelt es von kurzen, lustigen Videoclips von entweder 1–2 Sekunden Länge (Gifs) oder ca. 6 Sekunden Länge (Vines), die sich in Endlosschleife wiederholen.

Zunehmender Beliebtheit erfreuen sich auch zahlreiche Audioformate. E-Books und Podcasts sind ohnehin schon seit Längerem populär und seit etwas jüngerer Zeit gibt es auch immer mehr journalistische Inhalte im Audio-Format. Wer Hörbücher mag und sich besonders effizient bilden möchten, der nutzt die App Blinkist: Sie bietet Audio-Zusammenfassungen von populären Sachbüchern.

Informationsbeschaffung

Das Internet wird als Wissensquelle täglich wichtiger. Ein Grund dafür ist im bereits angesprochenen Trend zu sehen, nicht nur private Lebensinhalte, sondern auch eigenes Wissen zu teilen und vielleicht sogar zu monetarisieren. Jeder Mensch kann einen neuen Wikipedia-Artikel verfassen, einen Blog oder Podcast starten, ein E-Book schreiben oder eine Frage in einem Forum beantworten. Mit jedem neuen Beitrag steigt der allgemein zugängliche Wissensschatz der Menschheit und liefert allmählich selbst auf die ungewöhnlichsten Fragen Antworten. Sind sie interessiert an der Motivation von Menschen, die Toilettenpapier sammeln? Kein Problem, Google hat eine Antwort.

Zudem bescheren technische Innovationen ungeahnte Zuwächse an zugänglichem Wissen: Einerseits führt die Verbreitung internetfähiger Geräte und Sensoren (*Internet of Things*) zur zunehmenden Ausleuchtung aller Lebensbereiche. Andererseits können die dabei entstehenden großen Datenmengen durch moderne Analysemethoden (*Big Data Analytics*) und künstliche Intelligenz immer besser in zugängliches Wissen überführt werden.

Auch die Art und Weise der Informationsbeschaffung wird sich über die nächsten Jahre ändern. Voice, also Sprache, wird als Interaktionsform mit dem Internet immer wichtiger, da Siri und andere virtuelle Sprachassistenten an Intelligenz hinzugewinnen. In der Öffentlichkeit mit seinem virtuellen Assistenten zu sprechen könnte bald so normal sein wie zu telefonieren.

Gaming

Im Gaming-Bereich gibt es im Moment zwei Mega-Trends, die alles andere überstrahlen: Virtual Reality (VR) und Augmented Reality (AR). Bei Virtual Reality taucht der Spieler mithilfe einer Brille komplett in eine künstliche Welt ein. Bei Augmented Reality wird die Realität um eine künstliche Dimension ergänzt (bei dem Spiel Pokémon Go zum Beispiel werden die Pokémons auf dem Handybildschirm in das Kamerabild der Umgebung eingeblendet). Die von den Nutzern seit Langem herbeigesehnten Technologien sind im Gaming-Kontext seit 2–3 Jahren marktreif. Fast jeder Gamer, der es mit seinem Hobby ernst meint, hat sich bereits mit einer VR-Brille eingedeckt (zum Beispiel Oculus Rift oder Google Cardboard) oder hat Pokémons gejagt.

Shopping und E-Commerce

Die gegenwärtige Entwicklung im E-Commerce-Bereich könnte man folgendermaßen zusammenfassen: Kunden möchten mobil shoppen, mobil bezahlen und Einkäufe möglichst sofort nutzen können. Beim Online-Shoppen sind Käufe von Büchern, Kleidung, Haushalts- und Elektrogeräten zur Selbstverständlichkeit geworden. Mittlerweile ist der Markt sogar bereit für Lebensmittellieferungen aus Supermärkten. Eine Umfrage der Supermarktkette Lidl in Ballungszentren ergab, dass 55 Prozent der Befragten gern den Onlinekauf von Lebensmitteln ausprobieren möchten.[89] Also bieten Supermarktketten in immer mehr Städten Lieferdienste und auch Amazon Fresh, der Lebensmittellieferdienst von Amazon macht sich auf, den Lebensmittelmarkt zu erobern.

Als das Endgerät der Wahl für Online-Bestellungen verdrängen Smartphones und Tablets zunehmend den Computer. Beim Bezahlvorgang besteht das Bedürfnis nach mobilen Lösungen, mit denen Produkte und Dienstleistungen bequem von zu Hause und unterwegs bezahlt werden können. Viele Nutzer wollen nicht jedes Mal Geldbeutel oder Kreditkarte zücken, um Taxi, U-Bahn, oder Kioskeinkauf zu bezahlen. Zwei bis drei Klicks auf dem Handy sollten für eine Überweisung ausreichen.

Bei Lieferungen sinkt die Toleranz für lange Lieferzeiten. Amazon-Käufe sollen spätestens am nächsten Tag vor Ort sein, Lieferzeiten für fertiges Essen nicht eine halbe Stunde überschreiten. Dieser Erwartungshaltung gerecht zu werden, gelingt den Unternehmen immer besser: Amazon Prime liefert teilweise noch am selben Tage, Foodora und Deliveroo stehen meist innerhalb von 30 Minuten mit einer warmen Mahlzeit vor der Tür. Gleichzeitig werden im Einzelhandel ganz neue Liefermodelle entwickelt, etwa die Bestellung Online und die Abholung im Shop. Oder umgekehrt, der Kauf im Shop und die Lieferung mit der Post.

17. Monetarisierungsmodelle im Internet

Folgt man den öffentlichen Visionen und *Mission Statements* der Unternehmen aus dem Silicon Valley, dann ist das Internet vor allem ein Instrument, um die Welt zu einem besseren Ort zu machen. Das ist natürlich nur die halbe Wahrheit – wenn überhaupt. Die zahlreichen Gründungen von Tech-Unternehmen im Silicon Valley sind nicht primär einem allgemeinen Bestreben nach Weltverbesserung zuzuschreiben. Vielmehr sind sie den schier endlosen Möglichkeiten geschuldet, mit Geschäftsmodellen im Internet Geld zu verdienen. Dieses Kapitel soll zeigen, wie Unternehmen ihre Angebote monetarisieren. Ein Einblick in diese Thematik öffnet die Augen dafür, welche Interessen Anbieter von Produkten, Inhalten und Dienstleistungen im Internet verfolgen und welche Rolle wir dabei als private Internetnutzer spielen. Wichtig ist vor allem die Erkenntnis, dass kostenfreie Angebote im Internet meist nicht wirklich kostenfrei sind. Oft bezahlt der Kunde nur in einer anderen Währung, nämlich mit persönlichen Daten und Werbungskonsum. Nachfolgend sind einige der gängigsten Monetarisierungsmodelle aufgelistet.

Direct (E-)Commerce: Anbieter verkaufen eigene Angebote zu Fixpreisen

E-Commerce ist eines der ältesten Monetarisierungsmodelle für Unternehmen im Internet. Beim E-Commerce verkaufen Anbieter eigene Waren im Online-Shop statt auf einer physischen Verkaufsfläche. Amazon und Zalando sind typische Beispiele für einen E-Commerce-Anbieter. Viele der traditionellen Einzelhändler betreiben stationären Handel und E-Commerce parallel (zum Beispiel Zara, Nike). Auch der Verkauf von Wissen über E-Books und Tutorials fällt im weitesten Sinne in die Kategorie E-Commerce.

Marktplätze & Online-Plattformen: Unternehmen führen Angebot und Nachfrage zusammen und verdienen durch eine Kommission bei den Verkäufen

Amazon hat den Laden ins Internet verlegt, eBay den Marktplatz. Interessanterweise operiert auch Amazon nicht mehr nur als E-Commerce-Anbieter von Waren aus dem eigenen Lager, sondern ebenfalls als Marktplatz für Waren von Drittanbietern. eBay und Amazon verdrängen dabei durch ihre Marktmacht immer mehr kleine E-Commerce-Stores, für die es rentabler ist, auf den großen Internet-Marktplätzen ihre Waren anzubieten, als einen eigenen Online-Store zu betreiben.

Online-Plattformen wie der App Store oder iTunes sind ebenfalls Marktplätze, nur eben für Software und Medien. Apple kassiert als Plattform-Provider jeweils eine saftige Kommission von 30 Prozent, etwa beim Kauf einer zahlungspflichtigen App im App Store oder beim Kauf von Liedern auf iTunes.[90] Auch Food-Delivery-Portale wie zum Beispiel Lieferheld sind Marktplätze. Sie führen das Angebot von Restaurants und die Nachfrage der hungrigen Kunden zusammen und erheben eine Kommission sowohl von den Restaurants als auch von den Kunden. Teilweise beschränken sich die Food-Delivery-Portale nicht nur auf die Bereitstellung der technischen Infrastruktur, sondern übernehmen auch zusätzliche Dienstleistungen wie die Belieferung (zum Beispiel die Essens-Lieferdienste Foodora und Deliveroo).

Eine spezielle Monetarisierungsoption von Marktplätzen sind Auktionen, mit denen man die maximale Zahlungsbereitschaft der Kunden abzuschöpfen versucht. Beispiele hierfür sind wiederum eBay, aber auch Google, das Werbeplätze bei seinen Kunden versteigert.

Ein wichtiger Aspekt von Marktplätzen ist, dass sie mit jedem Anbieter attraktiver für die Nachfrageseite werden – und umgekehrt. Marktplätze profitieren also von Netzwerkeffekten, die dazu führen, dass sich nach und nach in vielen Märkten eine große Online-Plattform durchsetzt und eine hohe Marktdominanz erreicht (zum Beispiel Airbnb bei Zimmerreservierungen). Dieses Phänomen wird auch mit dem Begriff *Plattform Ökonomie* umschrieben.

Abonnements / As-a-Service: Unternehmen sichern sich möglichst regelmäßige Einnahmen durch Abonnementzahlungen

Bei Direktverkäufen stehen Unternehmen vor der Herausforderung, dass Kunden möglicherweise nur einmal kaufen oder durch teure Werbeaktionen erneut reaktiviert werden müssen. Viele Unternehmen sind daher dazu übergegangen, bisher einmalig verkaufte Produkte als Abonnement anzubieten. Ein typisches Beispiel hierfür sind Streaming-Dienste wie Netflix und Spotify. Im Softwarebereich wird heutzutage fast nur noch *Software as a Service (SaaS)* angeboten. Die Auswahl an SaaS-Produkten ist dementsprechend groß, sowohl bei fachspezifischer Software (wie zum Beispiel der Fotobearbeitungssoftware Photoshop) als auch funktionsgetriebenen Lösungen (wie Salesforce für Vertriebsaufgaben). Auch bei manchen physischen Produktkategorien wie beispielsweise Weinen, Rasierklingen oder sogar Laptops ist das As-a-Service-Modell eine beliebte Monetarisierungsoption (*Hardware as a Service*).

Aus Perspektive der Kunden können As-a-service Modelle einen enormen Mehrwert darstellen, da sie häufig mit innovativen Leistungen aufwarten oder eine besonders große Produktauswahl anbieten. Cloudbasierte Software zum Beispiel ist immer auf dem neuesten Stand. Bei *Word 365* von Windows hat kein Kunde mehr Probleme mit einer veralteten Word-Version. Anderseits laufen Kunden bei Abo-Modellen manchmal auch in eine Falle. Nur allzu leicht lassen sie sich durch die genannten Vorteile zu Abonnements verführen, die eigentlich zur Deckung des Eigenbedarfs gar nicht nötig wären. Ähnlich wie bei der neuen Mitgliedschaft im supermodernen Fitnessstudio flacht der Enthusiasmus für ein Online-Abonnement oft nach einiger Zeit ab; niemand benötigt ein Netflix-Abo für 10 Euro im Monat, wenn er im Schnitt nur 6 Filme im Jahr streamt. Doch viele Kunden zahlen trotz abnehmenden Interesses weiterhin ihre Abogebühren an die Anbieter, da sie aus Vergesslichkeit oder Bequemlichkeit nicht kündigen, oder in einem Jahresabo feststecken.

Freemium: Unternehmen versuchen, Kunden über ein kostenfreies Basisangebot für ein höherwertiges zahlungspflichtiges Angebot zu gewinnen

Dieses Modell ist im Grunde eine Kombination mehrerer Monetarisierungsoptionen. Freemium-Modelle machen dem Kunden im ersten Schritt ein Basisangebot ohne jegliche Kostenbarriere schmackhaft. Im zweiten Schritt soll der Kunde dafür gewonnen werden, auf eine kostenpflichtige Version – optimalerweise ein Abonnement – zu wechseln, bei der er in den Genuss zusätzlicher Vorteile gelangt (zum Beispiel zusätzliche Funktionalitäten, besserer Service). Typische Beispiele für dieses Modell sind Software-as-a-Service-Angebote wie der Messenger-Dienst Slack, Unterhaltungsangebote wie Spotify oder soziale Netzwerke wie LinkedIn.

Die Freemium-Variante *Pay-as-you-Go* ist eine populäre Option, wenn Unternehmen nicht genügend Kunden für ein Abomodell gewinnen können, aber dennoch auf zusätzliche Einnahmen angewiesen sind. Auf *Spiegel Online* sind beispielsweise ausgewählte Artikel nur dann abrufbar, wenn der Kunde sie gegen einen kleinen Geldbetrag freischaltet.

Eine dritte Variante des Freemium-Modells sind Angebote, bei denen zusätzliche Vorteile nicht im Rahmen eines Abos, sondern eines Einmalkaufs freigeschaltet werden. Viele Apps und Computer-Spiele funktionieren nach diesem Prinzip (*In-App Purchases*), unter anderem der Spiele-Hit aus dem Jahr 2016, Pokémon Go.

Pay-per-use beziehungsweise Performance-based Contracting: Kunden bezahlen Unternehmen in Abhängigkeit des Leistungsumfangs

Pay-per-use-Modelle sind weit verbreitet im Rahmen der sogenannten *Sharing Economy*, in der Kunden für die zeitbegrenzte Nutzung fremden Eigentums zahlen. Das Eigentum kann entweder in der Hand von Unternehmen liegen, wie zum Beispiel bei den Car-Sharing-Plattformen Car2Go oder DriveNow. Oder Privatleute bieten ihr Eigentum zur (Mit-)Nutzung an, beispielsweise die eigene Wohnung auf Airbnb, das eigene Auto inklusive Transportdienstleistung bei Uber, oder das eigene Geld auf Verleihplattformen wie Lending Club. Bei solchen Peer-to-peer-Modellen verdient neben dem Privatanbieter, der das Eigentum zur Verfügung stellt, auch die Plattform durch eine Kommission mit.

Werbung: Unternehmen verdienen Geld, wenn Seitenbesucher auf eine Werbefläche klicken oder Werbevideos anschauen

Werbung ist wahrscheinlich der einfachste Weg, online Geld zu verdienen. Nicht nur Google und Facebook, sondern jede Person, jeder Verein und jedes Unternehmen kann auf seiner Website Werbeflächen zur Verfügung stellen. Diese werden entweder selbst oder mithilfe von Google mit Werbung befüllt. Sobald der User auf eine Onlinewerbefläche klickt, verdient der Inhaber der Website Geld. Zwar liegen die Geldbeträge für jeden Klick im Cent-Bereich, über die Zeit können sie sich aber zu einem soliden Einkommen summieren. Ein ähnliches Monetarisierungsmodell liegt bei Werbevideos zugrunde, die vor Videoclips im Internet eingeblendet werden. Als Nutzer zahlen wir bei all diesen Angeboten nicht materiell, sondern mit unserer Aufmerksamkeit. Und mit unseren Nerven, wenn wir zum zwanzigsten Mal denselben mühsamen Werbeclip sehen müssen.

Sammeln persönlicher Daten: Unternehmen verkaufen persönliche Daten an Dritte

Wenn im Internet ein Angebot kostenlos erscheint, sollte man sich den folgenden Satz vor Augen halten: »If you're not paying for the product you are the product.« Google und Facebook bieten uns einen fantastischen, scheinbar kostenlosen Service. Gleichzeitig verdienen sie aber mit Werbung Unsummen an Geld, weil wir beim Googeln und Netzwerken eine Fülle an Informationen über uns preisgeben. Diese Informationen ermöglichen Werbern eine personalisierte Ansprache. Drittunternehmen erhalten dabei keinen direkten Zugriff auf unsere persönlichen Daten, denn Google und Facebook übernehmen die Aufgabe, Werbung zielgenau an bestimmte regionale, soziodemografische oder persönliche Profile zu richten.

Affiliate: Unternehmen verdienen Provisionen als Online-Vertriebspartner bei erfolgreicher Vermittlung von Käufern

Das Preisvergleichsportal Verivox verweist auf seiner Seite auf Stromanbieter. Literaturkritiker verweisen auf ihrem Blog auf Bücher bei Amazon. Instagram-Stars verweisen bei ihren Fotos auf die Online-Stores von Fashion-Brands. Sie alle erhalten eine Provision, wenn ein User einen der Links anklickt und danach innerhalb eines gewissen Zeitrahmens bei dem verlinkten Anbieter einen Kauf abschließt. Als Nutzer sind wir beim Affiliate-Marketing auf Transparenz angewiesen. Vergleichs- und Beratungsportale sollten ihren Kunden nämlich die besten Angebote vermitteln – und nicht die mit den höchsten Kommissionen. Teilweise werden gute Produkte in Tests gar nicht erst erwähnt, weil der Hersteller kein Affiliate-Marketing betreibt.

Wir haben jetzt acht geläufige Monetarisierungsmodelle kennengelernt, die Ihnen im Internet immer wieder begegnen werden. In den nächsten drei Kapiteln geht es darum, wie Unternehmen über Online-Marketing und Online-Sales unsere Meinungen und Kaufentscheidungen beeinflussen. Warum sehen wir manche Informationen im Internet, und andere nicht? Warum kaufen wir manche Sachen im Internet, und andere nicht?

18. Search Engine Optimization (SEO)

Online-Marketing umfasst einen Katalog an Maßnahmen, die darauf abzielen, User auf eine bestimmte Webseite zu lenken. Ein guter Ausgangspunkt für dieses Thema ist der Suchalgorithmus von Google. Die Ergebnisse von Suchanfragen haben nämlich den größten Einfluss auf die Informationsbeschaffung und Meinungsbildung im digitalen Raum.

PageRank & Search Engine Optimization (SEO)

Es hat einen guten Grund, dass Google in Deutschland bei Suchmaschinen einen Marktanteil von 95 Prozent hat – Google schafft nämlich für seine Nutzer einen enormen Mehrwert.[91] Doch der hohe Marktanteil von Google führt dazu, dass Googles Suchalgorithmus fast schon eine unheimliche Macht hat. Nur die wenigsten im Netz – 5 Prozent, um genau zu sein – scrollen über Googles erste zehn Treffer hinaus.[92] Wessen Website zu bestimmten Suchwörtern wie »Essenslieferung« unter den ersten zehn Suchergebnissen erscheint, der gewinnt also die Gunst der Kunden. Alle anderen kämpfen mit der Bedeutungslosigkeit. Wer viele Nutzer auf seine Webseite lenken möchte, sollte seine Website so optimieren, dass sie von Suchmaschinen möglichst hoch gelistet wird. Das Zauberwort in diesem Zusammenhang heißt *Search Engine Optimization (SEO)* – Suchmaschinenoptimierung. Dieses Thema ist für Unternehmen so wichtig, dass es sogar spezialisierte Beratungen für SEO gibt. Auch aus Verbrauchersicht sind SEO-Basiskenntnisse interessant, denn so kann man zumindest grob verstehen, nach welchen Kriterien Google – als unser wichtigster Antwortgeber im Internet – unsere Fragen beantwortet.

Die große Herausforderung bei der Suchmaschinenoptimierung ist, dass nicht einmal die besten SEO-Experten den Algorithmus von Google genau kennen. Der Algorithmus – nach dem Google-Gründer Larry Page *PageRank* genannt – ist ein wohlgehütetes Firmengeheimnis. Selbst innerhalb des Unternehmens kennen die meisten Programmierer nur einen Teil der Formel. Immerhin hat Google bereits vor knapp zehn Jahren bekannt gegeben, dass der PageRank von über 200 Einflussfaktoren beeinflusst wird. In Wirklichkeit sind es wohl deutlich mehr, wie eine absurde Anekdote aus dem Jahr 2010 unterstreicht: Damals verkündete Microsofts Suchmaschinendienst Bing, dass ihr Ranking-Algorithmus auf über 1000 Einflussfaktoren zurückgreift. Das konnte Google natürlich nicht so auf sich sitzen lassen. Kurze Zeit später teilte ein führender Google-Mitarbeiter mit, dass die über 200 Einflussfaktoren von PageRank in bis zu 50 Variationen pro Faktor angewendet werden.[93] Damit wären wir bei bis zu 10 000 Einflussfaktoren des Algorithmus! Um die Sache abzukürzen: Googles Algorithmus ist sehr, sehr komplex. Auf Basis von Tests, der Erfahrung von Experten und Aussagen von Google ist jedoch bekannt, welche Aspekte besonders wichtig für erfolgreiches SEO sind:

1. **Content:** Es versteht sich fast von selbst – guter Inhalt ist der wohl wichtigste SEO-Erfolgsfaktor. Google ist bemüht, seinen Nutzern möglichst relevante Inhalte anzuzeigen. Dafür misst Google, wie lange ein Nutzer auf der Seite eines vorgeschlagenen Suchergebnisses bleibt. Klicken Nutzer einen geöffneten Weblink regelmäßig nach wenigen Sekunden wieder weg, rutscht die Website schnell im Page-Ranking ab.

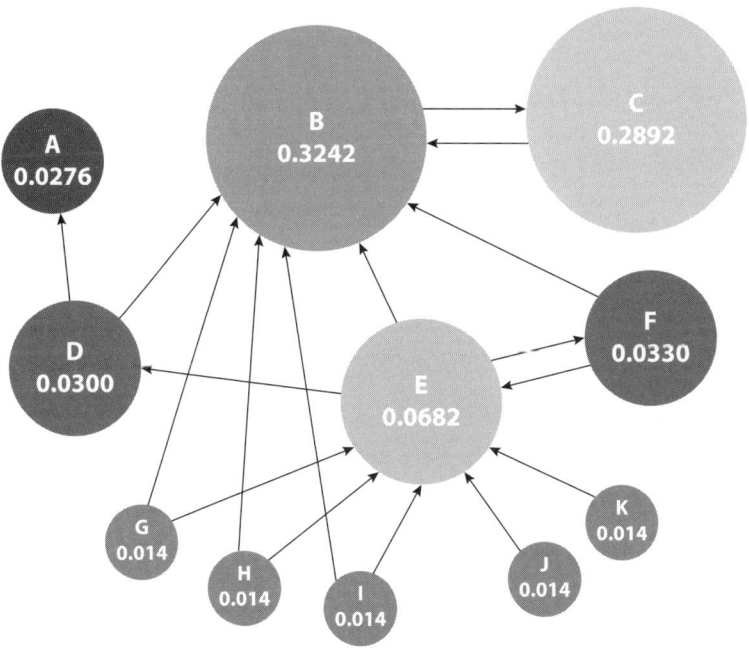

2. **Backlinks:** Eines der wichtigsten Grundprinzipien des Algorithmus lautet: Je mehr Links auf eine Seite verweisen, desto höher ist das Gewicht dieser Seite. Je höher das Gewicht der verweisenden Seiten, desto größer ist der Effekt. Wer das Ranking der

eigenen Seite verbessern möchte, sollte sich daher um möglichst viele sogenannter *Backlinks* von qualitativ hochwertigen Seiten bemühen. Der wichtigste Hebel für die Generierung von Backlinks ist guter Content – siehe Punkt 1. Es gibt auch andere Möglichkeiten, Backlinks zu erzeugen, die vor allem für die Betreiber von eher unbekannten Websites relevant sind: Hilfreich sind zum Beispiel Gastbeiträge in Blogs anderer Webseiten. Dabei wird immer auch ein Backlink auf die eigene Website gesetzt. Es hilft jedoch nicht, dem Algorithmus Bedeutung vorzugaukeln, indem man den Link zur eigenen Website wahllos auf anderen Seiten postet oder weitere Websites ohne sinnvollen Inhalt mit Backlinks in Netz stellt. Google erkennt solche Verstöße gegen die Benimmregeln und bestraft die Websitebetreiber im Page Ranking.

3. **Click-Through Rate:** Google wertet aus, wie oft eine Website angeklickt wird, die bei bestimmten Suchanfragen angezeigt wird. Je höher die *Click-Through Rate*, desto besser das Google-Ranking. Um die Click-Through-Rate zu optimieren, empfiehlt es sich, den auf der Google-Seite angezeigten Text besonders informativ und ansprechend zu gestalten. Auch die Click-Through-Rate sollte man nicht manipulieren, etwa indem man auf Google in Dauerschleife den eigenen Weblink anklickt. Google erkennt und bestraft Manipulationsversuche.

4. **Keywords:** Damit die eigene Website bei Google vorgeschlagen wird, muss ein inhaltlicher Zusammenhang zur Suchanfrage bestehen. Googles Algorithmus kann einen solchen Zusammenhang am besten verstehen, wenn die vom Nutzer in die Suchmaske eingegebenen Suchwörter auch auf der eigenen Website vorkommen. Es ist daher eine wichtige SEO-Aufgabe, sinnvolle Stichwörter für die Überschriften, Fließtexte, Links und URLs zu definieren. Dabei muss berücksichtigt werden, dass der Wettbewerb um ein gutes Ranking für bestimmte Keyword-Suchanfragen extrem hoch ist. So ist es praktisch unmöglich, innerhalb von kurzer Zeit eine Platzierung auf der ersten Seite für Keywords wie »hotel«, »wetter berlin« oder »auto verkaufen« zu erreichen.

5. **Externe Links:** Ausgehende Links zu gut gerankten und themenrelevanten Websites erhöhten die Nutzerfreundlichkeit und das Vertrauen von Google in die eigene Website. Gleichzeitig erhöhen ausgehende Links die Wahrscheinlichkeit, selbst verlinkt zu werden.

6. **Textstruktur und Multimedialität:** Hochwertiger Website-Content ist mehr als reiner Text: Als besonders leserfreundlich wertet Google gut strukturierte Texte mit Überschriften, sinnvollen Zwischenüberschriften, Aufzählungen und Listen zur Gliederung des Textes. Zudem können sich eingebundene Fotos und Videos positiv auf das Ranking auswirken.

7. **Mobile-friendly:** Webseiten sollten so programmiert sein, dass sich die Inhalte auch gut auf Smartphones abrufen lassen. Google hat seinen Algorithmus mittlerweile so angepasst, dass mobil optimierte Websites besser indexiert werden.

8. **URL:** Ausdrucksstarke Kategorien und Dateinamen auf der Website helfen, die URLs der Seite besser zu organisieren und erlauben ein effektiveres Durchsuchen der Dokumente durch Suchmaschinen. Konkret: *Spiegel Online* sollte seine URL für den Sportteil eher mit www.spiegel.de/sport/ benennen, als mit www.spiegel.de/34253.

19. Search Engine Advertising (SEA) & Google Adsense

Neben Search Engine Optimization gibt es eine Reihe weiterer einflussreicher Online-Marketingmaßnahmen, mit denen Unternehmen um unsere Aufmerksamkeit buhlen:

Search Engine Advertising

Wenn wir als Google-Nutzer eine Suchanfrage starten, bekommen wir häufig Werbe-Links über den normalen, *organischen* Suchergebnissen angezeigt, die mit dem Wort »Anzeige« gekennzeichnet sind. Dabei handelt es sich um das sogenannte Search Engine Advertising (SEA). Neben Search Engine Optimization (SEO) ist Search Engine Advertising der zweite Bestandteil des Suchmaschinen-Marketings (SEM).

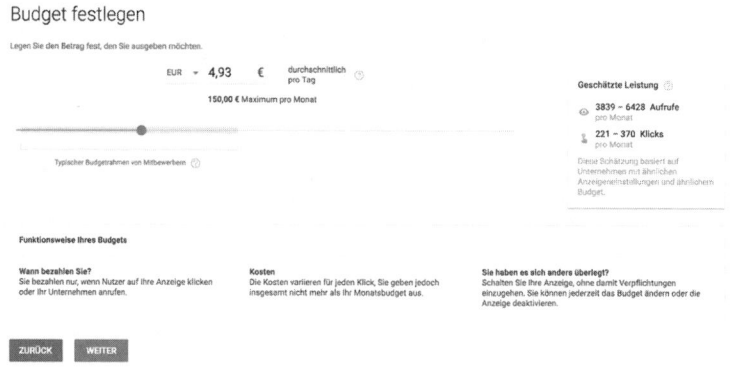

Wer auf Google eine Anzeige schalten möchte, muss sich bei Google AdWords anmelden, dem Werbesystem von Google. Beim Erstellen der Anzeige kann festgelegt werden, welches Werbebudget pro Tag durchschnittlich ausgegeben werden soll. Die Anzeige zu schalten ist grundsätzlich kostenfrei. Gezahlt werden muss nur für Klicks, die die Anzeige generiert hat.

Entscheidend für den Erfolg der Werbung ist die Wahl der richtigen Suchbegriffe (Keywords), bei denen die Anzeige geschaltet werden soll. Betreibt der Werbende beispielsweise ein Blumengeschäft in Berlin, so könnte er seine Werbung für die Keywords *Blumen + Berlin* schalten lassen. Bei beliebten Keywords ist allerdings die Konkurrenz der Werbenden um einen Anzeigenplatz hoch. So gibt es mit Sicherheit einige Unternehmen und Geschäfte, die für die Keywords *Blumen + Berlin* gerne eine Werbeanzeige schalten würden. Daher werden die Werbeplätze auf Google über eine Auktion in Echtzeit versteigert. Der Werbetreibende nennt im Vorhinein den Höchstbetrag, den ihm ein Klick auf seinen Werbelink wert ist. Der tatsächliche Preis für diesen Klick ist der *Cost-per-Click (CPC)*. Die durchschnittlichen CPC liegen in den meisten Branchen bei weniger als einem Euro. Für einige Begriffe, insbesondere im Zusammenhang mit hochpreisigen Dienstleistungen, liegen die Costs-per-Click aber deutlich höher. Der teuerste Begriff in Deutschland ist »outplacement« mit einem CPC von 58 Euro, in den USA »Business Services« mit einem CPC von 59 Dollar.[94] Grundsätzlich gilt: Je höher ein Unternehmen das CPC-Limit angibt, desto besser die Chance, dass Google die eigene Werbung anzeigt und hoch positioniert. Unternehmen mit einem kleinen Budget für Google AdWords werden daher bei beliebten Suchbegriffen regelmäßig überboten.

Bannerwerbung / Google Adsense

Auf sehr vielen Internetseiten, sei es bei Spiegel Online oder privaten Blogs, begegnet uns Bannerwerbung, eine der frühesten Formen der Online-Werbung. Heutzutage wird ein Großteil der Bannerwerbung über den Google-Dienst Google Adsense zur Verfügung gestellt. Google ist also nicht nur für Werbung auf seiner eigenen Suchmaschine verantwortlich, sondern vermarktet Werbeplätze für zahlreiche andere Seiten.

In erster Linie wollen wir als Normalverbraucher am liebsten gar keine Werbung sehen – und wenn überhaupt, dann zumindest Werbung, die eine möglichst hohe persönliche Relevanz hat. Google versucht daher nicht nur, Werbebanner auf den Kontext der Webseiten anzupassen, sondern darüber hinaus auch unser persönliches Nutzerinteresse abzustimmen. Um diese komplexe Aufgabe zu bewerkstelligen, greift Google sowohl auf unsere Suchanfragen bei der unternehmenseigenen Suchmaschine zurück, als auch auf die Informationen von Cookies. Cookies sind vom Browser erfasste Informationen, die mit einer bestimmten Website verbunden sind. Sie werden für einige Zeit lokal auf dem Computer gespeichert und dem Server der Website auf Anfrage wieder übermittelt. Dadurch erkennt zum Beispiel ein E-Commerce-Anbieter unsere Daten und Produktpräferenzen, wenn wir die Website erneut aufrufen, und kann dementsprechend individualisierte Inhalte anzeigen. Google kann viele dieser Cookies auslesen, denn die Mehrheit der Webseitenbetreiber nutzt Programme von Google, etwa Google Analytics zur Analyse der Klicks von Website-Besuchern. So bekommt auch Google mit, auf welchen Websites wir unterwegs sind.

20. Content-, Social-Media- & Influencer-Marketing, Bots

Content-Marketing

Der Begriff Content-Marketing kam um die Jahrtausendwende in Mode. Bis zu diesem Zeitpunkt waren nur wenige Unternehmen auf die Idee gekommen, Medieninhalte zu produzieren, die einen anderen Zweck hatten, als eigene Produkte direkt zu bewerben.[95] Heutzutage produzieren Marketingabteilungen von Unternehmen jeden Tag Blog-Posts, Videos und Tutorials, um bestehende und potenzielle Kunden mit informativen und unterhaltsamen Inhalten zu erreichen. Produkt- und Promotionsbotschaften treten dabei in den Hintergrund. Neutralität und Glaubwürdigkeit spielen eine wichtige Rolle. Content-Marketing ist damit ein eher indirektes Mittel der Verkaufsförderung. Kurzfristig ist das primäre Ziel, dem Kunden durch interessante Inhalte einen klaren Mehrwert zu bieten. Langfristig sollen Kundenbeziehungen intensiviert und Verkäufe angekurbelt werden.

Blogging ist einer der beliebtesten Content-Marketingkanäle, denn Blogs lassen sich mit einem überschaubaren Aufwand erstellen. Zudem haben Blogs noch einen weiteren Vorteil: In jedem Blog-Eintrag lassen sich eine Reihe von Keywords für SEO-Zwecke unterbringen. Selbst Unternehmen, die vermeintlich langweilige Produkte herstellen, haben oft einen Blog, der einzig und allein deshalb geschrieben wird, um mehr Visibilität auf Google zu erzeugen.

Content-Marketing ist ein mächtiges Marketinginstrument, dessen Einfluss von Verbrauchern grundsätzlich unterschätzt wird. Für viele Unternehmen ist Content-Marketing sogar rentabler als alle anderen Online-Marketinginstrumente. Ein besonders gutes Beispiel für erfolgreiches Content-Marketing ist der Blog des englischen Unternehmers Neil Patel. Darin schreibt er unter anderem über die von ihm ausgerufene und erfolgreich bestandene »100k Challenge«. Bei dieser »Challenge« bewies Patel, wie er sich ein fast beliebiges Thema aussuchen kann (in diesem Fall Ernährung), und mit professionellem Blogging über 100 000 US-Dollar Umsatz durch Amazon Affiliate Marketing machen kann. Dieses »Content-Marketing zum Thema Content-Marketing« hat Patel und seinem Unternehmen große Bekanntheit in der Online-Marketing-Welt eingebracht.[96]

Social-Media-Marketing

Soziale Medien konnten in der Vergangenheit rasante Wachstumsraten verzeichnen.[97] Mehr als jeder vierte Mensch auf der Welt ist aktiver Facebook-Nutzer, viele junge Menschen verbringen täglich Stunden mit Instagram und Snapchat.[98] Dementsprechend groß ist die Bedeutung von Social-Media-Marketing. Grundsätzlich verfolgen Unternehmen dabei zwei unterschiedliche Ansätze (oftmals auch parallel):

Das klassische Social-Media-Marketing dreht sich um *Engagement* und Viralität. Egal ob es sich um ein Status-Update auf Facebook handelt, ein Foto auf Instagram, einen Tweet, einen Eintrag auf Pinterest oder ein Video auf Vine: Wichtig ist, dass die Nutzer aktiv werden, Likes verteilen und Kommentare schreiben. Noch wichtiger ist es, dass Nutzer die Inhalte teilen und maximale Aufmerksamkeit erzeugen.[99] Nicht jeder Social-Media-Kanal eignet sich dabei für alle Inhalte gleichermaßen. Ein guter Witz kann als Post auf Twitter Erfolg haben, ist aber auf einem professionellen Netzwerk wie LinkedIn weniger angebracht. Der bekannte Marketing-Experte Gary Vaynerchuk sagt: »If content is king, context is god.«[100]

Der zweite wichtige Ansatz von Social-Media-Marketing ist *Social Media Advertising*. Werbende können ihre Kampagnen zielgenau nach vorher bestimmten Kriterien (zum Beispiel Altersgruppe, Beruf, Ausbildungsgrad, Interessen) an Nutzergruppen richten. Bei einer Facebook-Kampagne für eine neue Bio-Burger-Kette könnte man beispielsweise gezielt 24–32-jährige Männer adressieren, die bereits die Facebook-Seiten von McDonalds und einer Marke für Bio-Produkte geliked haben. Welche Anzeigen im News-Feed eines Nutzers den Vorzug letztendlich den Vorzug bekommen, wird bei Facebook in einem ähnlichen Auktionsverfahren wie bei Google Adwords entschieden.

Influencer-Marketing und Affiliate-Marketing

Bei der Inflation an Werbebotschaften, die jeder von uns täglich zu sehen bekommt, ist es für Unternehmen eine große Herausforderung, Aufmerksamkeit zu erhalten. Deshalb vertrauen viele Unternehmen auf die Unterstützung von *Influencern*, also Menschen, denen erwiesenermaßen bereits Aufmerksamkeit geschenkt wird. Influencer können Blogger mit großer Leserschaft, beliebte Social-Media-Stars, Industrie-Experten oder Prominente sein. Auf ihren Kanälen bewerben sie Produkte im Rahmen ihrer Social-Media-Aktivitäten – zum Beispiel erhält ein Model Geld dafür, wenn es sich auf Instagram mit einer bestimmten Handtasche zeigt. Influencer-Marketing ist also gleichzeitig meist auch Affiliate-Marketing, da der Influencer als Vertriebspartner auftritt.

Influencer-Marketing ist um ein Mehrfaches effektiver als andere Formen digitalen Marketings und daher in den letzten Jahren sehr populär geworden. Seit 2013 ist das Interesse an Influencer-Marketing – gemessen an der Anzahl an Google-Suchanfragen zum Begriff Influencer-Marketing – um den Faktor 90 gestiegen. Zahlreiche Stars auf Instagram und YouTube können ihren gesamten Lebensunterhalt damit bestreiten. Der bestverdienende YouTube-Influencer, der Schwede Felix Arvid Ulf Kjellberg, besser bekannt unter seinem Künstlernamen PewDiePie, verdiente im Jahr 2016 circa 15 Millionen Euro durch Werbeeinnahmen.[101] Kjellberg spielt auf seinem YouTube-Kanal Computerspiele und kommentiert sie für seine 50 Millionen Follower. Diesem Mann schauen also tatsächlich Millionen Menschen beim Computerspielen zu. Als Verbraucher ist es hilfreich im Hinterkopf zu behalten, dass viele große Social-Media-Accounts einen kommerziellen Zweck verfolgen und Produktempfehlungen vor diesem Hintergrund keine genuinen Empfehlungen sind, sondern Werbung.

Marketing-Bots

Sie liken, knüpfen neue Kontakte und schreiben automatisierte Nachrichten. Die Rede ist nicht von Menschen, sondern von *Bots*. Ein Bot ist ein Stück Softwarecode, der automatisiert vordefinierte Aktionen durchführt. Intelligente Chat-Bots können simple Aufgaben im Kundenservice übernehmen und dadurch Menschen repetitive Aufgaben abnehmen. Auch die sozialen Netzwerke wollen ihren Nutzern zukünftig über Bots zusätzlichen Mehrwert bieten, zum Beispiel die Möglichkeit einer Pizzabestellung über einen Chat-Bot im Facebook-Messenger. Bisher aber kommen in sozialen Netzwerken vor allem verbotene Bots zum Einsatz. Sie sind von außerhalb der Netzwerke gesteuert und sollen die Nutzer in die Irre führen. Bots können zum Beispiel ein große Anzahl an Likes an Profilseiten von Unternehmen verteilen, die daraufhin beliebter und glaubwürdiger erscheinen. Verbreitet sind auch Bots für die Kaltakquise von Kunden auf LinkedIn. Diese Bots senden Nachrichten von falschen Profilen an Hunderte oder Tausende potenzieller Kunden, um mit diesen ins Gespräch zu kommen. Wenn Sie auf Facebook Freundschaftsanfragen von besonders gut aussenden Menschen bekommen, die erst seit kurzer Zeit bei Facebook Mitglied sind, wenige Kontakte und keine gemeinsamen Freunde haben, schauen Sie lieber genau hin: Es sind wahrscheinlich Bots.

21. Online-Sales

Erfolgreiches Online-Marketing lenkt Besucher auf die Unternehmenswebseite. Wenn wir als Interessent dort gelandet sind, dann haben die Bemühungen gerade erst angefangen, uns zum Käufer zu machen und eine dauerhafte Kundenbeziehung aufzubauen. Oft ist es gar nicht so leicht zu erkennen, wie geschickt dabei unser Verhalten gesteuert wird und wie automatisiert das Unternehmen mit uns kommuniziert.

Wenn Sales-Mitarbeiter im Digitalbereich über den Verkaufsprozess nachdenken, dann stellen sie sich meist einen großen Verkaufstrichter vor, den sogenannten *Sales Funnel*. Der Sales Funnel ist ein abstraktes Konstrukt, das den Verkaufsprozess in verschiedene Phasen untergliedert. Am Anfang steht ein grundsätzliches Interesse des potenziellen Kunden. Er ist auf der Website des Unternehmens gelandet und soll die Seite auf keinen Fall wieder verlassen, ohne einen Kauf zu tätigen oder zumindest die Kontaktdaten zu hinterlassen (*Website Conversion*). Wird der Interessent nicht sofort zum Kunden, sondern hinterlässt seine Kontaktdaten, wird aus dem anonymen Webseiten-Besucher ein *Sales-Lead*, dessen Kontaktdaten dauerhaft im *Customer-Relationship-Management-System* (CRM-System) hinterlegt werden. Als Nächstes muss der Kunde vom Produkt begeistert werden. Bei Abo-Geschäftsmodellen bietet sich hierzu besonders gut eine Probephase oder Online-Produkt-Demo an. Kunden, die ein starkes Produktinteresse zeigen (zum Beispiel weil sie ein Probeabo ausprobieren) werden auch als *Opportunity* bezeichnet. Der letzte Schritt im Sales Funnel ist der Kaufabschluss. Wie bei einem löchrigen Trichter, bei dem unten weniger hinauskommt, als oben hineingegangen ist, wird letztendlich nur ein gewisser Prozentsatz der ursprünglichen Interessenten im Sales Funnel Käufer werden. Um diesen Prozentsatz zu maximieren, wenden Unternehmen in jeder Verkaufsphase Beeinflussungstaktiken an.

Website Conversion

Im ersten Verkaufsschritt, der Konvertierung von Website-Besuchern zu Sales-Leads, haben sich eine Reihe von Maßnahmen besonders bewährt. Besonders wichtig ist es, die Eingabemaske für persönliche Daten prominent zu platzieren. Einen guten Job macht beispielsweise die Firma Groupon. Auf der Webseite von Groupon erscheint sofort ein Pop-up-Fenster, das dem Website-Besucher einen Extra-Rabatt verspricht, wenn er seine E-Mail-Adresse hinterlässt. Groupon sichert sich damit einen Sales-Lead, unabhängig davon, ob der Website-Besucher direkt einen Kauf tätigt oder nicht. Wichtig ist zudem, dass die Eingabemaske für Kundendaten nicht nur einmal auf der Website vorhanden ist. Der Nutzer soll an verschiedenen Stellen seine Kontaktdaten eingeben können, auch wenn er bis ans Ende der Webseite scrollt oder eine andere Seite anklickt.

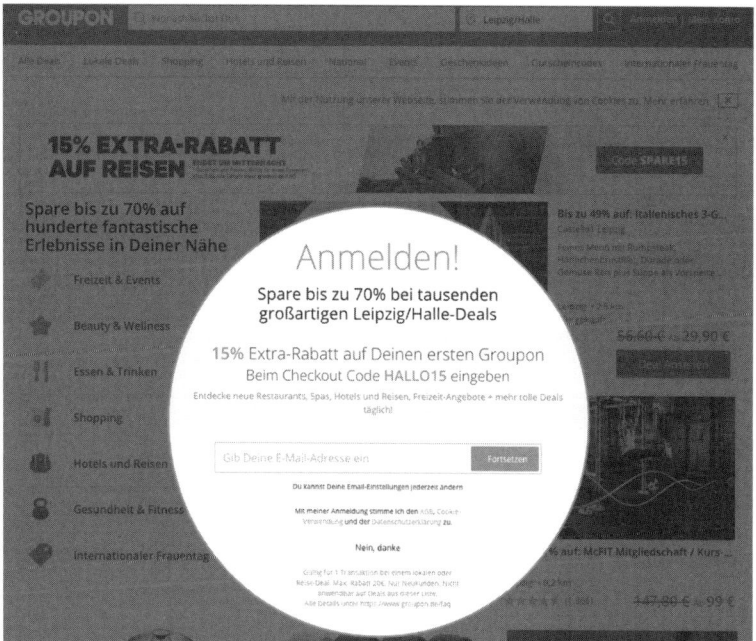

Da Seitenbesucher es manchmal als abschreckend empfinden, auf der Startseite zur Abgabe persönlicher Daten aufgefordert zu werden, werden Eingabemasken auch gerne hinter einem *Call-to-Action-Button* versteckt, auf dem ein Text steht wie etwa »get started« oder »Kostenlose Demo«. So fühlt sich der Kunde beim Erstbesuch der Website weniger genötigt.

Erklärvideos helfen, das Produkt anschaulich vorzustellen. Haben Interessenten darüber hinaus offene Fragen, können eine Telefonnummer und ein Chat-Fenster eine direkte Kontaktaufnahme ermöglichen. Kundenreferenzen auf der Website sind hilfreich, um Glaubwürdigkeit aufzubauen. Referenzen mit Foto oder Video der Referenzgeber wirken noch glaubwürdiger und erwecken noch mehr Vertrauen.[102]

Ein allgemeingültiges Rezept zur Konvertierung von Webseiten-Besuchern zu Sales-Leads gibt es nicht. Daher testen Unternehmen ihre Webseiten ausgiebig mithilfe verschiedener Softwareprogramme. Sie führen A/B-Tests mit unterschiedlichen Versionen der Landing-Page durch und analysieren die Effekte auf die Konvertierungen von Sales-Leads. Sie erstellen *Heatmaps*, also eingefärbte Karten, die anzeigen, welche Teile der Landing-Page besondere Aufmerksamkeit erhalten. Und sie können sogar im Detail die Mausbewegung einzelner Nutzer auf ihrer Webseite beobachten (deren Identität allerdings nicht bekannt ist).

Sales

Sobald ein Website-Besucher zum Sales-Lead konvertiert worden ist, beginnt die Kundenbeziehung. Bei vielen Geschäftsmodellen erfolgt dies oft vollautomatisch über *Drip-Marketing*. Hierbei erhält der Kunde zeitlich perfekt abgestimmte Nachrichten, die durch bestimmte Daten oder Ereignisse ausgelöst werden. Bei einem Online-Store kann nach der Anmeldung beispielsweise folgende automatisierte E-Mail-Kette mit festgelegten Zeitabständen zwischen dem E-Mail-Versand festgelegt werden: 1. Willkommens-E-Mail mit Rabattgutschein, 2. Erinnerung Ablauf Rabattgutschein, 3. Information zu neuen Produkten, 4. Wiederholung Schritt eins und zwei, 5. »Schade, dass Sie sich schon so lange nicht mehr in unserem Online-Store umgesehen haben. Wir werden Sie für eine Weile nicht mehr kontaktieren.« (Viele Online-Stores würden sicher auf die fünfte Mail verzichten und uns stattdessen weiter mit E-Mails bombardieren.)

Auch unterhaltsame Inhalte, Event-Einladungen und lehrreiche *Whitepaper* (Fallstudien oder »How-to-Guides«) können Teil der Drip-Marketing-Kampagne sein. Dank verschiedener Softwaretools können die Unternehmen einsehen, welche E-Mails geöffnet werden und welche Links in den E-Mails angeklickt werden. Somit können sie genau analysieren, welche Betreffzeilen und welche Inhalte bei potenziellen Kunden besonders gut funktionieren. Je mehr Informationen über einen Lead in der Anmeldemaske eingeholt werden können, desto zielgerichteter kann später die Ansprache erfolgen. (Auch die Politik weiß dies mittlerweile zu nutzen. Im

US-Wahlkampf 2012 stellte Barack Obamas Wahlkampfteam eine Plattform für Unterstützer online, auf der sich Bürger unter Angabe von Adresse und politischer Interessen anmelden konnten. Auf Basis dieser Informationen konnte das Wahlkampfteam von Obama die Wählerschaft in E-Mail-Kampagnen mit fein abgestimmten politischen Botschaften ansprechen.)[103]

Bei Geschäftsmodellen mit längerem Verkaufszyklus, zum Beispiel teuren Software-as-a-Service-Lösungen (SaaS), ist es umso wichtiger, an detaillierte Informationen über Sales-Leads zu gelangen. Gerne greifen Mitarbeiter von SaaS-Unternehmen daher auch zum Telefonhörer, um Sales-Leads zu *qualifizieren* (so nennt man in der Sales-Sprache die Einholung von Informationen über Sales-Leads). Gut qualifizierte Leads sind für SaaS-Unternehmen ein wichtiger Erfolgsfaktor, um in Online-Produktvorführungen und persönlichen Gesprächen den Kundennutzen der Software überzeugend präsentieren zu können.

Abo-Geschäftsmodelle haben häufig eine Probephase, in der potenzielle Nutzer das Produkt für eine Weile kostenlos ausprobieren können. Da Probe-Abonnenten Zeit zum Testen des Produktes investieren, haben sie per se ein gesteigertes Produktinteresse. In dieser Phase versuchen Anbieter möglichst positiven Einfluss auf den Kunden zu nehmen. Im Vordergrund stehen Informationen zur Funktionsweise des Produkts und Unterstützung bei Problemen. Auch hier kommt häufig Drip-Marketing zum Einsatz. Der Streaming-Dienst Netflix zum Beispiel sendet während seines kostenfreien Testmonats eine ganze Reihe an E-Mails (s. u. die E-Mails, die ich während meines persönlichen Gratismonats erhielt).

	Netflix (2)		Posteingang	Nur zur Erinnerung: Ihr Gratismonat endet am 26.10.15 - Netflix Hallo Philip, vielen Dank.	23.10.15
	Netflix		Posteingang	Wie wäre es heute Abend mit Netflix? - NETFLIX Philip House of Cards House of Cards A	10.10.15
	Netflix		Posteingang	Noch mehr Film- und Serienspaß auf Netflix. - NETFLIX Entdecken und genießen Sie gro	02.10.15
	Netflix		Posteingang	Erkunden Sie den Kids-Bereich auf Netflix - Netflix Netflix bietet eine speziell für Kinder ar	30.09.15
	Netflix (2)		Posteingang	Weitere Möglichkeiten zur Nutzung von Netflix. - Netflix Genießen Sie Netflix überall Als T	28.09.15
	Netflix		Posteingang	Danke, dass Sie sich für Netflix entschieden haben! - Netflix Willkommen! Hallo Philip. Di	26.09.15

Bei SaaS-Geschäftsmodellen kommt oft auch ein Kundenberater oder *Customer Success Manager* zum Einsatz, der die Interessenten während der Testperiode in allen Belangen zu unterstützen versucht. Sollten Sie selbst einmal mit dem Kundenberater einer SaaS-Firma zu tun haben, können Sie sich sicher sein, dass dieser Zugang zu Ihren Meta-Nutzungsdaten hat (Häufigkeit und Dauer der Nutzung), teils auch zu detaillierteren Informationen. Diese wird er nutzen, um das Gespräch mit Ihnen zu lenken.

Sobald es schließlich darum geht, den Probe-Abonnenten von einer *Opportunity* zu einem Kunden zu konvertieren, gibt es wiederum einige beliebte Verkaufstricks. Bei vielen Abo-Modellen müssen beispielsweise die Kreditkartendaten vor Abschluss des Probeabos hinterlegt werden. So wandelt sich das Probeabo vorbehaltlich einer Kündigung zum Ende der Probezeit automatisch in ein bezahltes Abo. Diese Methode kann allerdings auch abschrecken – daher erhalten die Probe-Abonnenten bei vielen SaaS-Unternehmen vor Ende der Probezeit ein Angebot per Mail. Die verantwortlichen Verkäufer nutzen dabei gerne eine Tracking-Software, um zu sehen, wann die E-Mail mit dem Angebot geöffnet wird. Der Berater kann damit den Zeitpunkt für eine Verkaufsgespräch sinnvoll wählen und beispielsweise »rein zufällig« genau dann nachfragen, wenn der Interessent sich am selben Tag mit dem Angebot befasst hat.

Die Schattenseiten des Netzes

Nachdem wir besser verstanden haben, wie Nutzer und Unternehmen das Internet für ihre Zwecke nutzen, geht es als Nächstes um die problematischen Seiten und Risiken der virtuellen Welt. Der Fokus liegt dabei zunächst auf Problemen der Gegenwart, etwa dem (vermeintlich) negativen Einfluss digitaler Medien auf die Jugend, Fake News, Filterblasen, Viren, Würmer oder dem Darknet. Abstrakte zukünftige Negativfolgen der Digitalisierung, wie etwa eine feindliche künstliche Intelligenz, werden noch zu einem späteren Zeitpunkt in diesem Buch thematisiert.

22. Die Millennial-Diskussion

Kürzlich saß ich mit Freunden im Zug und las gerade die neueste Ausgabe des *Spiegel*, als mich einer der Jüngeren überraschend ansprach. Er fände es stark, dass ich mir noch den *Spiegel* kaufe – ihm selbst werde beim Lesen der langen Artikel langweilig. »Irgendwie ist es schade. Aber selbst wenn beim Arzt im Wartezimmer der *Spiegel* liegt, les ich lieber auf dem Handy *Spiegel Online* – da sind die Artikel nicht so lang«, sagte er. Angesichts dieses Kommentars würden viele Generationenforscher meinem Freund einen für die technologie-affine Generation der sogenannten *Millennials* typischen Geduldsmangel attestieren. Millennials – häufig auch Generation Y und Digital Natives genannt – sind in den 80er- und 90er-Jahren geboren und die erste Generation, die seit ihrer Kindheit oder Jugend in einem Umfeld von Internet und mobiler Kommunikation aufgewachsen ist. Wie jede Generation wurden auch die Millennials sozialpsychologisch seziert und für krank erklärt: Faul seien sie, von den Eltern verhätschelt, mit viel zu hohen Ansprüchen. Außerdem beeinträchtige das Digitale die geistige und persönliche Entwicklung.

Selten wurde die Debatte zu Millennials so stark befeuert wie durch den amerikanischen Motivationstrainer und *New York Times*-Journalisten Simon Sinek. In einem sehenswerten Video, das Anfang 2017 viral ging (Sie finden es auf YouTube), nimmt er die Generation der Millennials regelrecht auseinander.[104] In einem 15-minütigen Monolog schildert er, wie fehlendes Selbstbewusstsein, die Abhängigkeit von Smartphones und Ungeduld den Millennials das Arbeitsleben erschweren. Sinek wurde für seine provokanten Thesen schnell von vielen Medien kritisiert. Häufig wird das Argument angeführt, dass man nicht eine ganze Generation über einen Kamm scheren könne. Dieser Einwand ist natürlich berechtigt – nicht jeder 20-Jährige ist süchtig nach seinem Smartphone und nicht jeder Instagram-Nutzer ein Narzisst. Entscheidend ist aber eine generelle Entwicklung und nicht die Einzelbetrachtung. Und im Gesamtbild kämpfen Millennials deutlich häufiger als andere Generationen mit einer der nachstehenden Folgen von übermäßiger Internetnutzung.

Abhängigkeit vom Internet, Smartphones und sozialen Medien

Laut Michelle Klein, Facebook-Chefin von Nordamerika, schauen Millennials täglich im Durchschnitt 157-mal auf ihr Telefon. Das sind etwa zehnmal pro Stunde oder alle sechs Minuten.[105] Wie kommt es zu dieser intensiven Nutzung? Simon Sinek erklärt das Phänomen in seinem besagten Vortrag folgendermaßen: Die Nutzung des Smartphones, insbesondere von Messengern und sozialen Medien verursacht im menschlichen Hirn die Ausschüttung des Glückshormons Dopamin.[106] Jede neue Textnachricht, jeder neue Like führt zu einer kurzfristigen Befriedigung und Ablenkung. »Darum zählen wir die Likes«, sagt er, »darum gehen wir zehnmal zurück, um zu sehen, ob es mehr Interaktionen gibt.«[107] Dopamin ist das gleiche Hormon, das auch bei Alkoholgenuss, Rauchen oder

Glücksspiel ausgeschüttet wird und Suchtprobleme verursacht. So kommt es, dass Jugendliche ihren Alltagsstress bereits in jungen Jahren mit einem frei zugänglichen Suchtmittel betäuben. Folglich müssen Millennials selbst beim Abendessen mit der Familie oder beim Gang auf die Toilette ihr Handy prüfen. Was machen Millennials als Erstes nach dem Aufstehen? Richtig, auf das Handy schauen. Was machen Millennials, wenn sie nach Ablenkung von einer Alltagsaufgabe suchen? Sie kennen die Antwort. Nie in der Geschichte war es einfacher, zu prokrastinieren und einer Sucht nachzugehen – das Handy ist immer griffbereit. Im Prinzip könnte man als Kritiker so weit gehen und das Smartphone als eine industriell perfektionierte Droge bezeichnen. Das mag übertrieben sein. Zumindest aber kann man unterstellen, dass ein übermäßiger Gebrauch des Smartphones zu Rastlosigkeit, abnehmender Fähigkeit für Kontemplation und Achtsamkeit im Alltag führt. Ganz zu schweigen von der antisozialen Wirkung im Zwischenmenschlichen.

Ungeduld und Aufmerksamkeitsdefizite

Millennials sind in einer Welt aufgewachsen, in der viele Wünsche praktisch umgehend erfüllbar sind. Musik, Filme, Einkäufe, Dates – alles ist mit einer Fingerbewegung verfügbar. Die Bereitschaft, auf die Befriedigung der Bedürfnisse zu warten, sinkt stetig. Eine amerikanische Studie über die Videostreaming-Gewohnheiten von 6,7 Millionen Internetnutzern fand heraus, dass die ersten Nutzer bereits nach zwei Sekunden wegklicken, wenn ein Video sich bis dahin noch nicht geladen hat. Nach fünf Sekunden haben bereits 25 Prozent der Nutzer die Geduld verloren, nach zehn Sekunden 50 Prozent.[108] Diese Ungeduld weitet sich von der digitalen Welt schleichend auf alle Lebensbereiche aus. Viele Aspekte des Lebens sind allerdings nicht sofort verfügbar. Bildung, Liebe, Freundschaften, Erfolg oder eine sportliche Figur kommen nicht von heute auf morgen. Sie sind das Ergebnis langfristiger, teilweise lebenslanger Bemühungen. Gerade im Arbeitsleben stehen viele Millennials vor einem Dilemma. Aus einer Mischung von Ungeduld und idealistischer Veranlagung geben viele junge Menschen ihren Arbeitsplatz schon nach wenigen Monaten wieder auf. Simon Sinek meint den Grund hierfür zu kennen: »Sie haben dieses abstrakte Konzept von ›Impact‹, den sie in der Welt haben wollen. Dieser Impact ist für sie wie der Gipfel eines Berges. Was sie nicht sehen, ist der Berg dazwischen.«[109]

Hand in Hand mit der Ungeduld gehen Aufmerksamkeitsdefizite bei fehlender mentaler Stimulation. Viele Millennials hören Musik, wenn sie einer Tätigkeit am Laptop nachgehen, und chatten parallel auf dem Smartphone. Beim Surfen im Internet bewegen sie sich durch eine Welt, in der sie ständig neue Nachrichten, Videos, Gifs, Vines, Werbebanner und Pop-ups vor den Augen haben. Der Psychologe Daniel Anderson von der University of Massachusetts, der sich durch die Forschung zu den Negativfolgen von jugendlichem Fernseh- und Internetkonsum einen Namen gemacht hat, kommt zu der Schlussfolgerung, dass das permanente Feuerwerk neuer Reize bei dauerhaftem Internetkonsum einen deutlich größeren Einfluss hat als ständiger Fernsehkonsum. Wenn man damit aufwächst, mehrere Medieninhalte gleichzeitig zu prozessieren, entwickelt man ein permanentes Bedürfnis nach dieser Stimulation.[110]

Merkfähigkeit

Verschiedene Studien sagen, dass Millennials infolge der intensiven Nutzung digitaler Geräte eine schlechtere Merkfähigkeit als vorhergehende Generationen haben.[111] [112] Die digitalen Begleiter sorgen für permanente Ablenkung und verhindern dadurch die nötige Reflektion der aufgenommenen Informationen. Die Informationen aus dem Kurzzeitgedächtnis werden nicht richtig ins Langzeitgedächtnis übertragen.[113] Darüber hinaus wirken sich mangelnde Ruhezeiten negativ auf die Gedächtnisleistung aus. Gehirnstudien mit bildgebenden Verfahren belegen, dass wichtige neuronale Verbindungen in Ruhezeiten besonders aktiv sind. In dieser Zeit kann das Gehirn Informationen synthetisieren und Verknüpfungen zwischen Ideen erstellen. Dr. Michael Rich, Experte für Jugendmedizin an der Harvard Medical School, erläutert in einem Artikel der *New York Times*: »Ruhezeiten sind für das Hirn, was Schlaf für den Körper ist.« Junge Menschen aber seien »in einem konstanten Modus der Stimulation« und schöpfen somit das Potenzial ihres Gedächtnisses nicht aus.[114]

Immerhin scheinen wir unterbewusst zu selektieren, welche Informationen dauerhaft im Gedächtnis abgespeichert werden, und welche nicht. Eine Studie der Columbia University hat ergeben, dass Menschen sich Informationen mit geringerer Wahrscheinlichkeit merken, wenn sie wissen, dass diese Informationen online leicht zugänglich sind. Das Gehirn vereinfacht sich seine Arbeit und greift lieber auf einen externen Gedächtnisspeicher zurück. Beim Zugriff auf diesen Gedächtnisspeicher unterstützt uns das Hirn wiederum mit voller Kapazität – Probanden der Studie zeigten erstaunlich gute Fähigkeiten, sich an die Namen der Internetseiten mit den relevanten Informationen zu erinnern.[115]

Narzissmus

Bücher wie *Generation Me* oder das *Time*-Cover »The ME ME ME Generation« zeugen vom weit verbreiteten Vorwurf des Narzissmus unter Millennials. Viele wissenschaftliche Studien belegen diesen Vorwurf. Millennials sind mehr von sich selbst eingenommen und haben eine höhere Anspruchshaltung als vorherige Generationen.

Jean Twenge, amerikanische Autorin des Buches *Generation Me*, untermauert ihren Vorwurf an die Generation der Millennials mit verschiedenen Analysen, unter anderem durch eine Langzeituntersuchung des *Narcistic Personality Inventory* (NPI), eines Messinstruments in der sozialpsychologischen Forschung über Narzissmus. Ihre Untersuchungen ergeben, dass Millennials Fragen wie »Ich schaue mich gerne im Spiegel an« oder »Ich habe ein natürliches Talent, Menschen zu beeinflussen« deutlich öfter bejahen als frühere Generationen. Als weiterer Indikator für Narzissmus führt

Twenge die Zunahme an Popsongs und Büchern an, die sich mit der eigenen Person auseinandersetzen. Noch ein weiterer Indikator sei die zunehmende Popularität individueller Kindernamen. Während in den 50er-Jahren noch ein Drittel der Eltern ihren Kindern einen der jeweils zehn beliebtesten Jungen- und Mädchennamen gaben, wählen heute weniger als ein Zehntel der Millennial-Eltern einen der beliebtesten zehn Namen für ihren Nachwuchs.[116] Vielleicht ist Letzteres aber mehr Ausdruck eines stärkeren Individualismus denn Indikator für Narzissmus.

Auch in Deutschland belegte kürzlich eine Studie der Marketing-Agentur SYZYGY den wachsenden Narzissmus der Jugendlichen. Die Studie ergab, dass Jugendliche ein bis zwei Social-Media-Updates pro Tag posten. Ein Drittel der hochgeladenen Fotos sind Selfies. Ein weiteres Ergebnis der Studie: Wer häufiger Neuigkeiten postet, neigt stärker zu Narzissmus.[117] Diese Erkenntnisse sind spannend, doch eine interessante Frage gilt es noch besser zu erforschen: Ermöglicht die Digitalisierung jungen Leuten nur, ihren latenten Narzissmus leichter und offener zu leben – oder fördert die Digitalisierung tatsächlich die narzisstischen Charakterzüge junger Menschen (so wie sie zum Beispiel deren Merkfähigkeit beeinflusst)?

Minderwertigkeitsgefühle und andere psychische Probleme

In meinem letzten Urlaub wurde ich Zeuge, wie zwei junge Touristinnen am Strand ein ausgiebiges Fotoshooting veranstalteten. Sie räkelten sich in verschiedensten Posen auf der Liege, im Sand und in der Brandung und versuchten das jeweils perfekte Foto der anderen zu schießen. Zwischendrin wurden immer wieder Selfies geschossen – zu zweit, alleine, Pose über Pose, betont sexy. Zwei Tage später stand ich in einem überfüllten Bus und erkannte neben mir die beiden Mädchen vom Strand. Sie zeigten sich ihre Fotos auf dem Handy und diskutierten, welche Bilder sie mit welchem Filter auf Instagram teilen sollten. Jede Pose hatten sie Dutzende Male aufgenommen und jetzt waren sie sichtlich bemüht, jeweils das beste Foto auszuwählen. Ich konnte kaum glauben, wie viel Aufwand man in die Inszenierung seiner Urlaubserlebnisse stecken kann.

Diese Anekdote zeigt, wie Inhalte in sozialen Netzwerken entstehen. Der übermäßige Konsum solcher Inhalte kann – wie zahlreiche wissenschaftliche Studien belegen[118] – in sozialen Medien mit mentalen Problemen wie zum Beispiel Depressionen korrelieren. Eine Erklärung ist, dass depressive Menschen tendenziell mehr Zeit in sozialen Netzwerken verbringen. Doch es gibt auch gute Argumente für die umgekehrte Erklärung, nämlich dass soziale Netzwerke Depressionen fördern. Wissenschaftler der University of Pittsburgh erklären im Rahmen einer Studie: »Die permanente Konfrontation mit stark idealisierten Darstellungen Gleichaltriger in sozialen Medien ruft Gefühle von Neid hervor sowie die verzerrte Wahrnehmung, dass andere glücklichere, erfolgreichere Leben führen«.[119] Unter allen sozialen Netzwerken haben Instagram und Snapchat den negativsten Einfluss auf das mentale Wohlergehen von 14–24-Jährigen – beides Plattformen, die einen starken Fokus auf Bilder legen. Die verzerrte Darstellung der Wirklichkeit dort ist anscheinend besonders geeignet, bei jungen Menschen ein Gefühl von Unzulänglichkeit, Depressionen, Ängstlichkeit und sogar Schlafstörungen auszulösen.[120]

Die Suche nach dem rechten Maß

Wie so viele Dinge sind Internet, Smartphones und soziale Medien per se nicht schlecht. Ganz im Gegenteil – sie bereichern unser Leben und erleichtern uns die Kommunikation mit unseren Mitmenschen. Die Probleme liegen, wie bei jeder Art von Konsum, im Übermaß. Ein solches Übermaß aber erleben wir bei einem signifikanten Teil der Millennials, der regelrecht am Smartphone klebt und täglich immer mehr Zeit in der digitalen Welt verbringt. Die gute Nachricht ist, dass viele Millennials nicht so abhängig sind, als dass sie ihr Verhalten nicht anpassen könnten. Kleine Maßnahmen wären bereits ein großer Schritt in Richtung eines gesunden Umgangs mit der digitalen Welt, zum Beispiel der Verzicht auf das Mobiltelefon im Bett, bei Tisch und in Arbeitsterminen, sowie eine konsequente Einschränkung der täglichen Nutzung sozialer Medien.

23. Filterblasen

Für viele Nutzer ist Googles Suchfunktion das Tor zum Internet, während Facebook mit seinem Newsfeed eine Art Internet im Internet geworden ist. Damit bestimmen Google und Facebook einen großen Teil der Informationen, der uns erreicht. Welche Informationen uns gezeigt werden, bestimmt in beiden Fällen ein Algorithmus. Diese Algorithmen arbeiten nicht immer zu unserem individuellen oder gesellschaftlichen Vorteil. Googles Suchergebnisse sind besonders dann problematisch, wenn wir auf den ersten Plätzen nur noch das angezeigt bekommen, was uns vermeintlich interessiert.

Der Autor und Netzkritiker Eli Pariser machte diese Beobachtung erstmals, als er im Jahr 2010 zwei Freunde nach der Ölkatastrophe im Golf von Mexiko nach dem Stichwort »BP« googeln ließ. Der eine bekam Investment-Tipps zur Ölbranche angezeigt, der andere erhielt Meldungen zur Naturzerstörung. Seine Schlussfolgerung war klar: Was Google uns für Ergebnisse liefert, ist durch unsere persönliche Suchgeschichte und unser Klickverhalten beeinflusst. Ob wir beim Stichwort »Golf« ein Auto, den Golfplatz in der Nähe oder eine Wüstenregion angezeigt bekommen, unterscheidet sich von Person zu Person. Eli Pariser schrieb über dieser Verstrickung in der eigenen Weltsicht ein Buch, das er *Filter Bubble* nannte – ein Begriff, der in der Öffentlichkeit hängen blieb.[121]

Ähnlich problematisch ist es, wenn objektiv richtige und wichtige Inhalte durch Inhalte mit rein kommerziellen Absichten oder politisch radikalen Ansichten ersetzt werden. Ein Beispiel aus dem Jahr 2016: Die Journalistin Carole Cadwalladr berichtete im britischen *Guardian*, wie sie bei Google eine Suchanfrage aus sieben

Buchstaben stellte: »a-r-e j-e-w-s...«. In diesem Moment schlug Google automatisch vor, die Frage zu »are jews evil?« zu ergänzen. Die Journalistin war entsetzt. Doch es kam noch schlimmer. Neun der zehn angezeigten Weblinks bekräftigten, dass Juden »böse« seien. Die Journalistin probierte als Nächstes »a-r-e m-u-s-l-i-m-s« und »a-r-e w-o-m-e-n« und erhielt ähnlich schockierende Ergebnisse. Unter der Autocomplete-Option »are women equal to men« blendete Google sogar eine Textergänzung ein, die besagte: »Every woman has some degree of prostitute in her«.[122]

Die Öffentlichkeit reagierte auf den Artikel im *Guardian* mit heftiger Kritik an Google. Kurze Zeit später deaktivierte Google seine Autocomplete-Funktion für gewisse Suchworte. Damit hat Google aber nicht das eigentliche Problem aus der Welt geschafft: nämlich dass der Such-Algorithmus uns bei meinungsrelevanten Themen teils einseitige Inhalte vorschlägt und alternative Ansichten wegfiltert.

Noch gravierender ist das Problem mit Filterblasen bei Facebook. Facebooks Geschäftsmodell basiert darauf, dass wir möglichst viel Zeit in dem Netzwerk verbringen. Deshalb schlägt der Newsfeed uns pausenlos Inhalte vor, die uns interessieren könnten. Was uns interessiert, lernt der Algorithmus aus unserem individuellen und dem Verhalten der anderen Nutzer. Je deutlicher wir (und unsere Freunde) durch Likes, Shares und Kommentare unsere Interessen und Ansichten offenlegen, desto homogener werden die Inhalte, die der Algorithmus für uns aussucht. Es entsteht eine Echokammer, in der sich Gleichgesinnte austauschen und in der ähnliche Meinungen verstärkt werden. Dieser Mangel an Widerspruch ist für eine demokratische Öffentlichkeit gefährlich. Gerade in Ländern wie den USA, in denen fast die Hälfte der Bevölkerung Nachrichten über Facebook bezieht. Es ist nicht auszuschließen, dass die ohnehin tiefe politische Spaltung der US-Bevölkerung durch Facebook nochmal verstärkt worden ist.[123]

In Deutschland hat die Politik mittlerweile erkannt, dass angesichts des signifikanten Einflusses von Online-Filtern Handlungsbedarf besteht. Auf den Medientagen 2016 sagte Kanzlerin Merkel, »dass Algorithmen transparenter sein müssen [...] Denn die eigene Bequemlichkeit, sich bestätigt zu fühlen, kann Personen natürlich auch immer wieder in Versuchung führen [...], zu meinen, dass man ja so viele Unterstützer hat, weshalb man sich um andere Meinungen überhaupt nicht mehr zu kümmern bräuchte«.[124]

Google und Facebook scheinen von diesen Forderungen nach mehr Transparenz unbeeindruckt. Google beruft sich immer wieder darauf, dass eine Veröffentlichung seines Algorithmus mehr Nutzer befähigen würde, Suchergebnisse zu manipulieren. Vielleicht ist fehlende Transparenz über die Ergebnisse tatsächlich das kleinere Übel als Manipulation im großen Stil mit mehr Fake News und virenverseuchten Websites in den Suchergebnissen. Auf jeden Fall sollten aber auch konkrete Ideen diskutiert werden, wie man einer Monopolisierung der Meinungsbildung entgegenwirken kann. Einen interessanten Vorschlag machte der schleswig-holsteinische Ministerpräsident Torsten Albig: Suchmaschinen sollen bei meinungsrelevanten Themen immer auch ein öffentliches Informationsangebot unter den obersten Suchergebnissen anzeigen. »Nur so stellen wir sicher«, sagte Albig, »nicht in die Falle privater medialer Manipulation zu laufen.«[125]

24. Fake News

Der Begriff *Fake News* hat seit dem US-Wahlkampf von Donald Trump große Aufmerksamkeit erhalten. Der Präsident diskreditiert journalistische Arbeit und bezeichnet als Fake News, was seinen Vorstellungen widerspricht. Natürlich wird der Großteil der tatsächlich falschen Nachrichten nicht von Journalisten und Medienhäusern in die Welt gesetzt, sondern von Einzelpersonen und Interessensgruppen, die die Öffentlichkeit für bestimmte kommerzielle und politische Ziele manipulieren möchten. Die sozialen Medien bieten diesen Akteuren die ideale Plattform für die Verbreitung falscher Informationen. Hier kann die redaktionelle Auswahl, der alle Meldungen in seriösen Zeitungen und Fernsehanstalten unterliegen, sehr einfach umgangen werden. Besonders in Wahlkampfzeiten mit aufgeheizter Stimmung verbreiten sich Fake News rasant. In den USA werden politische Falschmeldungen vor allem mit der sogenannten Alt-Right-Bewegung (alternative Rechte) in Verbindung gebracht. Als deren politisches Sprachrohr gilt das *Breitbart News Network*, wenngleich besonders drastische Fake News vor allem aus einschlägigen Internet-Foren heraus in die sozialen Netzwerke gestreut werden.

Wie sich im letzten US-Wahlkampf zeigte, haben sich Fake News auch zu einer potenziellen Einkommensquelle entwickelt. Das Geschäftsmodell ist denkbar simpel: Man fälscht eine Online-Nachrichtenseite, lenkt Nutzer mit Sensationsmeldungen auf die Seite und verdient Geld mit Werbeeinnahmen durch *Google Adsense*. Der 23-jährige amerikanische College-Absolvent Cameron Harris zum Beispiel hatte im Herbst 2016 mit dieser Methode großen Erfolg. Er sicherte sich für fünf US-Dollar die herrenlose Web-Domain *The Christian Times Newspaper* und gestaltete sie im Stil einer Nachrichtenseite. Dort verbreitete Harris eine Fake-News-Meldung über einen Elektriker, der in einem Lagerhaus angeblich Kisten voll mit Wahlzetteln gefunden hatte, auf denen bereits das Kreuzchen für Hillary Clinton gesetzt war. Dazu postete er ein aus dem Internet herausgesuchtes Foto, das einen Mann hinter großen Kisten zeigt, die mit dem Wort »Wahlzettel« beschriftet sind. Schließlich verbreitete er den Artikel mit verschiedenen Profilen auf Facebook. Mit dieser kreativen Fälschung verdiente Harris 22 000 Dollar. Bei sechs Millionen Seitenaufrufen hätte er sogar noch weit mehr Geld einnehmen können, wenn Google ihm nicht ab einem bestimmten Zeitpunkt den Geldhahn zugedreht hätte.[126]

Während die Meldung von Cameron Harris eine einmalige Aktion war, haben andere das Geschäft mit Fake News professionalisiert. Laut Recherchen des Web-Portals *Buzzfeed* wurden in der mazedonischen 45 000-Seelen-Stadt Veles während des US-Wahlkampfs mindestens 140 Pro-Trump-Webseiten registriert. Die Domains tragen möglichst vertrauenerweckende Namen wie *WorldPoliticus. com*, *TrumpVision365.com* oder *USConservativeToday.com*.[127] Allen Seiten ist die Verbreitung sensationsheischender und unwahrer Meldungen gemein, kopiert aus rechten Foren in den USA.[128] Die bekannteste Falschnachricht, die aus Mazedonien in die Welt getragen wurde, war eine vermeintliche Wahlempfehlung des Papstes für Donald Trump.

In den Medien ist nach dem Wahlsieg von Trump viel darüber spekuliert worden, ob Fake News den US-Wahlkampf entschieden hätten. Forscher der Universität Stanford kamen in einer Studie zu dem Schluss, dass Fake News kein entscheidender Faktor waren, zumal im Wahlkampf zwei *gegen* Trump gerichteten Fake-News-Stories der größte Glaube geschenkt wurde. Dennoch bezeichnen die Forscher Fake News in sozialen Netzwerken als ernsthaftes Problem.[129]

Barack Obama hat die Herausforderung gegenüber dem Magazin *New Yorker* ganz allgemein umrissen: Für ihn bedeutet das heutige Mediengeschäft, dass »alles wahr ist und nichts ist wahr«. Obama sagt: »Eine Erklärung zum Klimawandel von einem Physik-Nobelpreisträger sieht auf Facebook genauso aus wie eine Leugnung des Klimawandels von jemand, der auf dem Gehaltszettel der Koch Brüder [Anm. d. Aut.: Zwei US-Multimilliardäre, denen das Öl-Konsortium Koch Industries gehört] steht.« Das Weiteren stellt er fest, dass sich das Elektorat viel schärfer polarisiert, als Folge der Fähigkeit, gefälschte Informationen verbreiten zu können, ohne jeden Hauch einer Widerlegung, und dass es dadurch auch sehr schwierig wird, eine gemeinsame Unterhaltung zu führen.[130]

Gegenwärtig werden verschiedene Ansatzpunkte diskutiert, wie man der Verbreitung von Fake News Einhalt gebieten kann. Der wohl wichtigste Ansatzpunkt ist die Überwachung des Informationsflusses in den sozialen Medien, insbesondere bei Facebook. Das einfachste Kontrollinstrument, Zensur, kann für Facebook nicht das Mittel der Wahl sein, außer wenn Mitglieder rechtswidrige oder nicht-jugendfreie Inhalte veröffentlichen. Wenn Facebook über das Richtig oder Falsch von Nachrichten entscheidet, verliert die Firma ihre Glaubwürdigkeit als neutrale Plattform. Daher arbeitet das Unternehmen zunehmend eng mit Verlagen und unabhängigen Institutionen zusammen, die verdächtige Inhalte auf ihren Wahrheitsgehalt überprüfen. Eine Möglichkeit, wie Facebook selbst aktiv werden könnte, wäre das Markieren von Beiträgen, die nicht von seriösen Medien stammen, sondern von bisher unbekannten Nachrichtenquellen.

Auch Journalisten und Leser sind bei der Bekämpfung von Fake News gefordert. So trivial es klingt – Sie müssen im Umgang mit Nachrichtenmeldungen heute mehr gesunden Menschenverstand nutzen und kritische Fragen stellen: Ist eine Nachricht plausibel? Wie seriös erscheint die Quelle? Gibt es andere Medien, die über dieselbe Nachricht berichten? Berichten andere Medien aus derselben Quelle? Andererseits dürfen unbequeme Nachrichten nicht vorschnell aus übermäßiger Skepsis oder Opportunismus als Fake News verurteilt werden – siehe Donald Trump. Das Portal *Netzpolitik* schreibt über diese Gefahr sehr klug: »Viele Menschen nehmen Nachrichten als falsch wahr, wenn sie nicht ihrer Erwartung oder Meinung entsprechen. Andere nehmen sie als falsch wahr, weil Nachrichten angeblich die ›Systemmeinung‹ wiedergeben […] [Dabei] spielt die tatsächliche Faktentreue der Nachricht oft keine Rolle. Und das ist dann tatsächlich ein Problem.«[131]

25. Trolle

Ein Porträt der *Zeit* berichtete 2017 über einen 18-jährigen Deutschen, der unter dem Pseudonym »Vulture« üble Kommentare im Internet geschrieben hatte, etwa: »Deutsche Politiker sind alle Schwächlinge, ohne Respekt für Land, Geschichte oder Volk.« Oder: »Ich rede nicht mehr mit Kakerlaken-Arabern. Saudis, Kataris und alle Menschen in den Vereinigten Arabischen Emiraten müssen umgebracht werden, damit die Welt ein besserer Ort wird.« Der junge Mann, der diese Hasstiraden verbreitet hatte, ist ein sogenannter *Troll*, ein notorischer Unruhestifter im Internet. In sozialen Medien, Online-Foren und Kommentarspalten der Online-Medien provozieren sie andere Gesprächsteilnehmer, indem sie beleidigende Nachrichten oder themenfremde Inhalte posten. Gerne versuchen sie auch Streit unter den Gesprächsteilnehmern zu entfachen. Trolle agieren dabei entweder anonym, mit Pseudonymen, oder mit falschen Profilen. Doch was treibt Menschen dazu, sich derart unsozial zu verhalten? Vulture berichtet im Porträt der *Zeit,* er habe aus unerklärlichen Gründen viel Hass empfunden – und der habe irgendwo hingemusst. Andere Trolle hingegen sind politisch motiviert. Wiederum andere sind verzweifelt oder gelangweilt. Einige suchen einfach nur den Kick. Sie möchten möglichst kräftig an den bestehenden Verhältnissen rütteln und kennen dabei nur ein Ziel: *BTFO, blow the Fuck out*.[132]

Trolle wie Vulture agieren auf eigene Faust oder in losen Netzwerken. Im Jahr 2013 ist die Öffentlichkeit noch auf einen weiteren Typ Troll aufmerksam geworden, als während der Ukraine-Krise eine Welle pro-russischer Beiträge die Kommentarspalten westlicher Online-Zeitungen flutete. Die Rede ist von sogenannten Troll-Armeen, die im Auftrag von Staaten agieren und vor allem Propaganda betreiben. Mittlerweile ist von einigen Ländern bekannt, dass sie auf professionelle Trolle setzen, darunter Russland, China, Großbritannien, Israel, Nordkorea und die USA.[133] Die mediale Aufmerksamkeit hat sich aber bisher vor allem auf russische Trolle gerichtet, da deren Wirken im Internet recht offensichtlich ist. Auffällig sind vor allem das kollektive Auftreten der russischen Trolle, die Wiederholung bestimmter Phrasen, die Diskreditierung von Regierungsgegnern, von Europäern und Amerikanern, sowie die plötzliche Aktivierung während Wahlperioden. Darüber hinaus sind aus verschiedenen Quellen Details über das verdeckte Troll-Programm ans Licht gekommen, die durch Recherchen verschiedener Zeitungen verifiziert wurden: Wie die regierungskritische russische Zeitung *Nowaja Gaseta* 2013 bekannt machte, liegt die »Fabrik der Trolle« in St. Petersburg. Sie wird von einem Unternehmen betrieben, das sich ursprünglich »Agentur für Internet-Analysen« nannte und mittlerweile unter dem Namen »Glawset« (etwa: Hauptnetz) firmieren soll. Die Organisation beschäftigt mindestens 400 Mitarbeiter, von denen ein Großteil in einem klotzigen Bürogebäude in einer ruhigen Wohngegend von St. Petersburg tätig ist. Die Mitarbeiter werden über Online-Jobbörsen rekrutiert. Im Jahr 2014 veröffentlichten Hacker, dass die Troll-Armee von Jewgeni Prigoschin finanziert wird, einem Gastronomie-Unternehmer und Vertrauten Wladimir Putins.[134] Etwa eine Million Dollar steckt er monatlich in die Propaganda-Maschinerie.

Was im Inneren der Organisation abläuft, ist vor allem dank der Journalistin Ljudmilla Sawtschuk bekannt, die dort zwei Monate undercover arbeitete. Laut Angaben der Journalistin bekamen die Mitarbeiter klare Arbeitsanweisungen, welche Online-Kanäle sie mit welchen Inhalten zu bedienen haben. Im Januar 2015 sollten beispielsweise die Kollegen in ihrem Team Blogposts über die Ukraine, die USA, den oppositionellen Politiker Alexei Nawalny, die EU und das russische Verteidigungsministerium verfassen. Andere Kollegen mussten auf Russisch über Pegida-Demonstrationen in Deutschland und das Scheitern des Multikulturalismus schreiben. In gesonderten Abteilungen wurden Karikaturen gezeichnet, Videos produziert sowie Blogs und Online-Kommentare auf Englisch verfasst. Manchmal kann die Aufgabe auch lauten, aufwendige Fake News zu produzieren. 2014 etwa wurde eine erfundene Geschichte über eine Explosion in einer Chemiefabrik im US-Bundesstaat Louisiana verbreitet. Die Nachricht stiftete große Verwirrung in den USA und erreichte vermutlich ihr Ziel, das Vertrauen der Amerikaner in die Berichterstattung ihrer Medien zumindest für einen kurzen Moment zu schwächen.

Wer hinter den Attacken der russischen Troll-Armee eine Heerschar indoktrinierter Netz-Agenten vermutet, der irrt sich. Einige Mitarbeiter sind zwar politisch motiviert, doch die meisten Neueinsteiger sind einfache Studenten und sogar ehemalige Journalisten, die durch die Bezahlung geködert wurden. Ein Einstiegslohn beträgt 530 Euro; wer Englischkenntnisse hat, erhält noch mehr. Für viele Jobaspiranten bietet die Troll-Armee das attraktivste Gehaltsangebot auf dem Markt. Im Gegenzug wird den Mitarbeitern einiges abverlangt. Sie müssen bei der Einstellung eine strikte Verschwiegenheitserklärung unterzeichnen, auch Lügendetektortests sind möglich. Die Arbeitsplätze sind kameraüberwacht. Und täglich gibt es ambitionierte Vorgaben, wie viele Posts und Kommentare pro Tag verfasst werden müssen.[135]

Putins Troll-Armee hat sich in der Welt gehörigen Respekt verschafft. In Deutschland sah sich sogar der Verfassungsschutzpräsident Hans-Georg Maaßen genötigt, seine Sorge vor einer russischen Einmischung in den Bundestagswahlkampf 2017 zu äußern.[136] Als

Maßnahme gegen Troll-Armeen wird jetzt vermehrt die Forderung nach zivilgesellschaftlich organisierten Gegenbewegungen laut, die verdächtige Behauptungen auf Stichhaltigkeit prüfen und propagandistische Inhalte offenlegen. Mindestens ebenso wichtig ist es aber, Trollen ihre Plattform zu entziehen. Betreiber von Foren und Online-Medien sollten Anmeldungen mit mehreren Fake-Profilen noch weiter erschweren. Nutzer sollten auf das Phänomen Trolle und typische Eigenschaften von Troll-Kommentaren hingewiesen werden. Ist ein Eintrag offenkundig von Trollen verfasst, sollte man ihn als Nutzer nicht kommentieren. Das Schlagwort für diesen Ansatz ist in der Netzkultur das Akronym DNFTT – Do not feed the Troll. Als konfrontative Alternative kann man den Troll auch öffentlich diskreditieren. Wie man dabei vorgehen kann, demonstrieren zwei Beispiele aus Foren des Nachrichtensenders CNN. Auf eine Tirade gegen das »vom Westen bezahlte Marionetten-Regime in Kiew« antwortet ein User: »Wie ist das Wetter in Moskau heute Abend?« Ein anderer schreibt: »Ich bin Russe wie du. Aber ich bin ein freier Mann, und du bist ein bezahlter KGB-Troll.«[137]

26. Viren, Würmer und andere Schadsoftware

Das Internet ist in vieler Hinsicht ein Spiegelbild der realen Welt und deshalb Schauplatz verschiedenster Arten von kriminellen Handlungen. Die wichtigste Waffe der Kriminellen: Computercodes. Viren, Würmer, Trojaner, Spyware, Ransomware – all diese Begriffe stehen für Softwareprogramme, deren Code nicht zum Wohle anderer Nutzer geschrieben wurde. Deswegen fasst man diese Art von Software auch unter dem Begriff *Malware* zusammen. Durch den Download fragwürdiger Dateien, durch den Besuch infizierter Webseiten oder durch E-Mails, die einen scheinbar harmlosen Dateianhang oder Link enthalten, gelangt die Malware auf unseren Computer. Die größte Gefahr von Malware aus Verbrauchersicht sind Datendiebstahl und Vandalismus.

Viren

Ein Computervirus verändert einzelne Softwareprogramme oder das Betriebssystem. Als Folge der Eingriffe kann es sogar zu einer Schädigung der Hardware kommen. Computerviren versuchen sich wie echte Viren von einem »Wirt« zum nächsten zu verbreiten. Sobald sie einen Computer befallen haben, versuchen sie auch weitere Computer zu infizieren. Die ersten Probleme mit Computerviren gab es bereits, als das Internet noch nicht das Standardmedium für Datenaustausch war. Damals verbreiteten sich die Viren über infizierte Disketten. Sobald eine infizierte Diskette in einen Computer eingelegt wurde, startete ein Schadprogramm. Der Virus wurde daraufhin auf jede neue Diskette übertragen, die vom Computer mit Daten bespielt wurde.

Was hätten Sie getan, wenn Sie im Jahr 1999 eine E-Mail von einem Bekannten erhalten hätten mit dem Text »Here is that document you asked for ... don't show anyone else :-)«? Hätten Sie das Word-Dokument im Anhang geöffnet? Hunderttausende neugierige Menschen rund um die Welt haben genau das getan und verschafften damit dem ersten bedeutenden Virus des Internetzeitalters Zugang zu ihrem Rechner. Der Name des Virus lautete »Melissa«, benannt nach einer Stripperin aus Florida, die der Schöpfer des Virus kannte. Sobald der Empfänger einer Melissa-Mail das Word-Dokument anklickte, öffneten sich umgehend 50 Webseiten mit pornografischen Inhalten. Besonders am Arbeitsplatz ein eher unangenehmes Szenario. Als ob das nicht genug war, leitete der Virus die E-Mail auch noch mit einer angepassten, personalisierten Betreffzeile an die ersten 50 Einträge im Outlook-Adressverzeichnis des Nutzers weiter.

Was war aus technischer Sicht passiert? Das Öffnen des Anhangs aktivierte ein *Macro* im Word-Dokument, ein Stück Software zur schnellen Abarbeitung bestimmter Aktionen im Microsoft-Office-Programm – zum Beispiel zum Massenversand von E-Mails. An individuellen Computern verursachte der Melissa-Virus damit keine wirklichen Schäden, doch rund um die Welt legte er zahlreiche

E-Mail-Systeme lahm. Der daraus resultierende Schaden wurde auf über 80 Millionen US Dollar geschätzt. Der Urheber von Melissa, ein 33-jähriger amerikanischer Programmierer, wurde zu 20 Monaten Gefängnisstrafe verurteilt.

Würmer

Viren und Würmer sind sehr ähnlich. Genau wie ein Virus hat auch ein Wurm das Ziel, Schaden anzurichten und sich auf andere Computer weiterzuverbreiten. Und genau wie bei Viren wird der Softwarecode eines Wurms meist durch Anklicken eines Dateianhangs aktiviert. Beide Formen der Malware unterscheiden sich aber im Modus der Verbreitung: Im Gegensatz zu Viren müssen sich Würmer nicht in andere Softwareprogramme einbetten (wie zum Beispiel Word-Dateien). Stattdessen werden Würmer als Stand-Alone-Software versendet, die sich als ein anderes Softwareprogramm tarnt, zum Beispiel als Textdatei. Manche Würmer verbreiten sich sogar ohne Zutun von Nutzern, indem sie Sicherheitslücken in lokalen Rechnernetzwerken ausnutzen (zum Beispiel Firmennetzwerke) oder schlecht geschützte Rechner über das Internet angreifen.[138]

Am 5. Mai 2000 verbreitete sich von den Philippinen aus der »I love you«-Wurm per E-Mail in die Welt. Die E-Mail hatte den Betreff »ILOVEYOU« und der Text besagte »kindly check the attached LOVELETTER coming from me«. Innerhalb eines Tages befiel er Millionen Windows-Computer rund um den Globus. Begierig, die vermeintliche Liebesbotschaft zu lesen, öffneten viele Nutzer den Mail-Anhang, der auf den meisten Windows-Rechnern als normale Textdatei maskiert war. Tatsächlich verbarg sich in der Datei ein sogenannter *Visual Basic Script Code (VBS)*, der direkten Zugriff auf zentrale Funktionen von Windows-Computern ermöglicht. Der Wurm überschrieb daraufhin zahlreiche Office-, Bild- und Audiodateien mit Kopien seiner selbst und versendete Wurmdateien an das gesamte Outlook-Adressbuch. Die unmittelbaren Schäden des

»I love you«-Wurms wurden auf bis zu neun Milliarden US-Dollar taxiert (zum Beispiel durch die Überschreibung wichtiger Dateien). Zusätzlich fielen noch einmal 15 Milliarden US-Dollar Kosten für die Entfernung des Wurms von Computern an.[139]

Trojanisches Pferd (kurz Trojaner)

Ein Trojaner ist eine Software, die als nützliche Anwendung getarnt ist, im Hintergrund aber ohne Wissen des Anwenders eine andere, schädliche Funktion erfüllt. Der Begriff Trojaner steht damit mehr für eine Übertragungsmethode von Schadsoftware als für eine eigene Kategorie. Im Grunde funktioniert jeder Virus über einen Trojaner, eine Lockdatei, die der Nutzer öffnet. Sowohl der Melissa-Virus als auch der »I love you«-Wurm sind daher gleichzeitig auch Trojaner. Als Lockmittel kommen üblicherweise E-Mail-Anhänge oder manipulierte Links zum Einsatz. Folgende drei Methoden der Tarnung sind bei E-Mail-Anhängen besonders beliebt:

> Ausnutzung der Tatsache, dass Windows nicht immer volle Dateinamen anzeigt: Die ausführbare Schaddatei Bild.jpg.exe wird dem Benutzer als Bild.jpg angezeigt, also als JPEG-Bild-Datei.
> Kaschieren von Schaddateien mit zahlreichen Leerzeichen, zum Beispiel: harmlos.txt<>Checked By Norton Antivirus.exe
> Dateinamen, die die Unterscheidung von wichtigen Systemdateien erschweren: c:\windows\system32\userinit.exe\\localhost\IPC$-n

Spyware

Spyware forscht die Daten eines Computernutzers aus und übermittelt diese an den Verfasser der Spyware. Die Schadsoftware wird als harmlose Software getarnt heruntergeladen und läuft daraufhin auf dem Computer. Besonders gefährlich sind *Keylogger*, eine Software, die sich zwischen Tastatur und Betriebssystem schaltet und die Tastenanschläge des Nutzers überwacht. Keylogger werden eingesetzt, um Kennwörter und PIN-Codes zu stehlen. Weniger gefährlich, aber dennoch unerwünscht ist *Adware*, eine Form von Spyware, bei der das Surfverhalten im Internet überwacht wird. Die gewonnenen Daten werden kommerziell verwertet, zum Beispiel für die Einblendung von Werbebannern und Pop-ups, die an den Interessen des Internetnutzers ausgerichtet sind.

Ransomware

Ransomware (von englisch *ransom* für »Lösegeld«) ist ein Erpressungstrojaner oder Verschlüsselungstrojaner, mit dem der Eindringling verhindert, dass der Computerinhaber auf seine Daten oder sogar auf das ganze Computersystem zugreifen kann. Ziel der Attacke ist es, für die Freigabe der Daten ein Lösegeld zu erpressen, das üblicherweise in Bitcoin zu entrichten ist.

Erst im Mai 2017 sorgte der Erpressungstrojaner *WannaCry* für Schlagzeigen. Wannacry war ein Ransomeware-Wurm, der selbstständig andere Rechner mit Sicherheitslücken angriff. Auf den befallenen Rechnern verschlüsselte die Software zahlreiche Bild-, Video- und Audiodateien. Insgesamt infizierte WannaCry 230 000 Rechner in 150 Ländern, unter anderem auch von Firmen wie FedEx, Nissan, Deutsche Bahn oder dem Britischen National Health Service. Europol sprach von einem Angriff noch nie dagewesenen Ausmaßes.[140]

Scareware

Scareware versucht Nutzer durch Täuschung zu ängstigen, ohne aber tatsächlich Schaden anzurichten. Meist ahmt Scareware in einer Mitteilung an den Nutzer Namen, Logo und Design von bekannten Firmen nach und versucht auf möglichst authentische Weise eine Gefahr zu suggerieren. Beliebt sind vor allem Pop-ups, die Fehlermeldungen von Betriebssystemen oder Warnungen von Anti-Viren-programmen nachahmen. Wenn der Nutzer auf die angebotenen

Links klickt, lädt er eine Schadsoftware herunter. Teils wird der Nutzer auch auf Seiten weitergeleitet, auf denen eine vermeintliche Lösung gegen Bezahlung angeboten wird.

Seit 2010 ist im deutschsprachigen Raum vermehrt Scareware zu beobachten, die Nachrichten von Polizei oder anderen Behörden imitiert. Dabei wird der Nutzer auf einen vermeintlichen Rechtsverstoß hingewiesen, zum Beispiel Filesharing oder Kinderpornografie, und zur Zahlung eines Bußgelds aufgefordert.

Phishing

Phishing klingt wie *Fishing* und so erklärt sich auch die Wortableitung. Die Schreibweise mit Ph stammt aus dem Hackerjargon. Phishing steht für das betrügerische Angeln von sensiblen Daten mithilfe verschiedener Köder im Internet. In der Regel liegt das Augenmerk der Phisher auf Kreditkarteninformationen und Zugangsdaten zum Online-Banking.[141] Streng genommen ist Phishing keine Malware, denn bei einer Phishing-Attacke wird der Computer des Nutzers nicht angegriffen. Phisher versuchen stattdessen durch gefälschte elektronische Nachrichten den Empfänger davon zu überzeugen, dass er sensible Daten freiwillig übermittelt – oder sogar Geld verleiht. Vielleicht haben Sie ja schon einmal Post von einem nigerianischen Prinzen bekommen, der Ihnen Geld vererben möchte, aber »nur« noch ein paar persönliche Daten benötigt. Solch unglaubwürdige Phishing-Versuche sind ziemlich leicht zu durchschauen. Viele Attacken laufen aber subtiler ab, mit gut gefälschten E-Mails von Institutionen wie Banken, von Arbeitskollegen oder sogar Freunden, die nach einem vermeintlichen Notfall um Geld bitten. Stark individualisierte Phishing-Attacken werden dabei auch *Spear-fishing* genannt.

Wir haben jetzt eine Reihe verschiedener Schadsoftwares kennengelernt. Mit der Verwendung solcher Software bringen wir hauptsächlich Kriminelle in Verbindung. Doch wie wir im nächsten Kapitel sehen werden, nutzen auch Geheimdienste Schadsoftware, vor allem *Spyware*, als Teil ihrer breit angelegten Überwachungsmethoden. Von diesen Methoden und dem Thema Datenüberwachung im Allgemeinen handelt das nächste Kapitel.

27. NSA und Datenüberwachung

»Collect it all!«

Im Mai 2013 flog der amerikanische Journalist Glenn Greenwald nach Hongkong, um einen anonymen Informanten zu treffen. Dieser hatte über verschlüsselte Kanäle eine kühne Behauptung an ihn herangetragen: Er könne überwältigende Beweise für ein globales Datenüberwachungssystem liefern, das der amerikanische Geheimdienst NSA (National Security Agency) aufgebaut habe. Greenwalds Überraschung war groß, als sich der anonyme Informant beim ersten Treffen in Hongkong als der nur 29-jährige Edward Snowden herausstellte, der als technischer Spezialist für die NSA tätig war. Während der nächsten Tage schilderte Snowden dem Journalisten seine Erkenntnisse in einem Hotelzimmer unter größten Sicherheitsvorkehrungen. Greenwald musste sogar sein Handy im Kühlschrank einschließen, da dieser relativ schalldicht ist und Snowden befürchtete, die Behörden könnten das ausgeschaltete Handy aus der Ferne aktivieren und als Wanze benutzen.

Wie Snowden berichtete, hatte er sich der Vergangenheit bei seinen Vorgesetzten immer wieder vergeblich über Machtmissbrauch in der Arbeit der Geheimdienste beschwert. Frustriert über die mangelnde Resonanz seiner Beschwerden habe er irgendwann den Entschluss gefasst, Beweisdaten zu sammeln und an die Öffentlichkeit zu gehen. Dabei handele er aus Pflichtbewusstsein gegenüber der Öffentlichkeit sowie dem Bewusstsein, unter Umständen eine jahrzehntelange Gefängnisstrafe wegen Landesverrat in Kauf nehmen zu müssen. Um seine Insiderinformationen in die Presse zu bringen, hatte er Greenwald ausgewählt, da dieser als unabhängiger, geheimdienstkritischer Journalist bekannt war.

Greenwald ließ sich diese einmalige Chance nicht entgehen. Wenige Tage nach seiner Ankunft in Hongkong brachte er mit einem ersten Artikel im *Guardian* den NSA-Skandal ins Rollen.[142] Später berichtete Greenwald ausführlich über seine zehntägige Hongkong-Reise im Buch *Die globale Überwachung – Der Fall Snowden, die amerikanischen Geheimdienste und die Folgen*, das sich wie ein fesselnder Agententhriller liest. Nicht minder spannend sind auch die darin zusammengetragenen Erkenntnisse aus den 1,7 Millionen Dateien, die Snowden der NSA entwendet hatte: Demnach galt bei der NSA von 2005 bis 2014 unter dem Vorsitz von General Keith Alexander dessen persönliches Credo »Collect it all«. Die NSA sollte jede nur denkbare Datenquelle anzapfen: Internetserver, Satelliten, Glasfaserkabel auf dem Festland und auf dem Meeresboden, heimische und ausländische Telefonsysteme, private Computer. Das Ziel war nicht weniger als die lückenlose Überwachung der elektronischen Kommunikation der gesamten Menschheit.[143]

Wie konsequent die NSA dieses Ziel verfolgte, zeigen Snowdens Dokumente in vielerlei Hinsicht. Allein während einer einmonatigen Periode im März/April 2013 hatte die NSA Datensätze zu 97 Milliarden E-Mails und 124 Milliarden Telefonaten aus der ganzen Welt gesammelt.[144] Ein Aspekt dieser offensichtlichen Massenüberwachung war aus Sicht der Amerikaner besonders skandalös: Trotz ihres statutarisch festgelegten Fokus auf Auslandsaufklärung bezog die NSA von den großen amerikanischen Telefonanbietern Verizon und AT&T Metadaten von Telefonaten amerikanischer Bürger. Die Anbieter wurden über eine geheime Gerichtsanweisung zur täglichen Übermittelung ihrer Daten verpflichtet. Nun mag man einwenden, dass die Erfassung von Metadaten keine Überwachung darstellt, da keine Inhalte der Gespräche bekannt werden. Doch wenn die Regierung stets weiß, zu welcher Zeit und an welchem Ort man mit bestimmten Personen kommuniziert, ergeben sich schnell erstaunliche Erkenntnisse. Greenwald veranschaulicht die Problematik anhand eines Beispiels: »Stellen wir uns einmal Folgendes vor: Eine junge Frau ruft ihren Gynäkologen an, gleich darauf ihre Mutter, dann einen Mann, mit dem sie während der vergangenen Monate häufiger nach 23 Uhr telefoniert hat; als Nächstes eine Familienberatung, die auch Abtreibungen durchführt.«[145] Allein aus dieser Liste der geführten Anrufe ließe sich schnell eine schlüssige Geschichte erschließen, die sich durch das Abhören eines einzelnen Telefonats nicht herleiten ließe.

Nicht nur die amerikanischen Telefongesellschaften stellten sich als Gehilfen der NSA heraus, sondern auch die wichtigsten Internetkonzerne. Über das sogenannte *PRISM*-Programm konnte die NSA direkt auf die Server neun großer Internetfirmen zugreifen: Google, Facebook, Microsoft, Yahoo, PalTalk, AOL, Skype, YouTube und Apple. Die Konzerne dementierten diese Anschuldigung mit der Behauptung, Daten nur auf richterliche Anordnung weiterzugeben, doch die Akten der NSA ergaben ein anderes Bild. Bart Gellmann, Reporter der *Washington Post*, schrieb in einer Analyse zu PRISM: »Von ihren Arbeitsplätzen irgendwo auf der Welt können Mitarbeiter der Regierung [...] das Programm in Anspruch nehmen [...] und Informationen von einem Internetunternehmen abrufen, ohne mit den Angestellten des Unternehmens näher in Kontakt treten zu müssen.«[146] Im Klartext bedeutete das: Amerikanische Regierungsmitarbeiter konnten jedermanns E-Mail- oder Facebook-Nachrichten lesen. Besonders deutlich wurde die Verflechtung zwischen Geheimdienst und Privatunternehmen bei der Zusammenarbeit der NSA mit Microsoft. Die Snowden-Dokumente belegen, dass Microsoft der NSA Zugang zu mehreren seiner populärsten Dienste gewährt hatte, darunter *Outlook*, *Skype* und *SkyDrive* (später umbenannt in *OneDrive*). Dieses Handeln stand im Gegensatz zu den öffentlichen Aussagen Microsofts, in denen das Unternehmen der Privatsphäre seiner Kunden höchste Priorität einräumte.

Darüber hinaus verschaffte sich die NSA auch mit deutlich ausgefeilteren Spionagemethoden Zugang zu Daten: Im Rahmen des

STROMBREW-Programms wurden zum Beispiel zahlreiche Glas-faserkabel und Internet-Knotenpunkte in den USA angezapft. Da-bei machte sich die NSA die Tatsache zunutze, dass ein Großteil des weltweiten Internetdatenverkehrs irgendwann in die Kommunika-tionsinfrastruktur der USA eintritt. Dieser Umstand ist einerseits darauf zurückzuführen, dass einige der weltweit beliebtesten Inter-netdienste wie Google und Facebook ihren Sitz in den USA haben. Andererseits ist die physische Infrastruktur des Internets historisch aus den USA heraus gewachsen und immer noch relativ US-zent-risch ausgerichtet.

Abgesehen von dieser pauschalen Überwachung ging die NSA aber auch sehr zielgerichtet gegen einzelne Individuen und Zielgrup-pen vor. Aus der Ferne schleuste sie Schadprogramme in einzelne Computer ein, um deren Benutzer auszuspähen. Nach erfolgreicher Infizierung eines Computers mit *Spyware* konnte die NSA einzelne Tastenanschläge oder die gesamte Bildschirmanzeige mitverfolgen. Laut Snowden-Dokumenten hatte der Nachrichtendienst im Jahr 2013 mindestens 50 000 einzelne Computer infiziert.[147]

Besonders perfide war die regelmäßige Praxis der NSA, Router, Server und andere Netzwerkgeräte abzufangen, die für den Versand an internationale Kunden bestimmt waren. Der Geheimdienst öff-nete die Pakete, baute unsichtbare Überwachungsgeräte ein, und brachte die Geräte mit neuem Herstellersiegel verpackt wieder auf den Weg. Es entbehrt keiner Ironie, dass ausgerechnet die Amerika-ner in der Vergangenheit ihre eigenen Firmen gewarnt hatten, dass chinesische Router nicht vertrauenswürdig seien.

Die aus den Snowden-Dokumenten erkenntliche Vielfalt und Intensität der Spionageaktivitäten zeichnete ein klares Bild eines Geheimdienstes, der an der perfekten elektronischen Überwa-chungsmaschinerie arbeitete. Dabei ließen die Dokumente keinen Zweifel, dass die Überwachungsmaßnahmen nicht nur der Terror-abwehr dienten, sondern ebenso der wirtschaftlichen und diploma-tischen Spionage. Angela Merkels Telefon abzuhören verhinderte definitiv keine Terroranschläge. Fast jeder Mensch, vom unbescholtenen Bürger bis zum Staatschef, war direkt oder indirekt zum Überwachungsobjekt geworden. Folglich sorgten die ersten Artikel der Snowden-Affäre für große Entrüstung in der internationalen Gemeinschaft und der amerikanischen Bevölkerung. Der *Guardian* sprach von »der wichtigsten Enthüllung über Geheimdienste« in der amerikanischen Geschichte.[148]

Doch was waren die Konsequenzen von Snowdens mutigem Handeln? Die Antwort kann nur auf unterschiedlichen Ebenen erfolgen: Auf politischer Ebene hat sich relativ wenig geändert. In den USA gab es seit 2013 nur eine einzige relevante Gesetzesänderung. 2015 trat der USA Freedom Act in Kraft, der die Datenspeicherung von Telefon-Metadaten neu regelte. Seitdem dürfen die Daten nur noch auf Servern der Telefonanbieter vorgehalten werden, nicht mehr bei der NSA selbst. Zugriff auf die Daten von Verdächtigen kann nur noch per Gerichtsbeschluss erfolgen. Uns Deutschen helfen diese Änderungen wenig, denn hierzulande kann die NSA genauso weiterspionieren wie vor dem Skandal. Das Ziel der Bundesregierung, ein »No Spy«-Abkommen mit den USA zu vereinbaren, ist gescheitert. Hingegen profitieren wir von intensiven Bemühungen der großen Internetkonzerne, die Daten ihrer Nutzer besser zu schützen. Getrieben von der Angst vor Umsatzeinbußen haben Facebook, Google, und Co. massiv in zusätzliche Verschlüsselungstechnik investiert und ihre kollaborative Haltung gegenüber der NSA (zumindest nach außen hin) abgelegt. Apple ging 2016 sogar so weit, dem FBI den Zugriff auf das Telefon eines der Attentäter des St. Bernardino-Massakers zu verweigern (was das FBI freilich nicht darin hinderte, das iPhone schließlich doch noch ohne Hilfe von Apple zu knacken).[149] Die größten Veränderungen haben wohl auf der Bewusstseinsebene stattgefunden. Ganz normale Bürger sind endlich auf die Realitäten und Gefahren der Datenüberwachung aufmerksam geworden. Und viele Menschen machen sich seitdem aktiv Gedanken über ihre Privatsphäre und agieren nicht mehr unbedarft im digitalen Raum.

Der BND mischt mit

Das Überwachungssystem, das die NSA aufgebaut hat, ist von seiner Dimension her einzigartig, doch auch Deutschland sammelt mit ähnlichen Methoden fleißig Daten. Der Bundesnachrichtendienst, historisch ein Ziehkind der Amerikaner, kooperiert seit seinen Anfangstagen in den 50er-Jahren eng mit den amerikanischen Diensten. Jährlich verschafft sich der BND im Rahmen der sogenannten *strategischen Überwachung* von internationalen Telekommunikationsbeziehungen pauschal Zugriff auf Millionen von E-Mails, Telefonanrufen und Webforen, die automatisch nach Suchbegriffen durchforstet werden. Seit Anfang 2017 ist es dem BND gesetzlich gestattet, auch Internetknotenpunkte in Deutschland anzuzapfen, darunter den weltweit größten Knoten *DE-CIX* in Frankfurt. Schließlich trat 2017 das stark umstrittene Gesetz zur Vorratsdatenspeicherung in Kraft. Es sieht vor, dass Telekommunikationsprovider jeweils zehn Wochen lang die Metadaten von Telefonaten und E-Mails vorhalten. Die Inhalte von Gesprächen und E-Mails werden aber nicht aufgezeichnet. So muss – zumindest offiziell – in Deutschland niemand befürchten, ohne richterlichen Beschluss ausspioniert zu werden. Ob die NSA oder andere ausländische Dienste sich in die Kommunikation einklinken, ist allerdings eine andere Frage.

Kein Entkommen vor der segensreichen Technik

Während Edward Snowdens Enthüllungen der staatlichen Datenüberwachung weltweit für Empörung sorgten, legt gleichzeitig ein großer Teil der Weltbevölkerung persönliche Daten ohne große Bedenken in die Hände amerikanischer Konzerne. Wer die Dienste von Google nutzt, vertraut dem Unternehmen sein gesamtes Privatleben an. E-Mails über Gmail, Terminplanung über Google Calender, Dokumente und Fotos über Google Drive, Suchanfragen über die Google-Suchmaschine, Unterhaltungsvorlieben über YouTube, Standortdaten des Smartphones über Google Maps. Selbst wenn man die Dienste von Google nicht nutzt, hinterlässt man seine Spuren auf den Servern des Unternehmens. Denn viele Websitebetreiber nutzen Programme von Google, zum Beispiel *Google Analytics* zur Analyse der Klicks von Websitebesuchern. So bekommt auch Google mit, was der Nutzer macht. Fairerweise muss man sagen, dass Google die Nutzerdaten größtenteils anonymisiert und automatisiert verwertet. Das Unternehmen interessiert sich nicht für unser Privatleben. Was für Google zählt, ist individualisierter Service für Kunden, um diesen möglichst viel maßgeschneiderte, gut bezahlte Werbung zeigen zu können. Jeglicher Missbrauch der Kundendaten würde schnell zu einem Vertrauensverlust der Nutzer führen und empfindliche finanzielle Schäden nach sich ziehen. Dass sich die Kunden dennoch niemals sicher sein können, ob ihre Privatsphäre unter allen Umständen gewahrt ist, hat der NSA-Skandal auf schmerzhafte Weise gezeigt.

Als Reaktion auf diese Umstände haben viele User ihren Umgang mit digitalen Medien geändert: Private Inhalte werden nicht mehr ins Internet geladen oder digital versendet. Hier zeigt sich die destruktive Macht der Datensammelwut von Geheimdiensten und Internetkonzernen: Wenn Menschen sich ihrer Privatsphäre nicht mehr sicher sein können und aus Angst vor Überwachung die Nutzung von digitalen Kommunikations- und Speichermedien einschränken, dann haben wir in unserer Gesellschaft ein wichtiges Stück persönlicher Freiheit verloren. Abgesehen davon ist der Versuch, bei einem normalen Lebensstil auf vernetzte Technik zu verzichten, zum Scheitern verurteilt. Vernetzte Technik findet sich überall: in der Telematik unserer Autos, die jedes Brems- und Beschleunigungsverhalten registriert oder im GPS-System unserer Smartphones, das unseren Standort immer lokalisierbar macht. »Keine Daten zu erzeugen ist so unmöglich, wie kein Wasser zu nutzen«, sagt Andreas Weigend, Amazons ehemaliger Chefwissenschaftler und Autor des Buches *Data for the people*.[150]

Wenn wir uns unsere Freiheit ein Stück weit zurückholen möchten, müssen wir andere Wege gehen. Hierzu hat Andreas Weigend einen sehr interessanten Vorschlag. Er rät zur Vorwärtsverteidigung und fordert Kontroll-, Zugriffs- und Administrationsrechte für die Daten, um Transparenz zu haben und selbst den maximalen Nutzen aus den Daten ziehen zu können: »Werkzeuge, die mir Einsichten in die Interpretation meiner Daten liefern, sind viel interessanter für mich als irgendwelche juristischen Datenschutzerklärungen.«[151] Von alleine werden derartige Vorschläge jedoch wenig bewirken. Wir sind auch als Bürger gefordert, beim Gesetzgeber darauf einzuwirken, dass Nachrichtendienste und Internetkonzerne nicht grenzenlose Macht anhäufen können, ohne Transparenz- und Rechenschaftspflicht auferlegt zu bekommen. Bis man hier mit Änderungen rechnen kann, bleibt immer noch die Möglichkeit, auf Internetdienste (Browser, Chat, E-Mail, Suchmaschinen) zurückzugreifen, die dem Schutz der Privatsphäre tatsächlich oberste Priorität einräumen. Ein Beispiel hierfür ist der sogenannte Tor-Browser, der seinen Nutzern anonymes Surfen im Internet ermöglicht. Häufige Verwendung findet der Tor-Browser auch als Zugang zum mysteriösen Darknet – um das es im nächsten Kapitel gehen wird.

28. Darknet

Amokplanung mittels Darknet

Der 22. Juli 2016 ist ein friedlicher Sommertag, als der 18-jährige David S. in einem Münchener McDonalds-Restaurant nahe des Olympiazentrums plötzlich eine Pistole zieht. Er erschießt fünf Menschen und startet einen mörderischen Streifzug bis ins Olympia-Einkaufszentrum mit vier weiteren kaltblütig erschossenen Opfern. Wenige Stunden später wird der Täter von einer Polizeistreife gestellt und richtet sich selbst. In den Tagen nach dem Amoklauf fanden die Ermittler heraus, dass David S. seine Tatwaffe, eine Glock 17, über das Darknet bezogen hatte. Als die Medien diese Erkenntnis veröffentlichen, hörten viele das erste Mal von dieser dunklen Seite des Webs. Selbst die Zeitungen hatten Mühe, das Darknet richtig zu beschreiben – so erklärte die *Süddeutsche Zeitung* diesen ominösen Teil des Internets als »eine Art geheimes Web«.[152] In Wirklichkeit aber ist das Darknet alles andere als geheim, es ist nur schwerer zugänglich als das normale Internet. Das Image als Hort des Bösen, das dem Darknet anhaftet, ist ebenfalls nur teilweise gerechtfertigt. Um Mythos von Realität zu separieren, muss man wissen, aus welchen Teilbereichen sich das Internet zusammensetzt.

Das Darknet als Teil des Deep Web

Bildlich kann man sich das Internet wie einen Ozean voller Webseiten und Webservices vorstellen. Dieser Ozean wird von Google und anderen Suchmaschinen mit einem großen elektronischen Fangnetz befischt. Dabei erwischen Google und Co. aber nicht alle Web-Angebote, sondern nur den uns allen bekannten sichtbaren Teil des Internets, auch *Surface Web* genannt. Experten sind sich einig, dass das Surface Web weit weniger als die Hälfte des Internets ausmacht – seriöse Schätzungen reichen von 4 Prozent bis 35 Prozent.[153] Unter dem Surface Web liegt das *Deep Web*. Darunter versteht man Web-Angebote, die bei einer Recherche über normale Suchmaschinen nicht auffindbar sind. Ein großer Teil des Deep Web ist weder mysteriös noch anrüchig. So finden sich dort unter anderem harmlose passwortgeschützte Datenbanken, Bibliotheken und Mitgliederbereiche. Zudem gibt es zahllose Websites und Subdomains, die nicht mehr online verlinkt, aber nach wie vor auf Servern gespeichert sind. Diesen nur indirekt zugänglichen Teil des Internets nennt man auch *Below the Surface*. Das Darknet setzt sich aus verschlüsselten Bereichen des Deep Web zusammen. Dort werden eine große Bandbreite sogenannter *Hidden Services* angeboten, die von Blogs und E-Mail-Diensten bis hin zu anonymen Marktplätzen reichen, auf denen alle nur erdenklichen illegalen Waren angeboten werden. Alle Web-Angebote im Darknet können nur durch spezielle Browser erreicht werden. Der wesentliche Unterschied dieser Browser zu normalen Browsern liegt darin, dass die Aktivitäten des Nutzers verschleiert bleiben. Bei Browsern wie Chrome, Firefox oder Safari hingegen speichert der Internetprovider jeden einzelnen Webseitenbesuch des Nutzers, auch wenn er den Modus »privates Surfen« aktiviert hat.

Mit dem Tor-Browser ins Onionland

Der wichtigste Bereich des Darknets ist das bereits im Jahr 2002 gegründete *Tor-Netzwerk*, das heute von einer Gruppe Tausender Freiwilliger betrieben wird. Sie alle wandeln ihren Computer mit einer einfachen Installation zu einem Internetknoten um, den sie dem Netzwerk zur Verfügung stellen. Der Zugang zum Tor-Netzwerk ist nur mit dem sogenannten Tor-Browser möglich, einer frei verfügbaren, legalen Software, die von der gleichnamigen Non-Profit-Organisation mit Sitz in Cambridge, USA, entwickelt wird. Tor steht für *The Onion Router*, in Anlehnung an die zwiebelartige Verschlüsselung der Daten, mit der die Daten vom Tor-Browser durchs Internet geschickt werden. Der Tor-Browser verbindet den Nutzer nicht mehr direkt mit ausgewählten Internetseiten, sondern die Daten werden über drei zufällig ausgewählte Tor-Rechner an den Empfänger übermittelt. Der Browser nutzt eine verschlüsselte Verbindung zum ersten Tor-Rechner, um von dort eine weitere verschlüsselte Verbindung zu einem zweiten Tor-Rechner aufzubauen und von dort nach demselben Prinzip weitere Verbindungen zu einem dritten Rechner und schließlich zum finalen Empfänger. Dabei kennt jeder Rechner nur die IP-Adresse des vorhergehenden und nachfolgenden Knotens, sodass am Ende der Prozesskette der Ausgangspunkt des Datenpakets verschleiert worden ist. Die Verbindungsstrecke durchs Internet wechselt automatisch alle 10 Minuten. Nutzer können sich dadurch anonym durchs Internet bewegen, aber über denselben Tarnkappenmodus bleiben auch die Betreiber der Webseiten im Darknet anonym. Alle Webseiten im Tor-Netzwerk tragen statt der üblichen Endungen wie *.com* oder *.de* die Endung *.onion*, weswegen das Darknet oft auch als *Onionland* bezeichnet wird. Im Onionland haben zudem alle Webseiten kryptische Domainnamen wie beispielsweise 6sxoyfb3h2nvok2w.onion – und wechseln oft. Die Links zu bekannten Darknet-Webseiten lassen sich in einschlägigen Foren im offenen Internet nachlesen oder in speziellen Darknet-Suchmaschinen recherchieren.[154]

Ein Refugium für Menschenrechtsaktivisten und Drogenhändler

Die Pioniere des Internets tauschten Informationen offen aus. Als sie das Internetprotokoll als technologisches Rückgrat der Datenübertragung im Internet etablierten, war die Verschlüsselung von Nutzerdaten kein relevantes Thema. Als Folge werden bis heute bei der Übermittlung von Datenpaketen jeweils die Information über den Absender und Empfänger offen mitgeliefert. Die Funktionsweise des Internetprotokolls ermöglicht es somit sowohl privaten Unternehmen als auch Geheimdiensten, den Nutzern beim Surfen im Internet über die Schulter zu schauen. Die Entwicklung des Tor-Browsers entspringt dem verständlichen Wunsch vieler Internetnutzer, sich einer permanenten Datenüberwachung zu entziehen. Gerade für Whistleblower, investigative Journalisten und Menschenrechtsaktivisten in autokratischen Regimen steht bei der Kommunikation im Internet viel auf dem Spiel – im schlimmsten Fall das eigene Leben. Das Darknet bietet zahlreiche Foren, E-Mail- und Chat-Dienste, in denen sich diese Menschen überwachungssicher und anonym austauschen können. Gleichzeitig ermöglicht es der Tor-Browser nicht nur im Darknet zu surfen, sondern auch auf Websites im offenen Internet zuzugreifen. In Ländern mit Internetzensur ist der Tor-Browser daher eine der wenigen Möglichkeiten, sämtliche Web-Angebote der freien Welt zu nutzen. So kann man beispielsweise in China über den Tor-Browser die Website der normalerweise gesperrten *New York Times* aufrufen. Und während des arabischen Frühlings ermöglichte der Tor-Browser vielen Aktivisten, trotz staatlicher Zensur die Seite von Facebook zu erreichen und dort die Proteste zu koordinieren.[155] Vor diesem Hintergrund bedient das Tor-Projekt das Interesse zahlreicher seriöser Unternehmen, Menschenrechtsorganisationen, Forschungsinstitutionen und staatlicher Stellen. Zu den ersten Geldgebern des Tor-Projekts zählten daher mehrere staatliche Stellen der USA, allen voran das amerikanische Verteidigungsministerium (2001–2006). In den letzten Jahren wurde Tor von diversen Organisationen finanziert, darunter die amerikanische National Science Foundation, Human Rights Watch, Google, Mozilla oder das deutsche Außenministerium. Zudem haben bisher Zehntausende Privatpersonen für das Tor-Projekt gespendet.[156]

Leider ist Tor nicht nur eine hervorragende Technik zur Förderung der Freiheit im Internet, sondern auch zur Verschleierung krimineller Machenschaften. Von der breiten Öffentlichkeit über viele Jahre hinweg unbemerkt, hat sich im Darknet eine E-Commerce-Landschaft mit blühenden Schwarzmärkten aufgetan. Die Handelsplattformen sind professionell aufgebaut und ähneln Amazon, Zalando und Co. in Design und Nutzerführung. Nach verschiedenen Angebotskategorien sortiert wird hier die ganze Bandbreite illegaler Waren und Dienstleistungen angeboten: Drogen, rezeptpflichtige Medikamente, gefälschte Kredit- und Kundenkarten, Pässe, Waffen, Anleitungen zum Bombenbau und Schadsoftware wie zum Beispiel Erpressungstrojaner. Kriminelle Dienstleistungen (Crime-as-a-Service) umfassen mitunter die Übertragung von kinderpornografischem Material auf fremde Computer zu Diffamierungszwecken oder die Organisation eines Schlägertrupps, um unliebsame Personen verprügeln zu lassen. Die beliebtesten Produktkategorien im Darknet sind Drogen und Medikamente. Sie werden von den Anbietern direkt per Post an die Käufer versendet, oft mehr oder weniger kreativ getarnt in Verpackungen legaler Produkte. Bezahlt wird auf den Handelsplattformen ausschließlich mit Kryptowährungen wie Bitcoin (s. Kapitel 34). Bei jeder Transaktion erhebt der Betreiber des Handelsplatzes eine Kommission – üblich sind fünf Prozent des Kaufpreises.

Ein Katz-und-Maus-Spiel gegen ruchlose Cyber-Kriminelle

Der Tor-Browser ist für alle beteiligten Akteure im Darknet-Handel ein mächtiger Schutzschild. Selbst die NSA beißt sich am Tor-Browser die Zähne aus. Aus einem internen NSA-Report, auf den der *Guardian* Zugriff bekommen hat, heißt es: »We will never be able to de-anonymize all Tor users all the time«.[157] Der NSA-Report weiter: »With manual analysis we can de-anonymize a very small fraction of Tor users«. Die Identifikation einzelner Tor-Nutzer gelingt allerdings nicht über Lücken in der Browsersoftware, sondern aufgrund von menschlichen Fehlern, die von den Nutzern begangen werden. Entweder sie machen sich im Alltag verdächtig, zum Beispiel durch auffällige Paketsendungen, oder durch unvorsichtige Posts im offenen Internet und Darknet, die es erlauben, Querverbindungen zwischen einer bekannten Person und einem anonymen Nutzer des Darknets zu ziehen.

Ein unvorsichtiger Post war es beispielsweise, der den Betreiber des ersten großen Handelsplatzes der Darknet-Geschichte zu Fall brachte: Im Jahr 2011 hatte der 27-jährige Amerikaner Ross Ulbrecht das Portal *Silk Road* als Marktplatz für Drogen online gestellt. Schon bald wurden auch andere verbotene Produktkategorien verkauft. Bis Juli 2013 wurden auf Silk Road von 147 000 Kunden-Accounts Umsätze in Höhe von 1,2 Milliarden Dollar (Bitcoin-Äquivalent) getätigt.[158] Zum Verhängnis wurden Ulbrecht letztlich seine allerersten Schritte beim Aufbau von Silk Road im Januar 2011. Um seine damals noch gänzlich unbekannte Seite zu promoten, verfasste er einen Online-Post über Silk Road in einem Online-Forum von einer Gruppe Anhänger von psychedelischen Pilzen. Viele weitere Posts folgten, darunter einer, bei dem Ulbrecht auf der Suche nach einem Sachverständigen für die Digitalwährung Bitcoin als seine Kontaktadresse »rossulbricht at gmail dot com« angab. Dieser Fehler führte die Ermittler im Sommer 2013 schließlich auf die richtige Fährte. Ulbrecht wurde im Oktober 2013 verhaftet und zwei Jahre später zu lebenslanger Haft verurteilt. Dass es den Ermittlern gelang, Silk

Road zu schließen, sollte jedoch nicht das Ende der großen Darknet-Plattformen bedeuten. Der Boom der Darknet-Handelsplätze hatte gerade erst begonnen. Noch 2013 ging ein Nachfolger von Silk Road, genannt Silk Road 2.0 ans Netz. Fast genau ein Jahr nach der Gründung des Portals wurde Silk Road 2.0 durch eine international koordinierte Aktion von FBI, Europol und anderen Diensten beschlagnahmt und abgeschaltet.

Der Kampf der Behörden gegen die Handelsplattformen gleicht der Auseinandersetzung mit einer Hydra. Gelingt es an einer Stelle einen Handelsplatz nach mühsamer Ermittlungsarbeit abzuschalten, treten an dessen Stelle schnell neue, immer größere Handelsplätze. Bis Juli 2017 hatte der zu diesem Zeitpunkt größte Darknet-Marktplatz *Alphabay* die zehnfache Größe von Silk Road erreicht. Dann gelang den Behörden der bis dato erfolgreichste Schlag gegen den Darknet-Handel. Am 5. Juli beschlagnahmten sie Alphabay und verhafteten den Gründer der Plattform, den 25-jährigen Kanadier Alexandre Cazes, in seiner Wahlheimat Thailand. Auch er hatte zu einem früheren Zeitpunkt seine E-Mail-Adresse unvorsichtig im Darknet gepostet und somit die Ermittler auf die Spur gebracht. Cazes erhängte sich kurze Zeit später in seiner Gefängniszelle. Nachdem Alphabay vom Netz genommen war, migrierte ein großer Teil der Kunden zum Konkurrenten *Hansa Market*. Was die Kunden nicht wussten: Die niederländische Polizei hatte Hansa Market bereits im Juni ausgehoben und seitdem die Seite in Eigenregie weiterbetrieben. So konnten die Behörden wichtige Informationen über Käufer und Verkäufer von 50 000 Transaktionen sammeln, bevor sie am 20. Juli die Beschlagnahmung der Seite verkündeten. Seitdem ist die Unsicherheit der Darknet-Kunden merklich gewachsen. *Dream Market* kristallisierte sich im August 2017 als der nächste große Anlaufpunkt heraus, doch viele Nutzer befürchten, dass dieser Marktplatz ebenfalls bereits kompromittiert ist.[159]

Es ist zu hoffen, dass der Erfolg der Ermittler nicht sofort wieder verpufft. Denn der gesellschaftliche Schaden durch Kriminalität im Darknet steigt bisher kontinuierlich, ebenso wie die Skrupellosigkeit mancher Verkäufer. Im Juni 2017 gab es allein auf Alphabay über 4000 Anbieter für Fentanyl und ähnliche synthetische Drogen.[160] Fetanyl ist 50-mal stärker als Heroin, Carfentanyl ist nochmals 100-mal stärker und wird in der Tiermedizin zur Betäubung von Elefanten genutzt. In Europa sorgte im August 2017 die Meldung für Empörung, dass Kriminelle das englische Modell Chloe Ayling in Mailand kidnappten, um sie im Darknet zu versteigern. Sie entführten die 20-jährige Frau in einem Koffer und hielten sie eine Woche lang in einer Bettschublade fest – bis sie sie plötzlich wieder freiließen.[161]

Solche Meldungen machen auf schmerzhafte Weise deutlich, dass sich unsere Behörden noch besser im Kampf gegen illegale Aktivitäten rüsten müssen. Viele Vertreter der Ermittlungsbehörden haben die Herausforderungen aus dem Darknet noch gar nicht richtig verstanden. Ausreichende Kenntnisse, um den Herausforderungen entgegenzutreten, haben nur die wenigsten. Doch die Forderung nach einer besseren Überwachung des Darknets zeigt einen grundlegenden Widerspruch auf: einerseits den Wunsch vieler Internetnutzer nach Freiheit im digitalen Raum, andererseits das berechtigte Interesse, vom Staat auch vor Gefahren aus dem Darknet geschützt zu werden. Der Diskussion sinnvoller Lösungsansätze für diesen Interessenskonflikt sollte zukünftig mehr politisches Augenmerk gewidmet werden.

Die zehn wichtigsten digitalen Technologietrends

Bisher haben wir uns vor allem mit den Grundlagen und dem Status quo der Digitalisierung auseinandergesetzt. Ab jetzt richten wir den Blick verstärkt Richtung Zukunft. Im nächsten Abschnitt lernen Sie zehn Technologietrends kennen, die unsere Zukunft in allen Lebensbereichen maßgeblich prägen werden. Gleichzeitig bergen die meisten Zukunftstechnologien auch substanzielle Risiken. Künstliche Intelligenz, Roboter, Nanotechnologie und Bio-Engineering könnten sogar zu existenziellen Gefahren für die Menschheit werden. Diese Problematik möchte ich aber erst am Ende des Buches behandeln, um hier die Freude an technologischen Errungenschaften nicht gleich wieder mit Katastrophenszenarien zu trüben.

29. Internet of Things

Google Dein Zuhause!

Immer wenn ich von einer Feier oder einem feuchtfröhlichen Kneipenbesuch nach Hause komme, neige ich dazu, meinen Wohnungsschlüssel an den ungewöhnlichsten Orten meiner Wohnung abzulegen. Über diese Angewohnheit habe ich mich in der Vergangenheit oft geärgert, insbesondere wenn ich am folgenden Tag schnell aus dem Haus wollte, die Suche nach dem Wohnungsschlüssel mich aber aufgehalten hat. Heute passiert mir das nicht mehr. Nicht etwa, weil ich auf Kneipenbesuche verzichte oder weil ich meinen Schlüssel immer am selben Ort liegen lasse. Nein, ich habe einen kleinen

Computerchip am Schlüsselbund, den ich über eine App lokalisieren und zum Klingeln bringen kann. Dieses Suchsystem hat den Namen *Tile*. Es ist ein Vorbote einer nicht allzu fernen Zeit, in der eine der sinnlosesten menschlichen Tätigkeiten überhaupt aus dem Alltag verbannt sein könnte: Dinge zu suchen. Kleinste Computerchips werden künftig in allen denkbaren Alltagsgegenständen integriert sein, zum Beispiel in Kleidungsstücken oder Nahrungsmittelverpackungen. Verlorene Gegenstände kann man dann ganz einfach per App suchen. Dieser Trend ist nur ein kleiner Ausblick auf die künftige Entwicklung des *Internet der Dinge*, oft abgekürzt als *IoT* für *Internet of Things*.

Vom Internet of Things zum Internet of Everything

Unter dem IoT versteht man Gegenstände, die Daten empfangen, verarbeiten und senden können. Bis vor Kurzem waren Alltagsgegenstände wie Heizungen, Fernseher, Autos oder Straßenlaternen auf sich alleine gestellt. Im Zeitalter des IoT werden sie Teil eines globalen Informationsnetzwerks. Der Clou des IoT sind Sensoren, die aus vernetzten Geräten »smarte« Gegenstände machen. Temperatur, Druck, Vibration, Beschleunigung, Licht, Feuchtigkeit, Luftqualität – all diese Umwelteinflüsse können Sensoren heute messen und sammeln. Aus den Daten lässt sich eine Fülle an Informationen gewinnen. Die Anwendungsmöglichkeiten des IoT sind so breit, dass es mit hoher Wahrscheinlichkeit in allen Lebensbereichen Einzug halten wird. Die zukünftige Allgegenwärtigkeit von kleinen Computerchips in unserer Umwelt ist neben deren Konnektivität und intelligenter Befähigung durch Sensoren das dritte charakterisierende Element des IoT. Deswegen wird das IoT manchmal auch als *Internet of Everything* bezeichnet.

Im Jahr 2012 waren erstmals mehr Dinge mit dem Internet verbunden, als Menschen auf der Erde leben. Seitdem ist die Anzahl vernetzter Geräte exponentiell gestiegen und in Anbetracht der breiten Anwendungsmöglichkeiten des IoT gilt als sicher, dass sich dieser Trend fortsetzen wird. Das renommierte Forschungsinstitut IHS geht davon aus, dass das IoT von 15 Milliarden installierten Geräten in 2015 auf 75 Milliarden Geräte in 2025 anwachsen wird – eine Verfünffachung innerhalb von zehn Jahren![162] Andere seriöse Prognosen gehen von ähnlichen Wachstumsraten aus.

Das Wachstum wird durch mehrere begünstigende technologische Entwicklungen getrieben: Erstens sind leistungsfähige Internetverbindungen mittlerweile allgegenwärtig. WLAN ist in den meisten geschlossenen Räumen Standard und wird vermehrt auch im öffentlichen Raum installiert. Gleichzeitig beträgt die Abdeckung mit schnellen LTE/4G-Mobilfunk-Anbindungen bei allen großen Anbietern in Deutschland mittlerweile über 80 Prozent. Zweitens schreitet die Miniaturisierung von Computerchips sehr schnell voran. Drittens sinken die Herstellungskosten für Sensoren und Kommunikationskomponenten. Und viertens wird die Auswertung großer Datenmengen durch die Verbreitung von Cloud-Computing und leistungsfähiger Analysesoftware (*Big Data Analytics*) immer leichter.

Alles wird smart

Im Jahr 2017 ist das IoT in einigen Lebensbereichen bereits sehr präsent. Ein besonders weites Anwendungsfeld ist die industrielle Produktion. Im *Industrial Internet* können Sensoren helfen, Abläufe genauer zu steuern, Maschinen besser auszulasten, Qualität zu kontrollieren und notwendige Wartungen frühzeitig zu erkennen. In der Logistik helfen RFID-Chips (s. Kapitel 6) schon seit Langem bei der Lokalisierung von Gegenständen oder der Buchhaltung von Wareneingängen und Warenausgängen. In *Smart Cities* erkennen intelligente Ampeln die Verkehrslage und optimieren durch Anpassungen der Ampelschaltungen den Verkehrsfluss. Mülleimer können signalisieren, wenn sie voll sind. Im *Smart Home* können vernetzte Heizungssysteme und Klimaanlagen die Wärme- und Kältezufuhr selbstständig steuern. Das *Connected Car* nimmt automatisch eine

Verbindung mit der Notrufzentrale auf, wenn es einen Unfall registriert. Und Geräte, die wir an unserem Körper tragen, sogenannte
Wearables, sind in der Lage, im Rahmen von *Smart Health* verschiedene Vitalfunktionen zu verfolgen.

Wie Ihnen unschwer aufgefallen sein dürfte, werden die Attribu-
te »Connected« und »Smart« häufig verwendet, um IoT-Anwen-
dungsbereiche zu kennzeichnen. »Smart« ist dabei sicherlich ein
positiv aufgeladenes Wort, das zu inflationärem Marketing-Miss-
brauch einlädt. Doch wie die Beispiele zeigen, liefert uns das IoT
tatsächlich wertvolle Erkenntnisse und bietet nützliche Dienste. Es
macht unser Leben komfortabler (wir müssen nicht mehr selbst die
Heizung regulieren), spart uns Kosten (wir können unsere Wasch-
maschine nachts automatisch zu geringeren Strompreisen starten)
und warnt uns vorzeitig vor Schäden (unser Auto signalisiert einen
Wartungsbedarf). Dabei macht sich das IoT auch zunehmend unabhängig vom Menschen (unser Kühlschrank bestellt selbstständig
aufgebrauchte Lebensmittel nach). Verschiedene Objekte und Systeme beginnen im wahrsten Sinne des Wortes miteinander zu kommunizieren und übernehmen lästige Aufgaben ohne unser Zutun.

Aufgrund seiner vielen Vorteile breitet sich das IoT in immer
mehr Bereiche aus. Haus- und Nutztiere, Pflanzen, geologische For-
mationen und Gegenstände im Weltall sind mit Computerchips ausgestattet. An fast jeden Gegenstand kann man einen Computerchip
anbringen. Wohin das führen dürfte, hat ein hochrangiger Forscher
der Firma Hewlett Packard formuliert: »Bei einer Billion in unserer
Umwelt eingebetteter Sensoren – alle verbunden durch Computersysteme, Software und Services – wird es möglich sein, den Herzschlag der Erde zu hören. Der Einfluss auf die menschliche Interaktion mit der Welt wird so tief greifend sein, wie das Internet die
Kommunikation revolutioniert hat.«[163]

Bei einem Internet, das theoretisch überall sein kann, stellt sich
natürlich auch die Frage nach Freiräumen, die uns in diesem Netzwerk noch bleiben. Was ist für Sie der schützenswerteste Raum?
Wo wollen Sie das Internet auf gar keinen Fall? Vermutlich in Ihrem

Körper – es sei denn, Sie stehen der Verschmelzung von Mensch und Maschine bedenkenlos gegenüber. Wie auch immer Sie zu dieser Frage stehen, das Internet wird vor unserem Körper keinen Halt machen. Dieses vermeintliche Tabu ist längst gebrochen. Mehrere Forschungseinrichtungen experimentieren mit Mikrochips, die in die Haut implantiert werden. Auch abseits der Forschung mutieren erste Technologiefreunde freiwillig zu »Cyborgs«: In einer Einrichtung für Start-ups namens Epicenter in Schweden haben sich bereits über 150 Leute einen reiskorngroßen Chip in die Hand einsetzen lassen.[164] Dank des Chips lassen sich mit einer einfachen Handbewegung Türen entriegeln, Drucker freischalten oder Smoothies bezahlen. Doch mit solchen Innovationen endet der Eroberungsfeldzug des Internets noch lange nicht: Forscher arbeiten – ganz im Sinne von Ray Kurzweils Prophezeiungen – bereits an Nanobots zur Einschleusung in den Blutkreislauf und an Hirnimplantaten, die eine direkte Verbindung des Hirns mit dem Internet herstellen. Bei diesen Themen verlassen wir jedoch das Terrain des Internet of Things und bewegen uns in das Feld der Nanotechnologie.[165]

Herausforderungen und Risiken

Der Siegeszug des IoT schreitet unaufhaltsam voran – und ist doch kein Selbstläufer. Ein paar Kinderkrankheiten müssen noch überwunden werden. Vor allem müssen sich Systemstandards durchsetzen, um offene Systeme mit Datenkompatibilität über verschiedene Anwendungsfelder hinweg zu gewährleisten. Je mehr Daten miteinander kombiniert werden können, desto spannender und umfassender sind die Erkenntnisse aus der Analyse. Es ist davon auszugehen, dass sich die gegenwärtig noch recht starke Fragmentierung des IoT sukzessive auflösen wird und sich ähnlich wie beim mobilen Internet ein paar wenige technische Standards und Technologieplattformen durchsetzen werden.

Die größte Herausforderung liegt darin, dass die wachsende Vernetzung »smarter« Systeme auch wachsende Risiken birgt, sei es durch technische Fehlfunktionen oder Hackerangriffe. Eine Reihe von Faktoren machen IoT-Systeme besonders verwundbar durch Hacker: Zum einen sind weit verstreute, unbewachte Hardware-komponenten sehr schwer vor Angreifern zu schützen. Zum anderen mangelt es kleinen, batteriebetriebenen Komponenten oft an der nötigen Energie, um Prozessoren mit ausgefeilten Schutzmechanismen zu steuern. Ferner sind die Programmierer in Unternehmen, die selbst programmierte IoT-Komponenten einführen, oft noch nicht so versiert im Aufbau geeigneter IoT-Schutzmechanismen. Als Folge können erfolgreiche Hackerangriffe den Verlust oder Diebstahl ungeahnter geschäftlicher und teils sehr privater Daten nach sich ziehen (zum Beispiel unserer Gesundheitsdaten). Netzwerkangriffe könnten zudem Ausfälle oder Fehlsteuerungen kritischer Infrastrukturbereiche herbeiführen. Im schlimmsten Fall wären dann Leib und Leben der Bevölkerung in Gefahr.

Wenn Milliarden smarter Gegenstände weltweit miteinander kommunizieren, entstehen ungeheure Mengen an Daten, die zu verarbeiten immer aufwendiger wird. Oft ist in diesem Zusammenhang – wie auch schon weiter oben in diesem Kapitel – von *Big Data* die Rede. Was es damit auf sich hat, erfahren wir im nächsten Kapitel.

30. Big Data

Charakteristika von Big Data

Big Data ist ein Schlagwort, für das es keine einheitliche Definition gibt. Wikipedia definiert Big Data als »Datenmengen, welche zu groß, zu komplex, zu schnelllebig und zu schwach strukturiert sind, um sie mit manuellen und herkömmlichen Methoden der Datenverarbeitung auszuwerten«.[166] Einfacher ausgedrückt: Big Data sind Datensätze, die sich nicht mehr in eine Excel-Datei pressen lassen oder bei der Nutzung anderer Programme den Arbeitsspeicher des Computers überlasten.[167]

Dem »Big« in Big Data lassen sich die drei Dimensionen *Volume, Velocity, Variety* zuordnen – häufig auch als die »drei Vs« von Big Data bezeichnet. *Volume* spielt auf den ständig wachsenden Datenberg an, den die Digitalisierung produziert. Schon jetzt verwaltet ein Großteil amerikanischer Unternehmen mit über 1000 Mitarbeitern eine größere Datenmenge als die *Library of Congress,* die zweitgrößte Bibliothek der Welt mit über 30 Millionen Büchern.[168] Und von 2016 bis 2025 soll sich die weltweit jährlich generierte Datenmenge von 16,1 auf 163 Zettabyte verzehnfachen.[169] 163 Zettabyte entsprechen in etwa der Menge von 700 Milliarden Blue-ray-DVDs, die, in einer Reihe gestapelt, zweimal rund um den Erdball passen würden.[170] [171]*Velocity* bezieht sich auf die enorme Geschwindigkeit, mit der neue Daten produziert werden. Mitte 2017 wurden jede Sekunde 7600 Tweets auf Twitter gesendet, 61 000 Suchanfragen bei Google eingegeben und 2,6 Millionen E-Mails versendet.[172] Der sekündlich abgewickelte Datenverkehr im Internet ist von 100 Gigabyte im Jahr 2002 auf 46 000 Gigabyte im Jahr 2017 angestiegen. Im Jahr 2021 wird er auf über 100 000 GB steigen.[173] *Variety* nimmt Bezug auf die Vielzahl von Datenquellen, die den globalen Datenstrom speist: Unter anderem sind das Online-Medien, soziale Netzwerke, Finanzmärkte, Banken, Kreditkartenanbieter, Sensoren aus dem Internet of Things und Überwachungskameras.

Die Big-Data-Experten Viktor Mayer-Schönberger und Kenneth Cukier schreiben in ihrem *New York Times*-Bestseller *Big Data – Die Revolution, die unser Leben verändern wird,* dass Big Data drei wesentliche Änderungen im Umgang mit Daten herbeiführt:[174]

Erstens sind den Möglichkeiten der Datenanalyse auch bei großen Datenmengen kaum noch Grenzen gesetzt. Vor Beginn der Digitalisierung war es so eine gewaltige Herausforderung, große Datenmengen zu erfassen und zu verarbeiten, dass Datenanalysten sich meist auf Stichproben beschränken mussten. Heute verfügen Analysten häufig über ein N=alle und können mithilfe mächtiger Softwarewerkzeuge selbst die größten Datenmengen untersuchen.

Zweitens fördert Big Data die Bereitschaft, eine gewisse Unschärfe der Daten zu akzeptieren. Muss ein Analyst die Wahl zwischen einer möglichst akkuraten Datengrundlage oder einer möglichst großen Datengrundlage treffen, erzeugt die große Datengrundlage oft die wertvolleren Ergebnisse. Wie das der Fall sein kann, veranschaulicht ein Vergleich der Herangehensweisen von IBM und Google beim Aufbau ihrer jeweiligen Übersetzungsprogramme. Als IBM in den 90er-Jahren begann, im Rahmen des *Project Candide* seinen Übersetzungsalgorithmus zu trainieren, wurden Protokolle kanadischer Parlamentsdebatten aus einem zehnjährigen Zeitraum verwendet. Die Protokolle waren in den beiden kanadischen Amtssprachen Französisch und Englisch veröffentlicht worden, sodass IBM auf eine Datengrundlage von etwa drei Millionen übersetzten Satzpaaren zurückgreifen konnte. Als Google hingegen 2006 sein eigenes Übersetzungsprogramm startete, trainierten die Programmverantwortlichen den Algorithmus nicht mit den Ergebnissen hoch qualifizierter Übersetzer, sondern mit allen übersetzten Texten, die im Internet zu finden sind. So bildeten schließlich Milliarden Satzpaare aller Qualitätsstufen die Grundlage des Algorithmus. Trotz qualitativer Mängel in der Datengrundlage ist *Google Translate* heute das weltbeste Übersetzungsprogramm, *Projekt Candide* wurde eingestellt.

Drittens führt Big Data dazu, dass Erkenntnisse und Handlungsempfehlungen auf Basis von Korrelationen eine zunehmende Akzeptanz erfahren – auch ohne Erklärung über kausale Zusammenhänge. Die Antwort auf das »Warum« ist zwar spannend, aber nicht immer wichtig. Mayer-Schönberger und Cukier veranschaulichen diesen Aspekt in ihrem Buch am Beispiel der Prävention von Krankheiten: »Wir müssen kein Verständnis dafür entwickeln, nach welchen Begriffen Menschen im Internet suchen, wenn sich die Grippe ausbreitet [...] Stattdessen suchen wir einfach in Big Data nach Korrelationen und lassen uns von den Ergebnissen sagen, welche Suchanfragen am besten die Ausbreitung einer Grippewelle vorhersagen können.«[175] Korrelationen können die Zukunft zwar nicht exakt prophezeien, aber sie können Ereignisse mit einer gewissen Wahrscheinlichkeit voraussagen. Prognosen auf Basis von Korrelationen sind daher ein sehr mächtiges Instrument in der Anwendung von Big Data.

Anwendungsbeispiele

Wenn man einen Bereich sucht, in dem Big Data am meisten zur Verbesserung der Welt beitragen wird, dann ist das Gesundheitswesen eine gute erste Wahl. Durch die Erforschung großer Mengen von Patientendaten können sowohl Indikatoren für Krankheiten als auch neue Heilungsmöglichkeiten entdeckt werden. Ein wahrer Segen ist Big Data auch für die Bekämpfung von Online-Betrug. Kreditkartenunternehmen entdecken durch Big-Data-Analysen neue Transaktionsmuster, die auf Betrug hindeuten. Dasselbe gilt für Versicherungen, die ihre Schadensmeldungen Big-Data-Analysen unterziehen. Auch bei der Verbrechensbekämpfung kann Big Data helfen: Behörden in immer mehr Ländern nutzen erfolgreich sogenanntes *predictive policing*. Dabei werden öffentliche Orte, Gruppen oder einzelne Personen stärker überwacht, weil ein Algorithmus diese als besonders gefährlich eingestuft hat. Darüber hinaus wird auch der Einzelhandel gerne als Beispiel für Big-Data-Anwendungen angeführt. Große Supermarktketten wie etwa Walmart verkaufen Millionen Produkte an Millionen von Kunden, deren Identität durch die Nutzung von Kredit- und Kundendaten identifiziert werden kann. Die Analyse der personalisierten Abverkaufsdaten birgt unschätzbare Erkenntnisse für die Produkt- und Marketingplanung. Zu unrühmlicher Bekanntheit hat es in diesem Zusammenhang die amerikanische Supermarktkette Target geschafft. Im Jahr 2012 bekamen die Medien Wind von der Geschichte eines Familienvaters aus Minnesota, der eines Tages aufgebracht in das Büro eines Target-Filialleiters stürmte. Wütend beschwerte er sich, dass seine minderjährige Tochter per Post Gutscheine für Baby-Waren erhalten habe – dies sei eine subtile und inakzeptable Anstiftung zu einer Schwangerschaft. Wie der Familienvater leider kurz darauf erfahren musste, war seine Tochter tatsächlich ungeplant schwanger geworden. Doch wie konnte die Supermarktkette davon wissen? Target hatte auf Basis von Abverkaufsdaten ein Früherkennungssystem für schwangere Kunden entwickelt und dadurch die Schwangerschaft des Mädchens früher registriert als ihr eigener Vater.[176]

Big-Data-Analysen bringen manchmal ganz bizarre neue Erkenntnisse hervor. Ein Beispiel: Wenn Sie einen zuverlässigen Gebrauchtwagen kaufen möchten, dann lohnt es sich, einen orangefarbenen Wagen zu wählen. Anscheinend geben Fahrzeuge in seltenen Farben der eigenen Persönlichkeit in besonderer Weise Ausdruck, sodass deren Eigentümer ihr Gefährt besonders gut pflegen. Eine weitere erstaunliche Erkenntnis: Der beste Indikator dafür, dass ein Flugpassagier seinen Flug nicht verpasst, ist die Vorbestellung eines vegetarischen Essens. Offenbar erhöht die »Personalisierung« der Reise die Wahrscheinlichkeit, dass der Fluggast pünktlich erscheint.[177] Während es bei den letzten beiden Analysebeispielen gute kausale Hypothesen für die unerwarteten Erkenntnisse gab, sind die Ursachen einer Korrelation bei vielen Big-Data-Analysen unklar – so auch im nachfolgenden Beispiel, einem typischen Anwendungsfall für Big-Data-Analysen:

Im Jahr 2016 führten Professoren der Universitäten Columbia und Delaware eine Studie durch, um neue Indikatoren für die Wahrscheinlichkeit zu ermitteln, mit der Kreditnehmer einen Kredit zurückzahlen. Hierzu analysierten die Forscher Texte von 18 000 Kreditgesuchen auf der Crowdlending-Website *Prosper*. Als ein Ergebnis der Studie stellte sich heraus, dass die Verwendung bestimmter Begriffe ein starker Indikator für die Wahrscheinlichkeit einer Kreditrückzahlung ist.[178] Versuchen Sie doch einmal zu raten, welche der folgenden zehn Begriffe positive und welche negative Indikatoren für eine Kreditrückzahlung sind: *God, promise, debt-free, minimum payment, lower interest rate, will pay, graduate, thank you, after-tax, hospital.*[179]

Positiv mit einer Rückzahlung der Kredite korrelieren: *debt-free, lower interest rate, after-tax, minimum payment, graduate.* Negativ korrelieren: *God, promise, will pay, thank you, hospital.*

Für die Korrelation mancher dieser Begriffe gibt es eine kausale Erklärung, für andere nicht. So macht es Sinn, dass Begriffe wie *lower interest rate* und *after-tax* auf eine gewisses Basiswissen im Finanzwesen hindeuten. Dieses wiederum ist ein plausibler Indikator für eine höhere Rückzahlungswahrscheinlichkeit. Allerdings konnten auch die Autoren der Studie nicht erklären, warum *thank you*, der Ausdruck von Dank, positiv mit Zahlungsausfällen korreliert. Sicher wäre es interessant, hier den Kausalzusammenhang zu verstehen, aber es ist nicht so wichtig für jemanden, der Geld verleiht. Ein Kreditgeber ist hauptsächlich daran interessiert, die Kreditwürdigkeit seiner potenziellen Schuldner gut einschätzen zu können. Ist die Kreditwürdigkeit unterdurchschnittlich, vergibt der Kreditgeber kein Darlehen – oder er verlangt höhere Zinsen.

Herausforderungen und Risiken

Stellen Sie sich einmal folgende Situation vor: Zwei Personen erstellen auf der Website von Prosper Kreditanträge, die eins zu eins vergleichbar sind und sich nur durch das Wort *thank you* unterscheiden. Sollte derjenige, der *thank you* schreibt, für den erwünschten Kredit höhere Zinsen zahlen müssen? Sollte die Person überhaupt einen Kredit erhalten dürfen? Würde man bei der Beurteilung der beiden Anträge einen Unterschied machen, könnte man dies nur auf Basis einer Korrelation rechtfertigen, für die kein Grund erkenntlich ist. Für die benachteiligte oder abgewiesene Person wäre die Rechtfertigung kaum nachvollziehbar, zumal man sich vermutlich durch ein *thank you* nur höflich ausdrücken wollte.

Während wir an dieser Stelle nur ein Gedankenexperiment durchgeführt haben, gibt es in der Realität tatsächlich erste Lending-Plattformen, die für die Beurteilung von Kreditanträgen verschiedenste Datenpunkte aus den Online-Aktivitäten der Nutzer analysieren. Aus ethischer Perspektive ist dieses Vorgehen mindestens diskussionswürdig. Es stellt sich die Frage, ob wir wirklich in einer Welt leben wollen, in der unsere Worte, unsere Online-Aktivitäten, ja unser gesamter digitaler Fingerabdruck von Unternehmen für Entscheidungen ausgewertet werden, die einen ganz wesentlichen Einfluss auf unser Leben und unsere Zukunft haben. Unsere Freiheit im digitalen Raum würde das auf jeden Fall einschränken. Aus Nutzersicht ist hier ein großes Problem, dass wir der Verwendung unserer Daten nicht im Vorhinein zustimmen können. Big-Data-Analysen basieren nämlich oft auf Daten, die nicht explizit für diesen Zweck erhoben wurden. Erst lange nachdem wir unsere Spuren im Internet hinterlassen haben, entdecken Unternehmen neue Anwendungsmöglichkeiten für die Daten. Im Nachhinein wiederum bürden sich Big-Data-Unternehmen dann nur ungerne die Mühe auf, eine Einverständniserklärung einzuholen. Im Zweifel lautet die Devise: Lieber nicht fragen.

Besonders große Herausforderungen könnten uns Big-Data-Analysen künftig im strafrechtlichen Bereich bescheren. Wie bereits erwähnt, wird Big Data zunehmend für die Verbrechensprävention eingesetzt, einzelne Personen werden im Rahmen von *predictive policing* enger überwacht. Doch selbst wenn es gelingt, durch präventive Überwachung einzelne Straftaten zu unterbinden, werden sich nicht alle Verbrechen durch potenzielle Gefährder verhindern lassen. Wäre es da nicht sinnvoller, Verdächtige gleich festzunehmen oder zu bestrafen? Ein solches Vorgehen würde uns geradewegs ins Szenario des Films *Minority Report* führen. Der Science-Fiction-Klassiker beschreibt eine Gesellschaft, in der Menschen allein auf Basis von Vorhersagen ihres zukünftigen Verhaltens für schuldig erklärt werden. Ein solches Handeln – Menschen für ihre Vorstellungen und Gedanken zu verurteilen – widerspricht allerdings unserem Verständnis von freiem Willen und Menschenwürde. Ein solches Szenario kann nicht im Sinne unserer Gesellschaft sein.

31. Virtual Reality

Leben wir in einer virtuellen Welt?

Im Hollywood-Klassiker *Matrix* aus dem Jahr 1999 leben die Menschen in einer virtuellen Welt, die von intelligenten Maschinen programmiert worden ist. Tatsächlich werden die Menschen von den Maschinen in bewusstlosem Zustand in Zuchtanlagen gehalten, während ihr Bewusstsein in der virtuellen Welt aktiv ist. Nicht ahnend, dass das eigene Bewusstsein und alle Umwelteindrücke nur Einbildungen sind, fristen die Menschen ein mehr oder weniger fröhliches virtuelles Dasein.

Ein Szenario wie im Film *Matrix* lässt sich sehr einfach als Science-Fiction abtun. Glaubt man jedoch dem aktuellen Stand wissenschaftlicher Erkenntnisse, könnte es sehr wohl zukünftig möglich sein, virtuelle Welten zu erschaffen, die wir nicht mehr von der Realität unterscheiden können. Denn die Neurobiologie sagt, dass alles, was wir erleben und wahrnehmen, im Kern nur das Ergebnis elektrischer Aktivitäten in unserem Gehirn ist. Diese elektrischen Aktivitäten könnte man mit fortschreitenden technischen Möglichkeiten künstlich simulieren. Folgt man diesen Prognosen, gelangt man schnell zu einer sehr unangenehmen Frage: Leben wir womöglich schon in einer virtuellen Realität? Sind wir unter Umständen Teil eines Simulations- oder Trainingsprogramms? Oder Teil eines Virtual-Reality-Szenarios, das jemand aus Langeweile in der eigentlich »realen« Welt gestartet hat? Der schwedische Philosoph und Zukunftsforscher Nick Bostrom von der Universität Oxford beantwortet diese Frage mit einer sehr beklemmenden Hypothese: Wenn wir zukünftig perfekte virtuelle Welten erschaffen können, werden wir nicht nur eine, sondern Millionen solcher Welten entwerfen. Daher ist die mathematische Wahrscheinlichkeit, dass gerade unsere Welt »real« ist, verschwindend gering.[180] Leider gibt es bisher noch kein zwingendes Gegenargument, um Bostroms These zu widerlegen. Da wir dieses Dilemma für den Moment nicht lösen können, lassen Sie uns dennoch zurückkehren zu der Annahme, dass unsere Welt real ist.

Virtual-Reality-Geräte erobern den Massenmarkt

Virtual Reality (VR) und *Augmented Reality (AR*, siehe nächstes Kapitel) haben das Potenzial, nach PCs und Mobilgeräten die dritte große Computing-Plattform zu werden. Schon in den 90er-Jahren wurden erste VR-Computer-Spiele auf den Markt gebracht, doch die dafür verlangten Preise und die unreife Technik konnten die Nutzer nicht überzeugen. Seit zwei bis drei Jahren ist VR im Übergangsstadium zur Massenmarkttauglichkeit. Zwei zentrale Faktoren sind verantwortlich für den bevorstehenden Durchbruch: Einerseits die exponentiell gestiegene Rechenleistung von Computer-Chips; andererseits die starken Verbesserungen in der Sensor- und Display-Technik, die durch den Boom von Mobilfunkgeräten einen kräftigen Anschub erfahren hat. In den letzten Jahren kamen dadurch erstmals VR-Geräte auf den Markt, die von einer breiten Kundschaft mit viel Enthusiasmus aufgenommen wurden. Google hat in den letzten zwei Jahren bereits über zehn Millionen seiner *Google-Cardboard*-VR-Sets verkauft, und Samsungs *GR VR* war bereits nach 48 Stunden auf Amazon und BestBuy.com ausverkauft.[181] Die Wartezeit für eine neue *Oculus-Rift*-Brille von Facebook betrug 2016 zwischenzeitlich vier Monate.[182]

Auch seitens der Content-Provider ist der Enthusiasmus zu spüren. Über 200 000 Programmierer haben sich bisher auf der Entwicklerplattform von Oculus registriert, um neue Applikationen zu entwerfen. Erste Medien springen ebenfalls auf den Zug auf. CNN hat 2015 erstmals eine Präsidentschaftsdebatte (eine Vorwahldebatte der Demokraten) in VR gestreamt. Menschen aus über 121 Ländern folgten dem Event in 3-D. Investoren unterstützen VR-Start-ups mit Millionensummen. Zahlungskräftige Käufer für die Start-ups sind bereits in Lauerstellung. Das erst 2012 gegründete Unternehmen Oculus Rift wurde beispielsweise schon nach zwei Jahren für zwei Milliarden Dollar von Facebook übernommen. Mit Blick auf den Weltmarkt soll die Anzahl verkaufter VR-Headsets von ca. zehn Millionen im Jahr 2015 auf ca. 75 Millionen im Jahr 2020 steigen.[183] Erstaunlich bei dem riesigen Marktpotenzial ist nur, dass die Firma Apple bisher noch kein Gerät auf den Markt gebracht hat. Marktkenner spekulieren daher, ob Apple möglicherweise still und leise, aber mit Hochdruck an einem Gerät arbeitet, dass eine ähnlich dominante Stellung wie iMacs und iPhones im PC- und Mobile-Markt erlangen soll.[184]

Technische Aspekte

Eine virtuelle Realität ist die Imitation der Wirklichkeit mit all ihren physikalischen Eigenschaften in einer computergenerierten, interaktiven, virtuellen Umgebung. Dabei soll ein möglichst hohes Maß an *Immersion* des Nutzers erreicht werden, was nichts anderes bedeutet, als dass der Nutzer die Simulation als möglichst authentisch wahrnehmen soll. In einer perfekten VR müssen alle menschlichen Sinneswahrnehmungen gleichzeitig simuliert werden: sehen, hören, fühlen und berühren, riechen, schmecken und noch einige weitere sekundäre Empfindungen wie zum Beispiel beschleunigen. Bisher ist nur die Technik für die Simulation von Bildern und Tönen, also die Wahrnehmungen sehen und hören betreffend, hinreichend ausgereift.

Simulation von Bilderwelten: Bilder werden in einer VR primär auf zwei Arten simuliert. Zum einen über VR-Brillen, zum anderen über 3-D-Projektionen in den freien Raum. Bei den VR-Brillen lassen sich wiederum zwei Typen von Brillen unterscheiden.

Der erste Typ sind VR-Brillen mit fest integriertem Display. Genau genommen handelt es sich sogar um zwei Displays, die 5–8 cm vom Auge entfernt liegen und fast den gesamten Radius des menschlichen Blickfelds von 120 Grad abdecken. Da das menschliche Auge ein Bild in so kurzer Entfernung normalerweise nicht scharf sehen kann, blickt man auf den Bildschirm durch zwei Linsen, die das Licht des Displays so brechen, dass es scharf auf die Netzhaut projiziert wird.[185] Um den dreidimensionalen Eindruck des Bildes zu erzeugen, bedienen sich VR-Brillen einer besonderen Fähigkeit unseres Gehirns: Es kann aus den leicht unterschiedlichen Bildern, die unsere Augen (bedingt durch den Augenabstand) wahrnehmen, ein dreidimensionales Bild zusammensetzen. Diese Fähigkeit wird stereoskopisches Sehen genannt. VR-Brillen sind auf diese Art des Sehens ausgerichtet. Die Software erstellt zwei leicht versetzte Bilder für den rechten und linken Bildschirm, die unser Gehirn zu einem Gesamtbild zusammensetzt. Das ultimative Gefühl visueller Immersion wird schließlich dadurch hervorgerufen, dass sich das Bild in der Brille entsprechend den Kopfbewegungen des Nutzers ändert – genau wie in der realen Welt.

VR-Brille

Die Änderung des Bildes wird über einen dreistufigen Prozess gesteuert: Kleine Positions- und Beschleunigungssensoren registrieren im ersten Schritt jede kleinste Bewegung millimetergenau. Im zweiten Schritt werden die Bewegungsdaten von der Software verarbeitet und das Folgebild berechnet. Im dritten Schritt wird das

Folgebild auf dem Bildschirm angezeigt. Dieser Prozess wiederholt sich bis zu 90-mal pro Sekunde, schneller als das menschliche Gehirn einzelne Bilder aktiv wahrnehmen kann. Das Zusammenspiel der Technik funktioniert so gut, dass Nutzer schnell vergessen, dass sie eigentlich ein Gerät vor Augen tragen.

Die Aktualisierung der Bilder in hoher Frequenz verlangt der Hardware ein hohes Maß an Rechenleistung ab. Die meisten VR-Brillen mit integriertem Bildschirm benötigen daher eine Verbindung mit einem leistungsstarken Computer. Alternativ können VR-Brillen auch auf die Rechenleistung einer potenten Spielekonsole zurückgreifen, wie zum Beispiel der Playstation für Sony's »Projekt Morpheus«. Die Kosten für diese Hochleistungsgeräte liegen im Bereich von 400 bis 900 Euro.

Die zweite Typus von VR-Brillen sind smartphonebasierte Brillen. Bei diesem Typ von Brillen wird das Mobiltelefon in eine Kopfvorrichtung eingelegt. Dabei dient das Telefon sowohl als Bildschirm als auch als die Hardwarekomponente, die die Rechenleistung erbringt. Der stereoskopische Effekt wird erzeugt, indem die VR-Inhalte auf dem Bildschirm in zwei nebeneinander angeordneten Fenstern mit leicht unterschiedlicher Perspektive abgespielt werden. Die entsprechenden Inhalte finden sich in speziellen Apps oder 360-Grad-Videos auf YouTube. Smartphone-basierte Brillen sind technisch weniger hoch entwickelt als Brillen mit integriertem Bildschirm. Sie funktionieren aber gut genug, um besonders VR-Einsteigern einen Mehrwert zu bieten. Als Erstes auf den Markt gebracht hat diese Technologie Google im Jahr 2014 mit seinem *Google Cardboard*. Google hat damit dem VR-Markt einen riesigen Anschub gegeben, da die Brillen verhältnismäßig günstig sind (20 Euro) und keine teuren Hochleistungsrechner zur Nutzung benötigt werden. 2016 hat Google eine weiterentwickelte Version herausgebracht, *Google Daydream X*.

Die andere verbreitete VR-Technologie neben den konventionellen Headsets sind großflächige Projektionen in speziell ausgestatteten Räumen. Der VR-Anwender erfährt hierbei die dreidimensionale Tiefe der Bilder über semi-transparente Brillen, die abwechselnd die Sicht durch das rechte und das linke Auge blockieren, immer synchron getaktet mit der Aktualisierung der Bilder. Projektionen kommen vor allem im wissenschaftlichen und im Businesskontext zur Anwendung.

Simulation von Tönen: In klassischen Computerspielen und Applikationen spielen Toneffekte nur eine untergeordnete Rolle, da der Nutzer nur bedingt in das Geschehen involviert ist. In VR-Applikationen hingegen sind Toneffekte ein zentraler Einflussfaktor für die Immersion des Nutzers. Soundentwickler müssen daher beim Programmieren Geräusche akkurat im dreidimensionalen Raum »platzieren«. Am besten werden die Töne dem Nutzer über zwei unterschiedliche Soundkanäle in die Ohren gespielt. Dadurch wird beispielsweise das Geräusch eines Autos, das sich von rechts nähert, wie in der Realität lauter auf dem rechten Ohr wahrgenommen.

Simulation von Berührung, Geruch und Geschmack: Menschen, die zum ersten Mal eine VR-Brille tragen, greifen in den luftleeren Raum, um einen Gegenstand in der virtuellen Realität zu berühren. Solch erfolglose Berührungsversuche sind natürlich enttäuschend. Daran wird sich auch so bald nichts ändern, denn kein Gerät kann adäquat nachahmen, wie es sich anfühlt, einen Schneeball, einen Felsbrocken oder eine andere Person zu berühren. Nichtsdestotrotz gibt es Geräte und Kleidungsstücke, die Berührungen durch Druck oder Vibration zumindest ansatzweise simulieren (zum Beispiel Handschuhe, Anzüge). Vermutlich wird man authentische haptische Erlebnisse in der VR erst dann erzeugen können, wenn man Empfindungen in unserem Kopf durch neuronale Stimulation steuern kann. Dasselbe gilt für die authentische Simulation von Geruch und Geschmack.

Interaktion mit der VR: Eine weitere Bedingung für ein authentisches VR-Erlebnis ist die Möglichkeit, mit der künstlichen Umgebung zu interagieren. Hierfür werden im Moment meist Controller beziehungsweise Controller-Stäbe genutzt. Sie messen die Bewegungen des Nutzers mit Sensoren und übersetzen diese in

Steuerungsbefehle – so kann man mit einem Controller zum Beispiel ein Jedi-Schwert in der VR steuern. Noch feinere Bewegungen
können durch sensorbestückte Handschuhe registriert werden. Auf
Basis der Sensordaten kann die eigene Hand in der VR abgebildet
werden und dazu genutzt werden, virtuelle Gegenstände zu greifen
oder zu manipulieren. Ähnlich funktionieren auch sensorbestückte
Kleidungsstücke, mit denen ganze Körperbewegungen auf einen
Avatar, ein Ebenbild in der VR, übertragen werden. Damit wird beispielsweise ein Boxkampf gegen Muhammad Ali denkbar, bei dem
der persönliche Avatar den eigenen Körperbewegungen eins zu eins
folgt. Wer sich noch mehr verausgaben will, kann bald sogar schon
»VR-Tretmühlen« erwerben, ein Art Standlaufband mit seitlicher
Körpersicherung, mit dem man sich durch die VR bewegen kann.

Anwendungsmöglichkeiten

Der Haupttreiber der VR-Branche wird in den nächsten Jahren die
Spieleindustrie sein. Fast alle klassischen Computerspiele kann man
in einen VR-Kontext übersetzen, wo sie noch lebensnaher wirken
und den Spieler mitten ins Geschehen rücken. Jede neue Generation von VR-Brillen vermittelt ein noch realistischeres Erlebnis dank
immer höherer Bildauflösung, schnellerer Bildaktualisierung, inten-
siveren Kontrasten und besseren Geräuschen. Ein wichtiger Erfolgsfaktor für VR-Spiele werden Interaktionsmöglichkeiten mit anderen
Spielern sein, oft sogar das zentrale Spannungselement eines Spiels.
Vor zehn Jahren wurde das Computerspiel *Second Life* populär, in
dem jeder Spieler einen eigenen Avatar gestalten konnte, über den
man mit den Avataren anderer Menschen interagieren konnte. Viele
Fans von *Second Life* bauten sich eine ganze Identität in dieser Par-
allelwelt auf, inklusive eines eigenen Heims und einer beruflichen
Betätigung. Es blieb jedoch eine begrenzt reale, zweidimensionale
Erfahrung. Lebensechte Simulation in der VR wird aufgrund der
starken Immersion der Spieler viel größere Nutzergruppen anzie-
hen. Bald wird es sogar möglich sein, über direkten Augenkontakt

mit den Avataren anderer Spieler zu interagieren. Die ersten Start-ups experimentieren bereits mit Minikameras, die die Augenbewe-gung des Spielers verfolgen und diese in die VR übertragen.

Mixed Reality ist ein neues Gaming-Genre, das dank VR am Entste-hen ist. In der Mixed Reality interagieren die Spieler mit einer realen Um-gebung, die allerdings durch die VR-Brille ganz anders dargestellt wird. In VR-Spielehallen können sich Spieler beispielsweise in einer virtuellen Umgebung frei bewegen, die der Dimension der Halle genau entspricht. Dank positionsbestimmender Sensoren am Körper sieht ein Spieler in seinem Headset genau, wenn er auf eine Wand, einen Gegenstand oder einen anderen Spieler zuläuft, während er in der virtuellen Umgebung ver-sucht, Monstern und Ähnlichem hinterherzujagen. Eine andere interes-sante Mixed-Reality-Anwendung liegt in der Steuerung von Flugdrohnen. Montiert man eine VR-Kamera an einer Drohne und betrachtet die Auf-nahmen live durch eine VR-Brille, kommt man dem Gefühl recht nahe, selbst durch die Luft zu fliegen.

Der zweite große Treiber der VR-Industrie ist Entertainment. Bald werden Sie Fußballspiele, Konzerte oder die abendliche Talkshow aus Ihrem Wohnzimmersessel verfolgen können und sich dabei live vor Ort fühlen. Auch Filme und TV-Shows wird man für die VR konzipieren. Sie werden mit Kameras gedreht, die aus den Aufnahmen mehrerer Ob-jektive ein 360-Grad-Gesamtbild zusammensetzen. Ein delikates The-ma darf in diesem Zusammenhang nicht ausgespart werden: Die Por-no-Industrie arbeitet mit Hochdruck daran, dass sich der VR-Zuschauer direkt an den Ort des Geschehens versetzt fühlt. Die Akteure scheinen dabei im wahrsten Sinne des Wortes zum Greifen nahe.

Den größten Mehrwert aber wird die VR-Industrie für die Gesell-schaft in anderen Bereichen schaffen, unter anderem im Bereich Aus-bildung, Training und Therapie. In zehn Jahren werden VR-Brillen ein ganz gewöhnliches Hilfsmittel im Schulunterricht sein. Verschiedenste Lehrinhalte lassen sich darüber interaktiver und eingängiger vermit-teln als im traditionellen Lehrbetrieb. Mit dem VR-Programm *Google Expeditions* können Lehrer ihre Schüler schon heute auf eine virtuelle Tour durch die Sixtinische Kapelle, durch Korallenriffe oder die Internationale Raumstation mitnehmen. Auch praktische Ausbildungen und sportliches Training können durch VR-Programme ergänzt werden. Zum Beispiel könnte man sich in einem speziellen Golf-Trainingsprogramm direkt neben Tiger Woods stellen und versuchen, dessen Golfschwung nachzuahmen – gegebenenfalls könnte man sogar in dessen virtuelle Körperhülle schlüpfen und der Armbewegung eins zu eins folgen. Medizinische Operationen können an virtuellen Patienten trainiert werden, wobei die Ärzte mit sensorbestückten Imitaten von OP-Werkzeugen arbeiten. Die Organisation Go Help Me See etwa trainiert Ärzte aus Ländern der Dritten Welt mithilfe eines VR-Simulators darin, Kataraktoperationen am Auge durchzuführen. Mit ihren neu erlernten Fähigkeiten können die Ärzte unzähligen Menschen in einem kurzen und günstigen Eingriff das Augenlicht zurückgeben.[186] Was Therapien anbelangt, bietet VR eine großartige Möglichkeit, Menschen mit Ängsten und Phobien zu behandeln, zum Beispiel Flugangst oder einer Spinnenphobie.

In vielen Professionen können durch den Einsatz von VR große Einsparungen erzielt werden. Architekten können ihre Baupläne virtuell durchschreiten und frühzeitig Planungsfehler identifizieren. Die verschiedenen am Bau beteiligten Parteien können Planungsdetails anhand plastischer Darstellungen diskutieren. Ingenieure können in Konstruktionspläne eintauchen. Im Militär können teure Übungen, wie zum Beispiel Fallschirmsprünge, weitgehend durch VR-Simulationen ersetzt werden. Konsumenten profitieren von einer verbesserten Informationsbasis bei Kaufentscheidungen. Bevor beispielsweise Urlauber ein teures Hotel buchen, könnten sie zunächst einen kleinen virtuellen Rundgang durch das Hotel tätigen und sich vergewissern, dass alles nach ihrem Geschmack ist.

Herausforderungen und Risiken

Trotz positiver Marktentwicklung ist die VR-Branche langsamer aus den Startlöchern gekommen, als von vielen Marktbeobachtern prognostiziert. In Deutschland hat die Mehrheit der Menschen noch nie eine VR-Brille getestet. Eine Ursache für die zaghafte Entwicklung war die anfangs geringe Verfügbarkeit der Geräte. Abgesehen davon gibt es noch drei weitere Faktoren, die den VR-Boom aufhalten:

1. Preis: Wer nach einem hochqualitativen VR-Erlebnis sucht, aber keinen besonders leistungsfähigen Rechner besitzt, muss schnell einmal 1500–2000 Euro für eine Brille und einen neuen Rechner auf den Tisch legen. Mit der Zeit wird die VR-Technologie aber immer günstiger werden.
2. Content: Eine absolute »Killer-App«, die einen wahren VR-Hype auslöst, ist noch nicht gefunden (wie zum Beispiel WhatsApp und Instagram bei Smartphones). Experten rechnen aber damit, dass eine solche App in den nächsten ein bis zwei Jahren auf den Markt kommen wird.
3. Gesundheitliche Probleme: Nach unterschiedlichen Studien leiden nach der Nutzung eine VR-Brille bis zu 80 Prozent der Menschen zumindest gelegentlich an Schwindel, Übelkeit oder Kopfschmerzen.[187] Dieses Phänomen ist schon länger aus Flugsimulatoren als sogenannte Simulatorkrankheit bekannt. Auslöser für die Beschwerden sind sensorische Konflikte. Ein Simulator wie auch ein VR-Programm gaukeln dem Nutzer Bewegung und Beschleunigung vor, während das Gleichgewichtsorgan dem Hirn weiterhin meldet, dass man still im Wohnzimmersessel sitzt. Darüber hinaus ist es noch unerforscht, ob es langfristig schädlich für die Augen ist, längere Zeit – wie bei einer VR-Brille der Fall – auf Bildschirme direkt vor den Augen zu schauen.

Je näher Programmierer ihrem Ziel kommen, perfekte virtuelle Welten zu erschaffen, desto mehr steigen die damit einhergehenden Risiken. Das offensichtlichste Problem ist die Gefahr, sich selbst und andere zu verletzten. Ein junger Vater sollte beispielsweise sicherstellen, dass kein Kleinkind in den Raum kommt, während er beim virtuellen Wimbledon-Match zum Vorhandschlag ansetzt. Psychische Risiken sind ebenfalls offenkundig. VR kann abhängig machen, viel leichter als Fernseh- und Internetkonsum, denn der Grad der Immersion ist ungleich höher. In Südkorea, wo Computerspiele besonders populär sind, hat man bereits eindrücklich beobachten können, wie eine große Zahl von Jugendlichen in die Gaming-Sucht abdriftet und bis zur völligen körperlichen Erschöpfung Computer spielt. Solche Probleme könnten durch VR nochmals vergrößert werden. Das größte psychische Risiko der VR-Technologie ist aber vermutlich eine Abstumpfung der Nutzer gegenüber der Realität. Drei Beispiele sollen dies verdeutlichen:

Erstens ist es möglich, gegenüber positiven Reizen abzustumpfen: Wer Hunderte überwältigende Fantasiewelten durchschritten hat, ist weniger geneigt, den Zauber der Natur oder die Schönheit menschlicher Architektur zu genießen. Was ist schon eine Wanderung durch den Grand Canyon, ein Kamelritt in der Wüste oder ein Besuch des Kolosseums, wenn man bereits unzählige ähnliche Erlebnisse in VR-Welten gemacht hat. Und selbst wenn die irdischen Dinge noch von Interesse sind, warum noch reisen, wenn man alle Sehenswürdigkeiten ohne Kosten und Strapazen in den eigenen vier Wänden erleben kann? Ähnliche Abstumpfungserscheinungen sind in der Sexualität möglich. Wie die Wissenschaft nachgewiesen hat, vermindert übermäßiger Konsum von Internetpornografie die sexuelle Stimulationsfähigkeit im wahren Leben. Wie viel mehr gilt die Erkenntnis für Menschen, die die attraktivsten Pornostars in 3-D und Lebensgröße vor sich haben?

Zweitens ist es möglich, den Instinkt für Angst zu verlieren. Der Mensch reagiert auf Gefahren, indem der Körper Adrenalin ausstößt. Bei Extremsportarten wird dies als positiv empfundener »Kick« wahrgenommen. Was aber, wenn man zahlreiche Extremsportarten in VR ausübt, das Gehirn aber lernt, dass de facto keinerlei Gefahr besteht? Welchen ungleich größeren Gefahren setzt sich der Mensch in der Realität aus, wenn er den natürlichen Adrenalinausstoß abtrainiert hat?

Drittens ist es möglich, gegenüber Problemen abzustumpfen. Wer mit den wahren Leben unzufrieden ist, kann in der VR besser denn je Ersatzbefriedigungen finden. Eine Simulation in der VR, in der man wohlhabender ist, mehr Freunde hat und den eigenen Körper verschönern kann, ist für einen Menschen womöglich spannender als die Realität. Verliert sich jemand dauerhaft in der VR, entsteht ein negativer Kreislauf: Durch die Vermeidung der Realität verschärfen sich die Probleme im echten Leben und als Folge entflieht der VR-Nutzer noch tiefer in die Sphären der virtuellen Welt. Ein anderes Risiko sind Menschen mit Aggressionsproblemen, die in der VR ihren Trieben noch ungezügelter nachgehen können als in klassischen Computerspielen. In der VR kann man anderen Wesen und Personen auf sehr authentische Weise Schaden zufügen, was möglicherweise den Nutzer abstumpfen lässt und die Hürde senkt, anderen Menschen in der Realität Schaden und Schmerz zuzufügen.

Schließlich stellt sich auch noch die Frage nach dem Schutz der Privatsphäre in der Virtual Reality. Aus Datenschutzperspektive sind VR-Geräte nach Computern und Mobiltelefonen das nächste mächtige Werkzeug, um Daten zu sammeln. Gerade VR-Spiele bieten die Möglichkeit, allerlei biometrische Daten anzusammeln. Spieleanbieter dürften daher bald fähig sein, sehr detaillierte Bewegungsmuster ihrer Nutzer anzufertigen.

32. Augmented Reality

Wer hätte gedacht, dass ein Computerspiel Millionen Menschen weltweit dazu bringen könnte, innerhalb eines halben Jahres 8,7 Milliarden Kilometer zu laufen – eine Strecke weiter als von der Erde bis zu Pluto? Ein Flugzeug würde mehr als 1000 Jahre benötigen, um diese Distanz zu überwinden.[188] Das Spiel, das diese erstaunliche Leistung im zweiten Halbjahr 2017 verursacht hat, heißt *Pokémon Go*. Die Spieler jagen kleine virtuelle Fabelwesen, Pokémons, die an allen möglichen Stellen im öffentlichen Raum erscheinen und durch die Kamera des Mobiltelefons entdeckt werden können. Die dahinterstehende Technologie nennt sich *Augmented Reality (AR)*, eng verwandt, aber nicht zu verwechseln mit der im letzten Kapitel besprochenen Virtual Reality. Im Gegensatz zu VR-Anwendungen taucht der Nutzer bei AR nicht vollständig in eine künstliche Welt ein, sondern erlebt die reale Welt um eine virtuelle Komponente »erweitert« (engl. to augment = erweitern). Verschiedene Geräte – Brillen, Mobiltelefone, Tablets – reichern die Sicht des Nutzers auf die Welt mit grafischen oder symbolischen Informationen an und machen die erweiterte Realität erlebbar. Der modern anmutende Name Augmented Reality täuscht dabei über die Tatsache hinweg, dass diese Technologie in einfacher Form schon seit Jahrzehnten Anwendung findet. Bereits in den 60er-Jahren wurden Informationen zu Flughöhe und Geschwindigkeit als sogenanntes *Heads-Up-Display* für Kampfpiloten auf die Scheibe des Cockpits projiziert. Auch die künstliche Linie, die bei TV-Übertragungen von Fußballspielen nach Abseitsentscheidungen ins Bild gezeichnet wird, ist eine seit Langem verbreitete Form von Augmented Reality.

Verschmelzung von realer und digitaler Welt

Augmented Reality entsteht durch ein ausgeklügeltes Zusammenspiel von Hardware, Software und Sensoren – ähnlich wie wir es bereits aus der Virtual Reality kennen. Zurzeit gibt es zwei relevante Hardwareoptionen, um Augmented Reality darzustellen. Die erste Möglichkeit sind AR-Brillen, in deren Gläsern zusätzlich Informationen eingeblendet werden.

Das prominenteste Beispiel für diese Technik ist die Brille *Google Glass*, die Google im Jahr 2014 öffentlichkeitswirksam auf den Markt gebracht hat. 2015 wurde der Verkauf jedoch wieder gestoppt, da die Technologie sich als noch nicht reif genug für den Massenmarkt erwies. Viele potenzielle Kunden störten sich zudem am gewöhnungsbedürftigen Design der Brille. Während sich AR-Brillen im Privatkundengeschäft noch nicht richtig durchsetzen konnten, werden sie in einigen geschäftlichen Anwendungsbereiche bereits erfolgreich eingesetzt.

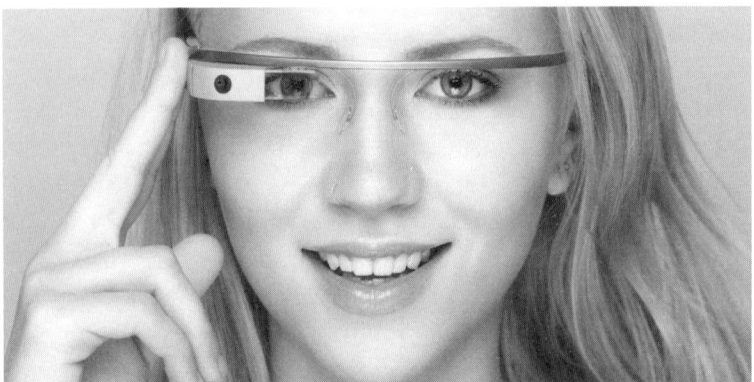

Google Glass

Die zweite verbreitete Darstellungsoption für Augmented Reality sind Mobiltelefone und Tablets, aber auch Brillen, die nicht durchsichtig sind, sondern einen Bildschirm haben. Bei dieser Technik, die auch bei *Pokémon Go* zum Zuge kommt, wird die Umwelt von einer Kamera eingefangen, auf dem Bildschirm dargestellt und um zusätzliche Informationen ergänzt.[189]

Pokémon Go

Mittelfristig werden wir Augmented Reality aller Wahrscheinlichkeit nach auch ohne Brillen und mobile Geräte erleben können. Google forscht bereits seit Jahren an AR-Kontaktlinsen,[190] die ihre Energie über Sonnenlicht beziehen und mit Mikroprozessor und WLAN-Verbindung ausgestattet sein sollen. Zudem arbeiten Forscher an Methoden, um Bilder direkt auf die Netzhaut des Menschen zu projizieren, zum Beispiel über Projektoren in verschiedenen Ecken eines Raumes.

Vielleicht erinnern Sie sich an die Schilderung im vorherigen Kapitel, wie bei VR-Brillen Positions- und Beschleunigungssensoren jede kleinste Bewegung millimetergenau registrieren und eine Software die Inhalte danach auf dem Bildschirm anpasst. Bei AR-Geräten kommen oft noch zusätzliche Sensoren zum Einsatz, darunter Beschleunigungssensoren, GPS, Kompass, Kamera, Mikrofon und Infrarotsensor. Die AR-Software verarbeitet alle Sensorinformationen und ergänzt die virtuellen Inhalte in der Augmented Reality. Virtuelle Objekte richtig im Bild zu platzieren ist anspruchsvoll. Nehmen wir zum Beispiel an, ein Nutzer steht im Wohnzimmer und testet für die Auswahl eines neuen Sofas eine AR-Einrichtungsapp. Ein neues Sofa virtuell im Raum zu platzieren, kann nur gelingen, wenn die Software ein genaues Verständnis der räumlichen Dimensionen hat. Nur dann kann das Sofa an der richtigen Position und in korrekter Perspektive angezeigt werden.[191] Diese Berechnung der räumlichen Relation von Gegenständen zum Endgerät nennt man in der Fachsprache *Tracking*. Visuelles Tracking basiert auf Bilderkennungsalgorithmen, nicht-visuelles Tracking basiert auf GPS-Daten und hinterlegtem Kartenmaterial. Beide Methoden lassen sich auch miteinander kombinieren.

Die Möglichkeiten zur Interaktion mit einer Augmented Reality sind zahlreich. Die Software von AR-Brillen lässt sich mitunter durch Sprachkommandos, Kopfbewegungen, Handbewegungen, Blinzeln oder manuellen Druck auf den Rahmen steuern. Fall sich AR-Geräte im Alltagsgebrauch durchsetzen – wovon die meisten Experten ausgehen – wird das Verhalten der Menschen in der Öffentlichkeit durch die Interaktion mit den Geräten stark beeinflusst werden. Menschen werden auf der Straße mit ihren AR-Geräten sprechen, plötzliche Kopfbewegungen machen, in der Luft virtuelle Gegenstände anklicken oder diese mit kleinen Handbewegungen aus dem Bild wischen. Das mag anfangs seltsam wirken, doch man wird sich genauso daran gewöhnen, wie man sich an Menschen gewöhnt hat, die nicht mehr mit ihrem Handy am Ohr sprechen, sondern über Kopfhörer telefonieren.

Was kommt nach *Pokémon Go*?

Schon ein Blick in den App-Store verrät, dass Augmented Reality weit mehr Potenzial hat, als Menschen auf die Jagd nach Pokémons zu schicken. Die Nutzer können aus einem breiten Spektrum von Anwendungen auswählen, von spielerischen, ja fast schon skurrilen Apps, bis hin zu potenziell lebensrettenden Apps. Ein paar Beispiele gefällig? *Transparent Earth* lässt den Nutzer durch die Erde auf den gegenüberliegenden Ort auf der anderen Seite des Globus blicken. *Inkhunter* ermöglicht Tattoo-Freunden, ein AR-Tattoo auf der eigenen Haut auszuprobieren, bevor sie sich ein echtes stechen lassen. *Anatomy 4D* hilft Medizinstudenten beim Lernen, indem verschiedene Organe im Raum eingeblendet werden. *PeakFinder* erkennt jeden Berggipfel, auf den man sein Handy richtet. *DishPointer* entdeckt Satelliten am Himmel. *Pocket Universe* blickt noch weiter über unsere Köpfe und erläutert die Sterne und Planeten im Universum. *Theodolite* blendet den Neigungswinkel von Berghängen ein – eine manchmal überlebenskritische Information für Skifahrer, die die Lawinengefahr einschätzen möchten.

Eine der spannendsten gegenwärtigen Anwendungen sind Apps zur Erkennung von Produkten. Die App von Amazon erkennt zum Beispiel verpackte Produkte dank Bilderkennungssoftware und bietet – welch Überraschung – direkt eine Bestellung bei Amazon an. Das kanadische Start-up Slyce wiederum versucht sich weniger an der direkten Erkennung von Produkten, sondern schlägt eine Reihe ähnlicher Produkte vor. Derartige Apps werden den Einzelhandel stark verändern. Sie ermöglichen Kunden einerseits noch leichter Bestellungen von zu Hause aufzugeben. Anderseits können Kunden beim Einkaufen im Geschäft innerhalb von Sekunden Online-Preisvergleiche durchführen. Falls sie online einen besseren Preis finden als im Laden, können Produkte mit einem einfachen Klick bestellt und noch am selben Tag nach Hause geliefert werden. So bekommt der Einzelhandel zunehmend den Charakter von Showrooms. Der Einzelhandel wirbt und berät, doch der Kunde kauft letztlich online. Vor allem Amazon hat mit seiner App ambitionierte Ziele: »Unsere Vision ist es, die App zu erweitern, bis sie alles in der Welt erkennt«, bekundete der stellvertretende Chef der Mobilsparte bei Amazon, Sam Hall, gegenüber dem US-Magazin *Wired*. »Wir sind noch nicht so weit, aber wir werden weiter daran arbeiten«.[192]

Die bisher auf den Markt gebrachten AR-Apps geben gute Anhaltspunkte dazu, in welchen Anwendungsfällen Augmented Reality den Nutzern künftig einen relevanten Mehrwert wird bieten können. So wird ein großer Teil der Anwendungen den Zweck haben, Objekte zu erkennen und dem Nutzer zusätzliche Informationen im Endgerät (Brille, Bildschirm, Kontaktlinse) einzublenden. Als AR-Nutzer werden wir künftig weder erfragen noch recherchieren müssen, wer den eleganten Designerstuhl im Wohnzimmer der Freundin kreiert hat, welche Bewertungen das Restaurant auf der anderen Straßenseite hat oder welche Geschichten sich um einen Buddha-Tempel in Asien ranken. Wir werden einfach eine AR-App nutzen. Irgendwann werden wir uns zu fast jedem Objekt auf der Welt – Konsumgüter, Restaurants, Sehenswürdigkeiten, Kunstobjekte, Tiere und Pflanzen – Informationen anzeigen lassen können, sobald wir das Objekt mit der Kamera erfassen oder über GPS lokalisieren. Die Übersetzungsapp von Google Glass erkennt sogar Texte und kann eine Übersetzung in der Brille einblenden. Besonders interessant ist die Frage, ob wir in Zukunft auch Informationen über andere Menschen in der Augmented Reality abrufen dürfen. Stellen Sie sich einmal vor, Sie könnten sich problemlos das Facebook- oder

LinkedIn-Profil eines jeden Mitmenschen in Ihr Gesichtsfeld einblenden. Die technischen Voraussetzungen dafür sind schon weitgehend gegeben. Werden Gesellschaft und Staat ein solches System zulassen? Noch gibt es berechtigte Zuversicht, dass ein Großteil der Gesellschaft solch technische Tricks als unerhörte, nicht zu legitimierende Aushöhlung Ihrer Privatsphäre ablehnt. Doch wer weiß – vor 15 Jahren hätte sich auch niemand vorstellen können, dass Millionen Menschen regelmäßig private Bilder in soziale Netzwerke hochladen.

Objekte »durchleuchtbar« zu machen, ist ein weiterer wichtiger Anwendungsfall für AR-Apps. Die AR-Programmierer der Zukunft werden eine gläserne Welt erschaffen, in der das Innere von jedem interessanten Gegenstand eingesehen werden kann. Eine von vielen Zielgruppen, für die solche eine Funktion interessant sein könnte, sind Architekten. Nehmen wir an, ein Architekt läuft in fünf bis zehn Jahren durch eine fremde Stadt und sieht einen neues, beeindruckendes Hochhaus. Mit einer AR-App kann der Architekt sich nicht nur wesentliche Eckdaten über das Gebäude anzeigen lassen – Baujahr, Architekt etc. –, sondern auch auf veröffentlichte Baupläne zurückgreifen. Sind die Daten nicht öffentlich, so kann er zumindest bei seinen eigenen Bauvorhaben den digitalen Gebäudeplan mittels AR-App visualisieren.

Andere AR-Apps integrieren künstliche Bilderwelten und Geschichten in unseren Alltag. Dank besserer Software und Kameras mit 360-Grad-Blickfeld verschwimmen zukünftig die Grenzen von Realität und Fiktion. Wer Freude an AR-Spielen hat, kann sich von Godzilla und anderen Monstern durch die Straßen jagen lassen. Oder rüstet zum Kampf gegen die Alienraumschiffe, die vor Kurzem über der Stadt aufgetaucht sind. Wer sich für antike Städte interessiert, wird überwältigt sein, das Forum Romanum und die Akropolis lebensecht aus den Ruinen auferstehen zu sehen. Und wer sich für Kriegsgeschichte begeistert, kann historische Schlachten am Ort des Geschehens nachempfinden. Den Möglichkeiten sind wirklich kaum Grenzen gesetzt: Kunstliebhaber werden eine neue Gattung kennenlernen – Augmented-Reality-Kunst –, die tristen öffentlichen Räumen mit virtuellen Kunstwerken neues Leben einhaucht. Wer Sehnsucht nach dem Weltall hat, kann sich neue Monde und Planeten ans Firmament zaubern. Sogar die Gestaltung unserer Arbeitsplätze könnten AR-Apps verändern: Menschen, die gerne mit mehreren Computerbildschirmen arbeiten, müssen künftig keine Unsummen mehr in Hardware investieren. Ein gutes AR-Gerät ist ausreichend, um beliebig viele Bildschirme am Arbeitsplatz zu simulieren.

Ähnliche Risiken wie bei der VR-Technologie

Die Herausforderungen und Risiken von AR und VR sind in vieler Hinsicht ähnlich. Vor allem besteht auch bei AR-Anwendungen eine ernstzunehmende Suchtgefahr. Wer die Welt durch AR-Linsen erlebt, ist je nach App einer Fülle von Reizen ausgesetzt, die weit über die realen Umwelteindrücke hinausgehen. Das Bedürfnis nach diesen Reizen kann dadurch ähnliche starke Formen annehmen wie der ungesunde Wunsch, sich permanent mit dem Smartphone abzulenken. Auch im Straßenverkehr ist es wenig vorteilhaft, sich zu stark von AR-Anwendungen ablenken zu lassen. Nicht zuletzt bringt AR-Technologie das Risiko mit sich, dass bei einer Legalisierung von Gesichtserkennungsapps die uns so vertraute Anonymität im öffentlichen Raum verloren geht.

33. 3-D-Druck

400 Kilometer hoch über unseren Köpfen schwebt ein 3-D-Drucker. Im Bauch der International Space Station (ISS) umrundet er alle 90 Minuten die Erde und verrichtet dort seinen Dienst als permanente Weltraumfabrik. Im Jahr 2014 konnte sich die Crew der ISS erstmals davon überzeugen, wie hilfreich 3-D-Druck im Weltraum sein kann. Trotz eines umfangreichen Vorrats an Werkzeugen

fehlte ein Schraubenschlüssel – ein Problem, das Wartungsarbeiten im Weltall um Wochen verzögern kann. Doch das dringend benötigte Ersatzteil kam diesmal nicht erst mit dem nächsten Weltraumtransport, sondern per E-Mail. Der Hersteller des 3-D-Druckers, eine kalifornische Firma mit dem passenden Namen Made in Space, hatte eine digitale Druckvorlage für den Schraubenschlüssel erstellt und an die ISS gesendet. Dort wurde das Werkzeug in einem vier Stunden dauernden Druckvorgang hergestellt.[193] Die Installation des ersten 3-D-Druckers auf der ISS war ein erster Schritt, um diese Technologie zu einem integralen Bestandteil der Weltraumerkundung zu machen. Zukünftige Missionen zum Mars und anderen Planeten werden nur eine begrenzte Fracht mitnehmen und erst recht nicht auf Ersatzteile von der Erde warten können. 3-D-Druck wird den Reisenden im All eine gewisse Unabhängigkeit von der Erde bescheren.[194] Denn wie wir gleich sehen werden, benötigt man, um diese Technologie einzusetzen, nur einen Drucker, einen Laptop und eine begrenzte Menge an Produktionsmaterial.

3-D-Druck durch *Additive Manufacturing*

3-D-Druck basiert auf dreidimensionalen, digitalen Modellen, die die Dimension und Form der zu produzierenden Teile genau beschreiben. Wer ein 3-D-Modell erstellen möchte, kann entweder eine 3-D-Design-Software verwenden oder ein reales Objekt als Vorlage nutzen und mit einem 3-D-Scanner in ein digitales Modell umwandeln (sog. *Reverse Engineering*). Wie ein 3-D-Scanner aussieht, haben Sie wahrscheinlich schon an der Sicherheitskontrolle am Flughafen gesehen: Ganzkörperscanner. Doch es gibt auch deutlich kleinere und praktischere Geräte. Vielleicht haben Sie gerade einen 3-D-Scanner in Ihrer Hosentasche, denn jedes Smartphone kann mit der richtigen App zum Scanner werden. Der Nutzer muss nur die Kamera auf das relevante Objekt richten, es umrunden, und schon kann die App ein dreidimensionales Bild errechnen.

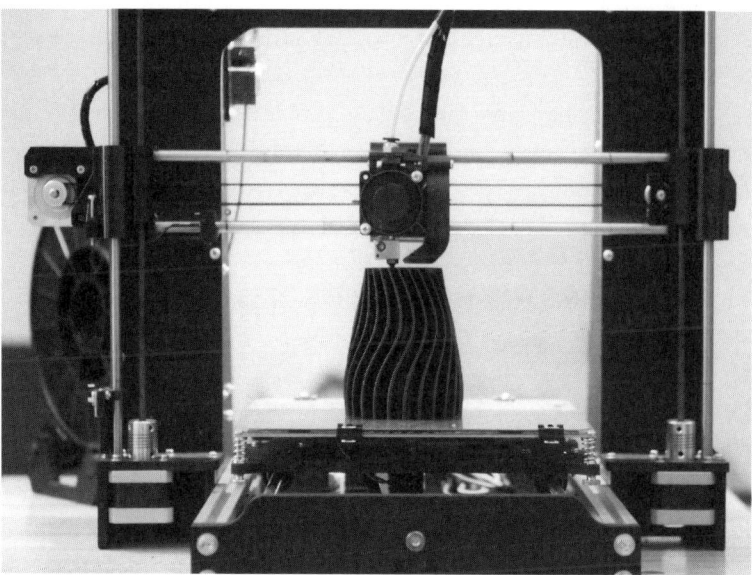

3-D-Drucker

Sobald ein 3-D-Modell vorliegt, kann es als sogenannte *CAD-Datei (Computer-Aided Design)* an einen Drucker gesendet werden. Der Druck erfolgt mit einer Fertigungsmethode, die mit dem Begriff *Additive Manufacturing* umschrieben wird. *Additive* spielt darauf an, dass das Objekt – anders als bei traditionellen Herstellungsverfahren wie Schneiden oder Formen – Schicht für Schicht aufgebaut wird. Das dreidimensionale Softwaremodell wird in hauchdünne zweidimensionale Scheiben unterteilt, die der Drucker sukzessive aufeinandersetzt, bis das finale Objekt entstanden ist. Bei komplexen Formen und größeren Objekten kann dieser Vorgang schon mal mehr als 24 Stunden dauern. Typische Werkstoffe für den 3-D-Druck sind Kunststoffe, Kunstharze, Keramiken, Metalle und Pappe. Je nach gewünschtem Werkstoff kommen unterschiedliche Drucktechniken zum Einsatz. Sehr häufig wird zum Beispiel das sogenannte *Extrusion*-Verfahren angewendet, bei dem Kunststoffe oder Kunstharze im Drucker geschmolzen und unter kontinuierlichem Druck aus einer Öffnung im Druckkopf gepresst werden. Das Material härtet so schnell, dass eine 2-D-Schicht nach der anderen aufeinandergesetzt werden kann.

Doch was genau sind die Vorteile dieser komplexen Fertigungs-methode, wenn man nicht gerade im Raumschiff schwebt und ein Ersatzteil benötigt? Wie können Unternehmen und private Konsumenten vom 3-D-Druck profitieren?

Vom Prototyping zu 3-D-gedruckten Organen

Die größten Profiteure vom 3-D-Druck sind bisher Unternehmen des produzierenden Gewerbes. Bei der Herstellung von Objekten hat der 3-D-Druck zahlreiche Vorteile gegenüber konventionellen Fertigungsmethoden. Erfinder, Designer und Produktentwickler können ihre Ideen allein auf Basis einer digitalen Datei umsetzen und müssen nicht erst einzelne Produktkomponenten einkaufen. Auch braucht es weder Maschinen noch Fertigungsteile wie etwa Gussformen. Das erste Anwendungsfeld von 3-D-Druckern war folglich die schnelle und kostensparende Erstellung von Prototypen, das sogenannte *Rapid Prototyping*. Die Automobilindustrie ist ein großer Profiteur des schnellen Prototypings und fertigt mittlerweile Hunderttausende 3-D-gedruckte Fahrzeugkomponenten zu Test-zwecken. Früher war es zum Beispiel sehr teuer, das Design von zehn verschiedenen Felgen zu testen – oder die Haptik unterschiedlicher Gangschaltungen. Hierzu musste man erst echte Modelle bauen. Heute erstellt man die Prototypen innerhalb von Stunden, zu einem Bruchteil der Kosten. Davon profitiert auch die Umwelt, da die Prototypen ohne wesentliche Materialverluste am Stück erstellt werden.

Der vielleicht revolutionärste Aspekt des 3-D-Drucks ist die Möglichkeit, komplexe Formen zu erstellen, die mit existierenden Maschinen entweder überhaupt nicht, oder nur mit großen Auf-wand herstellbar sind. Flugzeugingenieure können zum Beispiel dank 3-D-Druck das Gewicht einiger schwerer Komponenten redu-zieren, indem sie im Inneren der Teile eine Waben- oder Gitterstruk-tur einziehen. Mit traditionellen Fertigungsmethoden lassen sich solche Strukturen nicht bauen. In der Luftfahrtindustrie, der Automobilindustrie und weiteren Industrien, in denen Gewichtseinsparungen zu großen Kosteneinsparungen führen, nimmt 3-D-Druck daher eine immer wichtigere Rolle ein.

Über die nächsten Jahre wird der 3-D-Druck auch für Privatleute immer relevanter werden. Auch hier ist das Thema Gewichts- und Materialeinsparungen relevant – zum Beispiel bei der Therapie von Knochenbrüchen. Wer schon mal einen echten Gips getragen hat, der weiß, wie unangenehm diese Erfahrung ist. Der Gips ist schwer und klobig, oft juckt es darunter. Zu allem Überfluss beginnt der Gips mit der Zeit schlecht zu riechen. Auch die moderneren Armschienen aus Kunststoff sind nicht viel angenehmer. Ein junger Neuseeländer namens Jake Evill fand diesen Zustand im Jahr 2013 so untragbar, dass er kurzerhand die Armschiene aus dem 3-D-Drucker erfand. Sie ist wasserfest, hat eine gewisse Flexibilität und ist dank einer wabenförmigen Struktur sehr luftig. Noch sind solche 3-D-gedruckten Schienen teuer und nur schwer erhältlich, doch das wird sich sicher bald ändern.[195] Eine schon deutlich weiter verbreitete medizinische Anwendung sind Hörgeräte aus dem 3-D-Drucker. Laut Marktexperten werden mittlerweile über die Hälfte aller weltweit produzierten Hörgeräte im 3-D-Drucker hergestellt und bewähren sich bei ihren Trägern durch perfekte individuelle Passform.[196]

Die Individualisierung von Produkten ist aus Sicht der Konsumenten eine der spannendsten Aspekte des 3-D-Drucks. Ein mögliches Anwendungsgebiet sind Kleidungsstücke wie Schuhe, Helme oder Schutzbekleidung, die bisher nicht immer optimal sitzen. Noch müssen Kunden für den Bezug solcher Produkte auf spezialisierte Unternehmen mit teurem technischem Equipment zurückgreifen. Künftig aber wird sich die Technik so stark verbessern und so viel günstiger werden, dass viele Menschen eine kleine 3-D-Druckfabrik im eigenen Haushalt haben werden. Die benötigten CAD-Designs können die Nutzer auf Plattformen im Internet erwerben. Alternativ kann man auch eigenständig CAD-Modelle mit einfacher Software oder per Handyscan erstellen. Einige Produktkategorien sind besonders prädestiniert für die Heimproduktion, darunter Spielzeuge, Haushaltszubehör, Schmuck, Schuhe und Keramik.

Vielleicht werden Haushalte künftig nicht nur über einen, sondern auch noch über einen zweiten 3-D-Drucker verfügen – und zwar für 3-D-*Food-Printing*. Beim 3-D-Food-Printing kommen dieselben additiven Fertigungsverfahren zum Einsatz wie bei konventionellen 3-D-Druckern, nur dass essbares Material gedruckt wird. In der Gastronomie finden solche Drucker schon Anwendung. Sie erschaffen beeindruckend komplexe Strukturen aus Nahrungsmitteln wie Schokolade oder Zuckerguss. Dekorative Hochzeitskuchen, die früher handgefertigte Meisterwerke waren, gibt es jetzt auf Knopfdruck via Bits & Bytes.

Das spektakulärste Zukunftsprojekt des 3-D-Drucks ist *Bio-Printing*. In der Vision vieler Forscher sollen künftig Herzklappen, Hautflächen oder ganze Ersatzorgane aus dem 3-D-Drucker entstehen. Damit müsste sich niemand mehr in die Wartelisten für Spenderorgane eintragen. Mit der Technik wird bereits fleißig experimentiert und erstes Zellgewebe konnte erfolgreich hergestellt werden. Der Druck funktioniert so, dass zwei Düsen abwechselnd Flüssigkeit auf eine Unterlage sprühen. Die erste Düse sprüht einen zähflüssigen Kunststoff, das sogenannte *Hydrogel*. Es härtet schnell und bildet das Gerüst für das Organ. Aus der zweiten Düse kommen lebende Zellen, etwa reife Körperzellen oder Vorläuferzellen. Während des Druckprozesses wächst das Gewebe Stufe für Stufe in die Höhe und nimmt eine schwammähnliche Struktur an. In kleinen Mikrokanälen können sich Blutgefäße ausbilden. Mit dieser Methode konnten gedruckte Organe sogar schon hergestellt werden, doch eine ausreichende Durchblutung und Nährstoffversorgung der Organe ist noch nicht gewährleistet. Dementsprechend sind die heutigen Kunstorgane auch noch nicht reif für eine Implantation.

Noch langsam und teuer

So praktisch und kostensparend 3-D-Druck bei der Fertigung von Individualobjekten sein kann, so wenig lohnt sich die Technik für Massenware. Die im 3-D-Druck verwendeten Materialien sind relativ teuer und im Gegensatz zur Fertigung von Individualobjekten ist die Fertigungsdauer in der Massenproduktion deutlich höher als mit konventionellen Maschinen. Weitere Herausforderungen sind die teils begrenzte Qualität der Auflösung des Drucks und die Bruchfestigkeit der Objekte. Und obwohl auch schon Häuser mit dem 3-D-Drucker hergestellt worden sind, sind große 3-D-Drucker bisher wirtschaftlich nicht rentabel.[197] Doch mit steigenden Produktionsvolumina werden die Kosten für die Hardware sowie für die Fertigungsmaterialien fallen. Mit zunehmender Verbreitung der Drucker werden auch die Fragen zu den wenigen Risiken drängender: zum Beispiel wie man Produktpiraterie oder die Herstellung von gefährlichen Objekten wie Feuerwaffen unterbindet.

34. Blockchain und Bitcoin

Frische Pizza aus London

»Ich zahle 10 000 Bitcoins für ein paar Pizzen, vielleicht zwei große, damit ich etwas für den nächsten Tag übrig habe.« Dieses außergewöhnliche Anliegen veröffentlichte am 22. Mai 2010 Laszlo Hanyecz, ein Programmierer aus Florida, in einem Internetforum der damals noch jungen Bitcoin-Community. Bis zu diesem Zeitpunkt hatte noch nie jemand mit Bitcoin eine Transaktion in der realen Welt durchgeführt. Nach drei Tagen reagierte schließlich ein Mitglied des Internetforums aus England und bestellte mit seiner Kreditkarte zwei Pizzen bei Papa John's in Jacksonville, Florida. Kurz danach stand ein leicht verwirrter Pizzabote vor Hanyecz's Haus. »Frische Pizza«, sagte er, »aus London.« Haynecz überwies wie versprochen 10 000 Bitcoins nach England, zum damaligen Marktwert von 41 Dollar. Die Transaktion sollte in die Bitcoin-Geschichte eingehen – sie war der erste Schritt der Währung von virtuellem Geld zum echten Zahlungsmittel. Laszlo Hanyecz jedoch dürfte sich mit gemischten Gefühlen an seine Bestellung zurückerinnern. Seine 10 000 Bitcoins wären zum Zeitpunkt, da dieses Buch in den Druck geht, rund 160 Millionen Dollar wert.

Man muss Hanyecz zugutehalten, dass die spektakulären Höhenflüge, auf die sich der Kurs begeben hat, im Mai 2010 nicht einmal im Ansatz zu erahnen waren. Die Bitcoin-Community bestand zu dieser Zeit noch aus wenigen Hundert Mitgliedern und war erst 18 Monate zuvor ins Leben gerufen worden. Als Geburtsstunde von Bitcoin gilt der 31. Oktober 2008, als einige 100 Kryptografie-Interessierte über einen E-Mail-Verteiler eine Nachricht von einem Absender mit dem Pseudonym Satoshi Nakamoto erhielten: »Ich habe an einem neuen elektronischen Zahlungssystem gearbeitet, dass auf Peer-to-Peer-Basis arbeitet, ohne eine vertrauenswürdige dritte Partei«, schrieb Nakamoto und verwies auf eine Webseite, auf die er ein neunseitiges Positionspapier (*Whitepaper*) hochgeladen hatte. Darin erklärte Nakamoto, wie seine neue Währung funktioniert – ohne Server und zentrale Autorität. Zudem erläuterte er seine Motivation für die Erfindung: »Der Zentralbank muss vertraut werden, dass sie die Währung nicht entwertet, doch die Geschichte des Fiatgeldes [Anm. d. Aut.: Fiatgelder sind Zahlungsmittel, denen kein inhärenter Wert zugrunde liegt, zum Beispiel ein Geldschein] ist voll von Verrat an diesem Vertrauen. [...] Wir müssen den Banken unsere Privatsphäre anvertrauen, vertrauen, dass sie Identitätsdieben nicht die Möglichkeit geben, unsere Konten leerzuräumen. Ihre massiven Zusatzkosten machen Micropayments unmöglich.« [198]

Niemand wusste zum damaligen Zeitpunkt, wer sich hinter dem Pseudonym Satoshi Nakamoto verbirgt. Doch für die Leser von Nakamotos Papier, eine bunte Mischung aus Programmierern, Astrophysikern, IT-Beratern und sogar Science-Fiction-Autoren, spielte das zunächst keine große Rolle. Sie waren primär an neuen Ideen aus der Kryptografie interessiert. Als Nakamoto wenige Tage nach der Veröffentlichung seines Positionspapiers die Erschaffung des ersten Bitcoins verkündete, dauerte es nicht lange, bis die ersten Neugierigen seine Software testeten. Schnell erkannten die Bitcoin-Pioniere den innovativen Charakter der Währung. So entstand 2009 eine rasch wachsende Community. Sie war geprägt von einer libertären bis anarchistischen Geisteshaltung, nach der die Gesellschaft an einer schleichenden Erosion der Privatsphäre und das Individuum an einer zunehmenden Entmachtung durch zentrale Institutionen leide. Umso leichter ließ man sich von der Idee einer alternativen Währung begeistern, die sich einerseits der Kontrolle durch Staaten und Banken entzieht und andererseits verschwindend geringe Transaktionskosten hat. Mit jedem Monat nahm die Bitcoin-Bewegung mehr Fahrt auf. Doch erst die Pizza-Bestellung von Laszlo Hanyecz war der Startschuss für den Einsatz von Bitcoins als Zahlungsmittel und den späteren Aufschwung des Währungkurses.

Die Bitcoin-Blockchain

Jedes moderne Währungssystem braucht eine vertrauenswürdige Buchführung, in der die Vermögensstände und Transaktionen vermerkt sind. Das gilt für konventionelle Währungen ebenso wie für das dezentrale Bitcoin-System. Doch wie kann man sich die Buchhaltung in einem dezentralen Währungssystem überhaupt vorstellen? Paul Vigna und Michael J. Casey beantworten diese Frage in ihrem Buch *The Age of Cryptocurrency* am Beispiel eines fiktiven Dorfes: In diesem Dorf führt jede Familie ein Haushaltsbuch. Sobald eine Transaktion stattfindet, wird diese von einem der Beteiligten lautstark auf dem Dorfplatz verkündet. Daraufhin tragen alle Familien die Transaktion in ihr Haushaltsbuch ein. Ist sich die Mehrheit der Familien einig, dass die Transaktion gültig ist, so ist sie für die Gemeinschaft bindend.[199]

Ein solches System ist natürlich ineffizient, fehleranfällig und wäre bis vor Kurzem in unserer globalen Wirtschaft nicht möglich gewesen. Doch mit der Erfindung von Bitcoin ist ein technischer

Geniestreich gelungen, der die bisherigen Herausforderungen über-windet. Im Detail kann man die komplexe Technologie hinter Bit-coin nur verstehen, wenn man über gewisse Programmierkenntnisse verfügt und sich gerne in mathematische Konzepte vertieft; doch die gute Nachricht ist, dass die Grundzüge der Technologie auch weniger technikaffinen Menschen zugänglich sind.

Bitcoin ist im Kern ein Softwareprogramm, das jeder kostenfrei herunterladen kann. Das Gerät wird damit zu einem sogenannten *Knoten* im Bitcoin-Netzwerk. Der wichtigste Aspekt des Programms ist die sogenannte *Blockchain*, eine Art digitales Journal, in der alle Transaktionen vermerkt sind, die jemals getätigt worden sind. Der Name Blockchain erklärt sich dadurch, dass die Einträge in diesem Journal nicht einzeln vorgenommen werden, sondern mehrere Ein-tragungen zu einem Block zusammengefasst werden. Alle zehn Mi-nuten werden die letzten Transaktionen in einem neuen Block »ver-packt« und an die bisherige Blockchain angehängt. Da die Software die Blockchain permanent zwischen allen Knoten synchronisiert, ist der aktuelle Stand stets auf jedem Knoten abgespeichert. Wer möchte, kann einzelne Transaktionen in der Blockchain auch ein-sehen, denn jede Transaktion ist mit einem Zeitstempel versehen, sowie mit einer anonymen ID für Absender und Empfänger. Es ist sogar möglich, die Blockchain bis zum ersten aller Blöcke, dem von Satoshi Nakamoto kreierten *Genesis Block,* nachzuverfolgen. In der Blockchain abgespeicherte Einträge können dabei aber nicht mehr rückwirkend verändert werden. Doch wie wird aus der Bitcoin-Soft-ware eine Währung, mit der man Güter kaufen kann?

Hier kommt ein zweiter wichtiger Aspekt der Software zum Tra-gen: die sogenannte Wallet, eine Art elektronischer Geldbeutel, in dem der Nutzer seine Bitcoins speichert. Die Wallet lässt sich zum Beispiel auf der Webseite blockchain.info herunterladen und auf Bit-coin-Wechselbörsen wie Xapo per Sepa-Überweisung füllen. Jede Wallet hat einen sogenannten Public Key, einen Schlüssel aus 34 Zeichen. Bei einer Überweisung greift die Wallet auf den sogenann-ten Private Key zurück, eine 64 Zeichen lange Kombination aus

Zeichen- und Buchstaben, die der persönlichen Adresse zugeordnet und in der Wallet hinterlegt ist. Private und Public Key werden in einem mathematischen Verfahren miteinander kombiniert, worauf ein Befehl an die Blockchain gesendet wird, den Bitcoin-Betrag von der eigenen Adresse zur Adresse des Empfängers zu transferieren. Damit ist die Transaktion aus Sicht des Nutzers abgeschlossen. Lassen Sie mich an dieser Stelle auf das Risiko hinweisen, wenn Wallet und Private Key nur auf dem eigenen Laptop gespeichert sind und der Private Key nicht anderweitig gesichert wird (zum Beispiel über eine handschriftliche Notiz). Die Laptop-Festplatte darf dann unter keinen Umständen verloren geht, sonst sind die Bitcoins unwiderruflich weg.

Wozu in diesem Zusammenhang mangelnde Vorsicht führen, zeigt die Geschichte des Briten James Howells. Als Bitcoiner der ersten Stunde hatte er bereits im Jahr 2009 über 7500 Bitcoins, wobei ein Bitcoin damals nur wenige Cent wert war. Als Howells seinen Laptop irgendwann außer Betrieb nahm, legte er die alte Festplatte zunächst in eine Schublade. Doch bei einem großen Hausputz im Jahr 2013 landete die Festplatte schließlich samt Bitcoin-Wallet und Private Key in der Mülltonne. Kurze Zeit später schnellte der Bitcoin-Kurs in die Höhe. Zum heutigen Kurs wäre das Bitcoin-Vermögen von James Howells über 60 Millionen Euro wert.[200] Inzwischen hat der Pechvogel sogar die Stadtverwaltung seines Heimatortes Newport darum gebeten, die örtliche Müllkippe zu durchwühlen. Die Stadtverwaltung winkte zunächst ab: Zu aufwendig, zu unwahrscheinlich, die Festplatte zu finden – und ohnehin sei diese vermutlich durch das Wetter oder mechanische Einflüsse zerstört. Doch der verzweifelte Howells hat noch nicht aufgegeben. Er verspricht seiner Heimatgemeinde die Hälfte seiner Bitcoins, sollte die Festplatte gefunden werden. Ob bald Goldgräberstimmung auf der Müllhalde von Newport einzieht? Es bleibt spannend.[201]

Allein die Beschreibung der Zahlungsmodalitäten (und der damit verbundenen Risiken) klingt für viele Menschen so kompliziert, dass sie auf Bitcoins verzichten. Dabei gibt es zahlreiche Apps und

Programme, die die Handhabung von Bitcoin beziehungsweise das Verwalten einer eigenen Wallet stark erleichtern. Wer mit Kryptowährungen handeln möchte, kann sich mit wenigen Klicks auf einer der führenden Handelsplattformen wie etwa *Coinbase* mit Bitcoins eindecken. Um alle technischen Vorgänge, wie etwa die Verwaltung der Wallet, kümmert sich der Anbieter. Wer möglichst einfach Bitcoins an andere überweisen möchte, nutzt am besten eine der zahlreichen Wallet-Apps wie *Bitcoin Wallet*. Wichtig ist, dass man bei der Nutzung extern verwalteter Bitcoin-Wallets auch den Private Key der eigenen Bitcoin-Adressen aus den Händen gibt. Das birgt ein gewisses Risiko, denn sobald ein Dritter sowohl den Public als auch den Private Key einer Adresse hat, kann er auf die Bitcoins zugreifen, die auf der Adresse hinterlegt sind. Falls ich also Ihr Interesse geweckt haben sollte, nutzen Sie marktführende Wallet-Anbieter. Sie haben sehr hohe Sicherheitsstandards und genießen am Markt das höchste Vertrauen.

Bitcoin-Mining

Die vielen Teilnehmer des Bitcoin-Netzwerks halten die Integrität der Blockchain als »Journal« aufrecht. Sie stellen Rechenleistung ihrer Computer zur Verfügung, mit der Transaktionsdaten verarbeitet und zwischen den Teilnehmern synchronisiert werden. Da die Rechenleistung Strom kostet, belohnt die Bitcoinsoftware die Teilnehmer für ihren Aufwand, indem sie alle zehn Minuten 12,5 neue Bitcoins in einer Art Lotterie unter den Teilnehmern auslost. Um diesen Prozess etwas genauer zu verstehen, untersuchen wir einmal im Detail, was bei einer Überweisung von Bitcoins in technischer Hinsicht geschieht: Sobald die Überweisung aus der persönlichen Wallet des Absenders ausgelöst worden ist, wird ein Datenpaket an alle anderen Bitcoin-Knoten gesendet. Das Datenpaket enthält die Adresse des Absenders und des Empfängers, die Höhe der Transaktion, einen Zeitstempel, einen Transaktionscode und einige andere Informationen. In jedem Bitcoin-Knoten wird das eingehende Datenpaket zusammen mit allen anderen eingehenden Datenpaketen gesammelt und komprimiert – so ähnlich wie eine Datei, die »ge-zipped« (=verkleinert) wird. Gleichzeitig gilt es eine weitere technische Aufgabe zu lösen: Die komprimierten Daten müssen als neuer Block an den vorherigen Block der Blockchain gehängt werden. Daher versucht jeder Bitcoin-Knoten parallel zur Verarbeitung der eingehenden Datenpakete einen langen Code aus Zahlen und Buchstaben zu generieren, der kompatibel sein könnte zu einem Code aus dem letzten Block der Blockchain. Nun kommt die »Lotterie« ins Spiel: Nach 10 Minuten identifiziert der Bitcoin-Algorithmus einen Knoten, der den richtigen Code ermittelt hat, als »Gewinner« der Lotterie. Dadurch werden alle Transaktionen der letzten Minuten final bestätigt und komprimiert in einem neuen Block ans Ende der bisherigen Blockchain gehängt. Als Belohnung erhält der Gewinner einen Teil der 12,5 Bitcoins; andere Teilnehmer der Lotterie erhalten teils kleinere Anteile.

Die Anzahl Bitcoins, die ein Netzwerkteilnehmer gewinnen kann, indem er seine Rechenleistung zur Verfügung stellt, ist kurzfristig durch einen Zufallsmechanismus bestimmt, der hier vereinfacht als »Lotterie« umschrieben wurde. Gleichzeitig gilt aber auch: Je mehr Rechenleistung ein Teilnehmer dem Netzwerk zur Verfügung stellt, desto höher die Wahrscheinlichkeit, in der Lotterie erfolgreich zu sein. Langfristig sind Gewinne dementsprechend gut planbar. Es überrascht daher nicht, dass sich in den letzten Jahren ein großer Wettbewerb um diese lukrative Tätigkeit entwickelt hat. Man spricht in diesem Zusammenhang von *Bitcoin-Mining* oder vom *Schürfen* von Bitcoins, da ein Bitcoin-Miner mit der eigenen Rechenkapazität wie in einer virtuellen Mine virtuelles Gold/Geld schürfen kann. Je mehr Rechenkraft ein *Miner* zur Verfügung stellt, desto höher die Verdienstmöglichkeiten. Als Konsequenz ist Bitcoin-Mining mit der Rechenkraft konventioneller Computer heutzutage kaum noch möglich. Stattdessen benötigt man als *Miner* superschnelle Grafikkarten, die den traditionellen Computerprozessoren bei der Rechenarbeit haushoch überlegen sind. So erklärt sich, dass bisher mehr als eine Milliarde US-Dollar in den Bau sogenannter *Bitcoin-Mining-Riggs* investiert wurden, teils ganze Hallen, in denen Grafikkarten kontinuierlich rechnen – und dabei enorm viel Strom verbrauchen. Jüngste Schätzungen gehen davon aus, dass Bitcoin-Mining am Tag mehr Energie verbraucht als Ecuador – immerhin ein Staat mit mehr als 17 Millionen Einwohnern.[202] Umweltschützer kritisieren Bitcoin folglich als ökologisch wenig nachhaltiges Konzept. Mit der Zeit könnte Bitcoin-Mining allerdings an Attraktivität verlieren. Die Zahl schürfbarer Bitcoins halbiert sich alle vier Jahre, sodass die maximale Anzahl an Bitcoins auf 21 Millionen limitiert ist. Der letzte Bitcoin wird im Jahr 2130 geschürft werden. Dann wird man den Teilnehmern des Netzwerks andere Anreize bieten müssen, zum Beispiel, indem man ihnen Rechenkapazität zur Verfügung stellt.

Risikowette Bitcoin, Erfolgskonzept Blockchain

Kurssprünge von 2000 Prozent? Der Weg zum schnellen Geld? Bitcoins haben die Fantasie der Anleger auf der ganzen Welt beflügelt. Die Gewinnmöglichkeiten scheinen fantastisch: Anfang September 2015 war ein Bitcoin 230 Dollar wert. Etwas über zwei Jahre später, im Dezember 2017, hatte der Kurs ein Allzeithoch von 19 843 Dollar erreicht. Zum Zeitpunkt, da dieses Buch in den Druck geht, ist der Kurs wieder auf circa 11 000 Dollar gefallen. Wer solche Wertschwankungen sieht, erkennt schnell: Bitcoin ist weit entfernt von einem stabilen Währungssystem. In der Tat hat Bitcoin in den letzten Jahren vor allem das Interesse von Spekulanten geweckt. Vielen Anhängern aus den Anfangszeiten von Bitcoin ist der Run der Privatanleger auf die Digitalwährung ein Dorn im Auge. Sie befürchten Spekulationsblasen, ähnlich wie viele Finanzexperten aus der traditionellen Bankenwelt, die die Digitalwährung komplett ablehnen. So bezeichnete der Chef der amerikanischen Großbank JPMorgan Chase, Jamie Dimon, die Währung im September 2017 als »Betrug«. Bitcoin sei »schlimmer als die holländische Spekulationsmanie um Tulpenzwiebeln, die dort im 17. Jahrhundert grassierte.«[203] Auch Jordan Belfort, besser bekannt als der »Wolf of Wall Street«, äußerte sich skeptisch: »Früher oder später wird eine Zentralbank oder ein Zusammenschluss eine eigene Kryptowährung veröffentlichen und diese wird sich halten.«[204] Lloyd Blankfein hingegen, Chef der Großbank Goldmann Sachs, wies darauf hin, dass es auch Skepsis gegeben habe, »als Papiergeld Gold als Zahlungsmittel verdrängte«. Und James Gorman, CEO des Wettbewerbers Morgan Stanley gab sich überzeugt, Bitcoin sei »mehr als nur eine Modeerscheinung«.[205] Auch von den Finanzbehörden rund um die Welt gehen unterschiedliche Signale aus: Während in China der Bitcoin-Handel an den großen einheimischen Handelsplattformen verboten wurde, gilt Bitcoin in Japan als legales offizielles Zahlungsmittel, für das der japanische Staat 2017 ein volles regulatorisches Rahmenwerk entwickelt hat. In der EU und in den USA ist Bitcoin zwar als legales Zahlungsmittel akzeptiert, doch viele regulatorische Fragen sind noch ungeklärt. Für Privatanleger sollten die Unwägbarkeiten nur eine Schlussfolgerung zulassen: besser nur so viel in Bitcoin investieren, wie man zu verlieren bereit ist.

Anders als beim Bitcoin sagen fast alle Experten der Blockchain-Technologie eine goldene Zukunft voraus. Die Grundidee der Blockchain – eine transparente dezentrale Datenbank, die weder gehackt noch manipuliert werden kann – ist auf alle möglichen Bereiche übertragbar. Der naheliegendste sind andere Kryptowährungen. Kein ökonomisches Gesetz dieser Welt schreibt vor, dass eine Kryptowährung – wie im Fall von Bitcoin – ein Geldmenge von 21 Millionen Währungseinheiten haben muss, die bis zum Jahr 2130 in Abständen von zehn Minuten ausgeschüttet werden. Daher sind mittlerweile über 1000 alternative Kyptowährungen entstanden, sogenannte *Altcoins* (kurz für *alternative coins*), die sich im Vergleich zu Bitcoin verschiedene Vorteile auf die Fahne schreiben. Dazu zählen ein geringerer Bedarf an Rechenkapazität zum »Schürfen« der Währung, schnellere Bestätigung von Transaktionen oder bessere Anwendbarkeit für andere Zwecke als Währungsgeschäfte. Die wichtigste Altcoin, mit der zweithöchsten Marktkapitalisierung hinter Bitcoin, ist die Währung *Ethereum*. Ihr Wert ist 2017 explodiert, da sich die Blockchain-Technologie hinter Ethereum als leistungsstarke Plattform für zahlreiche weitere Anwendungen erwiesen hat, insbesondere für sogenannte *Smart Contracts*. Dies sind in der Blockchain manifestierte Verträge oder Regelwerke, mit denen unter anderem Finanzgeschäfte, elektronische Wahlen oder Crowdfunding-Aktionen durchgeführt werden können. Andere beliebte Altcoins sind die Währung *Litecoin*, bei der alle 2,5 Minuten neue Blöcke erzeugt werden, oder die Währung *Ripple*, eine Art »Bitcoin für Banken«, mit dem vor allem Währungsgeschäfte getätigt werden.

Die Blockchain ermöglicht nicht nur die Erschaffung von Kryptowährungen und Smart Contracts, sondern könnte auch einen Ausweg aus der zunehmenden Abhängigkeit von Cloud-Diensten und der damit einhergehenden Abwanderung privater Daten ins Netz bieten. Über die Blockchain kann Rechenkapazität und Speicherplatz in dezentralen Netzwerken verwaltet werden. So kann die Blockchain helfen, private Daten wie etwa Gesundheitsdaten besser zu schützen. Alles in allem kann man nicht genug betonen, welch disruptiven Charakter Blockchain-Anwendungen haben werden.

Satoshi Nakamoto

Bleibt nur noch zu klären, wer eigentlich der geistige Vater der Bitcoin- und Blockchain-Technologie ist: Wer verbirgt sich hinter dem Pseudonym Satoshi Nakamoto? Diese Frage war lange ein Rätsel. Anfangs war Nakamoto über verschlüsselte E-Mails beim Aufbau der technischen Infrastruktur von Bitcoin noch rege involviert, blieb jedoch anonym. Im Jahr 2011 übertrug er schließlich die Verantwortung für die Weiterentwicklung der Technologie an andere Software-Entwickler. Am 23. April 2011 verschickte er seine letzte Nachricht.

In den folgenden Jahren wurde um Nakamotos Identität wild spekuliert. Es war nicht einmal bekannt, ob sich hinter dem Pseudonym eine Einzelperson oder eine Gruppe verbirgt. Nakamotos

Enttarnung wurde mit der Zeit zum Ziel zahlreicher investigativer Journalisten. Bis im Dezember 2016 Journalisten von *Wired* und *Gizmodo* unabhängig voneinander Recherchen veröffentlichten, die den damals 45-jährigen australischen Programmierer und Unternehmer Craig Wright als Satoshi Nakamoto identifizierten. Im Mai 2016 bestätigte Wright gegenüber verschiedenen Medien, dass er tatsächlich Nakamoto sei. Zum Beweis zeigte er verschiedene kryptografische Schlüssel, mit denen ein Teil der ersten Bitcoins erschaffen worden war.[206] Viel deutet also darauf hin, dass Wright tatsächlich Nakamoto ist. Doch viele Bitcoin-Experten forderten weitere Beweise, die zu erbringen Wright nicht mehr gewillt war, da er sich am Misstrauen der Skeptiker und am großen Medienrummel störte. Und so wird das Rätsel um Satoshi Nakamoto wahrscheinlich nie zweifelsfrei gelöst werden.

35. Künstliche Intelligenz

Was ist künstliche Intelligenz?

Die vermeintlich triviale Frage, wann man eine künstliche Intelligenz (KI) als solche bezeichnet, ist aus zwei Gründen nicht einfach zu beantworten. Erstens gibt es keine allgemeingültige Definition von Intelligenz und zweitens hat KI zumindest in der heutigen Zeit noch relativ wenig mit menschlicher Intelligenz gemein.[207] John McCarthy, einer der Gründerväter der KI-Forschung, definierte sie 1955 wie folgt: »Eine Maschine ist dann intelligent, wenn sie etwas tut, für das man beim Menschen Intelligenz voraussetzen würde.«[208] Mehr als 60 Jahre später hat sich das Verständnis von KI nicht groß geändert – KI steht für Computersysteme, die menschliche Intelligenz nachahmen. Diese Begriffsauslegung ist allerdings sehr vage und daher nicht unproblematisch. Ein Taschenrechner kann Rechenaufgaben deutlich schneller lösen als der Mensch, dennoch würden wir nicht auf die Idee kommen, Taschenrechnern KI zuzuschreiben. Selbst bei sogenannten »smarten« Geräten (zum Beispiel selbstständiger Heizungssteuerung) wäre die Bezeichnung »KI« nicht unbedingt gerechtfertigt; meist arbeiten sie einfach nur hoch spezialisierte Programmbefehle ab.[209] Was aber unterscheidet clever programmierte Software von KI?

Die wichtigsten Anforderungskriterien an eine KI sind die Fähigkeit, abstrakte Probleme zu lösen, zu lernen, sowie mit Unsicherheit und Wahrscheinlichkeiten umzugehen. Viele Computerprogramme weisen diese Fähigkeiten mittlerweile auf. Allerdings sind diese KIs immer nur auf bestimmte Anwendungsbereiche beschränkt, zum Beispiel das Erkennen von Gesichtern auf Bildern oder das Übersetzen von Texten. Bei den bisher existierenden KIs spricht man daher auch von *schwachen KIs (weak Artificial Intelligence/AI)*. Eine *starke KI (strong Artificial Intelligence/AI)* hingegen wäre zu allen Leistungen fähig, die das menschliche Hirn erbringen kann. Solch eine Intelligenz müsste über Bewusstsein, Umweltempfinden und Gefühle verfügen – oder diese wesentlichen Charakteristika menschlicher Intelligenz zumindest glaubhaft simulieren können. Von der Existenz einer starken KI sind wir noch weit entfernt. Wann es so weit ist und ob die Entwicklung einer starken KI überhaupt möglich ist, darüber sind sich die Experten nicht einig.

Angesichts des heutigen Entwicklungsstadiums von KI kann es schnell irreführend sein, künstliche und echte biologische Intelligenz direkt miteinander zu vergleichen. KI ist immer noch vornehmlich eine Disziplin der Informatik, deren Referenz zum menschlichen Organismus in vieler Hinsicht metaphorisch ist. Anders gesagt: Siri ist kein verstecktes Superhirn in unserem Smartphone. Siri ist eine Software, die aus der Cloud auf die Rechenkraft von ganzen Serverfarmen zugreift, um auf ein eingeschränktes Spektrum an Fragen sinnvolle Antworten geben zu können. Um begreiflich zu machen, »wie der konstruierte Zusammenhang zwischen maschineller und menschlicher Intelligenz unser Verständnis dieser wichtigen Technologie eintrübt«, führt der amerikanische Autor und KI-Experte Jerry Kaplan die Luftfahrt als Beispiel auf: »stellen Sie sich vor, welch Verwirrung und Kontroverse es [...] gegeben hätte, wenn Flugzeuge von Anfang an als >künstliche Vögel< beschrieben worden wären. Vermutlich, so Kaplan weiter, hätte es philosophische Debatten darüber gegeben, »ob man bei Flugzeugen wirklich davon sprechen kann, dass sie wie Vögel fliegen können, oder ob sie das Fliegen nur simulieren.«[210]

Meilensteine künstlicher Intelligenz

Im Sommer 1956 organisierte der bereits erwähnte IT-Pionier John McCarthy in Dartmouth, New Hampshire, USA, eine Konferenz mit führenden Informatikern. In einem Antrag für Fördermittel nutzte er erstmals den Begriff *Artificial Intelligence*. Ein Schwerpunkt der zweimonatigen Konferenz waren »intelligente« Computersysteme, die mehr können als rechnen – zum Beispiel Texte analysieren oder Spiele spielen. Die *Dartmouth Conference* gilt deshalb heute als Geburtsstunde für das Feld der KI.

Die ersten kleineren Erfolge verzeichnete die Disziplin in den 60er-Jahren, unter anderem mit simplen Chat-Bots, Strategiespielen wie Schach und Dame oder in der Robotik. In den 70er-Jahren half KI-Software erstmals bei der Diagnose von Infektionskrankheiten. Von den 70er- bis zu den 90er-Jahren wurden zwar viele wichtige KI-Softwareverfahren entwickelt, deren Anwendbarkeit aber durch die hohen Leistungsanforderungen an die Hardware begrenzt war. Aufgrund der zähen Fortschritte der KI-Domain wird diese Zeitspanne auch als *KI-Winter* bezeichnet.[211]

Mit der stetig steigenden Rechenleistung von Computern gelangen seit Mitte der 90er-Jahre merkliche Fortschritte. Einige davon machten weltweit Schlagzeilen: Den Anfang machte IBMs Schachcomputer Deep Blue 1997 mit seinem sensationellen Triumph über den damaligen Schachweltmeister Garri Kasparow. Kasparow, siegessicher in das Duell gegangen, war von seiner Niederlage so schockiert, dass er sogar Betrug witterte. Entscheidend für den Erfolg von Deep Blue war aber wohl eher die Tatsache, dass der Hochleistungscomputer 200 Millionen Spielsituationen pro Sekunde bewerten konnte. Ein nächster großer Erfolg ereignete sich im Jahr 2005, als autonome Fahrzeuge im Rahmen der sogenannten *Darpa Challenge* erstmals eine vorgegebene Strecke von 213 Kilometer Länge bewältigten. Im Vorjahr waren bei diesem Wettbewerb des US-Verteidigungsministeriums noch alle Fahrzeuge kläglich auf den ersten Kilometern gescheitert. Im Jahr 2011 wurde ein weiterer Meilenstein bewältigt, als sich IBMs Supercomputer »Watson« in der TV-Quizsendung *Jeopardy* gegen zwei Quiz-Champions durchsetzte. Watson konnte während der Sendung auf einen Wissensfundus von 2800 parallel geschalteten Computern zurückgreifen und verblüffte mit der Fähigkeit, auch verzwickte und ironische Fragen beantworten zu können. »Ich heiße unsere neuen Computer-Herrscher willkommen«, witzelte einer der unterlegenen Kontrahenten am Ende der Sendung.[212] Im Jahr 2016 schließlich besiegte Googles Software AlphaGo Lee Sedol, den Weltmeister des japanischen Brettspiels Go. Das Spiel ist um ein Vielfaches komplexer als Schach – es gibt mehr mögliche Spielkombinationen auf dem Brett als Atome im Universum. Dies hat zur Folge, dass keine Software alle möglichen Anschlusszüge von einer bestimmten Go-Position durchrechnen kann. Der Sieg von AlphaGo lieferte endgültig den Beweis für die erfolgreiche Entwicklung schwacher KIs: Die Software hatte sich in zahlreichen Testspielen selbst trainiert und ohne Zutun der Programmierer dazugelernt. Wie sich beim Duell mit Lee Sedol herausstellte, wendete AlphaGo sogar unkonventionelle Spielzüge an, die zunächst sinnlos erschienen.[213]

Der nächste große Meilenstein – gewissermaßen der heilige Gral der KI-Forschung – wird die Erschaffung einer starken KI sein. Um zu überprüfen, ob eine Maschine das hierfür vorausgesetzte, intelligente Verhalten an den Tag legt, wurden in der Vergangenheit verschiedene Tests entworfen. Der älteste und bekannteste ist der sogenannte *Turing-Test*. Er wurde bereits 1950 vom Britischen Weltkriegshelden Alan Turing entwickelt, der während des Kriegs maßgeblich dazu beigetragen hatte, das System der deutschen Funkverschlüsselungsmaschine Enigma zu dechiffrieren. Beim Turing-Test

kommuniziert eine Testperson via Computer mit zwei Gesprächs-
partnern. Der eine Partner ist ein Mensch, der andere ein Chatbot,
der versucht, sich als Mensch auszugeben. Wenn es der Testperson
nicht gelingt, herauszufinden, welcher der beiden Gesprächspartner
der Chatbot ist, dann gilt der Turing-Test als bestanden. Bisher hat
noch kein Computer den Turing-Test bestanden. Weiterentwickelte
Versionen des Turing-Tests sind unter anderem der *Loebner-Test,* bei
dem eine KI auch Multimediainhalte wie Musik oder Videos verarbeiten muss oder der *Metzinger-Test,* bei dem eine KI mit eigenen Ar-
gumenten in die Diskussion um künstliches Bewusstsein eingreifen
muss. Wann je eine KI eine Variante des Turing-Tests bestehen wird,
ist ungewiss. Die optimistischste Prognose stammt von Ray Kurzweil, der seit Jahren sagt, dass der Turing-Test bis Ende 2029 erfolgreich gemeistert wird.[214] Vom Turing-Test zu unterscheiden ist im
Übrigen das häufig zur Spam-Abwehr verwendete *CAPTCHA*-Ver-
fahren, ausgeschrieben *Completely Automated Public Turing test to tell
Computers and Humans Apart.* Das Verfahren leitet seinen Namen
zwar von Turing ab, es handelt sich aber nur um einen spezifischen
Test zur Unterscheidung von Maschinen und Menschen.

Machine Learning als Grundlage für heutige KIs

Versuchen wir noch einmal genauer zu verstehen, warum die Disziplin erst in den letzten 10–20 Jahren einen Boom erfahren hat. Dazu
hilft es, sich zunächst einmal die Unterschiede zwischen herkömm-
licher Software und KI vor Augen zu führen. Erstere basiert meist
auf klaren logischen Prinzipien, zum Beispiel »Wenn-dann-Regeln«
im Sinne von: »Wenn der Patient Muscheln gegessen hat und Stunden später unter starker Übelkeit und Fieber leidet, aber weder Hals-
schmerzen hat noch eine laufende Nase, dann ist die Wahrscheinlichkeit größer, dass er unter einer Lebensmittelvergiftung leidet als
unter einer fiebrigen Erkältung.« Solche Regelsysteme sind aber
nur bedingt geeignet, um Sprachkommandos zu verstehen, Texte
zu übersetzen oder Hunde auf Fotos zu identifizieren.[215] Hierzu be-

nötigt es lernende Systeme, die mit Beispielen trainiert werden und Muster und Gesetzmäßigkeiten in den Lerndaten erkennen. Darauf basierend kann die Software Verallgemeinerungen treffen und per Lerntransfer auch unbekannte Daten beurteilen. Der Oberbegriff für solche Vorgänge lautet *Machine Learning* (maschinelles Lernen). Dieses Verfahren begründet ganz wesentlich den heutigen KI-Boom.

Machine Learning basiert auf großen Mengen an Trainingsdaten, für deren Verarbeitung man extrem leistungsfähige Computer benötigt. Beide Voraussetzungen waren in den Anfangszeiten des Machine Learnings in den 80er-Jahren nicht gegeben. Im Zeitalter von Big Data und Cloud Computing sind die Limitationen dagegen entfallen: Heute gibt es große Datenmengen, mit denen sich die Lernalgorithmen »trainieren« lassen. Zudem hat die Schnelligkeit der Datenverarbeitung einen Sprung gemacht, seit Grafikprozessoren (GPUs) aus der Cloud für Machine Learning angewendet werden.

Neuronale Netze und Deep Learning

Machine Learning ist ein breites Feld, das sich in verschiedene Arten des Lernens unterteilen lässt. Besonders wichtig ist das Lernen mittels künstlicher *neuronaler Netze*. Das sind Softwareprogramme, die die Funktionsweise des Gehirns nachahmen. Wenn heute die Rede von künstlicher Intelligenz ist, sind meistens neuronale Netze gemeint.

Starten wir mit einem Blick in unser Gehirn: Das Gehirn hat circa 86 Milliarden Nervenzellen, *Neuronen*, die über zahlreiche Verbindungen, *Synapsen*, mit anderen Nervenzellen im Informationsaustausch stehen. Die Informationsverarbeitung erfolgt primär über elektrische Impulse. Wird eine Zelle elektrisch stimuliert, sendet sie einen elektrischen Impuls über die Synapsen zu den nachgeschalteten Nervenzellen. Überschreitet bei der nachgeschalteten Nervenzelle die Summe aller eingehenden elektrischen Impulse einen gewissen Schwellenwert, geben diese den Impuls weiter. Diese Art der Datenverarbeitung kann man durch ein Programm simulieren, in dem virtuelle Neuronen in mehreren Schichten hintereinander gereiht sind. Jedes Neuron ist mit allen Neuronen der nachfolgenden Schicht verbunden. Über jede Verbindung können Signale weitergeleitet werden, wobei einzelnen Verbindungen eine unterschiedliche »Gewichtung« zugeteilt werden kann.[216]

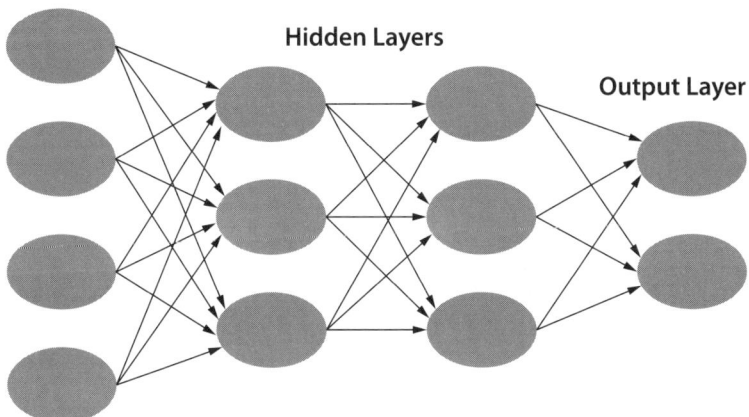

Input Layer

Hidden Layers

Output Layer

Ausgehende Impulse werden dadurch entweder verstärkt oder abgeschwächt. Die Neuronen der nachfolgenden Schicht leiten Signale nur weiter, wenn die Signalstärke aller eingehenden Impulse einen gewissen Schwellenwert überschreitet. Diesen kann man ebenfalls frei bestimmen.

Der Lernprozess in diesem neuronalen Netz funktioniert so: Zunächst einmal wird das Computerprogramm mit großen Mengen Trainingsdaten gefüttert, zum Beispiel Tausenden Fotos, die mit den *Meta-Tags* »Hund« oder »kein Hund« markiert sind. Jede Schicht des neuronalen Netzes wird darin »trainiert«, unterschiedliche Strukturen und Muster eines Fotos zu analysieren. Wird nun nach Abschluss des Trainingsvorgangs ein nicht markiertes Hundefoto in das Netz eingespielt, wertet jedes Neuron der ersten Schicht (der sogenannte *Input Layer*) jeweils ein Pixel des Fotos aus und misst die Helligkeitswerte der Pixel. Die nächste Schicht registriert, welche Pixel sich zu Linien verbinden lassen, woraufhin die darauffolgende zwischen horizontalen und vertikalen Linien unterscheidet. Jede neue Schicht analysiert komplexere Muster und Strukturen des Fotos. Dieser Prozess geht so weiter, bis in den tieferen Schichten die ersten Körperteile des Hundes, zum Beispiel Beine und Schwanz, erkannt werden. Schließlich wird von der letzten Schicht des neuronalen Netzes (dem sogenannten *Output Layer*) das Ergebnis »Hund« festgelegt. Bei anderen Bildern, die man ins Programm einspielt, kann der Analyseprozess auch weniger komplex ausfallen. Zeigt man dem Netz etwa das Bild eines blauen Himmels, würde die zweite Neuronenschicht keine Linien erkennen – die Entscheidung des Programms für »kein Hund« wäre einfach. Liefert die Software bei bestimmten Fotos falsche Ergebnisse, ändern die Programmierer die Verbindungsstärke der simulierten Neuronenverbindungen und wiederholen den Trainingsvorgang. Man nennt diesen iterativen Prozess auch *überwachtes Lernen*, da ein Mensch die Maschine trainiert. Der Prozess dauert im Idealfall so lange, bis alle Beispiele richtig berechnet werden und das Programm ein präzises Set an Eigenschaften für Hunde erzeugt hat.

Dieser Vorgang wird auch *Deep Learning* genannt, da das beschriebene neuronale Netz über viele Schichten verfügt – ganz im Gegensatz zu den ersten neuronalen Netzen aus der Vergangenheit, die mangels verfügbarer Rechenleistung nur aus zwei bis drei Schichten aufgebaut waren. Die heutigen Deep-Learning-Systeme haben teils Milliarden virtueller Neuronen, die in zig Schichten gestapelt sind. Damit können sich Maschinen Fähigkeiten wie Sehen, Hören, Sprechen, Lesen und Schreiben aneignen. Besonders faszinierend am Deep Learning sind Programme wie Alpha Go, die sich auch ohne menschliche »Trainer« verbessern können. Bei diesem sogenannten *unüberwachten Lernen* verändert das Programm selbstständig die Gewichtungen zwischen den Neuronenverbindungen. Die Entwickler können dann nur noch eingeschränkt nachvollziehen, was genau innerhalb des neuronalen Netzes vor sich geht: Die KI macht sich in begrenztem Umfang selbstständig.

Anwendungsgebiete künstlicher Intelligenz

Künstliche Intelligenz ist ein großes Forschungsfeld mit einer ganzen Reihe an Unterdisziplinen. Bei dem oben geschilderten Beispiel eines neuronalen Netzes, das Hundefotos erkennt, handelt es sich beispielsweise um das Anwendungsfeld *Computer Vision* beziehungsweise Bilderkennung. Computer-Vision-Programme zielen darauf ab, Objekte in Fotos und Videoaufnahmen zu entdecken, sie zu vermessen oder zu klassifizieren, und anhand dieser Ergebnisse Entscheidungen zu treffen. Wer ein neues iPhone hat, kann das Potenzial dieser Technologie in der eigenen Fotobibliothek bestaunen. Über Computer-Vision-Software werden Gesichter einzelner Personen in der Fotobibliothek automatisch erkannt und Fotos der erfassten Personen in individuellen Ordnern angezeigt. Auch in industriellen Umgebungen werden Computer-Vision-Programme eingesetzt, unter anderem um Qualitätskontrollen durchzuführen oder Roboter in einer bestimmten Position auszurichten. Dass Computer Vision den Fähigkeiten des menschlichen Auges in mancher Hinsicht sogar überlegen ist, zeigt sich bei autonomen Fahrzeugen. Die Software kann zusätzlich zu herkömmlichen Kamerabildern auch Infrarotbilder und reflektierte Radarwellen auswerten.

Biometrik ist ein weiteres Anwendungsfeld für künstliche Intelligenz. Hier geht es darum, eine Person anhand individueller biologischer Eigenschaften, wie etwa dem Profil des Gesichts oder dem Herzrhythmus, zu erkennen. Die kanadische Firma *Bionym* ermöglicht beispielsweise eine persönliche Authentifizierung durch ein Armband, mit dem der Herzschlag gemessen und das individuelle Profil des Nutzers erkannt wird.[217]

Relativ weit fortgeschritten ist der Bereich *Spracherkennung*. Vor wenigen Jahren noch waren die Variabilität der menschlichen Aussprache oder Hintergrundgeräusche große Herausforderungen für

Spracherkennungssoftware. Zudem musste die Software intensiv auf die Sprechweise eines neuen Nutzers geschult werden. Dank Machine Learning und einem großen Schatz an Trainingsdaten konnten jedoch erhebliche Fortschritte erzielt werden. Die Erkennungsrate der marktführenden Software *Dragon* liegt bei bis zu 98 Prozent.[218]

Nicht gleichzusetzen mit der Spracherkennung ist das sogenannte *Natural Language Processing (NLP)*. Dabei geht es um die Interpretation der Bedeutung von Text und Sprache. Ein gutes Beispiel ist Übersetzungssoftware. Lange sind die Bemühungen um gute Übersetzungssoftware daran gescheitert, dass die Programmierer Sprache in ein Regelkorsett zwängen und dem Computer Grammatikregeln beibringen wollten. Sätze wurden zunächst in ihre Bestandteile zerlegt und dann Wort für Wort übersetzt. Das Ergebnis waren hölzerne und fehlerhafte Satzkonstruktionen. Google hat schließlich für seine Übersetzungssoftware *Google Translate* einen Machine-Learning-Ansatz gewählt und sein Programm mit Millionen von Übersetzungstexten trainiert (s. Kapitel 30, Big Data). Bei diesem Ansatz werden nicht mehr nur Satzfragmente, sondern der gesamte Satz auf seine Bedeutung hin untersucht.[219]

Wo Sprache interpretiert wird, ist oft auch eine Antwort gefordert. An dieser Stelle kommen *Natural-Language-Generation*-Anwendungen *(NLG)* ins Spiel. Das sind KI-Programme, die auf Basis von strukturierten Daten einen Text schreiben oder, wie Siri, mit dem Nutzer sprechen können. Die Firma *Narrative Science* zum Beispiel verfasst mit ihrer Software leicht verständliche Unternehmensberichte, die aus Finanzdaten und anderen Datenquellen automatisiert erstellt werden.[220]

Sentiment Detection erweitert den Anwendungsbereich künstlicher Intelligenz auf die Erkennung menschlicher Gefühle in Text und Sprache. Gerade im Bereich Kundenservice gibt es immer mehr Anbieter, die sich darauf spezialisiert haben, den Servicemitarbeitern über ihre Software Live-Informationen zum Gefühlszustand des Anrufers anzuzeigen – inklusive Vorschlägen, wie man am besten auf den jeweiligen Gefühlszustand reagieren kann. Hinter solchen Vorschlägen steht wiederum eine spezielle Form von KI-Programmen, sogenannte *Recommendation Engines*, die datenbasierte Empfehlungen geben. Eine alternative Recommendation Engine verbirgt sich beispielsweise hinter der Software der Firma Zendrive, die Smartphone-Sensordaten von Autofahrern auswertet und den Fahrern Anpassungen ihres Fahrverhaltens vorschlägt.

Die Königsdisziplin künstlicher Intelligenz ist in vieler Hinsicht die Robotik. Forscher wetteifern darum, wer die menschlichsten Roboter entwickelt. Fortschrittliche Modelle müssen sich in unbekannten Umgebungen zurechtfinden können und fähig sein, zu lernen, zu planen und Entscheidungen zu treffen. Die Software menschenähnlicher Robotern muss daher möglichst viele der bisher geschilderten Disziplinen künstlicher Intelligenz beherrschen. Aber dazu kommen wir später.

Roadmap zur Superintelligenz

Wie bisher klar geworden sein sollte, sind KI-Anwendungen noch fragmentiert, doch in den nächsten zwei Dekaden werden wir KIs erleben, die ein deutlich breiteres Aufgabenspektrum abdecken können. Wie immer sind es vor allem die wirtschaftlichen Aussichten, die den technischen Fortschritt antreiben: So schätzt die Unternehmensberatung McKinsey, dass selbstlernende Computer und intelligente Roboter allein in Deutschland bis zum Jahr 2030 eine wirtschaftliche Wertschöpfung von 160 Milliarden Euro generieren werden. [221] In Deutschland und rund um die Welt arbeiten folglich Heerscharen an Forschern daran, die technischen Voraussetzungen zur Erschaffung noch fähigerer KIs zu legen.

Zwei der spannendsten Forschungsvorhaben sind das *Human Brain Projekt*, das die Europäische Kommission ins Leben gerufen hat und die *Brain Initiative*, die von der Obama-Administration in den USA gestartet wurde. Beide Projekte verfolgen ähnliche Absichten. Beim Human Brain Projekt arbeiten über 100 europäische Forschungseinrichtungen an dem gemeinsamen Ziel, das gesamte Wissen über das menschliche Gehirn zusammenfassen und das Gehirn über computerbasierte Modelle nachzubilden. Die Herausforderung der Wissenschaftler ist gewaltig, wie einige ausgewählte Daten verdeutlichen: Das Gehirn verfügt in etwa über 100 Milliarden Neuronen mit jeweils durchschnittlich 1000 Synapsen. Daraus ergeben sich in etwa 100 Billionen synaptische Verbindungen im Gehirn. Wissenschaftler schätzen, dass aufgrund der parallelen Datenverarbeitung des Gehirns bis zu 10 Billiarden (10^{16}) analoge Rechenoperationen pro Sekunde stattfinden (als Zahl: 10 000 000 000 000 000). Zwar schafft der schnellste Supercomputer der Welt, *Sunway Taihu-Light*, im National Supercomputing Center in Wuxi, China, sogar 93 Billiarden digitale Rechenoperationen pro Sekunde – also neunmal mehr als das Gehirn.[222] Doch dabei verbraucht der Computer 15 Gigawatt elektrischer Leistung – ungefähr so viel wie eine Kleinstadt mit 20 000 Einwohnern in Deutschland – und ist viel weniger komplex verschaltet als die Neuronen im Gehirn. Um die Komplexität unseres Gehirns mit der bestehenden Hardwarestruktur nachzuahmen, benötigt man Supercomputer im Exabyte-Bereich, die über eine Trillion Rechenoperationen pro Sekunde durchführen können. Eine so hohe Geschwindigkeit ist kaum noch in Zahlen fassbar, doch vermutlich werden Computer auch diese Rechenleistung in den nächsten Jahren erreichen.

Zweifler führen in diesem Zusammenhang gerne das Argument an, dass Moore's Law, das die exponentielle Entwicklung der Rechenleistung von Computerchips beschreibt, bald nicht mehr gültig sein wird. Sie behaupten zu Recht, dass die Miniaturisierung von Computerchips in den nächsten zehn Jahren an eine natürliche Grenze stößt, da sich die Dimension der Schaltkreise der Größe weniger Atome annähert. Doch neue Technologien, mit denen weitere Steigerungen der Rechengeschwindigkeit erreicht werden können, werden bereits erforscht. Eine solche Innovation sind zum Beispiel dreidimensionale Computerchips. Im Gegensatz zu konventionellen Computerchips sind die Transistoren in dreidimensionalen Chips nicht in einer einzelnen, flachen Schicht angeordnet, sondern in mehreren Lagen übereinandergestapelt. Die Verbindungen innerhalb eines Computerchips werden dadurch kürzer und die Datenverarbeitung erheblich schneller. Eine andere Innovation ist die Verwendung von Nanoröhren, zylinderartige Strukturen aus Kohlenstoffatomen, als Basiskomponente von Computerchips. Nanoröhren leiten Elektronen deutlich schneller als siliziumbasierte Transistoren, sodass Daten besser prozessiert werden. Ein radikal neuer technologischer Ansatz sind auch sogenannte *neuromorphe* Computerchips, die nach dem Vorbild von Neuronen im Gehirn konstruiert sind. Jedes künstliche Neuron ist aus dreihundert winzigen Transistoren zusammengebaut und kann alle wichtigen Fähigkeiten seines biologischen Vorbilds simulieren. Das System arbeitet hochgradig parallelisiert; es gibt keine zentrale Steuerung mehr und auch keine Trennung zwischen Hardware und Software. Die immensen Vorteile dieser Technologie zeigen sich zum Beispiel, wenn man menschliche Lernprozesse simulieren möchte. Mit konventionellen Hochleistungsrechnern ist dies fast unmöglich, denn die Simulation mehrerer Sekunden Hirnaktivität kann einige Stunden oder Tage dauern. Der Prozess ist hundert- bis tausendfach langsamer als in der Biologie.[223] Neuromorphe Hardware hingegen arbeitet aufgrund der Parallelisierung aller Rechenprozesse 10 000-mal schneller als unser Gehirn und benötigt dabei deutlich weniger Energie als konventionelle Rechner.[224] [225] All die beschriebenen Technologien stehen im Moment noch am Anfang ihrer Entwicklung, mittelfristig könnten sie aber der Schlüssel zur künstlichen Superintelligenz sein.

Philosophische Aspekte von KI

Angenommen, die Entwicklung der Computerhardware führt dazu, dass menschliche Intelligenz tatsächlich (annähernd) exakt simulierbar ist. Dann stellen sich automatisch ethisch-philosophische Fragen: Kann ein Computer wirklich denken? Kann er einen freien Willen haben? Ein Bewusstsein? Gefühle?

John Searle, Philosophieprofessor an der Universität Berkeley, hat sich in der Debatte dieser Fragen einen Namen gemacht. Er argumentiert, dass Computer nicht denken können, da sie nichts anderes machen, als Symbole zu verarbeiten – Nullen und Einsen. Beim Menschen hingegen seien die inneren mentalen Zustände immer auch mit einer Bedeutung aufgeladen. Wer als Mensch zum Beispiel die Worte »Fahrrad« oder »Hunger« liest, verbindet damit ein Bild, ein Gefühl, eine Stimmung. Das Gehirn prozessiert also nicht nur eine Syntax, sondern verfügt auch über semantische Fähigkeiten.[226]

Man könnte dagegenhalten, dass die mentalen Zustände des Menschen ebenfalls nur durch binäre Signale zwischen den Synapsen unseres Gehirns entstehen (entweder das Neuron feuert oder nicht). Wenn unser Gehirn aber nicht viel mehr ist als ein »biologischer Computer«, der diskrete Signale verarbeitet, müsste man dann nicht zu dem Schluss kommen, dass der Mensch ebenso wenig wie der Computer denken kann? Diese Vorstellung lässt sich kaum mit unserem Menschenverständnis in Einklang bringen. Stattdessen könnte man den umgekehrten Schluss ziehen: Wenn der Mensch als »biologischer Computer« innere Zustände generieren kann, die mit Bedeutung aufgeladen sind, dann muss ein digitaler Computer bei einer ausreichend intelligenten Verknüpfung vieler elektrischer Schaltkreise dieselbe Fähigkeit haben. Wer sich nicht mit dem Gedanken anfreunden mag, dass entweder sowohl Mensch als auch Computer denken können, oder eben beide nicht, der kann sich Jean Searles Ausweg aus diesem Dilemma anschließen: Er postuliert, dass dem menschlichen Geist einzigartige, bisher unerklärbare biologische Phänomene innewohnen, die das Denken, das Bewusstsein und das Empfindungsvermögen ausmachen. Ein Computer dagegen könne diese Fähigkeiten des menschlichen Geistes nur simulieren, niemals aber duplizieren.

Ob ein Computer einen freien Willen hat, lässt sich ähnlich kontrovers diskutieren. Weit verbreitet ist die Überzeugung, dass Computer im Gegensatz zum Menschen keine freien Entscheidungen treffen können, da ihr Handeln durch programmierte Entscheidungskriterien determiniert ist. Allerdings ist auch der freie Wille des Menschen wissenschaftlich nicht unumstritten. So haben Psychologen in Studien bewiesen, dass unser Gehirn bereits Entscheidungen trifft, bevor wir uns ihrer überhaupt bewusst sind. Im Jahr 2008 hat ein Gruppe Wissenschaftler ein Experiment durchgeführt, bei dem die Teilnehmer frei entscheiden konnten, ob sie entweder mit der rechten oder der linken Hand auf einen Knopf drücken möchten. Mithilfe von Gehirnscannern konnten die Forscher bis zu zehn Sekunden im Voraus erkennen, welchen Knopf die Teilnehmer drücken würden. Wenn also in Frage steht, ob wir unsere Entscheidungen ganz bewusst, frei von kausal determinierenden Ereignissen und biologischen Einflussfaktoren treffen, könnte der Schluss folgen: Entweder haben sowohl Mensch als auch Computer einen freien Willen oder keiner von beiden.[227]

Nicht final zu klären ist auch die Frage, ob Computer ein Bewusstsein haben, also im weitesten Sinne mentale Zustände erleben können. Als Ausgangspunkt für die Diskussion dieser Frage hilft der bisher vergebliche Versuch, das menschliche Bewusstsein biologisch zu erklären. Neurowissenschaftliche Forschungen an Komapatienten haben zwar ergeben, dass das Erleben mentaler Zustände daran gekoppelt ist, wie gut verschiedene Hirnareale miteinander kommunizieren können. Es gibt jedoch keine Möglichkeit, das menschliche Bewusstsein genau zu lokalisieren oder wissenschaftlich herzuleiten. Ohne klare wissenschaftliche Definition des menschlichen Bewusstseins kann aber auch nicht rational argumentiert werden, dass Computer kein Bewusstsein haben können. Ebenso wenig ist die umgekehrte Behauptung belegbar, dass Computer ein Bewusstsein haben oder jemals ein Bewusstsein entwickeln können.[228]

Entsprechend der vorhergehenden Argumentationen kann man – je nach Standpunkt – auch nicht ausschließen, dass Computer Gefühle empfinden können. Sehr wahrscheinlich ist, dass ein Computer hierfür einen Körper haben müsste, der über zahlreiche Sensoren Umwelteindrücke und die eigene Körperlichkeit wahrnehmen kann. Denn Gefühle sind nicht nur geistige Phänomene, sondern vor allem auch körperliche Empfindungen – denken Sie nur einmal an die Anspannung in Ihrem Körper, wenn Sie Wut empfinden. Oder das Gefühl körperlicher *Ent*spannung, als Mario Götze im WM-Finale 2014 das entscheidende Tor geschossen hat ...

Wie sich zeigt, ist die Beantwortung vieler Fragen zu künstlicher Intelligenz eine große Herausforderung. Die Wissenschaft hat gezeigt, dass nicht nur Computer, sondern auch das Gehirn im Grunde algorithmisch, mit binärer Informationsverarbeitung arbeiten. Ob sich deshalb im Inneren eines Menschen und einer künstlichen Intelligenz zukünftig ähnliche geistige Zustände ergeben könnten, ist im Moment unklar. Paradoxerweise wird uns vielleicht gerade der Aufstieg künstlicher Intelligenz zu verstehen geben, was Intelligenz ist und was uns als Menschen einzigartig macht.

36. Robotik

Fußballweltmeister 2050

Stellen Sie sich vor, es ist das Jahr 2050 und Deutschland spielt im Finale der Fußballweltmeisterschaft. Mario Götze, der im letzten Kapitel erwähnte Finaltorschütze von 2014, ist mittlerweile 58 Jahre alt. Als Ehrengast auf der Tribüne beobachtet er mit Schaudern, wie unsere Nationalmannschaft 90 Minuten lang heftig kämpft – und doch am Ende eine herbe Niederlage kassiert. Der Gegner und neue Weltmeister: elf Roboter.

Dieses absurde Szenario Wirklichkeit werden zu lassen ist die erklärte Vision der Initiatoren des *RoboCups*, der jährlich stattfindenden Fußball-WM für Roboter. Gelänge einem Roboterteam tatsächlich der Sieg bei der Fußball-WM 2050, wäre dies ein historischer Meilenstein sowohl für die Geschichte der Robotik als auch der künstlichen Intelligenz, deren Fortschritt eng miteinander verknüpft ist. Um ein Gefühl für die Größe der technischen Herausforderung zu bekommen, lege ich Ihnen ans Herz, bei YouTube einmal die Suchworte *darpa robot fails* einzugeben. Unter den Suchergebnissen können Sie Zusammenstellungen der Roboterunfälle der letzten *DARPA Robotics Challenge* ansehen, einem hochdotierten Robotik-Geschicklichkeitswettbewerb des US-Verteidigungsministeriums. Beim Versuch, über Sand zu laufen, Türen zu öffnen oder Treppen zu steigen, legen die Roboter reihenweise spektakuläre Stürze hin. Der letzte Wettbewerb im Jahr 2015 ist zwar bereits drei Jahre her, doch die Bilder zeigen eindrücklich, wie schwer es selbst den besten Programmierern fällt, Maschinen mit vermeintlich trivialen Fähigkeit wie einem Gleichgewichtssinn auszustatten.

Moravecs Paradox

Der kanadische Robotikforscher und Philosoph Hans Moravec hat in den 80er-Jahren ein bekanntes Paradox formuliert, das die Probleme der Roboter bei der Darpa Robotics Challenge sehr gut erklärt: Computer könnten zwar vergleichsweise leicht Intelligenztests lösen oder Dame spielen, so Moravec, es sei aber »schwierig bis unmöglich, ihnen die Fertigkeiten eines einjährigen Kindes zu verleihen, was Wahrnehmung und Beweglichkeit angeht«.[229] Eine Erklärung zu diesem Paradox ist, dass die sensomotorischen Fähigkeiten der Wahrnehmung und Beweglichkeit zu unseren ältesten evolutionären Errungenschaften gehören. Sie sind eine elementare Voraussetzung menschlichen Überlebens und dementsprechend tief in unserem Erbgut verankert. Einem Roboter hingegen müssen diese Fähigkeiten erst als komplexe Algorithmen einprogrammiert werden. Auch die Umsetzung der Fähigkeiten ist eine Herausforderung: Um sich in ihrer Umgebung zu orientieren, müssen Roboter kontinuierlich mit enormem Rechenaufwand Umweltdaten verarbeiten, die von ihren Sensoren geliefert werden.

Wie groß dennoch die motorischen Fortschritte in der Robotik sind, lässt sich gut an der Entwicklung des humanoiden Roboters Asimo von der Firma Honda nachvollziehen. Als die japanischen Forscher im Jahr 1986 den Prototypen von Asimo bauten, benötigte dieser noch 15 Sekunden für jeden einzelnen Schritt. Vier Jahre später hatte Asimo eine Geschwindigkeit von 1 km/h erreicht. Weitere Jahre benötigte es, bis Asimo erste Treppen steigen konnte. Heute ist Asimo bereits so weit entwickelt, dass er auf einem Bein hüpfen, tanzen und bis zu 9 km/h schnell »sprinten« kann. Noch beindruckender sind die heutigen Fähigkeiten des humanoiden Roboters Atlas der Firma Boston Dynamics, der seit 2017 den Rückwärtssalto beherrscht.[230]

Auch im Umgang mit beweglichen Objekten, also zum Beispiel im Ballsport, haben Roboter in den letzten Jahren wesentliche Fortschritte gemacht. So wurde im Jahr 2015 auf der Industriemesse in Hannover von der Firma Kuka erstmals ein Roboter vorgestellt, der Bälle und andere Objekte fangen kann. Eine große Hürde bei dieser Aufgabe lag darin, dass der Roboter nicht zu lange rechnet, um die Flugbahn des Objektes vorherzusagen und die Hand zum Fangen an der richtigen Stelle zu platzieren.[231] Ein weiterer erstaunlicher Roboter mit dem Namen FORPHEUS wurde 2015 von der Firma Omron auf der Createc Messe in Tokyo präsentiert – er kann Tischtennis spielen und ist dabei zumindest Anfängern deutlich überlegen. 2017 wurde FORPHEUS als »erster lehrender Tischtennis-Roboter« ins Guinness-Buch der Rekorde aufgenommen. Seine Fähigkeiten sind beeindruckend: Die Kameras des Roboters erfassen die Position und den Spin des Tischtennisballs 80-mal pro Sekunde. Basierend auf diesen Informationen wird die Flugbahn des Balles über 1000-mal pro Sekunde neu berechnet. Um Anfängern das Spiel zu erleichtern, kann der Roboter sogar noch vor dem eigenen Rückschlag einen roten Punkt an genau die Stelle auf die Seite des Gegenspielers leuchten, wo der zurückgespielte Ball landen wird.[232] [233]

Roboter können also mittlerweile ein Kleinkind locker beim Tischtennis besiegen, doch Moravecs Paradox hat im Grundsatz weiterhin Gültigkeit – Tätigkeiten, die dem Menschen einfach fallen, sind für Roboter oft schwierig. Eine weitere Erklärung für dieses Paradox liegt in der unterschiedlichen physischen Konstitution von Roboter und Mensch. Wie der Robotikexperte Ulrich Eberl in seinem Buch *Smarte Maschinen* eindrücklich erklärt, sind Menschen im Vergleich zu Robotern körperlich geradezu hochgerüstet: So verfügt der bereits erwähnte Honda-Roboter Asimo, einer der beweglichsten Roboter überhaupt, über »nur« 34 Elektromotoren zur Bewegung der verschiedenen Körperteile. Der Mensch hingegen hat circa 150 bewegliche Gelenke, 650 Muskeln und 400 Sehnen. Was die Verarbeitung von Umwelteindrücken angeht, sind Roboter auf eine überschaubare Anzahl an Sensoren beschränkt wie etwa Kameras, Druckmesser, Beschleunigungsmesser und Drehratenmesser. Hat ein Roboter über 100 Sensoren, werden schon so viele Sensordaten produziert, dass der Steuerungsrechner schnell an die Grenzen seiner Verarbeitungsgeschwindigkeit kommen kann. Der Mensch hingegen verfügt über 900 Millionen tastsensible Rezeptoren und hat keinerlei Probleme, die im Gehirn eingehenden Signale zu verarbeiten.[234]

Rund um die Welt arbeiten Forscher fieberhaft daran, die motorischen Fähigkeiten von Robotern zu verbessern. So wird beispielsweise an der Technischen Universität München untersucht, wie sich ein Robotersystem aus Skelett, Muskeln und Sehnen optimal steuern lässt.[235] In den USA wird seit einiger Zeit daran geforscht, Robotermuskeln übermenschliche Kräfte zu verleihen. Wissenschaftler der Universität Dallas in Texas haben hierfür Versuche mit Muskeln aus verdrillten Kohlenstoff-Nanoröhren durchgeführt. Wie die Wissenschaftler im Magazin *Science* darlegten, konnten diese Nanomuskeln dank der mikroskopisch kleinen Kohlenstoffstrukturen bis zu 85-mal (!) mehr Kraft entwickeln als ein natürlicher Muskel.[236] Menschenähnliche Roboter benötigen aber nicht nur Kraft, sondern brauchen auch Feingefühl. Dieser Herausforderung haben sich Wissenschaftler der technischen Universität Berlin gestellt und weiche Roboterhände aus Silikon entwickelt, deren Finger mit Druckluft gefüllt sind. Berühren die Finger ein Objekt, verteilt sich die Luft in den Luftkammern und die Roboterhand passt sich an die Form des gegriffenen Objektes an.[237] So kann ein Roboter zum Beispiel Obst und Gemüse greifen, ohne es zu zerdrücken. Nicht zuletzt arbeiten

Forscher auch daran, Roboter mit immer mehr Sensoren auszustatten, um ihnen ein lebensechtes Modell ihrer Umwelt vermitteln zu können. Der Fachausdruck hierfür ist *Embodiment*. Dass ein Roboter über Sensoren einmal die gesamte Komplexität menschlicher Sinneswahrnehmungen erleben kann, ist derzeit allerdings nicht absehbar.

Lernen wie Kinder – oder per Download

Nanomuskeln und Silikonhände mögen vielversprechende Forschungsgegenstände sein. Noch größere Durchbrüche in der Robotik verspricht aber eine neue Generation von Robotern, die Bewegungen erlernen können wie ein Kind: durch Nachahmung und Learning by Doing. Bei Robotern kann man sich diesen Lernansatz wie folgt vorstellen: Bei einfachen Bewegungen demonstriert der Mensch die neu zu erlernende Bewegung vor der Kamera des Roboters, bei komplizierteren Bewegungsabläufen hilft es, die Maschine mit der Hand zu führen. Der Roboter merkt sich die Bewegung, leitet aus mehreren Wiederholungen ein Bewegungsmuster ab – und programmiert sich dabei selbst.[238] Mit diesem Vorgehen ist es zum Beispiel gelungen, dem oben erwähnten Roboter von Kuka das Ballspiel beizubringen: Ein Entwickler von Kuka hat dem Roboter Bälle zugeworfen, ein anderer hat den Roboter wie ein Kind an der Hand gepackt und in einer gemeinsamen Bewegung die Bälle gefangen.

Selbstlernende Roboter sind besonders interessant für die Industrie. Wenn Roboter für neue Aufgaben umprogrammiert werden müssen, ist das jedes Mal ein großer Aufwand. Teilweise ist es für die Eigentümer sogar wirtschaftlicher, direkt neue Maschinen anzuschaffen. Jeder neue Produktionsschritt, den Roboter selbst erlernen, spart enorme Kosten. Etwas weiter in der Zukunft werden selbstlernende Roboter auch im Haushalt tätig werden. Dort könnten sie Aufgaben bewältigen, an denen heutige Roboter noch scheitern, zum Beispiel das Ausräumen einer Spülmaschine oder das Packen einer Reisetasche. Je mehr Bewegungsabläufe ein Roboter kennt, desto einfacher fällt es ihm, daraus neue, bisher unbekannte Bewegungen zusammenzusetzen. Dabei können Roboter auch zu Lösungen kommen, die ein menschlicher Trainer nie vorgeführt hat. Forscher der Universität Darmstadt wollten zum Beispiel einer Roboterhand mit drei Fingern beibringen, wie man ein Wasserglas anhebt. Die Maschine löste das Problem aber anders als erwartet: Sie klemmte das Glas zwischen Fingern und Handballen ein. Was die Forscher dem Roboter vorher gezeigt hatten, hat die Software ignoriert.[239]

Ein weiterer wichtiger Fortschrittstreiber der Robotik ist die Entstehung offener Softwareplattformen. Ähnlich wie wir es schon bei Mobilgeräten mit den *iOS*- und *Android*-Plattformen von Apple und Google beobachten konnten, werden Entwickler auch in der Robotik Apps für bestimmte Betriebssysteme programmieren und über eine Plattform zugänglich machen können. Dadurch dürften die Fähigkeiten von Robotern geradezu explodieren, wie folgendes Beispiel verdeutlicht: Nehmen wir an, ein Entwickler bringt einem Haushaltsroboter bei, wie man ein Weißbierglas öffnet und das Bier korrekt einschenkt. Falls er seine Anwendung im App-Store veröffentlicht, muss theoretisch kein anderer Roboter mehr diese Fähigkeit beigebracht bekommen. Denn anders als beim Mensch lautet das Lernprinzip: Kann es einer, können es alle. Ein einfacher Download genügt. Noch besser als ein Download wäre der Zugang zu einer cloudbasierten App-Lösung. Denn genau wie Smartphones haben auch Roboter nur begrenzte Rechen- und Speicherkapazität, sodass sie – eine gute Internetverbindung vorausgesetzt – mehr leisten können, wenn einige Aufgaben über die Cloud abgewickelt werden. Die Zukunft gehört daher den vernetzten Robotern (*Cloud Robotics*).

Roboter erobern unseren Alltag

Eigentlich sind sie schon längst unter uns. Als Staubsaugerroboter in Wohnzimmern, als Mähroboter in den Gärten oder als Industrieroboter am Arbeitsplatz. Angesichts der rasanten Fortschritte in dieser Disziplin werden Roboter in den nächsten 10–20 Jahren immer präsenter im Alltag werden. Wie werden wir auf die neuen Gefährten reagieren?

Der wichtigste Faktor auf unsere Haltung gegenüber Robotern ist Sicherheit. Wenn sich fehlprogrammierte oder manipulierte Roboter gegen Menschen wenden, ist schnell jeder Vertrauensvorschuss verspielt. Der amerikanische Autor Isaac Asimov hat daher bereits im Jahr 1942 drei Gesetze vorgeschlagen, gegen die ein Roboter niemals verstoßen darf:

1. Ein Roboter darf keinen Menschen verletzen oder durch Untätigkeit zu Schaden kommen lassen.

2. Ein Roboter muss den Befehlen eines Menschen gehorchen, es sei denn, solche Befehle stehen im Widerspruch zum ersten Gesetz.

3. Ein Roboter muss seine eigene Existenz schützen, solange dieser Schutz nicht dem ersten oder zweiten Gesetz widerspricht.

Diese drei Gesetze haben auch 75 Jahre nach ihrer Niederschrift nichts an Aktualität und gelten als zeitlose Maxime der Roboterprogrammierung.

Ein anderer, erstaunlich wichtiger Faktor für unsere Haltung gegenüber Robotern ist deren äußeres Erscheinungsbild. Menschen finden abstrakte, künstliche Maschinen oft sympathischer als Roboter, die besonders menschenähnlich gestaltet sind. Dieser scheinbare Widerspruch ist auf ein Phänomen namens *Uncanny Valley* zurückzuführen, was auf Deutsch so viel bedeutet wie »unheimliches Tal«. Die Akzeptanz einer künstlichen Figur steigt mit zunehmender Ähnlichkeit zum Menschen bis zu einem gewissen Niveau, fällt danach aber rapide ab. Erst wenn die Ähnlichkeit zum Menschen nahezu perfekt ist, steigt die Akzeptanz wieder an.[240] Wie lässt sich dieses Phänomen erklären? Grundsätzlich sympathisiert der Mensch mit menschenähnlichen Figuren und Robotern. Allerdings ist jeder Versuch, das weite mimische Spektrum eines Menschen bei einem Roboter zu simulieren, zum Scheitern verurteilt. Die Gesichtsmuskulatur des Menschen ist zu komplex, als dass man sie bei einem Roboter nachbauen könnte. Der Betrachter erkennt intuitiv, dass etwas nicht stimmt und anders ist. Die natürliche Reaktion ist Ablehnung. Roboter im Uncanny Valley können so unheimlich wie Zombies wirken. Derselbe Effekt ist im Übrigen auch bei Animationsfilmen zu beobachten, die sich an einer besonders realen Animation menschlicher Gesichter versuchen.[241]

Vorausgesetzt, dass zukünftige Roboter sicher sind und uns nicht mit pseudo-menschlichem Antlitz verstören, werden wir sicher eine positive Beziehung zu unseren neuen Alltagsgefährten aufbauen. Diesen Schluss lassen zumindest mehrere repräsentative Umfragen zu. So können sich laut einer *Forsa*-Umfrage 83 Prozent der Bevölkerung vorstellen, im Alter einen Service-Roboter zu nutzen, wenn er es ihnen erlaubt, länger in der eigenen Wohnung zu bleiben.[242] Das Beratungsunternehmen PwC hat in einer weltweiten Studie ermittelt, dass sich 73 Prozent der Menschen sogar von einem Roboter operieren lassen würden, sofern es sich dabei um einen kleinen Eingriff handelt.[243] Und eine Regierungsstudie aus Österreich fand heraus, dass etwa drei Viertel der Bevölkerung bereit wären, sich die Wohnung von einem Roboter reinigen zu lassen.[244] Einige Menschen fiebern dem bevorstehenden Roboterzeitalter geradezu entgegen – so auch der oben erwähnte Roboterforscher Hans Moravec. Über seine Vision schrieb er 1999: »Wir werden unsere neuen Roboterkinder gern haben, denn sie werden angenehmer sein als Menschen. Man muss ja nicht all die negativen menschlichen Eigenschaften, die es seit der Steinzeit gibt, in diese Maschinen einbauen.« Und weiter: »Wir werden sie als Kinder annehmen – als Kinder, die nicht durch unsere Gene geprägt sind, sondern die wir mit unseren Händen und mit unserem Geist gebaut haben.«[245] Dieser Begeisterung steht eine gesunde Portion Skepsis in der breiten Bevölkerung entgegen. Das eigene Kind von einem Roboter beaufsichtigen zu lassen, kommt bisher nur für 10 Prozent der Eltern infrage.[246] Und das ist vielleicht auch gut so.

37. Nanotechnologie

Think Small! Wenn wir über Roboter sprechen, denken wir an große Technikwunder aus Metall und Plastik – so auch im letzten Kapitel. Dabei vergessen wir schnell die mikroskopisch kleinen Verwandten der großen Roboter, sogenannte *Nano Robots* oder *Nanobots*. Nanobots sind Teil der Nanotechnologie, die sich mit technischen Lösungen in einem Größenbereich von bis zu 100 Nanometern beziehungsweise 100 Millionstel Millimetern befasst. Zum Vergleich: Ein einziges menschliches Haar hat üblicherweise einen Durchmesser von 20 000 bis 80 000 Nanometern.[247] Nanoskalige Objekte verfügen über einzigartige Eigenschaften: Ihre Oberfläche ist im Verhältnis zu ihren Ausmaßen sehr groß, sie sind elektromagnetisch und optisch gut stimulierbar und sehr reaktiv im Hinblick auf biochemische Prozesse. Viele Experten erwarten daher von der Nanotechnologie nichts weniger als eine medizinische und industrielle Revolution.

Nanobots – die unsichtbare Robotermacht

Im Jahr 1966 erschien der oscarprämierte Science-Fiction-Film *Die phantastische Reise*. Darin wird ein U-Boot mitsamt fünfköpfiger Besatzung geschrumpft, um im Hirn des übergelaufenen Ostblock-Wissenschaftlers Dr. Benes ein Blutgerinnsel zu entfernen. Das U-Boot wird dem Protagonisten mit einer Spritze injiziert und nach abenteuerlicher Tauchfahrt durch die Blutbahnen gelingt im Gehirn die lebensrettende Operation. Derzeit ist ein 3-D-Remake des Films in Vorbereitung, das der kanadische Blockbuster-Regisseur James Cameron produzieren soll.[248] Zum Zeitpunkt der Neuverfilmung ist das Thema des Films aber weniger futuristisch als noch im Jahr 1966. Forscher arbeiten heute längst an U-Boot-Missionen durch den menschlichen Körper. Allerdings ist die Berichterstattung dazu in den Medien oft irreführend. Nanobots werden da als im Blut schwimmende Maschinen mit Greifarmen und Propellerantrieb dargestellt, doch Maschinen mit derart komplexen Bauplänen wären bei den heutigen Konstruktionsmöglichkeiten zu groß, um durch den Großteil der Kapillaren zu passen.[249] Stattdessen werden Nanobots möglichst einfach konstruiert, aus winzigen Metall- und Kunststoffpartikeln, aber auch aus biologischen Materialien wie Molekülen, Proteinen und andere Dann-Elementen. Die Fortbewegung orientiert sich weniger an typischen Robotern als an natürlichen Organismen – wie zum Beispiel dem Bakterium *E.coli*. Dieses Bakterium lebt im menschlichen Darm und bewegt sich mit einem rotierenden Schwanzfortsatz vorwärts. Die Konstrukteure von Nanobots können diesen Motor zwar nicht nachbauen. Sie können sich aber diese Rotationsbewegung abschauen. So haben Wissenschaftler des Max-Planck-Instituts für Intelligente Systeme in Stuttgart Nanoschrauben entwickelt, die mit Nickel beschichtet sind und durch ein angelegtes rotierendes Magnetfeld in Bewegung gesetzt werden. Außerdem haben die Stuttgarter Forscher muschelartige Vehikel entworfen, die sich in den Blutbahnen durch schnelles Öffnen und langsameres Schließen fortbewegen.[250]

Die ersten medizinischen Anwendungsbereiche zeichnen sich bereits ab. In Tierversuchen mit Mäusen ist es mithilfe von Nanobots gelungen, Krebszellen korrekt zu identifizieren, anzugreifen und zu zerstören – ganz ohne Beschädigung benachbarter Zellen.[251] In zehn bis 15 Jahren, so die Hoffnung vieler Forscher, könnten Nanobots als effektive Behandlungsmethode gegen Krebs eingesetzt werden. Eine weitere Anwendungsmöglichkeit ist die Übermittlung pharmazeutischer Wirkstoffe in die Netzhaut des Auges. An lebenden Hasen wurde dieser Vorgang bereits erfolgreich getestet. Die Nanobot-Behandlung beim Augenarzt sähe wie folgt aus: Der Arzt injiziert den Roboter mit einer Spritze in den Glaskörper, wobei das Auge von magnetischen Spulen umgeben ist. Mit einem Joystick ändert der Arzt die Magnetfeldrichtung und lenkt die winzigen Bots zielgerichtet in die Retina.[252] Künftig werden Nanobots Medikamente wahrscheinlich im ganzen Körper punktgenau platzieren können. Sogar eine Gentherapie an bestimmten Zellen erscheint möglich. Wenn der Durchbruch mit Nanobots in der Medizin gelingt, wird sich der Einsatz nicht nur auf die Therapie von Krankheiten beschränken. Vielmehr werden Bots als Körperpolizei dauerhaft in unseren Blutbahnen kreisen. Dort werden sie Krankheitsherde beseitigen, bevor sich der Mensch überhaupt einer Gefährdung bewusst wird.

Nanofabriken sind ein nicht minder bedeutendes Einsatzfeld für Nanobots im industriellen Bereich. Hier ist der technische Entwicklungsstand noch in einem sehr frühen Stadium. Die Idee von Nanofabriken ist, dass Nanobots Materialien und Produkte Atom für Atom, Molekül für Molekül, von Grund auf neu zusammensetzen. Diese Nanobots mit konstruktiven Fähigkeiten werden auch *Assembler* genannt. Wenn es der Forschung tatsächlich gelänge, praxistaugliche Assembler herzustellen, dürften sie unsere industrielle Fertigung gänzlich auf den Kopf stellen. Produkte könnten dezentral hergestellt werden, mit viel weniger Energieaufwand und perfekter Qualität bis ins kleinste Detail. Ein sehr riskanter Aspekt dieser Technologie ist die Möglichkeit, Nanobots so zu »programmieren«, dass sie sich selbst replizieren können. Wir werden in einem späteren Kapitel nochmal auf diesen Punkt eingehen.

Weitere Anwendungsgebiete von Nanotechnologie

Nanobots sind nur einer von vielen Forschungsschwerpunkten in der Nanotechnologie. Ein interessantes medizinisches Forschungsthema ist zum Beispiel die Einbettung von bioelektronischen Implantaten in den menschlichen Organismus. Sie können neuronale Signale weiterleiten und dadurch Menschen mit neuronalen Schädigungen wie Lähmungen, ausgefallenen Sinnesorganen oder Amputationen helfen. So werden zum Beispiel an der Universität Stanford weiche Folien entwickelt, die bei mechanischem Druck ähnliche elektronische Signale aussenden wie die Tastrezeptoren der Haut. Auf der Oberfläche der Folie befinden sich Bauelemente aus Kohlenstoff-Nanoröhren, die wie umgedrehte Pyramiden aussehen. Werden sie eingedrückt, feuern sie ein Signal.[253]

Bei der neuronalen Anbindung des Gehirns an Prothesen konnten Wissenschaftler bereits erste Erfolge vorweisen. In einem Projekt der *DARPA*, der Forschungsbehörde des US-Verteidigungsministeriums, gelang es 2015 einem gelähmten Probanden, eine Fingerprothese mit Gedanken zu steuern und gleichzeitig Tastsignale der Prothese zu »fühlen«. Für das Experiment platzierten die Forscher Mikroelektroden sowohl im motorischen Kortex des Probanden – also dem Teil des Gehirns, der die Bewegungen kontrolliert – als auch im sensorischen Kortex, wo die Tastsignale wahrgenommen werden. Zudem erhielt der Proband eine Fingerprothese, die mit Drucksensoren und einem Motor zur Steuerung der Prothese ausgestattet war, wobei die Sensoren und der Motor jeweils über Mikroelektroden mit dem Gehirn verbunden waren. Der 28-jährige Proband, der aufgrund einer Rückenmarksverletzung seit einem Jahrzehnt kein Gefühl mehr in den Fingern hat, war daraufhin in der Lage, fehlerfrei zu erkennen, welcher Finger seiner Prothese berührt wurde. Es fühle sich an, berichtete er, als ob seine Hand berührt werde.[254][255]

Forscher beschäftigt insbesondere die Frage, wie ein optimaler Kontakt zwischen Nervenzellen und elektronischen Implantaten aussehen kann. Bei einer an der Universität Jülich entwickelten Methode erhalten Mikrochips pilzförmige, nanoskalige Elektrodenaufsätze. Damit werden die gegenüberliegenden Nervenzellen angeregt, die Elektroden zu umschließen. Die Lücke zwischen Nervenzelle und Implantat schließt sich und Impulse können optimal übertragen werden. Langfristig eignen sich für bioelektronische Implantate eher weiche, leitende Materialien, die das körpereigene Gewebe weder verletzen noch vom Körper abgestoßen werden können. Zwei Stoffe kommen besonders in Frage: zum einen dünne Folien aus gummiartigem Silizium, in die man Platin-Silizium-Elektroden einlässt, sowie der relativ neue, biegsame Werkstoff Graphen.[256] Gelingt es, bioelektronische Implantate ohne körperliche Nebenwirkungen dauerhaft mit Nervenzellen zu verknüpfen, ist der Weg zu Schnittstellen zwischen Gehirn und Internet nicht mehr weit.

Die einzigartigen Eigenschaften von nanoskaligen Objekten machen die Technologie für zahlreiche weitere Bereiche interessant:

> Supereffiziente Handybatterien, die eine Woche lang halten
> Flache, energieeffiziente Bildschirme für alle Oberflächen
> Effiziente Filter-, Klär- und Entsalzungsanlagen, die viele Wasserprobleme dieser Welt lösen
> Die nächste Generation von Computerchips
> Metalle mit »Gedächtnis«, die sich bei Erhitzung in eine bestimmte Form zurückbiegen
> Robustes, leichtes Material für den Bau von Autos und Flugzeugen
> Asphalt, der Risse automatisch repariert

Damit diese Innovationen eines Tages unseren Alltag verändern, muss neben der technischen Machbarkeit vor allem eine zentrale Herausforderung gelöst werden: die Kosten. Nanotechnologie ist extrem teuer, da viele Nanomaterialien nicht in der Natur vorkommen und erst mit viel Aufwand im winzigen Maßstab produziert werden müssen. Erst wenn die Produktionskosten für Nanomaterialien sinken, kann sich diese Technologie auch im großen Stil durchsetzen.

38. Biotechnologie

Der Quellcode des Lebens

Fragen Sie sich gerade, was ein Kapitel über Biotechnologie in einem Buch über Digitalisierung verloren hat? Die Biologie ist ja bekanntlich die Wissenschaft von den Lebewesen und hat mit der Digitalisierung auf den ersten Blick wenig zu tun. Was hat schon der Organismus eines Froschs, einer Bakterie oder eines Menschen mit Computern und Software gemeinsam? Die Antwort mag überraschen: einiges! Zumindest, wenn man die biologische Welt genau wie die digitale Welt als Ausdruck von Information interpretiert. Diese Sichtweise macht Sinn, denn die Eigenschaften aller Lebewesen – ihr Aufbau, ihre Entwicklung, ihre Vielfalt – sind als Information in einem biologischen Code verschlüsselt: dem Genom. Das Verständnis über diesen Code wächst und auch die Fähigkeit, ihn wie eine Software zu editieren – mit dem einzigen Unterschied, dass der biologische Code nicht aus den Zahlen 0 und 1 besteht, sondern den vier Buchstaben der DNA: A, G, C, T. Dabei müssen oft riesige Datenmengen verarbeitet werden – Big, Big Data – und leistungsstarke Computer zum Einsatz kommen. Die Fortschritte bei der Digitalisierung wirken also wie ein Katalysator auf den Biotechbereich, insbesondere die Gentechnik, um die es hier hauptsächlich gehen soll.

Rufen wir uns zunächst die Grundlagen aus dem Biologieunterricht in Erinnerung: Der Begriff Genom ist ein zusammengesetztes Kunstwort aus den Worten *Gen* und *Chromosom* und bezeichnet die Gesamtheit aller vererbbaren Information einer Zelle. In den verschiedenen Zellen innerhalb eines Organismus ist das Genom meist identisch und trägt alle relevanten Instruktionen darüber in sich, wie der Organismus wachsen, sich erhalten und Gene an die Nachkommen übertragen soll. Als Informationsspeicher dient die *Desoxyribonukleinsäure*, bekannt als *DNA*. Die DNA ist in der Form einer Doppelhelix aufgebaut, deren Stränge aus einem Zucker-Phosphat-Gemisch bestehen. Daran setzen die vier bekannten Moleküle der DNA an: Adenin, Guanin, Cytosin und Thymin – chemische Basen, die mit den Buchstaben A, G, C, T abgekürzt werden. Ein eleganter Aspekt dieser Struktur ist die chemische Interaktion zwischen den Basen. Der Base A an einem Strang der Doppelhelix liegt immer der Base T vom anderen Strang gegenüber, G paart sich immer mit C. Durch die immer gleiche Kombination der Basenpaare dient jeder DNA-Strang der Doppelhelix als perfekte Gegenvorlage für die DNA der Gegenseite. Dieser clevere Bauplan schafft die Grundlage für die Weitergabe des Erbguts an Tochterzellen. Kurz vor der Zellteilung wird die Doppelhelix durch ein Enzym in der

Mitte wie ein Reißverschluss auseinanderdividiert und auf die beiden neuen Zellen verteilt. Nach abgeschlossener Zellteilung baut ein anderes Enzym den zweiten DNA-Strang gemäß der Basenpaar-Regel wieder auf. So entstehen perfekte Kopien der ursprünglichen DNA.

Doch wie wird aus der DNA ein perfektes Steuerungsprogramm für unseren Organismus? Bestimmte Sequenzen von Buchstaben in der DNA, genannt Gene, lösen in der Zelle die Produktion unterschiedlicher Proteine aus. Diese wiederum sind für die meisten kritischen Funktionen in unserem Körper verantwortlich, etwa die Verdauung oder die Wahrnehmung von Licht. Insgesamt umfasst unser biologischer Softwarecode etwa 21 000 Gene mit 3,2 Milliarden Buchstaben DNA, eingepackt in 23 Chromosomen.[257] Nicht alle Gene kodieren Proteine; ein Großteil der Gene ist sogar *nicht*-codierend. Er wird auch als »dunkle Materie« der DNA bezeichnet. Dennoch ist die DNA ein extrem sensibles Gebilde: Wenn nur ein Buchstabe der DNA mutiert – also durch einen falschen ersetzt wird – kann daraus ein Gendefekt und eine Genkrankheit entstehen. Entsprechend hoch ist das Interesse der Wissenschaft, den Quellcode des Lebens immer besser zu entschlüsseln und Möglichkeiten zu finden, diesen gezielt zu verändern. Beide Vorhaben sind in den letzten beiden Jahrzehnten weit vorangekommen – mit gewaltigen Implikationen für die Zukunft der Menschheit.

Die Sequenzierung unserer DNA

Im Jahr 1990 wurde das *Human Genome Project* gegründet, ein internationales Forschungsprojekt mit dem Ziel, das Genom des Menschen vollständig zu entschlüsseln. Dafür mussten die Forscher die gesamte Abfolge der menschlichen DNA durch Sequenzierung ermitteln – zum damaligen Zeitpunkt eine monumentale Aufgabe. Kritiker stellten fest, dass es bei der Geschwindigkeit, mit der man 1990 DNA scannte, Tausende von Jahren dauern würde, um das Projekt zu beenden. Doch die Forscher planten nur 15 Jahre bis zur

Fertigstellung des Projekts. Sie setzten darauf, dass exponentielle technologische Fortschritte zu einer raschen Erhöhung der Sequenzierungsgeschwindigkeit und einer drastischen Senkung der Kosten führen würden. Der Plan ging auf. Bis 1999 gelang die Sequenzierung des ersten von 23 Chromosomen und bereits 2013, zweieinhalb Jahre vor dem Zeitplan, endete das Projekt erfolgreich. Insgesamt hat es 2,7 Milliarden US-Dollar gekostet, das Genom zu entschlüsseln.[258] Seitdem sind die Technologiekosten implodiert: 2015 musste man für die Sequenzierung eines Genoms nur noch 1000 US-Dollar zahlen, 2018 weniger als 200 US-Dollar.[259] So konnten Forscher in den letzten 15 Jahren einen großen Pool menschlicher Genome anlegen, die aufgrund der enormen Datenmenge mit Supercomputern und Big-Data-Analysen ausgewertet werden. Die bisherigen Erfolge sind beachtlich: Mehr als 10 000 gesundheitliche Probleme und Krankheiten wurden mit Genmutationen in Verbindung gebracht, einschließlich der Huntington-Krankheit, Sichelzellenanämie, diverser Arten von Krebs und einige Fälle von früh einsetzendem Alzheimer. Heute kann jeder Mensch seine erblichen Anlagen in einem einfachen Gentest auf verschiedene Krankheitsbilder und Risikofaktoren testen lassen. Je nach Diagnose können dann präventive Maßnahmen oder maßgeschneiderte Therapien mit wenigen Nebenwirkungen eingeleitet werden.

Nach wie vor steht die Wissenschaft aber noch am Anfang davon, zu verstehen, wie die vielen komplexen genetischen und nicht-genetischen Einflussfaktoren der menschlichen Gesundheit zusammenwirken. Der Forscher Ewan Birney, einer der bekanntesten Molekularbiologen unserer Zeit, erklärt die Herausforderung wie folgt: »Wir sind jetzt in der Situation eines Elektrikers, der in einem alten Haus die Elektrik kontrollieren soll und feststellt: Alle Wände, Decken und Böden sind mit Lichtschaltern gepflastert. Wir müssen herausfinden, wie all diese Schalter mit Licht, Heizung und den Geräten in den Zimmern verbunden sind.«[260] Bei der Bewältigung dieser Herausforderung helfen vor allem die Daten Freiwilliger, die ihr Genom der Wissenschaft zur Auswertung überlassen. Je größer die

Datenbasis, desto schneller lassen sich neue Erkenntnisse gewinnen. Vorteilhaft ist zudem, wenn die Freiwilligen Informationen zu ihrem Lebensstil angeben. Der Abgleich von Erbmaterial und Lebensstil könnte zeigen, welche Umweltfaktoren einzelne Gene stärken oder schwächen. So könnte sich zum Beispiel herausstellen, dass eine bestimmte Kombination von Genen Darmkrebs begünstigt, aber nur bei übermäßigem Zuckerkonsum.

Was das Forscherherz höher schlagen lässt, alarmiert die Datenschützer: Sie sehen den Aufbau von DNA-Datenbanken mit großer Sorge. Was geschieht, wenn Daten weitergegeben oder entwendet werden? Missbrauchsszenarien sind offensichtlich. Krankenversicherungen lehnen einen Antrag ab, weil der Antragsteller ein erhöhtes Krebsrisiko hat; auf einer Dating-Plattform werden die Kontaktanfragen von Mitgliedern abgelehnt, die mit erhöhter Wahrscheinlichkeit an Demenz erkranken werden. Die Liste der Risiken ist lang: Unsere DNA enthält unsere persönlichsten Daten. Werden sie entwendet, sind wir verletzlich, denn DNA-Daten lassen sich nicht einfach sperren wie eine verlorene Kreditkarte.[261]

Gene Editing – das große Spiel mit der Schöpfung

Ein Ingenieur, der Schwachstellen in einem Bauplan identifiziert, möchte diese üblicherweise beheben. Nicht anders ergeht es Molekularbiologen und Medizinern in Anbetracht der zahlreichen menschlichen Erbkrankheiten. Sie arbeiten daran, DNA wie einen Bauplan editieren zu können und vermelden regelmäßig Durchbrüche in der Erforschung von *Gene Editing*. Im Juli 2017 veröffentlichten Wissenschaftlicher im Journal *Nature,* dass es ihnen gelungen war, eine menschliche Krankheit zum ersten Mal bereits im Embryonalzustand zu heilen. Sie korrigierten eine DNA-Mutation in Embryozellen, die für eine vererbbare Herzkrankheit verantwortlich ist. Dabei nutzten sie eine erst fünf Jahre alte, revolutionäre Methode zur Manipulation von DNA, die den kryptischen Namen *CRISPR* trägt (für *Clustered Regularly Interspaced Short Palindromic Repeats*).[262]

CRISPR basiert ursprünglich auf einem Mechanismus, den Bakterien zur Abwehr schädlicher Infektionen einsetzen. In abgewandelter Form lässt sich dieser Mechanismus nutzen, um mit einer molekularen Schere die DNA von Menschen, Tieren und Pflanzen an beliebigen Punkten zu schneiden. Dabei überzeugt das neue Universalwerkzeug der Gentechnik mit zuvor unerreichter Genauigkeit, verhältnismäßig einfacher Handhabung und geringen Kosten. Technisch betrachtet funktioniert CRISPR über ein Molekül namens Cas9, das die DNA zerteilen kann, sowie eine künstliche DNA-Sequenz, die als Adresscode dient. Die Adresse gibt an, wo die DNA durchtrennt werden soll. Dafür erzeugen Genetiker synthetische DNA und setzen die Moleküle Adenin (A), Guanin (G), Cytosin (C) und Thymin (T) so zusammen, dass die Sequenz genau mit jener Stelle der DNA korrespondiert, an der diese abgeschnitten werden soll (Beispiel: AATATCTTCTTAAATACCCG). Sobald der fehlerhafte Genabschnitt herausgeschnitten ist, flicken die natürlichen Reparaturmechanismen der Zelle die beiden losen DNA-Stränge wieder zusammen.[263]

CRISPR, so die Hoffnung vieler Forscher, könnte erbliche Leiden und Immunkrankheiten wie HIV ausrotten. Bereits heute ist es Medizinern gelungen, mithilfe von CRISPR Immunzellen von Mäusen und Menschen von HIV zu befreien. Auch mit der Behandlung von Lungenkrebs wird schon experimentiert.

Besonders nachhaltige Implikationen hat die Bekämpfung von Genkrankheiten durch die Manipulation von Eizellen, Spermien oder Embryos. Wer etwas in dieser sogenannten »Keimbahn« ändert, ändert es für alle Nachfahren. Der Medizin-Nobelpreisträger Craig Mello hält diesen Heilungsansatz für vielversprechend. »Ich kann mir vorstellen, dass eine veränderte Keimbahn die Menschheit vor Krebs, Diabetes und anderen altersbedingten Krankheiten schützt«, sagt der Genetiker von der University of Massachusetts.[264] Allerdings bedeutet dieser Heilungsansatz auch einen gewaltigen Eingriff in die Evolution, der – ganz abgesehen von den noch unerforschten langfristigen gesundheitlichen Konsequenzen – zu schweren ethischen Kontroversen führt. Auf der einen Seite lässt sich argumentieren, dass es unethisch ist, Familien mit einem genkranken Kind Hilfe zu verweigern, wenn man die Möglichkeiten dazu hat. Auf der anderen Seite ist die Sorge groß, dass auf die erfolgreiche Behandlung von Gendefekten bald auch der Wunsch nach genetischen Optimierungen folgt. Damit wäre das Zeitalter der Designerbabys angebrochen.

Digitalisierungsexperten und Posthumanisten nennen Gen-Editing oft in einem Atemzug mit Künstlicher Intelligenz, Robotik und Nanotechnologie. Die Technologietrends begünstigen sich in vieler Hinsicht gegenseitig und könnten die Fähigkeiten der Menschheit auf ein neues Niveau heben. Bei dieser hitzig geführten Debatte wird allerdings gerne übersehen, in welch frühem Stadium der Forschung wir uns noch befinden. Selbst bei Erbkrankheiten, die auf ein einzelnes defektes Gen zurückzuführen sind, gibt es noch keinen praxisreifen Therapieansatz. Und gerade die Eigenschaften, deren Vermarktung die Menschen am meisten fürchten – Intelligenz, Schönheit, Kreativität – sind nicht durch ein einzelnes Gen, sondern eine Vielzahl an Genen beeinflusst. Sogar bei einer vermeintlich simplen physischen Eigenschaft wie der menschlichen Körpergröße wäre genetische Manipulation eine riesige Herausforderung. Wissenschaftliche Schätzungen gehen davon aus, dass die Körpergröße von 93 000 genetischen Variationen beeinflusst wird – gerade einmal 697 davon hat eine Studie identifiziert.[265] Um es anders auszudrücken: Der genetische Code lässt sich nicht auf die Komplexität einer Twitter-Nachricht reduzieren – er gleicht eher einer Bibliothek voller Bücher, Kapitel und Querverweise. Bis die Forschung in dieser Bibliothek den Überblick erlangt, müssen wir noch viele Jahre warten.

DNA-Speicher – die Festplatte für die Ewigkeit

DNA ist äußerst langlebig, sofern sie kühl und trocken gelagert wird – viel langlebiger als heutige elektronische Speichermedien. Im Jahr 2013 gelang es, die DNA eines Pferdes zu isolieren, das über

700 000 Jahre im Permafrost konserviert lag.[266] Es ist daher eine naheliegende Idee, DNA als ein langfristiges Speichermedium zu nutzen.

Die Codierung digitaler Informationen in DNA-Informationen ist im Prinzip relativ einfach. Nullen und Einsen werden in eine bestimmte Folge der Buchstaben A, C, G und T umgewandelt. Dass man mit diesem Transkriptionsprinzip beliebige Informationen in DNA-Schnipseln speichern kann, demonstrierten englische Wissenschaftler 2013 in einem aufsehenerregenden Experiment. Mithilfe eines Algorithmus codierten sie ein Foto ihres Instituts, ein Textdokument mit allen 154 Sonetten von Shakespeare und ein PDF-Dokument der Studie, in der die Genetik-Pioniere James Watson und Francis Crick einst die Struktur der DNA beschrieben. Dazu kam eine Mp3-Datei mit einem Ausschnitt der berühmten Rede des Bürgerrechtlers Martin Luther King: »I have a Dream.«[267] So entstand eine einfache Textdatei aus ACGT-Sequenzen als DNA-Bauplan, den die Forscher an ein Unternehmen in Kalifornien sendeten, das synthetische DNA herstellt. Zwei Wochen später bekamen die Forscher ein gefriergetrocknetes, winziges Stück DNA in einem Proberöhrchen zurückgesendet, kleiner als ein Sandkorn. In einem Heidelberger Labor wurde die DNA schließlich sequenziert und voilà – alle gespeicherten Daten konnten fehlerfrei zurückgewonnen werden.

DNA ist nicht nur langlebig, sie hat auch eine ungeheure Speicherkapazität. Wie Forscher 2017 nachweisen konnten, kann ein Gramm DNA theoretisch 215 000 Terabyte Daten dauerhaft speichern – das entspricht der Datenmenge von einer Million CDs.[268] Zum Vergleich: Normale, handelsübliche Festplatten speichern heute ungefähr ein bis drei Terabyte. Würde man einen ein Kilogramm schweren DNA-Speicher bauen, wäre dieser ausreichend, um alle weltweit angehäuften Digitaldaten abzuspeichern.[269]

Wenn DNA-Speicher nahezu ewig intakt bleiben, fehlerfrei arbeiten und darüber hinaus noch kaum Energie verbrauchen, warum werden sie dann noch nicht weitläufig genutzt? Das Problem sind die Kosten und die Arbeitsgeschwindigkeit. Bei einem weiteren Experiment im Jahr 2017 kostete die Synthese von zwei vergleichsweise mickrigen Megabyte DNA allein 7000 Dollar. Für das Auslesen der DNA fielen weitere 2000 Dollar an. Der gesamte Prozess von Schreiben, Übertragen und Wiedergewinnen der Information aus dem DNA-Speicher dauerte Tage.[270]

Auf absehbare Zeit werden Festplatten und USB-Sticks also nicht verschwinden.

39. Unausweichliche Entwicklungsstränge

Nach den zehn wichtigsten Technologietrends möchte ich Ihnen zum Abschluss dieses Themenblocks eine unkonventionelle Betrachtungsweise digitaler Technologien vorstellen. Sie stammt von Kevin Kelly, einem renommierten amerikanische Futuristen und Gründungsredakteur der Tech-Zeitschrift *Wired*. In seinem Buch *The Inevitable* wirft er einen optimistischen Ausblick auf die technologische Entwicklung der nächsten 30 Jahre, strukturiert dabei aber sein Werk weder entlang einzelner Technologietrends (zum Beispiel Internet of Things, Virtual Reality) noch entlang verschiedener Lebensbereiche (Wohnen, Gesundheit etc.). Stattdessen erklärt Kelly die Zukunft als Folge von zwölf unausweichlichen Entwicklungssträngen, die alle in der Verlaufsform, also als aktive Handlung benannt sind: Becoming, Cognifying, Flowing, Screening, Accessing, Sharing, Filtering, Remixing, Interacting, Tracking, Questioning, und Beginning. Nachfolgend sind die wichtigsten Hypothesen aus Kellys Buch zusammengefasst:[271]

1. Becoming

In der Zukunft ist alles im Werden begriffen. Die Technik im digitalen Zeitalter benötigt permanent Updates. Hardware ist innerhalb weniger Jahre auf einem veralteten technischen Stand. Softwareprogramme erhalten regelmäßig automatische »Upgrades« mit verbessertem Code und zusätzlichen Funktionen. Durch die zunehmende Vernetzung von Geräten und Systemen zu einem lebenden Tech-Ökosystem wird es immer schwieriger, sich einer regelmäßigen »Upgrade-Hygiene« zu entziehen.

Technologischer Wandel erfolgt immer schneller. Jeder Tag bringt kleine technische Neuerungen und Fortschritte. Dieser inkrementelle Prozess stellt uns vor die Herausforderung, bahnbrechende Änderungen am Horizont früh genug zu erkennen. Man erinnere sich nur daran, wie blind wir Anfang der 90er-Jahre gegenüber der Zukunft waren. Kaum jemand hätte erwartet, dass das Internet eines Tages das wichtigste Massenmedium und die Welt derart verändern wird.

Daher wird es zur lebenslangen Aufgabe, technisch auf dem neusten Stand zu bleiben. »Wir alle werden im Bestreben, mit der Zukunft Schritt zu halten, endlos Neulinge bleiben«, schreibt Kelly. Denn »viele der wichtigen Technologien, die unser Leben in 30 Jahren dominieren werden, sind noch gar nicht erfunden worden«.[272] Es gibt also keine bessere Zeit als heute, um als Erfinder und Unternehmensgründer aktiv zu werden.

2. Cognifying

In der Zukunft wird alles intelligent. Alle materiellen Dinge werden durch Online-Konnektivität, Sensoren und künstliche Intelligenz nützlicher gemacht. Die vernetzten Objekte werden Teil eines weltumspannenden, intelligenten Netzwerks, in dem das gesamte Wissen der Menschheit gebündelt ist. Doch nicht nur physische Objekte werden mit künstlicher Intelligenz versehen. Künstliche Intelligenz wird selbst in weniger naheliegende Disziplinen wie die Chemie vorstoßen, indem Algorithmen und große Datenmengen genutzt werden, um virtuelle Experimente durchzuführen.

Das unternehmerische Erfolgsmodell der Zukunft lautet: »Nehme X und füge künstliche Intelligenz hinzu«. Chemie, Musik, Sport, Immobilienhandel, Kinderspielzeuge – jeder beliebige Lebensbereich wird durch künstliche Intelligenz weiterentwickelt. Dabei wird es nicht die eine Form von künstlicher Intelligenz geben, sondern viele spezialisierte KIs für Aufgaben, die wir Menschen nicht erledigen können oder wollen. Diese Intelligenzen werden allgegenwärtig sein, auf jedem Bildschirm zugriffsbereit. Teilweise geben wir den künstlichen Intelligenzen auch Körper in Form von Robotern. Sie werden uns in allen nur denkbaren Größen und Konfigurationen das Leben erleichtern, allerdings auch zunehmend unsere Jobs streitig machen.

3. Flowing

In der Zukunft wird alles ein Strom von Informationen. Selbst handfeste Produkte wie Autos werden vom Datenstrom erfasst, indem Sie den Kunden im Rahmen von On-Demand-Transportdienstleistungen wie Uber, MyTaxi oder Car2Go zur Verfügung stehen. Das Internet kopiert und vervielfältigt alle Informationen. »Die Digitalwirtschaft basiert auf einem Strom frei fließender Kopien«, schreibt Kelly. »Wenn etwas kopiert werden kann – ein Song, ein Film, ein Buch – und es kommt mit dem Internet in Berührung, dann wird es auch kopiert.« Wenn Angebote aber leicht kopiert werden können, verlieren sie schnell an Wert. Zusätzliche wertschöpfende Leistungen wie Individualisierbarkeit, schnelle Verfügbarkeit oder Live-Erlebnisse werden daher an Bedeutung gewinnen.

Der Fluss der Daten beeinflusst auch unseren Umgang mit Computern: Während wir früher am Computer hauptsächlich mit einzelnen Dateien auf unserem Desktop hantierten oder von Webseite zu Webseite sprangen, interagieren wir heute mit Informationen durch »Streams«. Wir scrollen durch unseren News-Feed auf Facebook, checken die neuesten Tweets und streamen Filme, Musik und Fotos aus der Cloud. Immer wichtiger wird dabei die Möglichkeit, Inhalte bearbeiten zu können: Wir möchten unsere Songs in neuen Playlists anlegen, möchten Videos bearbeiten können, Inhalte neu zusammenmischen und Leute taggen. Das ist nur möglich, wenn Daten möglichst »liquide« sind und frei manipuliert werden können.

4. Screening

In der Zukunft sind Bildschirme omnipräsent. Dank neuer bildgebender Materialien wird jede flache Fläche als Bildschirm nutzbar. Tragbare Bildschirme werden leichter, flexibler und heller. Das auf Papier gedruckte Wort als eines der prägendsten Elemente unserer Kultur wird sukzessive abgelöst durch das Wort aus Pixeln. Wir sind nicht nur umgeben von Screens, wir tragen sie auch durch Augmented-Reality-Brillen und -Kontaktlinsen am eigenen Körper. Sie zeigen uns Zusatzinformationen zu allen Objekten in unserer Umwelt an. Indem wir permanent aus der Flut von Informationen die relevantesten aussuchen, bekommt das Überfliegen von Bildschirmen eine größere Bedeutung als die traditionelle Textlektüre.

Gleichzeitig wird es immer leichter, Querverbindungen zwischen geschriebenen Informationen zu ziehen. Auch in Büchern werden Worte oder Textabschnitte querverlinkt, ähnlich wie bei Wikipedia. In den nächsten drei Dekaden werden Autoren, Freiwillige und Algorithmen die Bücher dieser Welt zu einer universellen Bibliothek der Weltliteratur zusammenfügen. Bücher werden nicht mehr unbedingt von Anfang bis Ende gelesen, sondern die Nutzer springen zwischen einzelnen Werken und deren Kritiken, Quellen und Referenzen hin und her. Bildschirme fangen an, uns per Kamera zu beobachten. Wenn wir einzelnen Stellen besondere Aufmerksamkeit widmen, werden die Texte detaillierter und es entstehen zusätzliche Links und Grafiken.

5. Accessing

In der Zukunft ist Zugriff wichtiger als Besitz. Filme, Musik, Bücher, Computerspiele, Software sind schon heute in die Cloud abgewandert, bereit für den Zugriff von jedem Ort und jedem Digitalgerät der Welt. Künftig werden auch immer mehr materielle Güter als Dienstleistungen verkauft. Kelly zitiert eine bekannte Aussage eines Reporters des Online-Magazins *TechCrunch*: »Uber, das weltgrößte

Taxiunternehmen, besitzt keine eigenen Fahrzeuge. Facebook, das weltgrößte Medienunternehmen, produziert keine eigenen Inhalte. Alibaba, der weltgrößte Einzelhändler, unterhält keine Lager. Und Airbnb, der weltgrößte Anbieter von Unterkünften, besitzt keine Immobilien.«

6. Sharing

In der Zukunft wird alles geteilt. Die Menschheit erschafft im Internet einen gigantischen, größtenteils kostenlos verfügbaren Schatz an Fotos, Büchern, Videoclips, Filmen, Blogeinträgen und Kunstwerken. Rund zwei Milliarden Menschen teilen mittlerweile ihr Leben auf Facebook mit einer internationalen Community. Kelly bemerkt, dass, wenn Facebook ein Land wäre, es das größte Land der Welt wäre, aber dennoch die gesamte Wirtschaft dieses Landes auf unbezahlter Arbeit basieren würde. Damit spielt er auf all die Likes, Posts und Verlinkungen an, die die Mitglieder des sozialen Netzwerks täglich kostenfrei hinterlassen. Doch die kommunalen Aspekte der Digitalkultur sind noch viel tiefergreifender als die Interaktionen in sozialen Medien, denn Internetnutzer teilen ihre Fähigkeiten für unzählige Projekte. Wikipedia ist das bekannteste Beispiel für ein monumentales Gemeinschaftsprojekt. Die Mitwirkenden veröffentlichen ihre Beiträge dabei zunehmend unter der *Creative-Commons*-Lizenz, die Dritten erlaubt, Texte und Fotos legal und kostenfrei weiterzuverwenden. Auch im Softwarebereich geht der Trend zu mehr Online-Kooperationen. So werden bereits mehr als die Hälfte aller Webserver weltweit durch eine Software namens *Apache* gesteuert, die open-source-basiert ist und von Freiwilligen programmiert wurde.

7. Filtering

In der Zukunft wird alles für uns gefiltert. In einer Zeit, in der mehr Medieninhalte denn je produziert werden, ist es als Leser, Betrachter und Zuhörer unmöglich, den Überblick über alle Themen zu behalten. Daher benötigen wir digitale Filter, die uns mit künstlicher Intelligenz bei der Selektion helfen: Einerseits möchten wir mehr von den Inhalten, von denen wir wissen, dass Sie uns interessieren. Andererseits möchten wir auch wissen, was unsere Freunde interessiert und wovon wir vielleicht noch nicht gehört haben. Und schließlich möchten wir auch ab und zu Vorschläge zu Themen erhalten, die uns bisher wenig interessiert haben – vielleicht kommen wir ja doch noch auf den Geschmack. Teilweise gibt es solche Filter bereits, zum Beispiel auf Facebook (Live-Stream), Amazon (Produktempfehlungen), Netflix (Filmempfehlungen), Spotify (Liedempfehlungen). Zukünftig werden Filter aber noch mehr Aspekte unseres Lebens beeinflussen und uns bei der richtigen Ernährung, Kleiderwahl oder Freizeitgestaltung unterstützen. Filter lernen uns immer besser kennen, können unsere Wünsche antizipieren und werden zu Spiegeln unserer selbst.

Je mehr wir einer grenzenlosen Vielfalt günstiger digitaler Möglichkeiten ausgesetzt sind, desto mehr stellt sich auch die Frage, was wirklich wertvoll ist in unserem Leben. Das werden vor allem menschliche Erfahrungen in der realen Welt sein, wie zum Beispiel Restaurant- und Konzertbesuche, ein persönlicher Coach oder Festlichkeiten.

8. Remixing

In der Zukunft wird alles neu kombiniert und gemischt werden. Innovationen entstehen durch die kluge Kombination bestehender Fähigkeiten. Dank digitaler Bearbeitungsmittel können wir heute schon jeden Text, jedes Foto und jeden Film günstig bearbeiten, Inhalte hinzufügen und entfernen. So entstehen regelmäßig neue Mediengenres wie Fan Fiction (Bücher, die von Fans umgeschrieben werden), Tweets (Twitter-Nachrichten), Gifs (Zwei-Sekunden-Videos in Dauerschleife) und Vines (Sechs-Sekunden-Videos in Dauerschleife). Täglich werden über 100 Millionen, oft kreativ zusammengemischte Videoclips ins Internet gestellt und dabei ein enormer Zeitaufwand investiert. Zum Vergleich: Einen zweistündigen Blockbuster zu produzieren kann über eine Million Personenstunden dauern.

Bilderkennungssoftware wird unseren Umgang mit Fotos und Videos radikal verändern. Software kann Filme bald bis ins letzte Detail sezieren und zusätzliche Informationen einblenden. In einer Filmbibliothek werden wir Filmszenen wie bei Google suchen können. Wenn wir die Suchbegriffe »Bank + beiger Anzug« eingeben, würden uns Filmszenen mit Forrest Gump auf seiner Sitzbank angezeigt werden, ebenso wie andere Filmszenen, in denen beide Begriffe vorkommen.

Nichts Digitales von Wert wird unberührt bleiben. Kelly behauptet: »In 30 Jahren werden die wichtigsten kulturellen Werke und die mächtigsten Medien diejenigen sein, die am stärksten neu zusammengemischt worden sind.«

9. Interacting

In der Zukunft werden wir noch intensiver mit digitalen Geräten interagieren. Kelly beobachtet in diesem Zusammenhang drei Trends: Erstens platzieren wir immer mehr Sensoren in unserer Umwelt und machen diese zu unseren erweiterten Augen und Ohren. Die Sensoren unterstützen uns auch bei immer mehr Aufgaben, zum Beispiel bei der Steuerung der Heizung. Zweitens erhöht sich der Level an Intimität im Austausch mit der Technik. Sensoren rücken durch *Wearables* wie die Apple Watch immer näher an unseren Körper. Winzige Computerchips in unseren *Smart Clothes* werden unsere aufrechte Körperhaltung überwachen. Unsere digitalen Helfer werden sogar unsere Laune erkennen und »wie ein guter Freund« dementsprechend sensitiv darauf reagieren. Drittens werden wir in virtuelle Realitäten eintauchen und dadurch in maximaler Form mit digitaler Technik interagieren. Die Technik für Virtual-Reality-Brillen wird bald so ausgereift sein, dass sich virtuelle Szenarien faszinierend und zugleich erschreckend authentisch anfühlen.

10. Tracking

In der Zukunft wird alles »getrackt« werden. Kelly schreibt: »Wir sind für uns selbst intransparent und brauchen alle erdenkliche Hilfe, um zu entschlüsseln, wer wir sind.« Daher werden wir unterschiedlichste Aspekte unseres Lebens permanent mit digitalen Hilfsmitteln wie Smartphones, Wearables oder Sensoren in unserem Zuhause überwachen. So können wir etwa eine persönliche Datenbank aufbauen, die unsere Vitaldaten inklusive unserer vollen Gensequenz umfasst.

Das Internet und die Cloud sind so konzipiert, dass ein Großteil aller Nutzerdaten gespeichert wird. Da wir dieses System nicht davon abhalten können, unsere Daten umfangreich zu hinterlegen, stehen wir vor einer Wahl: Wir können entweder möglichst wenig Informationen gegenüber dem System, Freunden und Institutionen preisgeben und dafür generisch behandelt werden – als einer von vielen. Oder wir können unsere Anonymität weitestgehend aufgeben und dafür von bestmöglicher Personalisierung und höchsten Standards bei Dienstleistungen profitieren.

11. Questioning

In der Zukunft werden wir noch mehr Fragen stellen. Wir leben in einer Zeit, in der das vernetzte Kollektiv der Menschheit regelmäßig Geschichten schreibt, die zuvor unmöglich erschienen. Wikipedia zum Beispiel, ein von der Masse zusammengetragenes Lexikon, schien in seinen Anfangstagen zum Scheitern verurteilt. Wir haben die Macht des Kollektivs unterschätzt. Der Wissensfundus von Wikipedia und Google wächst beständig und dank der künstlichen Intelligenz digitaler Assistenten können wir dieses Wissen immer leichter abrufen. Wir müssen eine Frage zukünftig nur noch vor uns hinsprechen – und schon erhalten wir innerhalb von Sekundenbruchteilen eine Antwort.

Doch mit jedem Fortschritt, mit jeder neuen wissenschaftlichen Erkenntnis eröffnen sich noch mehr neue Herausforderungen und

Fragen. So weitet sich die Lücke zwischen unserem Wissen und Unwissen, unseren Fragen und Antworten. Diejenigen, die die richtigen Fragen stellen, werden mehr denn je unsere Zukunft prägen. Fragen, die sich nicht sofort beantworten lassen und bestehende Paradigmen herausfordern, werden besonders viel wert sein.

12. Beginning

Unsere Zeit ist der Beginn einer fantastischen Ära. Zum ersten Mal in der Geschichte vernetzen sich Menschen auf dem ganzen Planeten über Milliarden Geräte zu einem großen Ganzen. In der Zukunft wird dieses gigantische Netzwerk noch viel größer werden. Unsere Generation jedoch wird den besonderen Moment erlebt haben, in dem diese mächtige Kraft geboren wurde und der Geist der Menschen sich zu einer kollektiven Superintelligenz verbindet.

In diesem zwölften Entwicklungsstrang kommt noch einmal der gesamte Optimismus von Kevin Kelly zum Tragen, der sich quer durch seine Zukunftsprognosen zieht. Kellys Haltung gegenüber technologischem Fortschritt mag manchem Leser zu progressiv und optimistisch erscheinen – meiner Ansicht nach kommt kritische Reflektion an vielen Stellen zu kurz – doch in Summe ist Kellys Überblick ein sehr angenehmer Gegenentwurf zu den vielen alarmierend Autoren im Digitaljournalismus.

Eine positive Grundhaltung gegenüber technologischem Fortschritt ist sicher auch ein guter Ausgangspunkt für die nächsten Kapitel, in denen es um die heutige und zukünftige Entwicklung in verschiedensten Lebensbereichen der Digitalgesellschaft geht.

Der Einfluss der Digitalisierung auf ausgewählte Lebensbereiche

Im letzten Abschnitt haben wir uns mit den zehn wichtigen Technologietrends auseinandergesetzt. Im Folgenden geht es darum, welchen Einfluss die Digitalisierung auf ausgewählte Lebensbereiche wie das Wohnen, unsere Sexualität, die Industrie oder unsere persönliche Identität hat. Dabei ist immer wieder zu erkennen, wie sich einzelne Technologietrends wie Big Data, Virtual Reality oder künstliche Intelligenz auf die einzelnen Lebensbereiche auswirken. Wir starten mit einer Betrachtung des Lebens in unseren eigenen vier Wänden, oder, um es etwas moderner auszudrücken: dem Smart Home. Gegen Ende dieses Abschnitts widmen wir uns existenzielleren Themen, nämlich dem menschlichen Streben, sich vom Homo Sapiens zum Homo Deus aufzuschwingen und den Risiken, die mit diesen Ambitionen für die Menschheit verbunden sind.

40. Smart Home

Wohnen mit Alexa

»Alexa, wie ist das Wetter in Berlin?« Mit dieser Frage, frei in den Raum gesprochen, kann man sich von Amazons intelligentem Lautsprecher *Echo* seit Oktober 2016 das Hauptstadtwetter ansagen lassen. Der Lautsprecher verfügt über sieben Mikrophone, die auch am anderen Ende eines Raumes noch Stimmen erkennen. Sobald jemand das Wort »Alexa« ausspricht, aktiviert sich der gleichnamige digitale Assistent von Amazon. Alexa spielt Musik ab und liefert Informationen, Nachrichten, Sportergebnisse und Wettervorhersagen. Alexa kann auch Bestellungen für Amazon entgegennehmen, Zugverbindungen recherchieren oder ein Taxi rufen. Durch eine offene Entwicklerschnittstelle kommen ständig neue Funktionen von Drittanbietern hinzu.

Amazon Echo

Während Google, Apple und Microsoft noch mit der Markteinführung ihrer Konkurrenzprodukte *Google Home, HomePod* (Apple) und *Harman Kardon Invoke* (Microsoft) beschäftigt waren, präsentierte Amazon im April 2017 bereits die nächste Evolutionsstufe digitaler Assistenz: die mobile Foto- und Videokamera *Echo Look*. »Alexa, mach ein Foto von mir«, lautet das wichtigste Kommando für den Echo Look, den man auch als stationäre Selfie-Maschine beschreiben könnte. Als solche eignet sich das cloudbasierte Gerät beispielsweise für die modewusste junge Frau, um ein digitales Tagebuch der Kleiderwahl anzufertigen oder Fotos mit Freunden zu teilen. Vor allem aber hat Amazon den Echo Look als elektronischen Modeberater für das heimische Schlafzimmer gedacht. Per Sprachbefehl kann der Nutzer Fotos von zwei Outfits machen und die beiden Alternativen über die Amazon-App *Style Check* bewerten lassen. Style Check kann dem Nutzer auch Outfits für den kommenden Tag vorschlagen. Die App funktioniert auf Basis von Machine Learning sowie dem »Rat unseres Teams von erfahrenen Modespezialisten«, wie es auf der Produktwebsite heißt.

Vom BUS-System zum smartphonegesteuerten Haus

Amazons Echo-Produktreihe ist gegenwärtig eine der wichtigsten Innovationen im Bereich des *Smart Home* – ein Begriff, der sich um die Jahrtausendwende für vernetzte und fernsteuerbare technische Systeme in Wohnhäusern etabliert hat. »Telefonierende Kühltruhen, sprechende Kühlschränke und Heizungen mit Anschluss zum Internet – schon bald sollen Computer auch im Haushalt das Kommando übernehmen«, so beschrieb ein Zeitungsbericht die bevorstehende Revolution des Wohnens anlässlich der Cebit 1998.[273] Wie sich herausgestellt hat, sollte »schon bald« noch recht lange dauern. 20 Jahre später benutzen erst 30 Prozent der deutschen Haushalte Smart-Home-Anwendungen.[274]

Dass der Durchbruch des intelligenten Heims so lange auf sich warten lässt, hat einen guten Grund: Wer in der Vergangenheit an einem Smart Home interessiert war, musste eine teure Verkabelung von Heizung, Alarmanlage, Jalousie und Lichtsystem bezahlen. Ein solches Investment kam nur für wohlhabende Menschen bei Neubauten oder Kernsanierungen in Frage. Für Otto Normalverbraucher sind Smart-Home-Anwendungen erst interessant, seit die Geräteanbieter auf kabellose Technologien wie WLAN und Bluetooth setzen.[275] Damit wird der Einbau und auch die Steuerung immer einfacher. Moderne Anwendungen lassen sich heute per App oder per Sprachsteuerung über digitale Assistenten bedienen. Künftig werden auch Gestensteuerung und biometrische Erkennungsverfahren wie der Fingerabdruck Anwendung finden.

Je mehr Geräte in unserem Haushalt online gehen, desto komplexer wird deren Steuerung. Niemand möchte 50 Apps bedienen, um den Alltag in den eigenen vier Wänden bewältigen zu können. Einheitliche Standards und Plattformlösungen werden daher wichtiger, Insellösungen haben keine Perspektive. Das künftige Zuhause wird über eine einzige oder wenige zentrale Apps gesteuert, die kompatibel mit virtuellen Assistenten wie Alexa oder Google Home sind.

Smart-Home-Anwendungen im Überblick

Welches Maß an Vernetzung zeichnet ein Smart Home aus? Habe ich bereits ein Smart Home, wenn ich mir die neueste Ikea-Glühbirne mit iPhone-Schnittstelle kaufe? Um diese Frage klar zu beantworten, fehlt ein einheitlicher Katalog mit Anforderungskriterien an ein Smart Home. Eine Glühbirne mit iPhone-Schnittstelle könnte man aber guten Gewissens als *Smart-Home-Applikation* bezeichnen – ein Puzzlestück des intelligenten Wohnens in einem bestimmten Anwendungsbereich. Das gesamte Smart-Home-Ökosystem lässt sich in verschiedene größere Anwendungsbereiche untergliedern:

> ➤ **Wärme, Klima, Licht:** Digital gesteuerte Heizungen, Klimaanlagen und Beleuchtung, Messung von Stromverbrauch mit digitalen Stromzählern (Smart Meter)
> ➤ **Sicherheit:** Digitale Bewegungs-, Feuer- und Gasmelder, (Überwachungs-)Kameras mit Live-Bild-Schaltung auf das Smartphone
> ➤ **Gebäudekontrolle**: Digital gesteuerte Türen, Tore, Fenster und Jalousien
> ➤ **Haushaltsgeräte:** Digital gesteuerte Kühlschränke, Spülmaschinen, Mikrowellen, Kaffeemaschinen, Waschmaschinen, Trockner
> ➤ **Multimedia & Entertainment**: Smartphones, Tablets, Internet-TV, VR-/AR-Geräte, digital gesteuerte Musikboxen, andere Entertainmentgeräte
> ➤ **Lebensmittel:** Lebensmittelverpackungen mit Computerchips für vereinfachte Haltbarkeitskontrolle und Nachbestellungen

> **Dash Buttons/Bestellbuttons:** Vernetzte Knöpfe für Nachbe-
stellungen bestimmter Lebens- und Haushaltsmittel
> **Intelligente Assistenten:** Alexa, Siri, Google, Cortana
> **Bildschirme:** Sekundärnutzung von Flächen im Haushalt als
Bildschirm, zum Beispiel Spiegel, Tische, Küchenplatten
> **3-D-Drucker:** »Heimfabrik« für eine breite Palette an Objekten
> **Sonstiges:** Computerchips in praktisch allen Haushaltsgegen-
ständen (zum Beispiel Kleidung, Bücher) für unterschiedlichste
Zwecke, beispielsweise zur besseren Auffindbarkeit

Diese Aufzählung ist sicher nicht vollständig, denn dank der hohen
Innovationskraft im Smart-Home-Bereich werden permanent neue
Anwendungen erfunden. Auch allerlei Skurriles kommt regelmäßig
auf den Markt. In Japan gibt es zum Beispiel seit einiger Zeit smarte
Toiletten. Wer sich darauf erleichtert hat, kann per Smartphone die
Intensität der Toilettenspülung kontrollieren.[276] Eine andere Erfindung, auf die die Welt bestimmt nicht gewartet hat: Eierhalter mit
eingebauten Sensoren. Der Besitzer des smarten Eierhalters hat somit von jedem Ort der Welt den Überblick darüber, wie viele Eier
sich im Kühlschrank befinden.[277]

Welche der vielen kreativen Applikationen wirklich nutzen-
stiftend sind, wird sich mit der Zeit zeigen. Das beste Verkaufsar-
gument, um Kunden von Smart-Home-Produkten zu überzeugen,
ist bisher die Senkung des Stromverbrauchs. Wie eine Studie der
Investment Bank Goldman Sachs zeigt, liegen Stromeinsparungen
durch Smart-Home-Produkte im Bereich Heizung und Kühlung
bei über 40 Prozent, bei Beleuchtungen sogar bei bis zu 80 Prozent.[278] Es lohnt sich daher für jeden Verbraucher, sich näher mit
Smart-Home-Lösungen auseinanderzusetzen.

Amazons Einblick ins Schlafzimmer

Je mehr vernetzte Geräte und Sensoren wir in unseren eigenen
vier Wänden installieren, desto verletzlicher werden wir gegenüber

Überwachung. Starke Bedenken wurden erstmals laut, als Google den Thermostat-Hersteller *Nest* kaufte, und damit seine Datensammelwut auf das Zuhause seiner Kunden ausweitete. Wie kein anderes Smart-Home-System aber hat Amazons *Echo* die Datenschützer alarmiert. Ein Redakteur der *Zeit* legte Amazon anlässlich der Vorstellung von *Echo Look* folgenden Satz in den Mund: »Wir sind ein riesiges, datenverarbeitendes US-Unternehmen, dessen Clouddienste sogar von Geheimdiensten genutzt werden, und möchten gerne eine Kamera mit Mikrofon und Internetanschluss in Ihrem Schlafzimmer aufstellen.«[279] Skepsis ist durchaus angebracht. Amazon speichert alle aufgezeichneten Gespräche und Fotos dauerhaft auf seinen Servern und nutzt sie als Trainingsdaten für die Verbesserung der eigenen Software. Zu welchen anderen Zwecken die Daten zukünftig verwendet werden, weiß niemand genau. Bekannt ist, dass Amazon den amerikanischen Behörden zur Aufklärung eines Mordfalls nach anfänglicher Weigerung Zugriff auf die Daten eines Nutzers gegeben hat.[280] Es ist zu hoffen, dass diese Praxis trotz gegenteiliger Beteuerungen nicht auf minderschwere Vergehen ausgedehnt wird. Damit wäre der Weg in Richtung Überwachungsstaat bereitet. Zu hoffen ist auch, dass Amazon & Co. es tatsächlich schaffen, ihr System dauerhaft vor Hackerangriffen zu schützen. Die Vorstellung, dass Geheimdienste oder Kriminelle in das System einbrechen und Echo als versteckte Wanze nutzen, ist äußerst unangenehm.

Ein Szenario des Smart Home im Jahr 2030

Wir sind gerade am Anfang eines Prozesses, der nach und nach unsere Wohnungen und Häuser vollständig durchdringen wird. Ein Blick ins Jahr 2030 hilft zu verstehen, was sich daraus entwickeln könnte. Der Protagonist in unserem Szenario heißt Hannes und bewohnt mit seiner Frau Laura und dem gemeinsamen Sohn Emil ein Einfamilienhaus mit Garten.

Es ist 6:30 Uhr an einem kalten Frühlingsmorgen. Eine halbe Stunde bevor der Wecker klingelt, erwacht das Smart Home. In

Wohnzimmer, Küche und Bad wird die Heizung hochgefahren, bis die Raumtemperatur wieder angenehme 21 Grad erreicht hat. Ab 6:45 Uhr wird im Schlafzimmer des Paares allmählich das Licht hochgedimmt, um den Prozess des Aufwachens zu erleichtern. Drei Minuten vor 7:00 Uhr setzt sich die Kaffeemaschine in Gang und braut zwei Tassen herrlich duftenden Cappuccino. Als im Schlafzimmer von Hannes und Laura um 7:00 Uhr der Wecker klingelt, fahren alle Jalousien gleichzeitig hoch. Hannes schlurft müde in die Küche und sagt »Alexa, spiel ›Happy‹ «. Laura freut sich, als sie in den Raum kommt und den alten Song aus den ersten Tagen ihrer Bekanntschaft hört. Das Paar trinkt gemeinsam ihren Cappuccino, dann läuft Hannes ins Bad, wo die Fußbodenkacheln auf angenehme 28 Grad angewärmt sind. Nach dem Duschen rasiert er sich und wirft dabei einen Blick auf die neuesten Schlagzeilen, die im Badezimmerspiegel eingeblendet werden. Laura weckt währenddessen den 13-jährigen Emil. Am Schrank des Kindes ist ein hauchdünnes Display angebracht, das basierend auf der Wettervorhersage einen Vorschlag für die Kleiderauswahl trifft. Laura legt Emil seine Kleider hin, der heute ausnahmsweise mit den Vorschlägen zufrieden ist. Während Laura im Bad ist, deckt Hannes den Frühstückstisch. Der Kühlschrank realisiert anhand der Microchips in den Lebensmittelverpackungen, dass Hannes die letzte Milch entnommen hat und andere Lebensmittel zur Neige gehen. Auf einem Display auf der Vorderseite des Kühlschranks erscheint sofort eine automatisch generierte Einkaufsliste und Hannes bestätigt den Bestellvorschlag. Zudem erscheint eine Warnmeldung, dass die Eierpackung heute ihre Haltbarkeitsgrenze erreicht hat. Hannes gibt daher die restlichen Eier in eine Pfanne und aktiviert einen mit Kamera ausgestatteten Roboterarm in der Küchenzeile, der das Ei anrührt. Nur etwas Speck und Tomaten muss Hannes eigenhändig schneiden und dem Rührei beimischen. Um 7:25 Uhr sitzt die Familie am Frühstückstisch und beobachtet die Nachbarskatze im Garten, die hektisch davonspringt, als plötzlich die Sprinkleranlage angeht. Offensichtlich haben mehrere Sensoren gemeldet, dass der Boden im Blumenbeet in den letzten Tagen ausgetrocknet ist. 20 Minuten später sind alle in Aufbruchstimmung, nur Emil findet seinen rechten Schuh nicht. Zum Glück ist der Schuh wie fast alle anderen Kleidungsstücke im Haus mit einem Microchip ausgestattet. Emil ortet seinen Schuh per Smartphone hinter dem Sofa und schafft es gerade noch pünktlich vor die Haustüre, wo bereits der autonome Schulbus angefahren kommt. Beide Elternteile nehmen das nächste freie autonome Fahrzeug zur Arbeit.

Mittwoch ist der Wochentag, an dem Hannes nachmittags Homeoffice macht und auf Emil aufpasst. Als beide zu Hause eintreffen, ist die Putzhilfe gerade dabei, das Haus zu verlassen. Sie hatte am Vormittag per Fingerabdruck die Haustüre geöffnet, nachdem Hannes das Sicherheitssystem per App für sie freigeschaltet hat. Sie beschwert sich, dass die Batterie des Bodenwischroboters nicht mehr richtig funktioniert und sie daher nicht alle Aufgaben habe erfüllen können. Immerhin habe sie es gerade noch geschafft, die morgendliche Lebensmittelbestellung in den Kühlschank zu räumen, die ein auf dem Gehsteig rollender Amazon-Roboter direkt in die gekühlte Postbox vor dem Haus geliefert hat. Nach dem Mittagessen zieht sich Hannes in sein Arbeitszimmer zurück und zieht seine Augmented-Reality-Brille auf – die AR-Kontaktlinsen stören ihn häufig im Auge. Danach aktiviert er die Multiscreen-App, die sechs Computerbildschirme vor seinen Augen aufpoppt – so hat er alle wichtigen Programme gleichzeitig im Blick, unter anderem eine App, die Emil in seinem Zimmer beobachtet. Emil arbeitet fleißig an seinen Hausaufgaben.

Um 17:00 Uhr macht Hannes Feierabend. Gegen Nachmittag ist es richtig warm geworden, also bittet er Alexa, die Bedeckung des Swimmingpools herunterzufahren und Emil aus seinem Zimmer zu rufen. Fünf Minuten später eröffnen Vater und Sohn die Poolsaison. Nach dem Schwimmen gehen Hannes und Emil auf die kleine Golfübungsfläche im Garten und üben kurze Annäherungsschläge aufs Grün. Hannes hat seine AR-Brille aufgezogen und versucht mit seinen Armen den virtuell angezeigten Armbewegungen des digitalen

Golftrainers zu folgen. Als Hannes und Emil wieder das Haus betreten, entdecken sie erstaunt, dass der Ofen läuft. Offensichtlich ist Laura auf dem Heimweg und hat per Smartphone die ersten Vorbereitungen zum Kochen getroffen.

Um 19:30 Uhr sitzt die Familie beim Abendessen. Hannes hat eine Überraschung für Emil. Weil der Sohnemann seine Hausaufgaben so brav gemacht hat, hat Hannes für 10 Euro das CAD-Design eines Formel-1-Spielzeugautos auf einer Online-Plattform erstanden. Er startet per Handy den 3-D-Drucker im Keller, was dazu führt, dass Emil nicht mehr auf seinem Platz zu halten ist. Zu gerne beobachtet er, wie seine Spielzeuge im 3-D-Drucker entstehen. Nach dem Essen aktiviert Laura ihren neuen humanoiden Haushaltsroboter iHelp und drückt ihm die Mülltüte in die Roboterhand. iHelp läuft langsam los und erledigt eine der ersten Aufgaben, die Laura ihm beigebracht hat: Haustüre per *Machine-to-Machine-Communication* öffnen, Auffahrt herunterlaufen und Müll in die Tonne schmeißen.

Um 22:00 Uhr schicken Hannes und Laura Emil ins Bett. Dann räumen sie die Spülmaschine ein, die in der Nacht irgendwann automatisch starten wird, wenn die Strompreise am niedrigsten sind. Schließlich setzen sie sich noch eine Weile mit ihren VR-Brillen aufs Sofa und machen einige virtuelle Besichtigungstouren in verschieden Alpenchalets, die zum Verkauf stehen. Dann gehen die beiden ins Bett. Nachdem die Bewegungsmelder über fünf Minuten keine Bewegungen mehr im Haus registriert haben, geht im Haus von alleine überall das Licht aus.

41. Sexualität

Die totale sexuelle Aufklärung

Als ich 14 Jahre alt war, kursierten in meiner Klasse die ersten Pornofilme auf gebrannten CD-Roms. Heute kann jeder Fünftklässler, der ein Smartphone besitzt, mit zwei Klicks in die Welt der Pornografie eintauchen. Eine einfache Suchanfrage nach »Porno« bei Google reicht, um direkt auf Angebote verwiesen zu werden, die nicht einmal eine Altersabfrage anzeigen. Dank des einfachen, aus Elternsicht kaum kontrollierbaren Zugangs zu Pornografie sehen Heranwachsende die Kenntnisse der exotischsten Sexualpraktiken, bevor sie selbst das erste Mal sexuell aktiv sind. Angesichts des frühen Pornokonsums wird häufig vorgebracht, er führe zu Leistungsdruck beim Sex, zur Betrachtung von Frauen als reine Sexualobjekte, zu höherer Aggressivität im Bett und allgemein zu einer verfrühten sexuellen Aktivität. Diverse Studien zeichnen ein weniger einseitiges Bild der Realität. Die meisten Jugendlichen können zwischen den von Profis gespielten Pornoszenen und dem echten Leben differenzieren. Nur bei einem kleinen Teil der Jugendlichen sind die Bedenken zutreffend.[281] Auch der Mythos des immer früheren ersten Mals ist nicht zutreffend. Deutsche haben im Schnitt erstmals mit 17,2 Jahren Sex – und damit nicht früher als noch in den 80er- oder 90er-Jahren.[282] Der wichtigste Unterschied zu früher ist, dass Jugendliche heute mit einer sehr guten sexuellen Aufklärung heranwachsen. Pornografie spielt dabei nur teilweise eine Rolle. Antworten zu allen nur denkbaren sexuellen Fragen liefern insbesondere Online-Magazine, Blogs, Videos und Foren. Diese totale Aufklärung hilft, sich in bestmöglicher Weise auf eine Zukunft einzustellen, in der sich beim Thema Sexualität ganz neue Dimensionen auftun werden.

Die Evolution des Fernsex: Telefonsex, Skypesex, Teledildonics

Eine interessante Dimension zukünftiger Sexualität sind zum Beispiel digitale Sextoys, mit deren Hilfe Menschen aus der Ferne miteinander Sex haben – oder zumindest masturbieren können. Man umschreibt diese Technologien auch mit der faszinierenden Wortkreation *Teledildonics*. Eine relativ simple Variante von Teledildonics sind Vibratoren, »Vibro-Eier« oder Stimulationspolster für Frauen, die aus der Ferne per App gesteuert werden können. Ein Bekannter von mir erzählte mir kürzlich von einem kleinen »Sexperiment«, bei dem seine Freundin während eines gemeinsamen Abendessens im Restaurant eines dieser Sextoys genutzt habe, das er wiederum mit seinem Smartphone kontrollieren konnte. Der Restaurantbesuch sei wohl sehr lustig gewesen – ein anregendes Präludium für die folgenden Stunden. Dies nur als kleine Anekdote am Rande, falls Sie sich fragen, wie Teledildonics denn in der Praxis funktionieren könnten.

Einen Schritt weiter gehen Geräte, mit denen die sexuelle Stimulation durch den Partner simuliert wird. Ein Beispiel sind die Geräte *Pearl and Onyx* der Firma Kiiroo. *Pearl* ist ein Vibrator für »Sie«, *Onyx* ein Masturbator für »Ihn«, ein schlauchartiger Gegenstand mit beweglichen Ringen im Inneren. Bewegungen des einen Partners können jeweils vom anderen Partner nachvollzogen werden. Pearl und Onyx sind für Fernbeziehungen gedacht, aber auch zum Konsum von einer speziellen Form von Pornografie. Bei letzterem Anwendungsfall werden die Bewegungen der Akteure auf dem Sextoy simuliert. Einige Webseiten, die Webcam-Pornografie anbieten, ermöglichen sogar eine Live-Interaktion mit einem Webcam-Model über Teledildonics. Je nach Modus können entweder der Kunde, das Webcam-Model oder beide das Sextoy des Gegenübers kontrollieren. Sogar soziale Dating-Netzwerke, die auf Teledildonics basieren, sind künftig denkbar.

Der vielzitierte Branchenreport *Future of Sex* geht davon aus, dass bis zum Jahr 2028 ein Viertel aller jungen Menschen bereits eine Fernsexerfahrung mit digitalen Sextoys erlebt haben wird. Zudem wird prognostiziert, dass bis zum Jahr 2025 Teledildonics mithilfe 3-D-gedruckter Geschlechtsorgane des eigenen Partners möglich sein werden.[283] Wer sich in einer Fernbeziehung nach der Nähe seines Partners sehnt, aber nur wenig mit 3-D-gedruckten Geschlechtsorganen anfangen kann, für den gibt es vielleicht ein anderes digitales Tool der Wahl: Kopfkissen und Armbänder, die den Herzschlag des Partners übertragen.[284]

Virtual-Reality-Pornografie und Sex im Cyberspace

Die Pornoindustrie arbeitet mit Hochdruck daran, Sex so lebensnah wie möglich über 3-D-Brillen erlebbar zu machen. Viele Pornos werden heute schon aus der sogenannten *Point-of-View*-Perspektive gefilmt – das bedeutet, dass das Geschehen aus der Sicht eines Darstellers mithilfe von VR-Kopfkameras aufgenommen wird. Wer einen solchen Film mit einem VR-Headset anschaut, hat also das Gefühl, er sei mitten im Geschehen – erst recht, wenn VR und Teledildonics miteinander kombiniert werden. Da bei Point-of-View-Aufnahmen üblicherweise die Perspektive des Mannes eingenommen wird, sind diese Art von Filmen für die meisten Frauen allerdings eher »abtörnend«, wie es *Spiegel-Online*-Redakteurin Angela Gruber im Tech-Podcast »Netzteil« formulierte.[285] Spannender sind da unter Umständen die aufwendigeren Produktionen mit mehreren Kameras im Raum, die dem Betrachter einen größeren Perspektivenspielraum ermöglichen. Wer es besonders realitätsgetreu mag, kann sich auf verschiedenen Webseiten mit seiner VR-Brille als Zuschauer in VR-Live-Sex-Shows einklinken. Mittelfristig ist davon auszugehen, dass VR-Pornografie auch über holografische 3-D-Darstellungen im freien Raum abgespielt werden kann, sodass Pornografie aus jedem beliebigen Winkel erlebbar wird.[286]

Mit zunehmender Verbesserung der VR-Technologie wird auch Cybersex in computergenerierten Welten wie *Second Life* oder *Red Light Center* an Bedeutung gewinnen. Hier können Nutzer individuelle Avatare kreieren und mit anderen Mitspielern verkehren. Dabei können sie erotischen Fantasien freien Lauf lassen, sich dem Sadomaso hingeben, Sex mit Fantasiewesen haben oder den eigenen Avatar ins andere Geschlecht umwandeln. Dank verbesserter VR-Technologie wird es auch zunehmend möglich sein, Berührungen mit anderen Spielern auszutauschen. Die eigenen Hände können bereits heute mit Gestenerkennung in die virtuelle Realität übertragen werden; Berührungen anderer Spieler können über spezielle Anzüge auf den eigenen Körper zurückübermittelt werden. So verschwimmen die Grenzen zwischen virtuellen und realen sexuellen Erfahrungen.

Sexpuppen und Sexrobotor: allzeit bereit und immer geil

Sex mit einer VR-Brille auf der Nase ist nicht jedermanns Sache. Eine Alternative sind die immer lebensechteren Sexpuppen, die vor allem von Herstellern in Japan und Kalifornien gefertigt werden. Sie haben mit den schnöden aufblasbaren Sexpuppen der Vergangenheit nichts mehr zu tun. Die Rede ist von hochwertigen Silikonpuppen im Wert von mehreren Tausend Euro. Das Aussehen der künstlichen Begleiter kann ganz auf individuelle Vorlieben abgestimmt werden: Hautfarbe, Haarfarbe, Körpergröße, Brustgröße und sogar Typ von Brustwarze und Schamhaar sind frei konfigurierbar. Noch ist die Nutzung von Sexpuppen ein Nischenphänomen, das besonders in Japan zu beobachten ist. Circa 2000 hochwertige Silikonpuppen gehen dort jährlich über den Ladentisch.[287] Über die nächsten Jahre wird sich die Zielgruppe erweitern, da Sexpuppen mit immer mehr Technik ausgestattet werden und sich Schritt für Schritt in humanoide Sexroboter wandeln. Schon heute sind laut unterschiedlichen Studien mindestens 9 Prozent der männlichen Bevölkerung bereit, sich einen Sexroboter zu kaufen.[288] Erste weibliche Puppen wie Roxxxy der Firma True Companion sind bereits auf dem Markt, erste männliche Puppen sind in der Entwicklung. Roxxxy kommt mit fünf programmierten Persönlichkeiten, darunter die abenteuerlustige »Wild Wendy«, die schüchterne »Frigid Farrah« und die lernwillige »Young Yoko«. Der Hersteller verspricht: »Roxxxy redet mit Dir, hört Dir zu und fühlt Deine Berührungen. Sie kann sogar einen Orgasmus haben.«[289] Für die meisten Leser dürften die elektronische Stimme und die abgehackten Kopfbewegungen der Puppe jedoch wenig erotisierend wirken. Doch Sexroboter werden sich rasant verbessern. Dank künstlicher Intelligenz werden sie über sexuelle Präferenzen, aber auch über Börsenkurse sprechen können. Mit optischen Sensoren und Stimmerkennung werden sie menschliche

Emotionen entschlüsseln. Auf Basis von Machine Learning werden sie sich optimal auf die sexuellen Vorlieben ihrer Besitzer einstellen – und diese dank verbesserter Robotik immer besser befriedigen. Vor diesem Hintergrund ist es durchaus möglich, dass Sexrobotor in absehbarer Zukunft ihren Besitzern ein physisches Erlebnis von Sex vermitteln, dass dem Sex mit einem menschlichen Partner in nichts nachsteht.[290]

Welche Konsequenzen hat Robotersex auf unser Liebesleben? Die Fürsprecher der Sexmaschinen glauben, dass sie dabei helfen könnten, Prostitution einzudämmen. In Barcelona hat vor Kurzem das erste Sexpuppenbordell namens »Lumi Dolls« eröffnet und es wird interessant zu sehen, wie gut das Angebot langfristig angenommen wird. In den eigenen vier Wänden könnten Roboter besonders denjenigen Menschen ein Sexualleben ermöglichen, die alleinstehend sind und keinen Partner finden.

Kritiker befürchten, dass Robotersex zu einer Verrohung in der zwischenmenschlichen Sexualität führen könnte. Frauen würden zunehmend zu sexuellen Objekten degradiert. Die US-Forscherin Kathleen Richardson hat sogar eine Kampagne gegen Sexroboter ins Leben gerufen und fordert einen Entwicklungsstopp. Ihre Hauptsorge beim Liebesspiel mit den Robotern: »Es lässt die Idee zu, menschliche Beziehungen seien optional und alle Bedürfnisse könnten von Maschinen gestillt werden. Aber das stimmt nicht. Man braucht andere Menschen.«[291] Andere wiederum stehen dem Thema gelassener gegenüber. David Levy zum Beispiel, KI-Experte und Autor des Buchs *Love & Sex with Robots* sieht Sexroboter nicht als Ersatz für menschliche Liebesbeziehungen, sondern eher als Alternative und Ergänzung. Die Frage sei, ob keine Beziehung zu haben besser sei als eine Beziehung mit einem Roboter.[292] Die Sex-Forscherin Dr. Trudy Barber schließlich gibt der Thematik einen Twist, der einen optimistisch in unsere sexuelle Zukunft blicken lässt: »Maschinensex wird Menschen dazu befähigen, noch stärker echten Sex wertzuschätzen.«[293]

42. Smart Health

Am Thema Smart Health zeigt sich, wie alle zehn Technologie-trends, die wir in diesem Buch besprochen haben, in einem einzigen Lebensbereich Anwendung finden können:

> ➤ Das **Internet of Things** beschert uns Wearables zum Aufzeich-nen unserer Vitaldaten.
> ➤ Aus der Flut persönlicher Gesundheitsdaten können wir dank **Big-Data**-Analysemethoden interessante Erkenntnisse ziehen.
> ➤ **Virtual Reality** visualisiert Lerninhalte für Medizinstudenten.
> ➤ Bei Operationen werden mit **Augmented Reality** zusätzliche Daten ins Sichtfeld von Chirurgen eingeblendet.
> ➤ **3-D-Drucker** produzieren künstliche Organe.
> ➤ Patientendaten können in der **Blockchain** in einer einheitlichen Krankenakte verschlüsselt abgespeichert werden.
> ➤ Software mit **künstlicher Intelligenz** gibt ärztliche Behand-lungsempfehlungen ab.
> ➤ **Roboter** assistieren in Pflegeeinrichtungen.
> ➤ Forscher im Bereich der **Nanotechnologie** schicken Nanobots in unsere Blutbahnen.
> ➤ Dank **Biotech** können wir unseren DNA-Code sequenzieren und editieren.

Einige dieser Aspekte haben wir bereits in vorherigen Kapiteln the-matisiert, andere werden wir in diesem Kapitel vertiefen.

Roboter am Skalpell

Das untere männliche Becken ist ein beengtes Operationsgebiet. Prostata, Enddarm, Harnröhrenschließmuskel, Erektionsnerven und Blutgefäße liegen nah beieinander. Bei einer Prostataoperation waren früher Schäden an den umliegenden Nerven kaum zu ver-meiden. Viele Männer verloren nach der Operation ihre Potenz und

wurden inkontinent. Heute operiert auf fortschrittlichen Chirurgie-
stationen kein Arzt mehr direkt an der Prostata. Stattdessen vertraut
man diese sensible Aufgabe lieber einem Roboter an. Zwar steuert
der Chirurg den Roboter, doch er bedient die Roboterwerkzeuge
aus mehreren Metern Entfernung über eine Steuerkonsole. Dort legt
er seinen Kopf in eine Vertiefung in der Konsole, wo er auf einem
Bildschirm 3-D-Bilder aus dem Becken des Patienten in bis zu 40-fa-
cher Vergrößerung sieht. Mit einem Joystick lenkt der Arzt Greifzan-
ge, Schere und Nadel. Dabei entspricht ein Zentimeter Bewegung an
der Konsole einem Millimeter im Körper des Patienten. Das Zittern
der Hand wird von der Software automatisch ausgeglichen. So kann
der Chirurg einen präzisen Eingriff sicher vornehmen, ohne umlie-
gendes Gewebe zu beschädigen.[294]

Dies ist nur eines von vielen Beispielen für den Vormarsch von
Robotern in der Medizin. Ein zweites wichtiges Anwendungsfeld für
Roboter ist die therapeutische Betreuung in Kinderkrankenhäusern
und Pflegeheimen. Zum Beispiel ist in über 700 Einrichtungen weltweit der 57 Zentimeter große, humanoide Roboter *NAO* im Einsatz.
Er ist der im Gesundheitsbereich am meisten verbreitete Roboter
seiner Art. NAO kann tanzen, singen und Kindern mit blinkenden
Augen eine bevorstehende Behandlung erklären. Nao kann auch
demenzkranke Menschen unterhalten – wie etwa im Seniorenpfle-
gezentrum Wervebos bei Gent. Viele Bewohner der Einrichtung reagieren auf den kleinen Roboter wie auf ein Kind oder einen Hund.
In seiner Anwesenheit blühen sie regelrecht auf. Manchmal verra-
ten die älteren Herrschaften dem Roboter sogar Dinge, die sie den
Pflegern nicht anvertrauen würden – zum Beispiel, dass sie ihre Ta-
bletten nicht einnehmen. Ein besonderer Clou der Robotertherapie
ist, dass Pfleger den Roboter via Tablett aus einem Nebenzimmer
steuern können, sodass die Interaktion auch einen therapeutischen
Mehrwert hat.[295]

Den größten medizinischen Einfluss könnten in den nächsten
Jahrzehnten jedoch die kleinsten Roboter haben – Nanobots in
unseren Blutbahnen. Als Medikamententaxi könnten sie Wirkstoffe

zielgenau an einen bestimmten Behandlungsort im Körper abladen oder als Körperpolizei schädliche Zellen zerstören (s. Kapitel 37)

Der Arzt grüßt per Videokonferenz

Immer mehr Deutsche greifen zum Smartphone, um Bücher zu bestellen, sich Essen liefern zu lassen oder ein Bankkonto zu eröffnen. Eine ärztliche Behandlung in Anspruch zu nehmen, war auf diesem Wege bisher schwierig. In anderen Ländern ist die *Telemedizin* schon deutlich weiter. In Schweden und anderen europäischen Ländern ermöglicht das Start-up *KRY* Arzttermine per Videokonferenz. Es richtet sich an Patienten, die keine körperliche Untersuchung vor Ort brauchen. 60 Prozent der 100 häufigsten hausärztlichen Diagnosen, so behauptet das Start-up, können via Videogespräch erstellt werden. Vor der virtuellen Sprechstunde müssen die Patienten einige Informationen zu ihren Symptomen in der Anmeldemaske der App eingeben und gegebenenfalls Bilder in das System hochladen. Während des Telefonats erhalten die Patienten dann die Diagnose, medizinische Beratung, Rezeptverschreibungen oder eine Überweisung an einen präsenten Arzt. Auf Wunsch können Patientendaten auch mit anderen Ärzten und Therapeuten geteilt werden. Der Service, der für 31 Dollar pro Videokonsultation angeboten wird, trifft auf steigenden Zuspruch. In Schweden arbeitet KRY bereits mit über 200 Ärzten zusammen und wickelte über 1 Prozent aller Arzttermine ab.[296]

Der amerikanische Telemedizin-Anbieter *American Well* ist deutlich weiter und hat bereits Millionen Kunden. Die Patienten konsultieren Ärzte, die Hunderte Kilometer von ihrem Zuhause entfernt sind. Die *Allianz*-Versicherung findet das Modell so vielversprechend, dass sie Anfang 2018 knapp 60 Millionen Dollar in das Unternehmen investiert hat.[297]

Dass die Telemedizin in Deutschland im Vergleich zu anderen Ländern noch kaum verbreitet ist, kann nur verwundern, denn der Mehrwert dieser Angebote ist überzeugend. Patienten, die keine aufwendige Untersuchung benötigen, sparen viel Zeit. Ältere Menschen, die weniger mobil sind, kommen leichter an ärztlichen Rat. Und der Angestellte, der unter der Woche nicht die Zeit hat, zwischen 9:00 und 17:00 Uhr zum Arzt zu gehen, kann sein Rezept auch vom Arbeitsplatz aus anfordern. Zwar gibt es in Deutschland schon erste telemedizinische Angebote, doch ihr Nutzen ist bislang sehr eingeschränkt, da eine Fernbehandlung jeweils vorher und nachher durch einen persönlichen Kontakt ergänzt werden muss.

Das soll sich jetzt ändern. Die Landesärztekammer Baden-Württemberg hat bereits die persönliche Kontaktpflicht für ein Pilotprojekt ausgesetzt. Zudem erwartet die bayerische Ärztekammer, dass auf dem Ärztetag im Mai die Regeln für Videosprechstunden bundesweit gelockert werden. Diese Entwicklung lasse sich nicht mehr aufhalten, heißt es von der Kammer.[298] Und das – so muss man aus Patientensicht sagen – ist auch gut so.

Die Selbstvermesser

Mit Zahlen und Kurven zu einem gesünderen Leben finden. Schlanker, fitter und ausgeschlafener sein. Einblick in die eigenen Verhaltensmuster bekommen. Das sind die typischen Ambitionen der *Quantified-Self*-Bewegung, die im Jahr 2009 von einigen Tech-Enthusiasten in Kalifornien ins Leben gerufen wurde. Wie ein Lauffeuer hat sie sich seitdem rund um den Erdball verbreitet. Gemessen werden die tägliche Anzahl Schritte, Schlafqualität, Puls, Kalorienverbrauch, die eigene Stimmung und vieles mehr. Manche Selbstvermesser gehen so weit, sogar Daten aus ihren eigenen Exkrementen zu erheben, um Informationen zu ihrer Ernährung zu gewinnen. Ist der PH-Wert im Urin zu hoch? Sollte man mehr basische Lebensmittel zu sich nehmen, um einer Übersäuerung im Körper vorzubeugen? Es gibt praktisch nichts, was nicht gemessen werden kann.

Befeuert wird der Trend durch die zunehmenden Möglichkeiten zur Erhebung persönlicher Daten. Mit den modernen Smartphones besitzen die meisten Menschen ein Gerät, das mit seinen Lage- und Beschleunigungssensoren, GPS und Mikrofonen weit mehr kann, als nur Schritte zu zählen. Die App *Parkinson mPower* zum Beispiel registriert über die Smartphonesensoren Schwankungen beim Gehen, Unregelmäßigkeiten beim Sprechen und leichtes Zittern bei der Bedienung des Telefons. Und Samsung-Galaxy-Telefone machen es möglich, mit einem Herzfrequenzsensor den Puls zu messen. Der Sensor nutzt eine LED-Lampe neben der Kamera, die den Finger durchleuchtet. Gleichzeitig misst eine Fotodiode die Farbveränderung des Blutes in den Adern bei jedem Herzschlag. Neben Smartphones helfen natürlich noch eine ganze Reihe weiterer Geräte beim *Self-Tracking*: Sensoren in Matratzen und Kissen messen unsere Schlafqualität, spezielle Thermometer helfen Frauen bei der Überwachung ihres Zyklus und *Wearables* wie die Apple Watch oder Fitnessarmbänder halten unsere Vitaldaten fest. Google hat sogar ein Armband patentieren lassen, das bestimmte Partikel im Blut erkennen kann und dadurch bei der Früherkennung von Krebs helfen soll.[299]

Die Nutzer von Wearables, Gesundheitsapps und medizinischen Messgeräten lassen sich leicht von Daten und Statistiken faszinieren. Daraus resultiert natürlich nicht automatisch ein besseres und gesünderes Leben. Gerade aus medizinischen Messdaten ergeben sich relevante Erkenntnisse erst, wenn man sie über einen längeren Zeitraum misst. Dafür müssen die User ausreichend Disziplin mitbringen oder eine Anwendung nutzen, die möglichst automatisch funktioniert. Die Interpretation der Daten ist eine zusätzliche Herausforderung. Was die Ursache bestimmter körperlicher Probleme ist – etwa eines erhöhten Blutdrucks, den man täglich mit einem vernetzten Blutdruckgerät misst – und welche Verhaltensänderungen tatsächlich für gesundheitliche Fortschritte verantwortlich sind, können nur Fachleute korrekt analysieren. Bei vielen Anwendungen steht aber weniger der Erkenntnisgewinn im Vordergrund; sie dienen vielmehr als digitaler Motivator, der dem Nutzer eine Lebensführung nach dem Credo »Bewege dich mehr und lebe gesund«

erleichtert. Aus diesem Grund sind Fitnesstracker auch für Kranken- und Lebensversicherungen interessant. Immer mehr Versicherungen bieten ihren Kunden Beitragssenkungen an, wenn diese sich nachweislich bewegen. Verschiedene Umfragen belegen, dass die Kunden solchen Angeboten gegenüber offen sind: Über ein Drittel der Menschen sind grundsätzlich bereit, Quantified-Self-Daten mit der Versicherung zu teilen, wenn sie im Gegenzug Vorteile erhalten.[300][301]

Die Zukunft für Quantified-Self-Anhänger ist verheißungsvoll. Der nächste große Bereich ist die digitale Selbstvermessung der Gefühle. Über Parameter wie Herzfrequenz, den elektrischen Leitungswiderstand der Haut oder die Sprachamplitude lassen sich Rückschlüsse über den emotionalen Zustand von Menschen gewinnen. In Betrieben wie der Glasmanufaktur *Saint-Gobain Sekurit* in Herzogenrath wird bereits auf Emotionserkennungstechniken gesetzt. Die Software eines externen Anbieters wertet freiwillig eingereichte Sprachproben von Mitarbeitern aus, um deren Stressniveau zu erkennen und frühzeitig Rückschlüsse auf die potenzielle Burn-out-Gefahr von Mitarbeitern ziehen zu können.[302]

Der ganz große Wurf der Selbstanalyse aber werden Messgeräte in unserem Körper sein. Implantate und Nanobots könnten künftig Blutwerte überwachen und uns vor gesundheitlichen Problemen warnen, bevor wir sie überhaupt wahrnehmen.

Bei all den zukünftigen Möglichkeiten, die eigene Gesundheit zu überwachen, muss man sich auch die Frage stellen: Wie viel Self-Tracking ist gesund? Wie schnell wird man durch unverstandene Informationen vom Selbstvermesser zum Hypochonder? Wann wird Wissen zur Belastung? Fragen, die nicht leicht zu beantworten sind und die jeder für sich selbst klären muss. Sicher scheint jedoch selbst für Self-Tracking-Enthusiasten, dass es eine natürliche Grenze des Optimierungsstrebens gibt. Die *Zeit* notiert dazu: »Der Endgegner von Quantified Self ist der Tod.«[303] Immerhin ist es vielleicht ein Trost, dass man auch den eigenen Todeszeitpunkt messen kann – dank *Life Clock*, einer App für die Apple Watch. Sie registriert

Bewegungsdaten des Nutzers, berücksichtigt Angaben zu Schlaf und Ernährung und prognostiziert aus diesen Information die Lebenserwartung immer wieder neu. So könnte das Ergebnis lauten: »Sie haben noch 57 Jahre, 11 Monate, 2 Tage, 5 Stunden und 19 Minuten zu leben. Der Countdown läuft.«

Dr. Watson, wie lautet Ihr Ratschlag?

Der nächste logische Schritt vom Quantified Self ist der Schritt zum *Quantified Us* – und damit zur Auswertung von Big Data im Gesundheitsbereich. Legt man die persönlichen Daten vieler Menschen nebeneinander, ergeben sich weit mehr Erkenntnisse als in der Einzelbetrachtung. Trends und Korrelationen lassen sich einfacher bestimmen, etwa zwischen der sportlichen Aktivität und dem Schlafverhalten. Der Gründer der Quantified-Self-Gruppe in Deutschland, Florian Schumacher, ist gedanklich schon einen Schritt weiter. Er glaubt, dass auf Basis persönlicher Gesundheitsdaten Frühwarnsysteme entstehen können, mit deren Hilfe »Menschen noch vor dem Eintreten ernsthafter Krankheiten Gegenmaßnahmen ergreifen können«.[304] An genau dieser Idee feilt auch das Berliner Start-up *xbird*, das sich das ambitionierte Ziel gesetzt hat, eine Million Menschenleben bis zum Jahr 2020 zu retten. Dabei setzen die Gründer der Firma auf künstliche Intelligenz, die aus Millionen von Datenpunkten von Smartphones, Wearables und medizinischen Geräten Muster erkennt, welche auf eine gesundheitliche Gefährdung hindeuten können.

Ein Unternehmen, das schon lange die Bedeutung künstlicher Intelligenz für den Fortschritt in der Medizin verstanden hat, ist die Firma IBM. Nachdem ihr KI-System *Watson* 2011 in der US-Rätselshow *Jeopardy* seine menschlichen Kontrahenten besiegt hatte, gab IBM dem Supercomputer eine neue Herausforderung: ein intensives »Medizinstudium«. Watson wurde mit Bergen von medizinischer Fachliteratur, Nachschlagewerken, Behandlungsrichtlinien und Patientenakten gefüttert. Herausgekommen ist eine Art medizinischer Superassistent. Innerhalb von drei Sekunden kann er auf 200 Millionen Seiten Text zugreifen und Ärzte im Handumdrehen bei ihren Diagnosen unterstützen. Er vergleicht die Patientendaten, etwa die Bilder aus dem Computertomografen und die Laborbefunde aus der Biopsie, mit Tausenden von ähnlichen Fällen. Dabei berücksichtigt er relevante Literatur und Behandlungsrichtlinien. Die relevantesten Ergebnisse werden dem Arzt unter Angabe der Quellen angezeigt. Zudem macht Watson Vorschläge für weitere Untersuchungen, oder für Fragen, die dem Patienten gestellt werden sollen. Schließlich empfiehlt Watson noch passende Medikamente und kann dabei selbstverständlich auch die Frage beantworten, welche Wechselwirkungen mit den Medikamenten eintreten können. Durch das Feedback der Ärzte lernt das System ständig dazu und merkt sich, welche Quellen sich als nützlich erweisen. Dank seines enormen digitalen Gedächtnisses und seiner schnellen Lernfähigkeit ist es in Summe für Watson viel leichter als für praktizierende Ärzte, auf dem neuesten Wissensstand zu bleiben. Denn selbst für Fachärzte ist es heute zeitlich unmöglich, in ihrem Spezialgebiet alle neuen Studien zu lesen.[305] [306]

IBM hat mittlerweile Daten von Hunderten Millionen Patienten in seiner Datenbank angesammelt und die Erfolge von Watson haben viele andere durch KI und Big Data getriebene Initiativen auf den Plan gerufen.[307] Ein weiteres spannendes Projekt ist zum Beispiel die Initiative *CancerLinQ* der American Society of Clinical Oncology, die sich dem Kampf gegen Krebs verschrieben hat. Ihr Ziel ist es, Daten von jedem Krebspatienten in den USA für analytische Zwecke zu gewinnen und damit Muster zu identifizieren, die zu spannenden neuen Erkenntnissen führen.

Langfristig, so hoffen viele Ärzte und Wissenschaftler, wird die Medizin der Zukunft auf riesigen, gesicherten Cloud-Datenbanken aufgebaut sein, in denen das Genom und die Gewohnheiten von Milliarden Patienten gespeichert sind. So könnten Ärzte bestmöglich Gesundheitsrisiken bestimmen und maßgeschneiderte Therapien entwickeln.

Wenn es einmal so weit ist, dann dürfte die Behandlung von Krankheiten sich nicht mehr nur auf die Linderung der Symptome konzentrieren. Dr. Watson wird irgendwann einen Therapievorschlag auf genetischer Ebene unterbreiten.

43. Autonomes Fahren

Autonom ist erst morgen

Es ist Valentinstag 2016, als es im Örtchen Mountain View, Kalifornien, plötzlich laut an einer Straßenkreuzung knallt. Ein weißer Lexus-SUV hat einen Bus seitlich gerammt. Was auf den ersten Blick wie ein gewöhnlicher Unfall erscheint, ist in Wirklichkeit ein historischer Moment. Erstmals hat ein autonomes Fahrzeug von Google einen Unfall verursacht – trotz eines Fahrers am Steuer, der in Notfall hätte eingreifen sollen. Wie sich später herausstellte, war der Unfallhergang eine Verkettung äußerst unglücklicher Umstände. Das Google-Auto war gerade auf der rechten Fahrbahn einer zweispurigen Straße unterwegs gewesen, als die Sensoren des Wagens hinter einer roten Ampel einige Sandsäcke am Straßenrand entdeckten. Die Google-Software entschied, das Hindernis mit einem Spurwechsel zu umfahren. Nachdem die Ampel auf Grün geschaltet hatte, ließ das Auto einige Fahrzeuge auf der linken Bahn passieren, um sich dann vor einem herannahenden Bus in den Verkehr einzureihen. Dabei kam es zum Unfall. Der Google-Autopilot und der Busfahrer hatten beide fälschlich angenommen, der andere Verkehrsteilnehmer würde ihm den Vortritt gewähren. Weder der Testfahrer von Google noch der Busfahrer konnten schnell genug reagieren, um den Zusammenstoß abzuwenden.[308] Glücklicherweise verletzten sich beim Unfall keine Menschen, doch drei Monate später, Anfang Mai 2016, kam es zum ersten tödlichen Unfall mit einem autonomen Fahrzeug. Ein 40-jähriger Fahrer eines Tesla Model S starb, als sein vom Autopilot gesteuertes Auto unter einen

Lastwagenanhänger raste, der die Straße überquerte. Die Kameras und Sensoren des Tesla hatten im hellen Tageslicht anscheindend die weiße Flanke des Anhängers nicht erkannt und der Fahrer hatte entgegen der klaren Empfehlungen von Tesla seine Hände nicht am Steuer gelassen.

Durch die beiden Unfälle erhielt das tadellose Image autonomer Fahrzeuge erste Kratzer. Noch im Jahr zuvor hatte Google stolz verkündet, dass seine autonomen Fahrzeuge nach 1,6 Millionen absolvierten Testkilometern zwar in 11 Unfälle involviert waren, das selbstfahrende Auto aber bei keinem Unfall der Verursacher gewesen sei.[309] Erfolgsmeldungen wie diese hatten in Teilen der Öffentlichkeit den Eindruck entstehen lassen, dass selbstfahrende Autos fast schon tauglich für den Massenmarkt seien. Doch diese Einschätzung war weit entfernt vom Status quo. Im Jahr 2016 mussten Google-Testfahrer 124-mal aus Sicherheitsgründen oder aufgrund von Softwarefehlfunktionen ins Steuer eingreifen. Das ist eine Quote von einem Eingreifmanöver pro 5000 zurückgelegter Meilen – sicherlich ein beeindruckend geringer Wert, aber eben noch bei Weitem nicht ausreichend, um als Testfahrer guten Gewissens ein Nickerchen am Steuer machen zu können.[310] Bei den »autonomen« Fahrzeugen von heute handelt sich also eher um eine Vorstufe autonomen Fahrens. Die Society of Automotive Engineers (SAE), die eine international anerkannte, fünfstufige Klassifizierung für verschiedene Reifegrade autonomen Fahrens eingeführt hat (siehe unten), spricht von »bedingter Autonomie« (Stufe 3). Bis die »volle Autonomie« (Stufe 5) erreicht ist, bei der Fahrzeuge auch ohne Fahrer bedenkenlos jede Fahrsituation meistern können, müssen die Autopiloten von morgen noch Millionen Kilometer in der Fahrschule verbringen.[311]

Stufe 1: Fahrerassistenz	Der Wagen hilft mit: zum Beispiel durch Anti-Blockiersystem (ABS), Elektronischen Bremsassistenten (EBA) oder Tempomat.
Stufe 2: Partielle Autonomie	Der Wagen fährt mit: zum Beispiel als Autopilot im Stau, auf Landstraßen oder beim Einparken. Der Fahrer muss das Fahrzeug stets überwachen und gegebenenfalls eingreifen.
Stufe 3: Bedingte Autonomie	Der Wagen übernimmt das Fahren in den meisten bekannten Fahrsituationen. Der Fahrer muss weiterhin stets überwachen und gegebenenfalls eingreifen.
Stufe 4: Hohe Autonomie	Der Fahrer kann bedenkenlos lesen oder schlafen. In unbekanntem Terrain muss er noch manchmal das Steuer übernehmen.
Stufe 5: Volle Autonomie	Das omnipotente Fahrzeug. Meistert jede Fahrsituation mit und ohne Insasse.

Sichere Fahrt durch Kombination von Sensordaten

Wenn man bedenkt, dass Fahrschüler in deutschen Städten durchschnittlich 30 bis 40 Fahrstunden bis zum Bestehen der Führerscheinprüfung benötigen, mag man sich kaum ausmalen, wie schwierig es ist, Autos das selbstständige Fahren beizubringen. Autos können weder sehen noch verfügen sie über ein intuitives Verständnis für Umweltsituationen.[312] Um aus den blinden Fahrzeugen verantwortungsvolle Verkehrsteilnehmer zu machen, müssen sie mit modernsten technischen Systemen hochgerüstet werden. Erst die Kombination verschiedener Kamera-, Sensor- und GPS-Daten befähigt die Software des Autopiloten, das Auto sicher über die Straße zu steuern:

**Wie ein autonomes
Fahrzeug funktioniert**

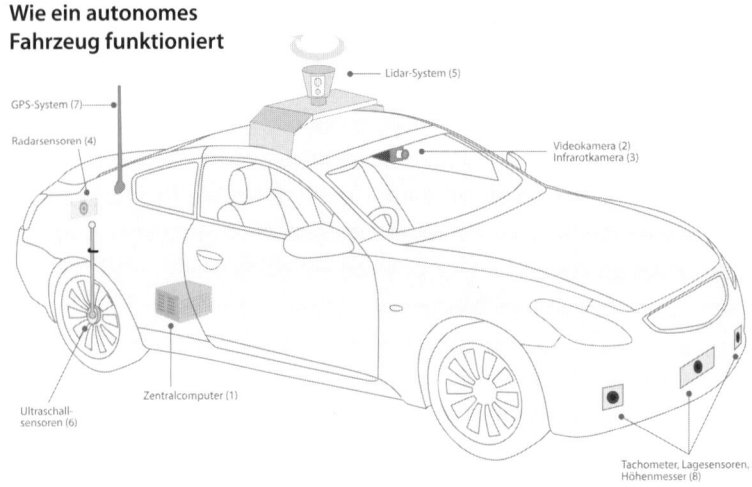

Das »Gehirn« jedes autonomen Fahrzeugs ist der ***Zentralcomputer (1)***. Er analysiert alle Sensordaten und kontrolliert die Steuerung, die Beschleunigung und das Bremsen des Fahrzeugs. Die Software kennt die Straßenverkehrsordnung und muss auch mit den informellen Regeln des Straßenverkehrs umgehen können. Zudem kann die Software auf eine detaillierte Straßenkarte zurückgreifen.

Für die räumliche Wahrnehmung der Fahrzeuge kommt eine Reihe verschiedener Kameras und Sensoren zum Einsatz. ***Videokameras (2)*** in der Windschutzscheibe oder auf dem Dach erkennen andere Verkehrsteilnehmer, Verkehrsschilder, Ampelsignale und Hindernisse auf der Straße. Dabei werden *Monokameras* genutzt, die eine Reichweite von circa 150 Metern haben, aber die Umgebung räumlich nur begrenzt abbilden können. Mindestens eine *Stereokamera* mit nebeneinander angebrachten Objektiven hat daher die Aufgabe, die Entfernung von Objekten zum Auto zu messen. Die visuelle Rundumsicht wird komplementiert durch Kameras mit Fischaugenoptik, die den Nahbereich rund um das Auto erfassen. Da selbst die beste herkömmliche Kameratechnik bei Nacht nur wenig erfasst, werden die Standardkameras durch *Infrarotkameras (3)* ergänzt.[313]

Kameras alleine reichen nicht aus, um ein zuverlässiges 3-D-Modell der Fahrzeugumwelt zu generieren. Daher sind in allen autonomen Fahrzeugen *Radarsensoren (4)* eingebaut, die Gegenstände in einem Abstand von wenigen Zentimetern bis 250 Metern erkennen. Die Sensoren sind vorne, hinten und seitlich am Fahrzeug verbaut (zum Beispiel an den Stoßstangen) und bilden eine elektronische Schutzhülle rund um das Fahrzeug. Ein besonderer Vorteil der Radartechnik ist, dass damit auch die Geschwindigkeit und Bewegungsrichtung der anderen Verkehrsteilnehmer gemessen werden kann. Somit kann das Fahrzeug rechtzeitig die Überholspur verlassen, wenn von hinten ein Porsche mit 250 km/h heranrauscht, oder eine Vollbremsung eingeleitet werden, wenn im Dunkeln ein Reh aus dem Dickicht auf die Straße springt.

Nach einem ähnlichen Prinzip wie das Radar funktioniert auch das *Lidar-System (5) (light detection and ranging)*. Es ist oft als turmartiger Aufbau auf dem Dach der Fahrzeuge angebracht, kann aber auch in Front und Heck installiert werden. Während das Radarsystem reflektierte elektromagnetische Wellen verarbeitet, sendet das Lidar-System Laserimpulse aus und analysiert das zurückgestreute Licht. Das Lidar funktioniert über eine Distanz von 150–200 Metern und erkennt besonders gut Konturen und Straßenmarkierungen. Tesla verzichtet als einziger der großen Hersteller autonomer Fahrzeuge auf dieses System und verlässt sich für die räumliche Wahrnehmung allein auf Kameras und Radar.

Die Distanz von Objekten in der Nähe des Fahrzeugs kann von zahlreichen *Ultraschallsensoren (6)* zentimetergenau ermitteln werden. Sie sind an Stoßstangen und Radkästen angebracht und unterstützen vor allem beim Parken, aber auch bei der Erkennung von Fahrzeugen, Menschen oder Straßenbegrenzungen im toten Winkel. Ein Parkassistent braucht alleine zwölf Ultraschallsensoren.

Die Positionsbestimmung des Fahrzeugs auf der Karte erfolgt über ein *GPS-System (7)*. Oft erlauben die Signale der GPS-Satelliten nur eine metergenaue Positionsbestimmung auf den Karten in der Fahrzeugsoftware. Um die Orientierung des Fahrzeugs zu verbessern, werden die GPS-Daten mit 3-D-Daten aus Kamera-, Radar- und Lidar-System abgeglichen. Zudem fließen Daten vom *Tachometer*, von *Lagesensoren* und *Höhenmesser (8)* in die Berechnung der exakten Fahrzeugposition ein. Was den heutigen Fahrzeugen noch fehlt, zukünftig aber zum Standard gehören wird, ist die *Vernetzung der Fahrzeuge (9)* mit anderen Verkehrsteilnehmern. Sie wird autonomes Fahren noch sicherer und effizienter machen, da die Fahrzeuge sich untereinander abstimmen.

Der lange Weg zur vollen Autonomie: noch 10 000 Probleme

Roboterautos sind auf ihrem jetzigen Entwicklungsstand das Pendant der Straße zum Sonntagsskifahrer auf der Piste. Bei gutem Wetter hui, bei schlechtem Wetter pfui. Viele der bisherigen Softwarefehler von Googles Testfahrzeugen sind auf Regen oder Nebel zurückzuführen, da Kameras und das Lidar-System bei diesen Witterungsbedingungen nicht gut funktionieren. Ein noch größeres Problem ist Schneefall, da die Sicht eingeschränkt ist und die Fahrbahnmarkierungen unter dem Schnee verschwinden. In Summe haben alle Sensorsysteme Vor- und Nachteile. So hat das Radarsystem Probleme, zwischen unterschiedlichen Objekten zu differenzieren. Eine Blechdose kann die elektromagnetischen Strahlen so zurückwerfen, dass sie auf dem Radar wie ein Fahrzeug erscheint. Google-Autos hatten in der Vergangenheit sogar schon Schwierigkeiten, ein Papierknäuel von einem Steinbrocken zu unterscheiden. Autonome Fahrzeuge können daher nur in Serie gehen, wenn es gelingt, durch die richtige Kombination verschiedener Sensorsysteme die Sicherheit des Fahrzeugs auch unter erschwerten Bedingungen zu gewährleisten.[314]

Voraussetzung dafür ist auch besseres Kartenmaterial, was vielleicht überraschen klingt, denn mit Google Earth, Google Maps und Google Streetview scheint die Welt eigentlich ausreichend kartografiert. Doch Roboterautos sind auf noch detailliertere, dreidimensionale Karten angewiesen. Um zuverlässig zu navigieren, muss aus den 3-D-Karten die exakte Positionsangabe zu Straßenschildern, Ampeln, Gebäuden oder Leitplanken hervorgehen, die mit den sensorgenerierten Umweltdaten abgeglichen wird. So können die Fahrzeuge ihre Position zentimetergenau bestimmen. Bisher sind aber nur wenige Straßen so detailliert kartografiert worden. Deshalb werden Hersteller autonomer Fahrzeuge und Kartenanbieter wie Nokias *HERE WeGo* die 3-D-Kartografierung des Straßennetzes über die nächsten Jahre intensiv vorantreiben.

Ungewöhnliche Verkehrssituationen bereiten den Entwicklern heftige Kopfschmerzen. Die größte Unwägbarkeit ist der Faktor Mensch. Autonome Fahrzeuge halten sich strikt an die Verkehrsordnung. Der Mensch versteht Verkehrsregeln bisweilen nur als Empfehlungen. Die Realität sind riskante Überholmanöver auf deutschen Landstraßen, missachtete Vorfahrten an amerikanischen 4-Way-Stops und unangekündigte Spurwechsel im Verkehrschaos von Neu-Delhi. Roboterautos müssen darauf vorbereitet sein, dürfen aber auch nicht so risikoavers sein, dass sie sich in der Quasi-Anarchie des Berufsverkehrs mancher Großstädte gar nicht mehr von der Stelle bewegen. Zu allem Überfluss gibt es im Straßenverkehr auch noch seltene Ereignisse wie den Verkehrspolizisten, der Fahrzeuge über eine Ampel winkt, oder den freundlichen Autofahrer, der einem anderen Fahrzeug per Lichthupe die Vorfahrt gewährt. Solche Situationen verlangen der Software autonomer Fahrzeuge ein hohes Maß an Abstraktionsvermögen ab. Die Entwickler werden über die Jahre immer mehr ungewöhnliche Szenarien in ihre Fahrzeugsoftware aufnehmen. Doch so lange Menschen am Verkehr teilnehmen, stehen autonome Fahrzeuge vor immer neuen Herausforderungen, die nur mit einem hohen Maß an künstlicher Intelligenz zu bewältigen sind.

Die vielleicht größte Herausforderung für das autonome Fahren ist ein effektiver Schutz gegen Hackerangriffe. 2015 bemächtigten sich zwei Hacker von der heimischen Couch aus eines Jeep Cherokees, der gerade auf der Autobahn unterwegs war. Sie traktierten den Fahrer (einen Journalisten von *Wired*) mit eisiger Luft aus der Klimaanlage, lautem Hip-Hop aus dem Radio und Spritzwasser auf der Windschutzscheibe. Schließlich stoppten sie über die mobile Internetanbindung den Motor und ließen den Wagen ausrollen. Später demonstrierten die beiden Hacker auf einem Parkplatz, dass sie auch der Bremsen und Lenkung eines Fahrzeugs bemächtigen konnten. Ihre Macht war den Hackern selbst nicht ganz geheuer. »Als ich sah, dass wir es überall und nur über das Internet tun können, flippte ich aus«, wird einer der beiden in *Wired* zitiert. »Ich hatte Angst. Heilige Scheiße, es funktioniert bei einem Fahrzeug auf einer Autobahn mitten im Land. Das Hacken von Autos wurde in diesem Moment real.« Chrysler war gezwungen, 1,4 Millionen Autos in die Werkstätten zurückzurufen, um ein Softwareupdate aufspielen zu lassen.[315]

Es ist naheliegend, dass auch Terroristen versuchen werden, auf die Betriebssoftware von Fahrzeugen zuzugreifen. Durch die Vernetztheit der Fahrzeuge sind sie verletzlicher als geschlossene Softwaresysteme wie etwa Flugzeuge. Die Folgen eines erfolgreichen Hackerangriffs wären katastrophal. Terroristen könnten auf einen Schlag eine gesamte Fahrzeugflotte in den Gegenverkehr lenken. Das Schicksal autonomer Fahrzeuge hängt insofern auch von der Frage ab, ob Hackerangriffe künftig abgewehrt werden können und die Gesellschaft nachhaltiges Vertrauen in die Technologie aufbauen kann.

Sind alle technischen Herausforderungen gelöst, bleiben immer noch Verkehrssituationen, in denen selbst die beste künstliche Intelligenz tragische Situationen nicht abwenden kann und es zu einem moralischen Dilemma kommt. Stellen Sie sich vor, ein kleines Kind rennt auf einer Einbahnstraße plötzlich vor ein selbstfahrendes Auto. Am linken Straßenrand steht eine ältere Dame. Am rechten Straßenrand stehen Bäume. Das Fahrzeug kann nicht mehr rechtzeitig vor dem Kind abbremsen. Soll der Autopilot den Aufprall mit dem Kind riskieren? Oder nach links ziehen und die ältere Dame treffen?

Oder soll das Fahrzeug ein Ausweichmanöver in Richtung Bäume durchführen und dabei das Leben der Insassen riskieren? Es gibt eine ganze Reihe ähnlicher ethischer Dilemmata, über deren Umgang die Gesellschaft diskutieren muss. Verkehrsminister Alexander Dobrindt hat bereits Initiative ergriffen und eine Ethikkommission ins Leben gerufen, die im Juni 2017 erste Leitlinien zum automatisierten Fahren vorgelegt hat. Darin steht, dass in unausweichlichen Unfallsituationen jede Qualifizierung von Menschen nach persönlichen Merkmalen wie Alter, Geschlecht, oder körperlicher Konstitution unzulässig ist.[316]

Angesichts dieser Herausforderungen ist es wahrscheinlich, dass sich das autonome Fahren nicht plötzlich, sondern über viele Jahre hinweg langsam durchsetzt. Es wird für immer mehr Fahrsituationen erlaubt, bis schließlich alle denkbaren Situationen von autonomen Fahrzeugen gemeistert werden können. Sebastian Thrun, der bei Google die Sparte für autonome Fahrzeuge aufgebaut und geleitet hat, ist der Meinung, dass es noch bis mindestens 2030 dauern wird, bis autonome Fahrzeuge gegenüber konventionellen Fahrzeugen in der Überzahl sind. Andere Vorhersagen sind deutlich konservativer. Das renommierte Forschungsinstitut IHS geht beispielsweise davon aus, dass im Jahr 2035 weltweit erst 21 Millionen selbstfahrender Autos unterwegs sein werden.[317] Vorbehaltlich erfolgreicher Hackerangriffe wird das autonome Fahren dann ein wahrer Segen für die Verkehrssicherheit sein. Allein in den USA waren 2016 knapp über 40 000 (!) Verkehrstote zu beklagen – so viel, als würde täglich ein Airbus-Mittelstreckenflugzeug vom Himmel stürzen.[318] In Zukunft werden sich diese Opferzahlen drastisch reduzieren.

Ein Szenario der Automobilität in 20 Jahren

Elektrische autonome Fahrzeuge sind auf der Straße in der Überzahl. Ihre Algorithmen sind nahezu perfekt trainiert, um alle nur denkbaren Situationen des Straßenverkehrs zu meistern. Das neue

Mantra der Automobilität heißt nicht mehr »zero emission«, sondern »zero accidents«. Menschliche Fahrer sind ein unerwünschter Risikofaktor. Autoliebhaber und Nostalgiker steuern als Einzige ihre Fahrzeuge noch selbst. Für ihr Hobby bezahlen sie teuer: Aufgrund ihres ungleich höheren Unfallrisikos zahlen sie deutlich höhere Versicherungsgebühren. Viele Straßen oder Fahrspuren sind ausschließlich autonomen Fahrzeugen vorbehalten. Menschliche Fahrer werden auf mehr und mehr Straßen verboten.

Autonome Fahrzeuge können sich nicht nur auf die Umweltinformationen ihrer Sensoren verlassen, sie stehen auch mit anderen Fahrzeugen in Kontakt. Dadurch können sie sich gegenseitig vor Zusammenstößen warnen, ähnlich wie Flugzeuge, die auf Kollisionskurs sind. Informationen über Straßenschäden, Glätte oder Nebel werden ebenfalls mit anderen Fahrzeugen geteilt. Der Informationsaustausch macht den Verkehr sicherer und effizienter. In Gebieten, die nur für autonomes Fahren freigegeben sind, fließt der Verkehr ohne Unterbrechungen, denn Ampeln werden durch die direkte Kommunikation der Autos überflüssig. Autos fahren in kurzen, regelmäßigen Abständen hintereinander. Staus werden dadurch seltener.

Der Großteil der Menschen leistet sich kein eigenes autonomes Fahrzeug mehr, sondern greift auf das Angebot von Fahrzeugflotten einiger weniger Anbieter zurück. Wozu ein eigenes Auto besitzen, das den Großteil des Tages nur ungenutzt herumsteht und an Wert verliert? Wer mit dem Auto von A nach B will, ruft eines dieser Fahrzeuge mobil via Sprachbefehl. Verschiedene Fahrzeugklassen stehen zur Auswahl, zum Beispiel kleine Fahrzeuge für Kurzstrecken, Sammeltaxis für Personen mit ähnlicher Destination, »fahrende Konferenzräume« für Geschäftszwecke oder Fahrzeuge mit komfortabler Schlafmöglichkeit für die Langstrecke. Die Wartezeit für das nächste freie Fahrzeug beträgt meist nur Sekunden und selten länger als wenige Minuten. Dank kluger Algorithmen wissen die Fahrzeugbetreiber schon im Voraus, an welchen Orten eine besonders hohe Nachfrage herrscht. Anhand biometrischer Daten wie dem Fingerabdruck der Stimme oder Gesichtserkennung wird das gerufene Auto geöffnet.

Hat der Autopilot seinen Insassen an den Zielort gefahren, fährt das Auto weiter zum Ort der nächsten Bestellung – oder bei geringer Nachfrage in ein Parkhaus, um zu warten und die Batterie zu laden. Die Fahrzeugkabinen sind ganz auf die Bedürfnisse der Insassen ausgerichtet, die sich nicht mehr auf den Verkehr konzentrieren müssen. Das Auto ist ein Ort zum Arbeiten oder Relaxen. Wenn alle Pendler der Welt nicht mehr selbst fahren, gewinnen sie bis zu einer Milliarde Stunden pro Tag an Freizeit in der Autokabine.[319] Das Auto wird zum mobilen Lebensraum. Viele Menschen nutzen die gewonnene Zeit für digitales Entertainment. Dank schnellem WLAN können Filme und Serien in perfekter Qualität gestreamt werden, sowohl auf dem eigenen Endgerät als auch auf großen Bildschirmen im Fahrzeuginneren. Wer mehr über die Umgebung erfahren möchte, kann eine der zahlreichen Augmented-Reality-Apps nutzen, die Informationen in die eigene AR-Kontaktlinse oder in die Fensterscheiben projiziert. Ganz in die eigene Welt abtauchen kann man mit den Virtual-Reality-Brillen, die im Fahrzeuginneren ausliegen.

Im Fahrzeuginneren sehen die Insassen Werbung auf Bildschirmen und Fensterscheiben; Werbung am Straßenrand und in Schaufenstern spricht die vorbeifahrenden Menschen mit wechselnden, individuell ausgerichteten Werbebotschaften an. Der Wettbewerb der Werbenden um die Aufmerksamkeit der Insassen ist groß. Für die Fahrt werden denjenigen Preisnachlässe gewährt, denen ein kleiner Umweg recht ist, vorbei an Geschäften und Restaurants, die um Kundschaft werben.

Mobilität ist für alle da, ein Führerschein ist nicht mehr notwendig. Senioren, die nicht mehr fahrtüchtig sind, können Bekannte am anderen Ende der Stadt besuchen. Eltern müssen ihre Kinder nicht mehr zum Sport fahren, sondern setzen sie ins nächste Roboterauto. Vorstädte und Wohngegenden, die schlecht an den Nahverkehr angebunden sind, haben deutlich an Attraktivität gewonnen, seitdem das tägliche Pendeln mit dem Auto keine verlorene Zeit mehr ist, sondern mit angenehmen oder produktiven Tätigkeiten gefüllt werden kann. Car-Sharing-Anbieter und autonome Minibusse befahren ein dichtes, flexibles Streckennetz im städtischen Raum und sind eine beliebte Alternative zu Privatfahrten. Da nur die wenigsten Menschen eigene Autos besitzen, sind im städtischen Raum riesige Freiflächen entstanden, wo vorher Autos geparkt haben. Nur ein kleiner Teil dieser Flächen wird als Parkplätze für autonome Fahrzeuge benötigt. Der Großteil der Fahrzeugflotten parkt und lädt seine Akkus in Tiefgaragen und gigantischen Parksilos, von denen viele außerhalb der Stadtzentren liegen. Die neu gewonnenen Flächen in der Stadt werden als Grünstreifen und Fahrradwege genutzt. Die Luft in den Städten ist so gut wie seit über 100 Jahren nicht mehr.[320]

44. Industrie 4.0

Eine vierte industrielle Revolution

Was für ein kryptischer Begriff! Unsere Industrie, das Rückgrat der deutschen Wirtschaft, hat seine Zukunft in der *Industrie 4.0*! Jeder, der sich darunter nichts vorstellen kann, wird mehrfach ratlos sein – was waren dann bitte die Industrien 1.0, 2.0 und 3.0? Zu verdanken haben wir dieses Schlagwort ausnahmsweise nicht dem Silicon Valley, sondern einer Forschungsinitiative der deutschen Bundesregierung. Unter dem Überbegriff Industrie 4.0 wurde auf der Hannover Messe 2011 ein Konzept vorgestellt, das beschreibt, wie unsere industrielle Produktion zukünftig mit moderner IT- und Kommunikationstechnik verzahnt werden kann.[321] Mit dem Zusatz 4.0 wurde das Ziel zum Ausdruck gebracht, mit den angestrebten Modernisierungsmaßnahmen eine vierte industrielle Revolution einzuleiten und damit über 150 Jahre erfolgreicher industrieller Entwicklung fortzuschreiben. Die erste industrielle Revolution begann in der zweiten Hälfte des 19. Jahrhunderts mit der Nutzung mechanischer Produktionsanlagen, die von Dampf- und Wasserkraft angetrieben wurden. Um die Jahrhundertwende zum 20. Jahrhundert vollzog sich die zweite industrielle Revolution und brachte die Elektrifizierung von Produktionsanlagen, Fließbandarbeit und Massenproduktion. Die dritte industrielle Revolution wurde in den 1970er-Jahren durch Computerisierung und die Automatisierung der Produktion ausgelöst. Durch die vierte industrielle Revolution sollen nun die Fabriken des 21. Jahrhunderts Teil der digitalen Welt werden, eingebunden in intelligente, vernetzte Systeme. Die Nachkommastelle in Industrie 4.0 nimmt Bezug auf die bei Softwareprogrammen üblichen Versionsbezeichnungen, die bei größeren Updates immer durch die nächsthöhere natürliche Zahl und eine Null in der Nachkommastelle ausgedrückt werden.

Die Smart Factory

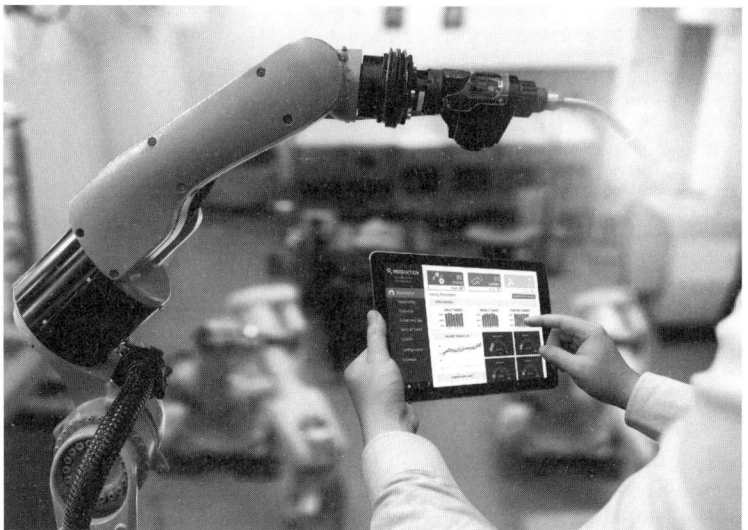

Smart Factory

Industrie 4.0 beschreibt den Zielzustand unserer industriellen Wirtschaft. Der Zielzustand einzelner Betriebe wird Smart Factory genannt. In Smart Factorys sind alle wichtigen Organisationsprinzipien der Industrie 4.0 umgesetzt. Das wichtigste Organisationsprinzip ist die **Vernetzung** der gesamten Wertschöpfungskette – Maschinen, Geräte, Produkte und der Mensch stehen im Austausch. Die Smart Factory wird Teil des Internet of Things. Damit einher geht die **maschinengelenkte Produktion**. Der Mensch wird dabei in der Produktionskette zunehmend durch intelligente Maschinen ersetzt. Ein typischer Prozess in der Smart Factory sieht so aus: Wenn Kunden eine Bestellung aufgeben, wird der Auftrag automatisch an die Fabrik weitergeleitet und eine Planungssoftware legt den optimalen Produktionszeitpunkt fest. Die Software der Produktionsanlagen steuert zum vorgegebenen Zeitpunkt die notwendigen Arbeitsschritte. Die Produktionsteile sind »intelligent« und können mittels RFID-Technologie mit der Produktionsanlage kommunizieren. Sie fahren immer zur richtigen Station und übermitteln die Botschaft: »Ich bin Teil x, in Variante y – jetzt bearbeite mich bitte richtig.« Auch Unikate können problemlos hergestellt werden, Fachleute sprechen von der **Losgröße 1**. Nachdem Produkte zusammengebaut sind, werden sie schließlich von Logistikrobotern in Zwischenlager oder in die Versandstation gebracht.[322]

Sensoren sorgen für maximale **Informationstransparenz** im Produktionsprozess. Alles, was in der Smart Factory messbar ist und Informationswert hat, wird gemessen. Die Sensordaten dienen primär dazu, Störungen im Produktionsprozess zu vermeiden. Früher wurden Maschinen erst dann repariert, wenn sie ausfielen. Heute werden defekte Bauteile unabhängig von den üblichen Wartungszeiten identifiziert und ausgetauscht, bevor ein Schaden entsteht. Dazu dienen Sensoren, die zum Beispiel Vibrationen, Temperatur oder Feuchtigkeit permanent überwachen. **Protective Maintenance** nennt sich das. Sensoren können aber auch für andere Zwecke eingesetzt werden, etwa um optische Qualitätskontrollen durchzuführen oder Engpässe bei den Produktionsmitteln zu ermitteln. Gehen Produktionsmittel zur Neige, werden diese früh genug nachbestellt und erlauben dank der Just-in-time-Koordination des Materialeinsatzes niedrige Lagerhaltungskosten. Der durch die Sensoren täglich produzierte Berg an Daten wird für die meisten Fabrikmitarbeiter erst durch eine anwenderfreundliche Datenvisualisierung auf mobilen Endgeräten nutzbar.

Das vielleicht größte Trendthema im Bereich der Smart Factory sind sogenannte **digital twins** beziehungsweise **virtuelle Zwillinge**. Darunter versteht man digitale Nachbildungen physischer Produkte und Produktionsstätten. Virtuelle Zwillinge eignen sich besonders gut für Prototypen. Statt teure Modelle zu bauen kann man virtuell allerhand Modellvarianten in kürzester Zeit testen. Schon länger nutzt man virtuelle Zwillinge für Crashtests in der Fahrzeugentwicklung. Erst einmal lässt man die Fahrzeuge virtuell an die Wand fahren, bevor man teure Prototypen verschleißt. Ganze Produktionsabläufe können mittlerweile digital simuliert werden – wenn nötig auch mit beschleunigter Geschwindigkeit. Dadurch kann man zum Beispiel herausfinden, welche Probleme sich etwa nach einigen Tausend Betriebsstunden oder bei veränderten Klimabedingungen ergeben könnten.

Internationale Führungsposition trotz gemächlichen Wandels

Leider gibt es immer noch sehr viele Unternehmen, die diese Organisationprinzipien noch nicht konsequent umsetzen. Gemäß einer Umfrage des Branchenverbandes Bitkom aus dem Jahr 2017 denkt jedes zweite befragte Unternehmen, dass viele Mittelständler den Begriff Industrie 4.0 immer noch nicht kennen.[323] Es wird wohl eine Weile dauern, bis der von der Regierung 2011 initiierte Aufruf zum Wandel wirklich in alle Vorstandszimmer deutscher Industrieunternehmen vordringt. Für diejenigen Unternehmen, die sich noch nicht mit dem Thema auseinandergesetzt haben, gibt es aber auch gute Nachrichten. Um auf den Zug aufzuspringen, muss sich ein Unternehmen nicht erst einen neuen Maschinenfuhrpark zulegen. Oft reicht es, bewährte Anlagen mit Sensoren, Konnektivität und neuer Software nachzurüsten.

Im internationalen Vergleich muss sich Deutschland dennoch nicht verstecken. Einige Branchen – allen voran der Automobilsektor – arbeiten seit Jahren hart an der Umsetzung der Industrie 4.0.

Laut einer Umfrage unter 600 Führungskräften deutscher Industrieunternehmen werden nur die USA als noch weiter fortgeschritten angesehen.[324] Vielleicht ist dieser Vorsprung auch darauf zurückführen, dass der kryptische Begriff *Industrie 4.0* in den USA eine selbsterklärende Bedeutung hat: *Industrial Internet*.

45. Arbeitsmarkt & Wohlstand

Diesmal könnte es anders kommen

Während unsere Wirtschaft noch mit der Umsetzung der Industrie 4.0 beschäftigt ist, befassen sich unsere Medien bereits mit dem Beschäftigungsgrad in unserer voll digitalisierten Volkswirtschaft der Zukunft. Die Schlagzeilen sind beunruhigend: »Arbeitsmarkt: Roboter werden Millionen Jobs vernichten« titelt die *Welt* (2016)[325] oder: »Digitalisierung: Adieu Jobs! Willkommen Maschine« die *Zeit* (2015).[326]

In einem *Spiegel*-Artikel steht: »Die Experten sind in zwei Lager gespalten. Die einen behaupten, dass die Flut schnell ansteigt und in 20 Jahren 80 Prozent der Arbeitsplätze vernichtet. Die anderen sind der Ansicht, dieses Ergebnis werde erst später erreicht.« Alarmierend ist auch die Überschrift des Textes: »Uns steht eine Katastrophe bevor.« Dieser Artikel stammt allerdings schon aus der *Spiegel*-Ausgabe vom 17.04.1978. Auch 40 Jahre später ist die befürchtete Katastrophe ausgeblieben.[327]

Offenbar ist die Sorge vor dem Ende der Arbeit nicht neu. Als im Zuge der Industrialisierung der Webstuhl durch Maschinen ersetzt wurde, bangten die Menschen um ihren Broterwerb. Doch am Ende brachte die Industrialisierung neue Jobs und mehr Wohlstand. Auch die Verbreitung von Computern in den 70er-Jahren führte nicht zu einer Beschäftigungskrise, wie von deutschen Gewerkschaftsführern befürchtet. Vielmehr ist die Arbeitslosigkeit 2017 auf ein Rekordtief gesunken.

Disruptive Innovationen beeinflussten den Arbeitsmarkt in der Vergangenheit stets nach einem wiederkehrenden Muster. Durch die Automatisierung bestimmter Tätigkeiten verloren zunächst viele Menschen ihren Job. Gleichzeitig erhöhte sich die Produktivität der Verbliebenen und die Löhne stiegen. Produkte konnten günstiger hergestellt werden, was wiederum die Nachfrage ankurbelte und neue Stellen schuf. Gleichzeitig brachten die modernen Technologien innovative Produkte und Dienstleistungen hervor, wie zum Beispiel Autos, Fernseher oder Smartphones. Weitere Arbeitsplätze entstanden. In der Vergangenheit entstanden für diejenigen, die durch den Wandel zwischenzeitlich ersetzt oder benachteiligt wurden, oft neue Möglichkeiten. Das langfristige Beschäftigungsniveau blieb stabil.[328]

Diesmal aber könnte es anders kommen. Die exponentiellen Fortschritte im Bereich der künstlichen Intelligenz und Robotik verändern den Arbeitsmarkt schneller und umfassender als jede bisherige Automatisierungswelle. Besonders betroffen sind Routinejobs – nicht mehr nur in Fabriken und Lagerhallen, sondern auch vor den Computerbildschirmen. Damit drohen im Gegensatz zu den Automatisierungsschüben der Vergangenheit nicht nur den Geringqualifizierten Jobverluste. Auch Beschäftigte der Mittelschicht geraten unter die Räder der Modernisierung: Warum sollten Unternehmen noch Buchhalter beschäftigen, wenn eine Software Belege und Rechnungen erfassen kann? Wieso sollten Anwaltsgehilfen für viel Geld in alten Gerichtsurteilen recherchieren, wenn intelligente Computerprogramme in kürzester Zeit Zehntausende Dokumente durchsuchen können? Und welcher Arbeitnehmer braucht noch einen Steuerberater, wenn man die Steuerklärung für nur 35 Euro ganz einfach per App einreichen kann? 17 Prozent der Steuerberater in den USA haben aufgrund der neuen Digitalangebote bereits ihre Arbeit verloren, in Deutschland scheint sich die Entwicklung wegen des komplexeren Steuersystems noch etwas zu verzögern.[329] Martin Ford, Silicon-Valley-Experte und Autor des Buchs *Aufstieg der Roboter* behauptet: »Fast jeder Job, in dem jemand vor einem Bildschirm sitzt und Informationen verarbeitet, ist durch die Digitalisierung bedroht.«[330] Man mag ihm kaum widersprechen, wenn man sieht, wie Computer den Menschen selbst bei komplexesten Formen der Informationsverarbeitung überflügeln – zum Beispiel der sprachbasierten Emotionserkennung im Kundenservice, der Identifikation von Krebsgeschwüren auf MRT-Bildern oder dem Lippenlesen auf Videobildern.

Auch im handwerklichen Bereich dringen Maschinen in neue Tätigkeitsfelder vor. So kann der in Australien erfundene Bauroboter Hadrian der Firma Fastbrick Robotics 1000 Ziegelsteine am Tag mauern. Innerhalb von zwei Tagen baut er ein ganzes Haus. Dabei orientiert sich Hadrian an einem digitalen Bauplan, packt die Ziegelsteine mit einem 28 Meter langen Greifarm und platziert sie mit einer Präzision von 0,5 Millimeter. Menschen benötigen für dieselbe Aufgabe Wochen.[331] [332]

Besonders bemerkenswert ist, dass selbst Beschäftigte in schöpferisch-kreativen Berufen allmählich Konkurrenz durch Algorithmen bekommen – oder wertvolle Unterstützung, wie eine Geschichte vom 17.03.2014 verdeutlicht. An diesem Tag wurde Ken Schwencke, Journalist bei der *Los Angeles Times,* früh morgens von einem Erdbeben geweckt. Er ging direkt von seinem Bett an den Computer, der ihm im IT-System seiner Zeitung bereits eine kurze, fertig ausgearbeitete Meldung zum Erdbeben anzeigte. Schwenke überflog kurz den Text und klickte auf »Veröffentlichen«. »Ich glaube, wir hatten die Meldung innerhalb von drei Minuten auf unserer Webseite«, erzählte der Journalist später. Damit war die *Los Angeles Times* das erste Medium, das über das Erdbeben berichtete. Der eigentliche Autor der Meldung aber war ein Algorithmus namens *Quakebot.*[333] Der Zeitungsbot ist nur eins von vielen möglichen Beispielen dafür, wie *Natural Language Generation (NLG)* von der Öffentlichkeit weitgehend unbemerkt eine signifikante Bedeutung beim Verfassen informationsorientierter Texte gewonnen hat. Die marktführende Software *Wordsmith* hat bereits über 1,5 Milliarden Texte verfasst, in denen Finanzberichte ausgewertet, Sportereignisse zusammengefasst, oder Produkte auf E-Commerce-Webseiten beschrieben werden.

Der KI-Fantasie scheinen keine Grenzen gesetzt. Von Algorithmen verfasste Gedichte sind bereits in Literaturjournalen veröffentlicht worden, und zwar ohne dass die Software beim Einreichen des Gedichtes als Autor deklariert wurde.[334] Ebenso beeindruckend sind neuronale Netze, die »malen« können. Bei Apps wie *Van Gogh Camera Lite* ermöglichen sie es dem Nutzer, Urlaubsfotos in den Stil von Van Gogh umzuwandeln oder Selfies à la Monet zu schießen. Am verblüffendsten ist vielleicht die Tatsache, dass selbst die Arbeit von Komponisten vor Computeralgorithmen nicht mehr sicher ist. Software komponiert mittlerweile Filmmusik, Musik für Computerspiele – und imitiert erfolgreich Bach, wie eine Studie mit 1292 Teilnehmern erwiesen hat. Um zu testen, ob eine KI wirklich als eine Musikgröße wie Bach durchgehen kann, spielte man den Teilnehmern der Studie einerseits Passagen aus Bach-Stücken vor, andererseits von der KI frei erfundene Passagen im Stil von Bach. Obwohl über 75 Prozent der Teilnehmer Musikstudenten oder Liebhaber klassischer Musik waren, konnte nur die Hälfte der Zuhörer Original und Nachahmung erfolgreich auseinanderhalten.[335][336]

Die Mittelfrist-Perspektive: weiterhin spannende Berufsperspektiven

Was ist nun die Quintessenz der beschriebenen Entwicklungen? Führt künstliche Intelligenz langfristig wirklich zur Massenarbeitslosigkeit? Fast jedes Mal, wenn diese Frage in der Presse diskutiert wird, verweisen die Autoren auf eine Pionierstudie der beiden Oxford-Professoren Carl Benedikt Frey und Michael Osborne. Sie trägt den Titel *The Future of Employment*, wurde im Jahr 2013 veröffentlicht und hat die Diskussion um den Arbeitsmarkt der Zukunft erst ins Rollen gebracht. In der Studie untersuchen die beiden Wissenschaftler das Risiko von 702 verschiedenen Berufen, bis zum Jahr 2030 durch künstliche Intelligenz und Roboter automatisiert zu werden. Das Ergebnis der Analyse ist erschreckend: 47 Prozent aller Arbeitsplätze in der westlichen Welt könnten schon 2030 nicht mehr existieren. Fast die Hälfte![337]

Doch Vorsicht: Die Ergebnisse dieser Studie haben sich in der Medienlandschaft wie eine düstere Prophezeiung verselbstständigt, obwohl es erhebliche Kritik an der Methodik gibt. Der Hauptkritikpunkt ist, dass die Studie einen sogenannten *berufsbasierten* Ansatz wählt, bei dem eine subjektive Einteilung von nur 70 der 702 Berufe in »automatisierbar« oder »nicht automatisierbar« als Ausgangspunkt dient. Über einige Zwischenschritte rechnen die Forscher die Gefährdung aller 702 Berufe aus – eine Hochrechnung mit großer Unschärfe. Zudem räumen Frey und Osborn hinsichtlich ihres Vorgehens freimütig ein, dass ihre Einschätzungen teilweise auf *Eyeballing* basieren – also einer »Pi-mal-Daumen-Schätzung«.[338] Andere renommierte Wissenschaftler weisen darauf hin, dass bei einer solchen Untersuchung des Arbeitsmarkts ein *tätigkeitsbasierter* Ansatz zielführender ist. Dieser ordnet einzelnen Tätigkeiten zunächst Ersetzungswahrscheinlichkeiten zu und leitet dann daraus die Gefährdung einzelner Berufe ab.[339] Folgestudien, die diesen Ansatz wählen, kommen größtenteils zu weniger besorgniserregenden Ergebnissen. Am optimistischen Ende liegt eine Studie der OECD, nach der nur 9 Prozent aller Berufe vollständig automatisiert werden können.[340]

Bei allen Vorbehalten hat die Frey/Osborne-Studie dennoch wichtige Diskussionspunkte und Erkenntnisse hervorgebracht. Insbesondere hat sie dafür sensibilisiert, dass nicht nur Beschäftigte mit einfachen manuellen Tätigkeiten, sondern auch Wissensarbeiter mit Routineaufgaben von den Umwälzungen am Arbeitsmarkt betroffen sein werden. Besonders betroffene Berufe sind unter anderem Büro- und Sekretariatskräfte, Betriebswirte, Bankkaufleute, Buchhalter und Börsenhändler. Die Studie zeigt aber auch drei Kategorien von Berufen auf, die nicht so leicht ersetzbar sind. Die erste Kategorie sind Berufe, in denen die Fähigkeiten »Wahrnehmung und Manipulation« relevant ist – damit ist gemeint, dass man sich in komplexen und unstrukturierten Umgebungen zurechtfinden muss. Physiotherapeuten zum Beispiel, die mit ihren Händen den Körper der Patienten sehr feinfühlig ertasten und behandeln müssen, werden noch lange nicht um ihren Job fürchten müssen. Ihnen wird unter allen 702 in der Studie untersuchten Berufen die höchste Jobsicherheit bescheinigt. Auch Kreativschaffende müssen sich trotz erster Vorstöße künstlicher Intelligenz in ihre Domäne nicht sorgen. Künstler, Schauspieler, Autoren, Musiker, Komponisten oder Modedesigner werden noch lange Berufschancen haben. Dasselbe gilt für alle Berufe, die soziale Intelligenz erfordern, also zum Beispiel Lehrer, Mediatoren, Psychotherapeuten, Marketingexperten und Sozialarbeiter.

Bei der Diskussion von Studien zum künftigen Arbeitsmarkt wird oft vernachlässigt, dass der digitale Wandel auch viele neue Arbeitsplätze schafft. Man bedenke, wie händeringend deutsche Unternehmer gute Programmierer suchen – das Angebot kann die steigende Nachfrage nicht mehr befriedigen. Auch für Systemadministratoren, Cyber-Security-Experten, User-Interface-Designern, Data-Scientists und User-Experience-Designern – um nur einige Beispiele zu nennen – dürfte sich der Bedarf erhöhen. Zudem werden ganz neue Berufsbilder entstehen. Denkbar sind unter anderem: Mensch-Maschine-Interface-Designer, Cloud-Biologen, Artificial-Intelligence-Trainer/Supervisor, Personal-Privacy-Manager, Tele-Chirurgen, 3-D-Food-Spezialisten, Avatar-Designer, Quantified-Self-Trainer. Mit etwas Kreativität könnte man die Liste noch sehr viel weiter führen …

Dass neue Stellen in bestehenden und neu geschaffenen Berufen einen erheblichen Effekt auf den zukünftigen Arbeitsmarkt haben könnten, verdeutlicht eine Prognose der Boston Consulting Group. In ihrer Studie *Mensch und Maschine in der Industrie 4.0* rechnet die Unternehmensberatung vor, dass die Digitalisierung zumindest im industriellen Sektor in Deutschland zu einer weiteren Beschäftigungszunahme führen wird. Bis 2025 sollen dort 960 000 neue Arbeitsplätze entstehen. Im Gegenzug fallen 610 000 Arbeitsplätze weg. Macht in Summe ein Plus von 350 000 Arbeitsplätzen.[341]

Die Langfristperspektive: Übergabe an die Maschinen

Der kleinste gemeinsame Nenner der gegenwärtigen Beschäftigungsprognosen ist, dass zumindest bis 2030 eine Mehrheit der Berufsfähigen weiterhin einen Arbeitsplatz haben wird. Doch wie sieht die Situation in mehreren Jahrzehnten aus? Die Antwort lautet: vermutlich mit jedem Jahrzehnt schlechter – zumindest für diejenigen, die gerne bezahlt arbeiten möchten. Die Zukunftsforscher Richard und Daniel Susskind führen in ihrem Buch *The Future of the Professions* gute Argumente an, warum langfristig ein starker Rückgang der Erwerbsmöglichkeiten wahrscheinlich ist. Ihre Argumentationslinie läuft in etwa wie folgt:[342]

Langfristig werden intelligente Systeme fast alle beruflichen Tätigkeiten zu einem höheren Standard erfüllen können als Menschen. Sie werden uns sowohl in unseren *kognitiven* als auch den *emotionalen, körperlich-handwerklichen* und *moralischen* Fähigkeiten überflügeln. Skeptiker werden dieser Aussage entgegnen, dass Maschinen niemals wirklich denken werden können, ebenso wenig wie Gefühle empfinden, ein handwerkliches Gespür entwickeln oder über das Richtig oder Falsch einer Handlung reflektieren. Dieser Einwand mag berechtigt sein. Doch was im Beruf wirklich zählt, ist nicht die Art und Weise, wie Maschinen arbeiten, sondern ob sie am Ende die meisten Aufgaben besser erledigen als ein Mensch. Ob sie dazu fähig sind, lässt sich natürlich auf vielerlei Weise infrage stellen.

Was die kognitiven Fähigkeiten anbelangt, könnte man kritisch anmerken, dass Computer nur Routineaufgaben erledigen können. Dem ist Folgendes zu erwidern: Erstens tendieren Berufstätige dazu, den Anteil ihrer Arbeitszeit zu überschätzen, der keine Routine ist und wirklich kreative, innovative, strategische Fähigkeiten erfordert. Zweitens lassen sich selbst komplexe, vermeintliche Nicht-Routineaufgaben oft in Routineaufgaben herunterbrechen. Und drittens bewältigen Computer zunehmend auch Nicht-Routineaufgaben, indem sie relevante Muster, Zusammenhänge und Korrelationen identifizieren. Manchmal entwickeln sie sogar Lösungswege, die wir nicht genau nachvollziehen können.

Als Nächstes könnte man einwenden, dass Computer bei emotionalen Fähigkeiten aber definitiv das Nachsehen haben. Gibt es nicht Situationen, die eine gewisse Sensibilität erfordern, die nur ein Mensch erbringen kann? Aus moralischer Perspektive kann es manchmal angebracht sein, dass Aufgaben in bestimmten Situationen nicht einer Maschine, sondern einem Menschen übertragen werden – zum Beispiel wenn einem Patienten schlechte Nachrichten überbracht werden müssen. Doch grundsätzlich gewinnen Computer ein zunehmendes Feingespür für die Gefühlszustände von Menschen. Sie können Emotionen aus Gesichtern, Texten und Stimmen erkennen, teilweise schon besser als Menschen. In immer mehr Situationen ist Software in der Lage, empathischer zu reagieren als ein Mensch.

Wie Sie merken, zeichnet sich hier bestimmtes Argumentationsmuster ab. Computer sind heute fähig, Aufgaben zu übernehmen, die noch vor wenigen Jahren weit außerhalb ihrer Möglichkeiten lagen. Und mit den ständig wachsenden Fähigkeiten erweitert sich auch das Spektrum zukünftig lösbarer Aufgaben. Aufgrund der exponentiellen technischen Fortschritte werden Computer in zehn Jahren zu Dingen fähig sein, die wir heute kaum für möglich halten. Das gilt natürlich auch für handwerkliche Fähigkeiten. Nach und nach sinkt hier die Anzahl der Aufgaben, die menschliche Geschicklichkeit erfordert.

Hinsichtlich moralischer Fähigkeiten ist anzunehmen, dass es intelligente Systeme geben wird, die moralische Argumente abwägen und Empfehlungen zu ethischen Fragen geben können. Allerdings könnte es aus zwischenmenschlichen Gründen Sinn machen, einige Entscheidungen auch langfristig den Menschen zu überlassen, zum Beispiel ob lebensverlängernde Maßnahmen bei einem Patienten eingestellt werden sollen.

Wenn man der Argumentation bis diesem Punkt folgt, gibt es weitere naheliegende Einwände. So könnte man behaupten, dass der technische Wandel auch langfristig nicht nur Arbeitsplätze vernichten, sondern ebenso neue Arbeitsplätze schaffen wird. Daran ist nicht zu rütteln. Doch KIs und Roboter dürften bestehende Arbeitsplätze langfristig schneller übernehmen, als neue Stellen geschaffen werden. Das wiederum liegt daran, dass ein immer größerer Anteil der Fähigkeiten, die zukünftig neu nachgefragt werden, ebenfalls am besten durch Maschinen ausgefüllt werden kann. Folglich bleiben nach und nach weniger neue Aufgaben für den Menschen übrig. Auch gibt es die These, dass wir künftig Produkte und Dienstleistungen aus Menschenhand bevorzugen könnten, selbst wenn die Leistung der Maschinen überlegen ist. Der Grund dafür sei, dass wir die Arbeit unserer Mitmenschen schätzen und deren Dienste langfristig erhalten möchten. Diese Hypothese ist allerdings nur teilweise plausibel. Wahrscheinlich werden wir tatsächlich weiterhin die besonderen Leistungen von Kreativen und Sportlern würdigen. Doch nur Nostalgiker dürften tatsächlich die Dienste eines menschlichen Arztes, Anwalts oder Beraters gegenüber einem überlegenen Angebot von Maschinen bevorzugen. Ein weiteres populäres Argument haben die Forscher Erik Brynjolfsson und Andrew McAfee vom MIT geprägt. In ihren Büchern *Race Against the Machine* und *The Second Machine Age* stellen sie die Behauptung auf, dass zukünftig die höchste Produktivität durch eine Zusammenarbeit von Menschen und Maschinen erreicht wird.[343] Demnach werden Menschen immer einen relevanten Beitrag in der Zusammenarbeit mit Maschinen leisten können. Auch der ehemalige Schachweltmeister Garri Kasparow ist ein Verfechter dieser Theorie und führt als Beleg dafür an, dass ein starker Schachspieler mit einem durchschnittlichen Laptop den besten Supercomputer schlagen kann. Im Jahr 2018 mögen diese Gedanken Sinn machen. Grundsätzlich aber gilt: Wenn ein Mensch mit einem intelligenten System zusammenarbeitet, bringt er diesem System über die Zeit immer mehr Fähigkeiten bei. Die Konsequenz für die langfristige Arbeitsteilung ist eindeutig: Der Aufgabenanteil des Menschen wird kleiner und kleiner.

Auswirkungen der Digitalisierung auf den Wohlstand

Bis jetzt ist die Digitalisierung ein zuverlässiger Treiber unseres Wirtschaftswachstums. Wenn man gesellschaftlichen Wohlstand in Wachstumsraten bemisst, geht es uns Deutschen und der gesamten Weltgemeinschaft Jahr für Jahr besser. Bezieht man jedoch die gesellschaftliche Ungleichverteilung von Vermögen in die Betrachtung mit ein, ergibt sich ein anderes Bild. Die Einkommensschere geht immer weiter auseinander und sorgt für eine zunehmende Spaltung der Gesellschaft in Arm und Reich. Seit 2017 besitzt das reichste Prozent der Weltbevölkerung knapp über die Hälfte des Weltvermögens. Die ärmere Hälfte der Bevölkerung hingegen hat lediglich ein Prozent.[344] Das folgende Gedankenexperiment soll zeigen, wohin diese Entwicklung führen könnte:

Ab dem Jahr 2018 landen auf der Erde regelmäßig Raumschiffe vom fernen Planeten *Workaholics*. Aus den Bäuchen der Raumschiffe strömen friedliche Aliens, die nur ein einziges Ziel auf der Erde haben: rund um die Uhr zu arbeiten. Sie möchten keinen Lohn und brauchen keinen Schlaf. Allein etwas Verpflegung verlangen sie hin und wieder. Bald stellen die ersten Unternehmer Aliens für einfache Aufgaben ein. Sie erweisen sich als schnelle Lerner. In den ersten Jahren profitieren die Unternehmer von dieser Entwicklung enorm. Die außerirdische Belegschaft lässt die Produktivität in die Höhe schnellen, die Gewinne sind schwindelerregend. Der Bedarf an Luxusartikeln steigt. Mit der Zeit werden die außerirdischen Gäste zunehmend für komplizierte Aufgaben eingestellt – und auch da meistern sie die Herausforderungen mit jedem Tag besser. Selbst Unternehmer, die keine Aliens einstellen möchten, müssen irgendwann dem Wettbewerbsdruck nachgeben. Während zunächst nur wenige der Entlassenen keine neue Beschäftigung fanden, bleiben die Menschen jetzt reihenweise arbeitslos. Armut macht sich breit, nur Discounter-Läden boomen noch. Ab einem bestimmten Zeitpunkt kann der Konsum der Wohlhabenden die sinkende Nachfrage der restlichen Bevölkerung nicht mehr kompensieren. Bei den Unternehmen brechen die Umsätze ein. Die Steuereinnahmen gehen zurück, während gleichzeitig der Bedarf an Sozialleistungen steigt. Kredite können nicht mehr zurückgezahlt werden, die Banken geraten in Schieflage. Es ist der Anfang einer großen Wirtschaftskrise.[345] Dieses Szenario ist natürlich völlig überspitzt. Aber es deutet an, welchen Herausforderungen wir uns stellen müssen, wenn Arbeitsplätze durch Automatisierung im großen Stil wegfallen und das Wohlstandsgefälle weiter steigt. Nur lässt sich trefflich darüber diskutieren, ob die Automatisierung der Arbeitswelt nur Schicksal ist oder ein Gestaltungsprojekt. Sicher ist aber, dass wir politische Maßnahmen zur Sicherung des Wohlstands ergreifen müssen, falls die Roboter uns vom Arbeitsplatz verdrängen. Diesen Aspekt werden wir im letzten Kapitel »Handlungsoptionen« erneut aufgreifen.

46. Identität

Identitätswandel in der post-privaten Gesellschaft

Ich habe seit Jahren kein Foto mehr auf Facebook hochgeladen. Es werden auch in Zukunft keine mehr dazukommen. Auch meine Freunde posten auf Facebook keine Fotos mehr. Ab und zu überlege ich, ob ich mein leeres Instagram-Profil mit ein paar Bildern aufpolieren sollte. Doch irgendwie hat mich noch nicht der Drang gepackt, der Welt meine Freizeitaktivitäten mit möglichst stylishen, farbfilterhinterlegten Bildern zu präsentieren. Falls ich es mir noch anders überlege, ist eines klar: Ich werde vorsichtig sein, welche Bilder ich ins Netz stelle – also eher das Bild vor der Party als nach der Party posten. Zwar kann ich meine Fotos privat schalten und somit nur bestätigten Followern einen Zugriff ermöglichen. So richtig sicher kann ich mir aber nicht sein, dass die Bilder nicht vielleicht doch einmal von Leuten gesehen werden, mit denen ich mein Privatleben lieber nicht teilen möchte. Dabei habe ich eigentlich gar nichts zu befürchten. Meine Fotos sind nicht spannender als die Millionen anderer Menschen auch. Aber man weiß ja nie, wie einem Dinge künftig ausgelegt werden können. Besonders aufpassen müssen Menschen, die im Licht der Öffentlichkeit stehen. Jeder digital dokumentierte Fehltritt ist ein Risiko. Ein prominenter Politiker oder Manager, der sich dabei fotografieren lässt, wie er einen Joint raucht, riskiert seine beruflichen Perspektiven deutlich mehr als noch vor 20 Jahren, da sich digitale Bilder viel schneller verbreiten.

Der bröckelnde Schutz der Privatsphäre im digitalen Zeitalter macht einen aufgeklärten Umgang mit persönlichen Daten im Internet nötig. Grundlage dafür ist ein angepasstes, zeitgemäßes Verständnis menschlicher Identität. Mit dem sehr unterschiedlich definierten Begriff Identität sind an dieser Stelle Merkmale gemeint, die im Selbstverständnis von Individuen oder Gruppen als wesentlich und charakterisierend erachtet werden. Und dazu gehören im digitalen Zeitalter die digitalen Spuren, die wir hinterlassen: Kommunikationsspuren, Ortsangaben, Konsumnachweise. Identität ergibt sich aber auch aus der Art und Weise, wie wir uns selbst digital inszenieren: Die Soziologin Sarah Mönkeberg von der Universität Kassel erklärt, dass im digitalen Zeitalter das »wahre Ich«, welches früher nur im Privaten existiert hat, nun öffentlich wird. »Wir haben es mit neuen Möglichkeiten der Identitätsbildung zu tun«, so Mönkeberg. »Feedbackprozesse, wie wir sie in sozialen Netzwerken beobachten können, also beispielsweise das Liken von Selfies auf Instagram, können beim Aufbau und der Erhaltung einer eigenen Identität helfen.«[346] Diese neue Form der Identitätsbildung fängt schon in jungen Jahren an. Für Teenager beispielsweise gehöre der Impuls, vor einem imaginären Publikum zu posieren, zum natürlichen Prozess der Identitätsformung, schreibt die australische Wissenschaftlerin Karen Ann Donnachie in ihrem Essay »Selfies, #me: Glimpses of Authenticity«.[347]

Unsere Online-Identität wird ein immer wichtigeres Gut, denn sie existiert dauerhaft. Daten, die in sozialen Netzwerken gelöscht werden, sind noch lange nicht von den Servern der Firmen verschwunden. Mit etwas Pech können sie jederzeit wieder zum Vorschein kommen. Wer solche Bedenken als übertrieben abstempelt, den dürfte vielleicht die Meinung von Eric Schmidt zum Nachdenken bringen, der als ehemaliger CEO und Aufsichtsratschef von Google mehr als die meisten Menschen über den Schutz privater Daten Bescheid wissen sollte. In seinem Buch *Die Vernetzung der Welt* macht er deutlich, dass alle virtuellen, im Internet gespeicherten Daten dort auch dauerhaft verbleiben. Er schreibt: » Es besteht immer die Möglichkeit, dass persönliche Inhalte durch einen Fehler oder kriminelle Machenschaften eines Tages öffentlich und verbreitet werden.[…] Und nein, strengere Datenschutzeinstellungen in sozialen Netzwerken werden nicht genügen.«[348]

Wenn ausgerechnet der Chef der größten Datensammelmaschine der Welt unumwunden vor dem virtuellen Gedächtnis warnt, ist jeder Bürger gut beraten, sich im Internet besonders umsichtig zu verhalten. Vielleicht hilft es, sich stets das folgende Zitat aus den IT-Wissenschaften im Hinterkopf zu behalten: »Information wants to be free« – frei übersetzt: »Informationen tendieren dazu, ans Licht zu gelangen.« Eric Schmidts persönliche Empfehlung lautet, nichts abzuspeichern, was einen mit dem Gesetz in Konflikt bringen oder in der Öffentlichkeit unangenehme Folgen haben könnte. »In Zukunft«, so Schmidt »wird dies nicht nur auf jedes geschriebene und gesprochene Wort zutreffen, sondern auch auf jede Internetseite, die Sie suchen, auf jeden Freund in Ihrem Netzwerk, auf jedes Like, und auf alles, was Ihre Freunde tun, sagen und veröffentlichen.«[349] Auch Gerichtsurteile können einmal veröffentlichte Daten nicht mehr zum Verschwinden bringen.

Die wachsende Bedeutung von Online-Identität hat wichtige Implikationen für Eltern und Erziehende. Gerade Jugendlichen fällt es schwer, beim Teilen privater Inhalte Zurückhaltung zu wahren. Zu groß ist die Versuchung, zu abstrakt sind die Risiken. Kinder müssen erst lernen, dass es keine dauerhafte Löschfunktion im Internet gibt. Hier ist viel Aufklärungsarbeit seitens der Erziehenden gefordert. Zukünftig könnte es ratsam sein, dass erste digitale Aufklärungsgespräch schon vor dem ersten sexuellen Aufklärungsgespräch zu führen. Wo Risiken sind, gibt es aber oft auch Chancen. Einige Eltern werden es nicht bei der Prävention belassen, sondern ihrem Kind darüber hinaus optimale Ausgangsbedingungen für ihre digitale Identität verschaffen wollen. Zu diesem Zweck könnten sie noch vor der Geburt persönliche Domainnamen und Profile in sozialen Netzwerken reservieren. Oder sie könnten für ihre Kinder Namen auswählen, die aus Sicht der Suchmaschinenoptimierung vorteilhaft sind.

Neben all den Informationen, die man mit der Öffentlichkeit teilt, ist ein bedeutender Teil der eigenen Identität für viele Menschen auch eine gewisse Anonymität im öffentlichen Raum. Die Digitalisierung hat dieser Anonymität bereits kräftig geschadet, doch es könnte noch viel schlimmer kommen. Noch liegen unsere digitalen Spuren verteilt und unsere Vielzahl an Online-Profilen verteilt auf den Servern verschiedenster Unternehmen und Institutionen. Zukünftig könnte es die Option geben, all unsere Online-Profile mit einem Master-Profil zu verknüpfen, das von der Regierung verifiziert wird. Diese Profile könnten bei Online-Geschäften bevorzugt oder in Suchmaschinen höher gerankt werden, wodurch starke Anreize geschaffen werden, im Internet nicht mehr anonym aufzutreten. Gleichzeitig wird es auch im nicht-digitalen öffentlichen Raum immer schwieriger werden, sich anonym in der Öffentlichkeit zu bewegen. Überall wo Kameras positioniert sind, kann der Staat dank moderner Gesichtserkennungssoftware die Identität feststellen. Theoretisch reicht sogar ein Smartphone mit einer Gesichtserkennungsapp, um einen Großteil der Menschen auf der Straße zu erkennen und Daten aus deren Online-Profil einzuspielen – die notwendige Datengrundlage hätte Facebook sofort parat ...

Wer sind wir? Und wofür sind wir da?

Datenschutz und Privatsphäre dürften die Themen sein, die unsere Identität im digitalen Zeitalter kurz- und mittelfristig wesentlich prägen. Langfristig dürfte uns ein ganz anderes Thema bewegen: Welchen Einfluss hat künstliche Intelligenz auf unser Selbstverständnis als Mensch?

Forscher der Universitäten Cambridge und Stanford haben ein Computermodell entwickelt, das die Persönlichkeit eines Menschen anhand seiner Facebook-Aktivitäten genauer beurteilen kann als die eigenen Freunde und Familienangehörigen. Die Forscher testeten ihren Algorithmus an 17 000 Probanden, die 100 Fragen zu ihrer Persönlichkeit beantworteten mussten, mit Fokus auf die fünf Persönlichkeitsmerkmale Emotionalität, Gewissenhaftigkeit, Extraversion, Offenheit und Verträglichkeit (Rücksichtnahme und Empathie). Zudem mussten sie den Forschern Zugang zu ihren Facebook-Likes gewähren. Parallel wurde in einem Fragebogen erfasst, wie Kollegen, Freunde und Verwandte die Persönlichkeit der Probanden einschätzen. Ergebnis: Bei ausreichender Anzahl Facebook-Likes war der Algorithmus besser in der Lage, die Persönlichkeitsmerkmale einer Person vorherzusagen als jeder menschliche Teilnehmer der Studie. Dem Algorithmus reichten 10 Likes, um einen Arbeitskollegen zu schlagen, 70 Likes für einen Mitbewohner, 150 Likes für Eltern und Geschwister, und 300 Likes für den eigenen Ehepartner.[350]

Dieses Experiment verdeutlicht die fast unheimliche Macht von Algorithmen: Wenn sie unsere Persönlichkeit auf Basis von 300 Facebook-Likes besser einschätzen können als der eigene Ehepartner, dann können sie eventuell auch unsere nächsten Schritte, ja unsere gesamte Biografie berechenbar machen? Schon heute scannen Computerprogramme Bewerbungen vor und sortieren Kandidaten aus, wenn das Matching nicht übereinstimmt. Was ist, wenn Datenpunkte aus unserer bisherigen akademischen Laufbahn und unseren sozialen Netzwerken sogar mehr über unsere berufliche Bestimmung, über unsere Erfolgsperspektiven aussagen, als wir selbst über uns wissen? Algorithmen könnten dann über ganze Lebensläufe entscheiden.[351]

Indem die Technik uns nach und nach in Bereichen überflügelt, in denen wir uns als Mensch uneinholbar in Führung sahen, stellt sie unsere Identität in Frage. Sie zwingt uns, uns intensiv damit auseinanderzusetzen, was uns als Menschen eigentlich außergewöhnlich und besonders macht. Sind unsere geistigen Fähigkeiten wirklich einzigartig? Der bereits zuvor zitierte Tech-Autor Kevin Kelly hat die Identitätsfrage auf interessante Weise umrissen: »Während wir immer mehr Formen von künstlicher Intelligenz erfinden, werden wir gezwungen sein, auch immer mehr von dem abzuschreiben, was an uns Menschen einzigartig ist.« Dies begründet er damit, dass der Mensch nun nicht mehr die einzige Intelligenz ist, die beispielsweise ein Flugzeug fliegen oder mathematische Gesetze errechnen kann, was unweigerlich zu einer Identitätskrise führen wird, während der die Menschheit sich fragen wird, was an ihr noch besonders ist. Jedoch sieht Kelly darin auch Positives: »Der größte Vorteil der Entstehung künstlicher Intelligenz ist, dass KIs uns helfen werden, uns selbst als Menschheit zu definieren.«[352]

47. Vom Homo Sapiens zum Homo Deus

Der technische Fortschritt bringt unser Selbstverständnis als Mensch immer stärker ins Wanken. Unsere Gesellschaft und unsere Welt werden sich so schnell verändern wie noch nie zuvor. Um Hypothesen zu entwickeln, wo die digitale Evolution in den nächsten 30, 50, 100 Jahren hinsteuert, können wir abstrakte Theorien von exponentiellem Wachstum und disruptivem Wandel studieren oder das Potenzial von Zukunftstechnologien ergründen. Doch entscheidend ist vor allem, was der Mensch *will*. Wir müssen daher den Blick auf die Psyche des Menschen richten, auf seine Wünsche und Triebe, seine Ängste und Sorgen. Sie sind die eigentlichen Triebkräfte der digitalen Evolution, sie geben ihr Gestalt.

Kaum jemand hat diesen Zusammenhang – und daraus ableitbare Thesen – so eindrucksvoll beschrieben wie der israelische Autor Yuval Noah Harari. Seine Bücher *Sapiens* und *Homo Deus* sind weltweite Bestseller, die von gleich drei ehemaligen US-Präsidenten gewürdigt wurden. In *Homo Deus* beschreibt Harari, dass die Menschheit schon seit jeher immer mit den drei gleichen Hauptproblemen zu kämpfen hatten: Hunger, Krankheit und Krieg. Doch inzwischen hat sich dies geändert:

> »[...] *in den letzten Jahrzehnten ist es uns gelungen, Hunger, Krankheit und Krieg im Zaum zu halten. Natürlich sind diese Probleme nicht vollständig gelöst, aber was einmal unbegreifliche und unkontrollierbare Kräfte der Natur waren, sind jetzt Herausforderungen, die sich bewältigen lassen.*«[353]

Um diese Aussage mit ein paar Fakten zu hinterlegen: Selbst der laut WHO »schwerste Gesundheitsnotfall der Neuzeit«, der Ausbruch des Ebola-Virus 2014 in Westafrika, hatte mit ca. 11 000 Opfern nicht annähernd so schwere Folgen wie Pest, Spanische Grippe und andere Seuchen der Vergangenheit. Während menschliche Gewalt in antiken Agrargesellschaften noch für 15 Prozent der Todesfälle verantwortlich war, ist dieser Wert bis 2012 auf unter 0,01 Prozent gefallen (120 000 Kriegstote und 500 000 Opfer von Kriminalität). Im selben Jahr starben mehr Menschen durch Selbstmord (800 000 Tote) oder an Diabetes (1 500 000 Tote). Etwas überspitzt gesagt: McDonalds, Coca-Cola und Co. sind in der westlichen Welt die weitaus größere Bedrohung für das menschliche Leibeswohl als Krieg und Terrorismus.[354]

Harari prophezeit, dass sich die Menschheit mit dem Erreichten nicht begnügen wird, da der menschliche Geist auf Errungenschaften nur kurzfristig mit Zufriedenheit reagiert, langfristig aber mit dem Verlangen nach mehr. Die Digitalisierung bietet das Handwerkszeug, um neue, sich klar abzeichnende Ziele anzustreben, nämlich Unsterblichkeit, Glück und Göttlichkeit:

> »[...]*nachdem wir die Menschheit über die animalische Ebene des Überlebenskampfes hinausgehoben haben, werden wir nun danach streben, Menschen in Götter zu verwandeln und aus dem Homo Sapiens den Homo Deus zu machen.*«

Schauen wir uns diese Ziele der Reihe nach an:

Warum der Kampf gegen den Tod? Ein aussichtloses Unterfangen, könnte man meinen. Gilt nicht der Tod von jeher als das einzig Sichere im Leben? Laut Harari bringt der Kampf gegen den Tod den höchsten Wert unserer Kultur zum Ausdruck – den Wert menschlichen Lebens. Dass es tatsächlich eine Chance gibt, liegt daran, dass Krankheiten, Altern und Tod letztendlich eine Folge von Problemen »technischer« Natur sind. Der Mensch erkrankt zum Beispiel an einer zufälligen Mutation von DNA oder stirbt an der mangelnden Sauerstoffversorgung des Herzmuskels. Für solch »technische« Probleme gibt es auch technische Lösungen: Medikamente, Chemotherapie, Organtransplantationen, Zelltherapie mit Nanorobotern – und so weiter. Zwar sind den meisten Wissenschaftlern und Ärzten Unsterblichkeitsfantasien noch fremd, doch sie alle versuchen, immer neue gesundheitliche Probleme zu lösen. Damit verlängern sie unsere Lebenserwartung Schritt für Schritt. Ein Ende dieser Entwicklung ist bisher nicht abzusehen, wann auch? Wenn es gelingt, eine tödliche Krankheit wie den Krebs zu besiegen, wird die wissenschaftliche Gemeinschaft sich kaum entschließen, bis hierhin und keinen Schritt weiterzugehen.

Im Silicon Valley hingegen hegen einige wichtige Akteure ganz unverhohlen Unsterblichkeitsambitionen. Ray Kurzweil, Googles Chefingenieur, erklärt in seinem Buch *Fantastic Voyage: Live Long Enough to Live Forever*, dass er das Altern nicht einfach so als Teil des Kreislaufs des Lebens annimmt wie viele seiner Mitmenschen: »[…] ich finde nichts Positives daran, meine geistigen Fähigkeiten, die Schärfe meiner Sinne, meine physische Geschmeidigkeit, mein sexuelles Verlangen und andere menschliche Fähigkeiten einzubüßen. Ich sehe Krankheit und Tod als Ärgernis, als Probleme, die es zu lösen gilt.«[355] Ähnlich sieht es Google-Gründer Sergey Brin: Er möchte den »Tod heilen«.[356] Passend zu dieser Marschrichtung hat Google bereits im Jahr 2013 das Unternehmen Calico (kurz für California Life Company) gegründet, das als Mission angibt,

»fortschrittliche Technologien zu nutzen, um ein besseres Verständnis der biologischen Prozesse zu entwickeln, die unsere Lebensdauer kontrollieren«.[357] Auf gut Deutsch: Google arbeitet an der Unsterblichkeit. Auch Jeff Bezos, Gründer von Amazon, hat das Thema für sich entdeckt. 2016 investierte er 116 Millionen Dollar in Unity Biotechnology. Das Silicon-Valley-Start-up tüftelt an Medikamenten, die altersbedingte Krankheiten aufhalten oder heilen. Investor-Legende Peter Thiel investiert ebenfalls in Geschäftsideen zur Lebensverlängerung. Er sagt über den Tod: »Man kann ihn akzeptieren, man kann ihn leugnen, oder man kann ihn bekämpfen. Ich glaube, unsere Gesellschaft besteht vor allem aus Menschen, die ihn hinnehmen oder leugnen. Ich bekämpfe ihn lieber.«[358] Und Larry Ellison, Gründer des Softwareherstellers Oracle, ist sogar wütend auf den Tod: »Er ergibt keinen Sinn für mich. Der Tod hat für mich nie Sinn ergeben. Wie kann eine Person da sein und dann einfach verschwinden?«.[359] So viel zu den Ambitionen unserer Tech-Eliten…

Nach dem Streben nach Unsterblichkeit ist gemäß *Homo Deus* das nächste große Ziel auf der Agenda des 21. Jahrhunderts das Streben nach Glück. Zahlreiche Philosophen, von Epikur in der Antike bis zu Jeremy Bentham im 18. Jahrhundert, haben Glück ins Zentrum der persönlichen und gesellschaftlichen Werte gerückt. In der amerikanischen Verfassung ist das Grundrecht auf den *Pursuit of Happiness* sogar seit 1776 verankert. Selbsthilfebücher und Lebensratgeber verkaufen sich blendend. Die Menschen scheinen geradezu besessen davon, ihr Glück zu optimieren.

Doch selbst Wohlstand, Frieden und eine deutlich längere Lebenserwartung werden nicht ausreichen, um den Menschen dauerhaft glücklich zu machen. Harari begründet das mit einer Art gläserner Decke, gegen die unser Glücksempfinden trotz aller Errungenschaften stößt. Zwei wesentliche Gründe sind dafür verantwortlich: Einerseits hängt unser Glück auf psychologischer Ebene nicht nur von objektiven Bedingungen ab, sondern vor allem von Erwartungen. Neue Errungenschaften aber übersetzen sich eher in größere Erwartungen denn in größere Zufriedenheit. Andererseits wird unser Glück auf biologischer Ebene durch die Biochemie gedrosselt. Denn Glück und Unglück sind nichts anderes als angenehme und unangenehme Empfindungen im eigenen Körper – ausgelöst durch biochemische Prozesse. Die positiven Empfindungen flachen jedoch mit der Gewöhnung an bestimmte glücksauslösende Reize ab.

Um unser Glück zu beeinflussen, können wir also mit viel Disziplin an der eigenen Psyche arbeiten oder über Psychopharmaka unsere biochemischen Prozesse manipulieren. Der Weg über Psychopharmaka ist deutlich einfacher, schneller und erfreut sich größter Beliebtheit. In Zukunft wird die Bedeutung von Psychopharmaka weiter steigen, die Forschung immer bessere Wirkstoffe entwickeln. Gleichzeitig wird an weiteren ausgeklügelten Methoden zur Beeinflussung der Biochemie gearbeitet. Experimentiert wird etwa mit direkter elektrischer Stimulation bestimmter Hirnareale oder gleich mit der Modifikation der DNA.

Das ultimative Ziel des Menschen, so argumentiert Harari, ist es, sich zum Gott zu erheben und somit die Entwicklung zum Homo Deus zu absolvieren:

> »Sollten wir je über die Fähigkeit verfügen, Tod und Schmerz aus unserem System zu beseitigen, dann wird diese Fähigkeit vermutlich auch ausreichen, um unser System ganz nach unseren Wünschen auszurichten und unsere Organe, unsere Emotionen und unsere Intelligenz […] zu manipulieren.«

Dieses Upgrade von Menschen zu »Göttern« kann mittels Biotechnologie, Cyborg-Technologie (also der Verschmelzung von Mensch und Maschine) und durch die Erschaffung nicht-organischer Lebensformen erfolgen. Doch warum begnügen sich die Menschen nicht mit der Suche nach Glück und Unsterblichkeit? Grund dafür, so Harari, sind unsere zukünftigen Fähigkeiten, den Menschen zu »optimieren«. Dieser Optimierungsprozess nimmt seinen Anfang, bevor der Mensch überhaupt das Licht der Welt erblickt. Anfangs werden wir nur versuchen, durch Genmanipulation schwere genetische Krankheiten zu heilen. Im nächsten Schritt korrigieren wir die genetische Veranlagung für psychische und physische Leiden wie Depressionen oder schwere Angina. Und von da an ist der Weg von Heilung zu Optimierung nicht mehr weit. Ein kleiner Verbesserungsschubs fürs Immunsystem, ein bisschen Nachhilfe bei der Gedächtnisleistung – schon sind wir auf dem Weg in eine Gesellschaft aus perfekten Menschen. Selbst Kritiker von Genmodifikationen dürften sich irgendwann gezwungen fühlen, auf den Zug aufzuspringen. Denn nur die wenigsten Eltern sehen es gerne, wenn ihr Kind von den Altersgenossen in allen Belangen abgehängt wird. Spätestens, wenn die ersten Menschen beginnen, ihren Geist über eine Gehirn-Schnittstelle mit dem Internet zu verbinden, wären diejenigen, die nicht mitziehen, den »vernetzten« Menschen geistig hoffnungslos unterlegen.

Die skizzierte Entwicklung vom Homo Sapiens zum Homo Deus wird nicht von einem Tag auf den anderen erfolgen. Sie wird mit kleinen Schritten beginnen und dann immer schneller Fahrt aufnehmen. Die Menschen werden vielleicht gar nicht bewusst wahrnehmen, wie sich die Optimierung langsam, aber sicher in die Gesellschaft einschleicht – bis sie irgendwann zur Selbstverständlichkeit wird.

Harari sieht seine Ausführungen zum Homo Deus als Prognose, nicht als posthumanistisches Manifest. Mit Ray Kurzweil und anderen Posthumanisten, die uns ebenfalls auf dem besten Weg zu gottgleichen Wesen sehen, teilt Harari viele Einschätzungen zukünftiger Entwicklungen, nicht jedoch deren Bewertung. Kurzweil und Co. kann es nicht schnell genug gehen kann, bis Nanobots die Hälfte unserer Körperfunktionen übernehmen und sich der Mensch in ein hochleistungsfähiges Cyborg-System verwandelt. Harari hingegen möchte mit *Homo Deus* warnen. Die Moderne, schreibt er, sei wie eine »extrem komplizierte Übereinkunft«, bei der kaum jemand versteht, was er unterschrieben habe.

»*Es ist ein bisschen so, wie wenn man eine Software herunter-
lädt und gebeten wird, einen beigefügten Lizenzvertrag zu
unterzeichnen,[...]; man wirft einen kurzen Blick darauf,
scrollt dann bis ans Ende des Dokuments, macht ein Häkchen
bei* >*ich stimme zu*< *und hat das Ganze schon gleich wieder
vergessen.*«

In Wirklichkeit aber drohe uns die Erosion der humanistischen
Werte unserer freien Gesellschaft, in der das Individuum heilig ist.
Ich selbst möchte mich Hararis Blickwinkel anschließen – der von
ihm geschilderte Zukunftsentwurf erscheint mir nicht erstrebens-
wert. Noch drastischer aber könnte es die Menschheit treffen, wenn
die Weiterentwicklung der wichtigsten Zukunftstechnologien un-
geplante Folgen hat und existenzielle Gefahren heraufbeschwört.
Mehr dazu im nächsten Kapitel...

48. Menschheit in Gefahr

Killerroboter

Auf YouTube finden Sie unter dem Titel *Slaughterbots / Killer Micro-
drones* einen sehenswerten Clip. Er zeigt, wie ein namentlich nicht
benannter CEO ganz im Stil von Steve Jobs auf großer Bühne sein
neuestes Technikwunder vorstellt: eine handtellergroße Quadro-
kopter-Drohne, ausgestattet mit Kameras, Gesichtserkennungssoftware – und drei Gramm Sprengstoff. Das perfekte Werkzeug, um
Verbrecher außer Gefecht zu setzen. An einer Puppe demonstriert
der CEO die Fähigkeiten seiner Drohne. Er startet sie aus der Hand,
steuert sie zielgerichtet auf den Kopf der Puppe zu und lässt sie beim
Aufprall auf der Stirn mit einem lauten Knall explodieren. Eine be-
eindruckende Vorführung. Doch der CEO hat noch weit größere
Ambitionen. Er zeigt eine Animation, wie aus einem Transportflug-
zeug Abertausende Drohnen abgeworfen werden, um eine ganze

Stadt anzugreifen. »Eine Order von 25 Millionen Euro«, erklärt er begeistert, »ist genug, um eine halbe Stadt auszulöschen. Die böse Hälfte. Atomwaffen sind obsolet.«[360]

Der Clip ist Fiktion, aber dennoch keine unrealistische Science-Fiction. Bereits im Oktober 2016 hat die US-Armee erfolgreich einen Drohnenschwarm aus 103 intelligenten Kleinstdrohnen getestet. Die Drohnen wurden von drei Kampfflugzeugen abgeworfen und verhielten sich laut Pentagon während ihres Flugs wie ein »kollektiver Organismus«.[361] Auch mit autonomen Panzern, U-Booten und Kampfrobotern wird bereits experimentiert. Menschen, so die offizielle Position der Regierung, werden bei künftigen Einsätzen dieser Gefechtssysteme aus ethischen Gründen immer involviert bleiben. »Wir werden einer Maschine die Entscheidung über tödliche Gewalt nicht überlassen«, sagte der ehemalige amerikanische Vize-Verteidigungsminister, Robert Orton Work, im Jahr 2016.[362] Ob im Ernstfall an dieser Haltung festgehalten wird, ist stark zu bezweifeln. Im Gefecht kann Handlungsschnelligkeit den entscheidenden Unterschied machen, erst recht, wenn sich zwei autonome Waffensysteme gegenüberstehen. Dann ist die Partei im Vorteil, bei der kein Mensch die Entscheidungskette verlangsamt. So gestand auch Robert Orten Work ein, dass die USA nachziehen müssten, falls das Militär einer feindlichen Konfliktpartei ihre Befehlsgewalt an Maschinen abtreten würde. Und genau in diesem Szenario liegt die große Gefahr. Bei einer kriegerischen Auseinandersetzung könnte der Konflikt in kürzester Zeit dramatisch eskalieren. Dies gilt insbesondere, wenn verschiedene Waffensysteme miteinander kommunizieren und eine künstliche Intelligenz eine ganze Armee koordiniert. Die Schäden wären verheerend.

Angesichts dieser Schreckensszenarien haben sich im August 2017 mehr als 100 Firmen in den Bereichen Robotertechnik und künstliche Intelligenz in einem offenen Brief an die Vereinten Nationen für ein Verbot autonomer Waffensysteme ausgesprochen. Diese, so die Befürchtung, würden nach Erfindung des Schießpulvers und der Atomwaffen die dritte Revolution der Kriegsführung einleiten.

Auch innerhalb der UNO drängen rund 120 Länder auf die globale Ächtung der Killerroboter, vor allem Staaten mit weniger hochgerüstetem Militär. Doch hinter den Kulissen bremsen Länder wie Russland, USA und China die Bemühungen – Länder, die mit großen Ressourcen Waffen entwickeln und im machtpolitischen Wettstreit nicht ins Hintertreffen geraten möchten.[363]

Superintelligenz und Singularität

Einige der populärsten Science-Fiction-Filme – *2001: Odyssee im Weltraum, Terminator, Matrix, Transcendence, Ex Machina* – basieren auf der Idee, dass künstliche Intelligenz sich bis zu einem Punkt entwickelt, an dem die Menschheit ihr eigenes Werk nicht mehr kontrollieren kann und unserer Zivilisation der Niedergang droht. Mittlerweile sorgen sich zahlreiche Experten, dass diese Science-Fiction-Szenarien Wirklichkeit werden könnten. Zu den namhaftesten Bedenkenträgern gehören der Physiker Stephen Hawkings, Apple-Mitgründer Steve Wozniak, Microsoft-Gründer Bill Gates, und vor allem Tesla-Gründer Elon Musk. Regelmäßig warnt Letzterer vor den Gefahren einer starken KI, spricht sogar von »unserer größten existenziellen Bedrohung«.[364] Musk hat sich daher mit anderen Größen der Tech-Szene zusammengetan und eine Milliarde US-Dollar in die Gründung eines KI-Forschungszentrums namens OpenAI investiert. Das Ziel dieser Non-Profit-Organisation ist es, unabhängige KI-Forschung zu betreiben und frühzeitig Gefahren zu erkennen.

Ein prominenter Mahner ist auch Nick Bostrom, Zukunftsforscher und Direktor des Future of Humanity Institute in Oxford. In seinem Buch *Superintelligenz* beschreibt er das Szenario einer KI, die uns alle beherrschen und sogar auslöschen könnte, als reale Bedrohung. »Wir sind wie kleine Kinder, die mit einer Bombe spielen«, schreibt Bostrom. »Superintelligenz ist eine Herausforderung, für die wir jetzt noch nicht bereit sind und für die wir auch noch lange Zeit in der Zukunft nicht bereit sein werden.«[365] Bostroms Position ist unter den Zukunftsforschern damit eine diametral andere als die von Singularity-Enthusiasten wie Ray Kurzweil.

Unter den Experten gibt es aber auch viele, die den Prophezeiungen einer nahenden Singularität und der Furcht vor »bösen« KIs mit Skepsis begegnen. Dazu gehört auch der Technikjournalist Ulrich Eberl, der für sein Buch *Smarte Maschinen* im Jahr 2015 rund um die Welt gereist ist, um Forschungslabore zu besuchen und KI-Spezialisten zu interviewen. Sein Resümee: »All die neuesten Entwicklungen und Forschungsergebnisse, [...],die ich kennenlernen durfte, zeigen, dass der heutige Mensch noch lange nicht fürchten muss, von seiner beherrschenden Stellung auf den Stufen der Evolution verdrängt zu werden.«[366] Zu einem ähnlichen Schluss kommt der amerikanische KI-Experte Jerry Kaplan in seinem Buch *Artificial Intelligence,* der beteuert, dass die in der Öffentlichkeit thematisierten apokalyptischen Szenarien bei den Forschern und Ingenieuren in der KI-Szene keinen großen Anklang finden. Er schreibt: »Die banale Wahrheit lautet [...], dass wenig bis keine Beweise die Ansicht unterstützen, dass die heutigen Technologien das Herannahen von allwissenden, superintelligenten Maschinen signalisieren. Ein geeigneterer Denkansatz, um das Versprechen und Potenzial von KI zu verstehen, ist KI als eine natürliche Erweiterung langjähriger Automatisierungsbemühungen zu sehen.«[367] Wie es scheint, beurteilen die unmittelbar an der Weiterentwicklung von KI beteiligten Experten die Risiken in der großen Mehrheit unaufgeregt. Bezeichnend ist die Einstellung von Andrew Ng, dem »Superhirn« hinter dem Machine-Learning-Apparat von Google. Er sagt, er habe genauso viel Bedenken vor dem Erwachen einer bösen KI, wie er sich Sorgen »um das Problem der Überbevölkerung auf dem Mars« mache.[368]

Risiken in der Bio- und Nanotechnologie: tödliche Viren und graue Schmiere

In der Biotechnologie stellen vor allem Experimente mit viraler DNA eine Gefahr dar: künstliche Viren, die sich schnell verbreiten, aber nur eine geringe Inkubationszeit haben – und absolut tödlich sind. Erstmals ist die Diskussion zu Virenexperimenten im Jahr 2012 hochgekocht, als Virologen den Erreger der Vogelgrippe so modifizierten, dass er über die Luft – und damit theoretisch auch von Mensch zu Mensch – übertragen werden kann. Die Wissenschaft reagierte vorrübergehend mit einem Forschungsmoratorium, das aber nach einem Jahr wieder aufgehoben wurde. Mit den zunehmenden Möglichkeiten des Bioengineerings wird es immer einfacher werden, tödliche Viren zu erschaffen, die bei einem Unfall oder in den Händen von Bioterroristen eine Katastrophe auslösen könnten.[369]

Die Nanotechnologie ist noch in einem deutlich weniger fortgeschrittenen Stadium als die Biotechnologie. Ihre Risiken können daher noch nicht so gut eingeschätzt werden. Die weitaus gefährlichste Bedrohung wäre in jedem Fall eine unkontrollierte Selbst-Replikation von Nanobots über die ganze Welt. Dieses apokalyptische, hinsichtlich der technischen Plausibilität stark umstrittene Szenario wurde bereits 1986 vom Nanotechnologie-Pionier Eric Drexler entworfen. Er basiert auf der Annahme, dass für viele wirtschaftlich sinnvolle Anwendungen Billionen einzelner Bots benötigt werden. Solche Mengen von Bots lassen sich eigentlich nur durch Selbst-Replikation sinnvoll erzeugen. Das Risiko besteht darin, dass der Grundbaustein für Nanobots Kohlenstoff ist – derselbe Stoff, aus dem auch Biomasse besteht. Sollte die Selbst-Replikation also außer Kontrolle geraten, fiele alles Leben, also Pflanzen, Tiere und auch Menschen, den sich exponentiell vermehrenden Bots zum Opfer. In einem Worst-Case-Szenario könnte die Epidemie innerhalb von Stunden alles Leben auf dem Planeten auslöschen und diesen mit einer »grauen Schmiere« überziehen, wie Drexler es nannte.[370]

Die Gefahren der Nanotechnologie haben interessanterweise bereits 2004 den britische Thronfolger, Prince Charles, besorgt. Damals forderte er die Royal Society auf, die »enormen ökologischen und sozialen Risiken« der Nanotechnologie zu untersuchen. Der Royal-Society-Bericht hielt jedoch fest, dass solche selbstreplizierenden Maschinen zu weit in der Zukunft liegen, um für Regulatoren von Belang zu sein. Scheint also, als würde die Menschheit noch nicht so bald auf dem Speiseplan von Nanobots stehen.[371]

Der Weg in eine menschenfreundliche digitale Zukunft

Wie sich in den letzten Kapiteln herauskristallisiert hat, beschert uns die Digitalisierung neben unzähligen Chancen auch große Herausforderungen und birgt einige Risiken. Um unsere Zukunft zum Wohle der Gesellschaft zu gestalten, müssen wir zum einen die vielen ethischen Fragen diskutieren, die sich durch die digitalen Innovationen auftun. Zum anderen müssen wir Handlungsoptionen entwerfen, wie wir den Herausforderungen der Zukunft am besten gerecht werden können. Um diese beiden Themen geht es im letzten Abschnitt dieses Buchs.

49. Digitale Ethik

Warum digitale Ethik?

Die Ethik ist eine Teildisziplin der Philosophie, die sich mit der Bewertung menschlichen Handelns befasst. Im Zentrum der Ethik steht die Auseinandersetzung mit der Frage, was gutes und was schlechtes Handeln ist. So hilft die Ethik, die Würde des Einzelnen, seine Selbstbestimmung und Handlungsfreiheit zu schützen. In Zeiten, in denen Algorithmen unser Leben zunehmend beeinflussen, ist ein ethischer Kompass vielleicht wichtiger denn je. Denn Computer kennen keine Werte, keine Normen, keine Moral. Natürlich kann man Computern Regeln beibringen; vielleicht kann künstliche Intelligenz irgendwann sogar ein gewisses moralisches Verantwortungsbewusstsein simulieren. Doch zunächst einmal liegt es an uns, den ethischen Rahmen für technische Innovation festzulegen. Wir müssen Grenzen definieren zwischen dem technisch Machbaren und dem ethisch Vertretbaren. Dabei müssen wir uns bewusst sein, dass wir naturgemäß aus unseren jetzigen Denkmustern heraus argumentieren. Die Geschichte hat aber nur zu gut gezeigt, dass manche Denkmuster mit der Zeit überholt sind und die Anpassung von Werten ein normaler Prozess ist.

Angesichts der Bedeutung dieser Aufgabe ist es verwunderlich, dass die digitale Ethik nicht höher auf der öffentlichen oder akademischen Agenda steht. In den Medien werden relevante Themen zwar durchaus angeschnitten, man kann jedoch kaum von einer lebhaften Debatte sprechen. An vielen Wirtschafts- oder Informatikfakultäten der Universitäten steht digitale Ethik überhaupt nicht – oder erst seit Kurzem – auf dem Lehrplan. Die Universität Oxford zum Beispiel hat erst 2017 ein Digital Ethics Lab gegründet und damit dem Thema als eine der ersten Bildungsinstitutionen überhaupt einen größeren formalisierten Rahmen gegeben.[372]

Warum erhält das Thema nicht mehr Aufmerksamkeit? Eine Hypothese ist, dass viele Menschen zwar einzelne ethische Herausforderungen erkennen, jedoch nicht umreißen, wie die Zukunftstechnologien in Summe das ethische Fundament unserer Gesellschaft ins Wanken bringen könnten. Unser historisches Bewusstsein sagt uns: Damals, als das Automobil, der Fernseher oder der Computer erfunden wurden, gab es auch schon Skeptiker und Kritiker – unter dem Strich haben diese Innovationen unserer Gesellschaft aber großen Mehrwert gebracht. Doch diese Erfahrung lässt sich nicht einfach auf heutige Technologien wie die Gentechnologie, künstliche Intelligenz und Robotik übertragen. Diese Technologien könnten uns anders als frühere technische Innovationen nicht nur in unserem Handeln befähigen. Sie könnten uns sogar materiell in unserem Menschsein verändern – von innen, biologisch. Ob künstliche Upgrades unserer Spezies im Interesse und zum Vorteil der Bevölkerungsmehrheit sind, ist fraglich.

Ein bunter Katalog ethischer Herausforderungen

Die Gentechnologie, künstliche Intelligenz und Robotik werfen vielleicht die größten ethischen Fragen auf, doch fast alle Zukunftstechnologien schaffen kurz- und langfristige ethische Herausforderungen. Ein paar Beispiele:

Augmented Reality ist eine Technologie, die auf den ersten Blick ethisch unbedenklich erscheint. Doch wie bereits in diesem Buch angesprochen, ist es technisch bald sehr einfach, Trägern von AR-Brillen das Online-Profil von Passanten ins Blickfeld einzublenden. Die meisten Menschen dürften sich einig sein, dass eine solche Anwendung verboten sein sollte, da sie unsere Privatsphäre verletzt. Denkbar sind auch AR-Apps, mit denen die Kleidung von Passanten ausgeblendet wird und stattdessen ein nackter Körper angezeigt. Verstößt solch eine App gegen die Würde des Menschen? Wie wäre es, wenn die App dem Passanten einen Elefantenrüssel ins Gesicht zaubert? Wäre das ein Spaß oder schon problematisch?

Bei Virtual-Reality-Anwendungen dürften viele Menschen auf rasche Verbesserungen der Technologie hoffen. Doch sollte man Virtual Reality auch dann noch gutheißen, wenn sie so lebensecht und perfekt programmiert werden kann, dass immer mehr Menschen die virtuelle gegenüber der echten Welt vorziehen? Hier stellt sich die Frage, ob man dem Leben in der Realität einen höheren Wert zumessen sollte als virtuellen Erlebnissen. VR-Nutzer, die einen Großteil ihrer Freizeit glücklich in virtuellen Welten verbringen, würden diese Frage sicher mit »nein« beantworten. Andererseits: Vielleicht finden gerade wirtschaftlich und sozial benachteiligte Menschen in virtuellen Welten ihr Glück. Würde es dem Wohlergehen dieser Menschen nicht zuträglicher sein, wenn man ihnen hilft, das reale Leben positiver zu gestalten?

Das Internet of Things wandelt sich zum Internet of Everything und macht uns immer mehr zu vernetzten, gläsernen Menschen: Autos speichern und senden automatisch Daten über unser Fahrverhalten. Wearables und andere Smart-Health-Anwendungen informieren unseren Arzt, ob wir uns ausreichend bewegen. Auto- und Krankenversicherungen locken uns mit Rabatten, wenn wir unsere Daten teilen. Ist dieser Trend in unserem Sinne? Laufen wir womöglich Gefahr, dass Menschen, die möglichst wenig persönliche Daten teilen möchten, in unserer Gesellschaft benachteiligt werden?

Auch die technischen Fortschritte von Sprachassistenten wie Alexa und Siri werfen große Fragen auf. Wenn wir künftig im permanenten Austausch mit KI-basierten persönlichen Assistenten sind, lernen diese uns immer besser kennen. Irgendwann kann die KI unser Verhalten antizipieren, Nachrichten für uns schreiben und unseren Tag planen. Doch möchten wir E-Mails von Freunden erhalten und vor der Frage stehen, ob sie persönlich oder vom persönlichen Assistenten verfasst wurden? Tut es uns gut, wenn wir immer mehr Alltagsaufgaben an eine KI delegieren, von der wir nicht mal genau verstehen, wie ihre Entscheidungen zustande kommen? Besteht nicht zunehmend das Risiko, dass wir unsere Entscheidungs- und Handlungsfähigkeit verlieren?

Wenn wir von der Automatisierung von Alltagsaufgaben einen Schritt weiter denken, wie stehen wir zu einer massenhaften Automatisierung von Arbeitsplätzen? Heute ist Arbeitslosigkeit ein Stigma, doch das könnte sich ändern, sobald Maschinen einen Großteil der Arbeitsplätze besser ausfüllen können als Menschen. Ein Großteil der Bevölkerung wäre arbeitslos und müsste einen Weg finden, trotzdem jedem Menschen ein gesichertes Einkommen zu garantieren. Vielleicht wäre es normal, dass Menschen täglich ihren Hobbys oder Passionen nachgehen. Wäre eine solche Gesellschaft eher Paradies oder Albtraum? Die Antwort hängt davon ab, welchen intrinsischen Wert wir Arbeit beimessen, für wie sinnstiftend wir Arbeit erachten und ob wir glauben, dass Arbeitslosigkeit ihr soziales Stigma verliert.

Die vielleicht größte ethische Herausforderung – und damit wären wir wieder bei Gentechnologie, künstlicher Intelligenz und Robotik – ist der Umgang mit der Fähigkeit, unsere Körper durch Technologie zu verändern. Was die Gentechnologie angeht, befürworten viele Menschen deren Einsatz, sofern Krankheiten und Leiden verhindert werden, nicht aber für genetische Optimierung. Doch wo verläuft die Linie zwischen Krankheitsbehandlung und Optimierung? Angenommen, in den Genen eines Embryos würde eine Fehlfunktion des Wachstumshormons entdeckt. Sie könnte dazu führen, dass der heranwachsende Mensch kleinwüchsig wird. Wäre eine Korrektur des Genoms dann eher Behandlung oder Optimierung? Die Linie verschwimmt schnell. Warum also überhaupt eine Linie ziehen? Was sind die schlagenden ethischen Argumente gegen die intuitive Ablehnung einer Optimierung von Menschen. Wäre es wirklich so schlimm, seinen zukünftigen Kindern mit ein paar Eingriffen ins Genom eine gute Physis und eine hohe Konzentrationsfähigkeit zu sichern? Ist es zwingend notwendig, Gehirnschnittstellen mit dem Internet zu verbieten?

Unsere Spezies hat seit jeher versucht, ihre physischen und geistigen Fähigkeiten zu verbessern. Müssen wir jetzt, da wir kurz davor sind, mächtiger zu werden als je zuvor, wirklich die Handbremse ziehen? Viele würden dafür plädieren, da wir uns sonst auf dem besten Weg befänden, die Spezies Mensch abzuschaffen und das Zeitalter der Cyborgs einzuleiten. Ein Transhumanist hätte allerdings eine andere Meinung. Wir können die Fragen an dieser Stelle nicht endgültig beantworten, sondern nur festhalten, dass sie von existenzieller Bedeutung sind und möglichst unvoreingenommen und sachlich diskutiert werden sollten.

Technologie ist kein Selbstzweck, sie ist ein Mittel zum Zweck

»Yes, we can – so let's do it!«. So in etwa lautet das Credo vieler Silicon-Valley-Größen. Alles scheint möglich. Einen Weg nicht einzuschlagen, obwohl die technischen Möglichkeiten ihn erlauben, scheint undenkbar. Zögern wäre ein Fehler, sonst würde ein Konkurrent einspringen und alle Profite für sich beanspruchen.

So verbreitet diese Haltung sein mag, so problematisch ist sie. Technologie ist kein Selbstzweck und sie sollte auch nicht allein der Profitmaximierung dienen. Ebenso wenig ist die Erweiterung unserer Fähigkeiten ein Selbstzweck. Die Anwendung einer Technologie sollte Wohlergehen und Glück der Menschen fördert. Ein gutes Beispiel liefert das Königreich Bhutan. Dort wird seit den 70er-Jahren neben dem Bruttoinlandsprodukt auch das *Bruttonationalglück (BNG)* als Indikator des nationalen Wohlstands gemessen. Das basiert auf der sinnvollen Annahme, dass eine nachhaltige Entwicklung der Gesellschaft nur im Zusammenspiel von kulturellen, materiellen und spirituellen Schritten erfolgen kann. Um diese Dimensionen im Bruttonationalglück widerzuspiegeln, wurden vier Säulen für das Konzept definiert: Gesellschafts- und Wirtschaftsentwicklung, die Bewahrung und Förderung kultureller Werte, der Schutz der Umwelt sowie gute Regierungs- und Verwaltungsstrukturen.[373] Ein alternatives Konzept für die Messung des gesellschaftlichen Wohlbefindens ist der *Genuine Progress Indicator (GPI)*, der anhand von 26 Indikatoren gemessen wird. Dabei werden auch die Kosten für mögliche negative Folgen von technischem Fortschritt berücksichtigt, wie etwa Umweltverschmutzung, steigende Arbeitslosigkeit oder Einkommensungleichheit. Zudem werden soziale Indikatoren wie der Wert von Haushalts- oder Freiwilligenarbeit erfasst.[374] Unsere Gesellschaft täte gut daran, technischen Fortschritt auch anhand des Einflusses auf Wohlstandsindikatoren wie BNG und GPI zu bemessen.

Zur Förderung des gesellschaftlichen Wohlergehens gehört vermutlich auch, dass die Menschheit nicht versucht, all ihre Schwächen durch Technologie zu kompensieren. Wir Menschen können ungeschickt, langsam, kompliziert und im Vergleich zu Computern ineffizient sein, doch diese Unzulänglichkeiten sind essenzieller Teil des Menschseins. Vielleicht kann unser persönlicher digitaler Assistent künftig alle Geburtstagswünsche selbstständig verschicken; möglicherweise können Algorithmen durch die Analyse von Genomdatenbanken und Online-Profilen die statistisch sinnvollste Partnerwahl für uns treffen; und unter Umständen kann ein Roboter bei einem Kündigungsgespräch noch einfühlsamere Worte finden als ein Mensch. Aber wollen wir diese Aufgaben wirklich an eine Maschine abgeben? Je mehr wir uns durch die Technik optimieren lassen, desto stärker entmenschlichen wir uns. Wenn wir nicht aufpassen, werden wir irgendwann zu einer hocheffizienten, aber komplett unselbstständigen Gesellschaft, in der das Zwischenmenschliche aus allen möglichen Lebensbereichen gedrängt wird. Zumindest für Humanisten kann solch ein Szenario nicht wünschenswert sein.[375]

50. Handlungsoptionen

In Hemingways *The Sun Also Rises* fragt eine Romanfigur die andere: »How did you go bankrupt?«. »Two ways«, lautet die Antwort, »Gradually, then suddenly«.

Bezogen auf die digitale Evolution sollte unsere Gesellschaft das Ziel haben, den Punkt, an dem wir die Kontrolle über den technischen Fortschritt verlieren, niemals eintreten zu lassen. Selbst wenn uns das gelingt, ist es immer noch eine große Herausforderung, den technischen Fortschritt zum Wohl der Menschen zu gestalten. Die Frage ist, was wir dafür tun müssen. Und: Müssen wir überhaupt etwas tun? Können wir nicht einfach auf die unsichtbare Hand des Marktes vertrauen?

Ein Wirtschaftsliberaler könnte hoffen, dass der Markt die technische Entwicklung in die richtige Bahn lenkt und bestmöglich für Wohlstand sorgt. Das halte ich für gefährlich. Mit den Zukunftstechnologien, die in diesem Buch beschrieben sind, lässt sich zu viel Geld verdienen, als das nicht der ein oder andere Unternehmer unverantwortbare technologische Risiken eingehen würde. Laut Peter Diamandis, Silicon-Valley-Vordenker und Gründer von Human Longevity Inc., könnten künftig allein im Markt für Langlebigkeit 3,5 Billionen US-Dollar pro Jahr umgesetzt werden [376] Bei solchen Summen werden ethische Bedenken nur allzu leicht fallen gelassen.

Das freie Spiel der kapitalistischen Marktkräfte ist auch dahin gehend problematisch, dass die Profite ungleichmäßig verteilt werden.

Während den Unternehmern in der Robotik- und KI-Branche goldene Zeiten bevorstehen, werden quer über alle Branchen massenhaft Arbeitsplätze entfallen oder allenfalls durch Gehaltseinbußen erhalten bleiben. Langfristig ist der soziale Frieden massiv gefährdet.

Wenn wir die Zukunftsgestaltung also nicht alleine in die Hände von Silicon-Valley-Unternehmern, Investoren, Tech-Avantgardisten und Militärs legen wollen, müssen wir als Gesellschaft Initiative ergreifen. Dabei werden drei Ansatzpunkte besonders häufig genannt: Erstens müssen wir Recht und Regularien besser an das digitale Zeitalter anpassen. Zweitens benötigen wir individuelle und auch staatliche Maßnahmen zur Stärkung unserer digitalen Wettbewerbsfähigkeit. Und drittens müssen wir uns auch auf das Szenario vorbereiten, dass langfristig tatsächlich eine große Beschäftigungskrise auf uns zukommen könnte.

Rechtlicher und regulativer Schutz für das digitale Zeitalter

Vorab gesagt: Es ist nicht so, als würde der Gesetzgeber den digitalen Wandel ignorieren. Im Mai 2018 tritt zum Beispiel die neue EU-Datenschutz-Grundverordnung in Kraft. Sie vereinheitlicht das Datenschutzrecht in Europa und verleiht dem Einzelnen mehr Kontrolle über seine persönlichen Daten. Gleichzeitig ist die neue Verordnung aber auch ein Paradebeispiel für die Probleme der Gesetzgebung im Digitalbereich. Sie wurde bereits 2016 beschlossen, nach fast vierjähriger Debatte. Auch andere Rechtsdisziplinen hinken den Entwicklungen hinterher, etwa das Wettbewerbsrecht. Die Spielregeln im digitalen Raum werden von marktbeherrschenden Tech-Giganten diktiert – den Googles, Amazons und Facebooks dieser Welt – und der demokratisch legitimierte Gesetzgeber reagiert nur zaghaft.

Gleichzeitig steht eine weitere essenzielle Aufgabe an: die Festlegung neuer Grund- und Menschenrechte für das digitale Zeitalter. Die bisher unverbindlichen Debatten hierzu sollten endlich in ein konkretes Ergebnis überführt werden. Gerhart Baum, der ehemaligen deutsche Innenminister, resümierte jüngst: »Der Primat der

Politik muss wiederhergestellt werden, um der schrankenlosen Dynamik der Technologie Grenzen zu setzen.«[377]

Erste konkrete Vorschläge für eine Charta digitaler Grund- und Menschenrechte existieren bereits. So hat zum Beispiel der Zukunftsforscher Gerd Leonhard in seinem Buch *Technology vs. Mensch* vorgeschlagen, welche fünf Menschenrechte den Kern einer solchen Charta bilden könnten:[378]

1. **Das Recht, ein natürlicher und nicht augmentierter Mensch zu bleiben:** Wir müssen die Wahl haben, genetisch und biologisch unerweitert zu bleiben, also nicht Cyborgs werden zu müssen, um überhaupt mithalten zu können. Dazu gehört auch das Recht, beschäftigt zu werden, öffentliche Dienste in Anspruch zu nehmen, Dinge zu kaufen und als Mitglied unserer Gesellschaft zu funktionieren, ohne dazu Technologie auf oder innerhalb unseres Körpers einsetzen zu müssen.

2. **Das Recht, ineffizient zu sein, wenn davon unsere Menschlichkeit abhängt:** Wir brauchen unbedingt die Option, langsamer sein zu dürfen als Technologie – Effizienz darf nicht wichtiger werden als Menschlichkeit. Menschen sollten beispielsweise die Möglichkeit haben, einen Doktor aufzusuchen, auch wenn die Nutzung einer digitalen Diagnoseplattform günstiger ist.

3. **Das Recht, abzuschalten:** Damit ist nicht »abschalten« im Sinne von »ausklinken oder »sich treiben lassen« gemeint. Es geht um das Recht, uns von dem bald allgegenwärtigen Netzwerk zu trennen, abzutauchen, eine Kommunikationspause einzulegen oder sich eine Zeit lang unauffindbar zu machen.

4. **Das Recht, anonym zu bleiben:** In dieser kommenden Welt dauernder Konnektivität sollten wir dennoch die Option haben, nicht identifiziert und verfolgt zu werden, etwa wenn wir eine digitale Plattform nutzen oder wenn wir etwas kommentieren oder kritisieren. Es gibt sicherlich Situationen, in denen echte Anonymität unmöglich ist. Wir müssen aber trotzdem sicherstellen, dass Schutzzonen erhalten bleiben; Orte, an denen es

gar nicht nötig ist, uns zu tracken, etwa wenn ich eine politische Meinung äußere oder private Bilder verschicke.

5. **Das Recht, Menschen zu beschäftigen statt Maschinen:** Wir sollten nicht zulassen, dass Firmen oder Arbeitgeber benachteiligt werden, wenn sie es vorziehen, Menschen zu beschäftigen statt Maschinen, auch wenn sie teuer und weniger effektiv sind. Vielleicht sollten wir solchen »humanen« Unternehmen Steuernachlässe einräumen, oder es sollte eine »Automatisierungssteuer« geben für Unternehmen, die es vorziehen, viele Mitarbeiter durch Maschinen und Software überflüssig zu machen.[379]

Auch Justizminister Heiko Maas hat sich mit einem Vorschlag in die Debatte eingebracht. In einem Gastbeitrag für die *Zeit* skizzierte er eine Internet-Charta aus 13 digitalen Grundrechten. Hier ein Auszug seines Vorschlags:

> Jeder Mensch hat das Recht auf Zugang zum Internet.
> Jeder Mensch hat das Recht, über seine digitale Identität selbst zu bestimmen. Jeder Mensch hat ein Recht auf Vergessenwerden.
> Kein Mensch darf zum Objekt eines Algorithmus werden. Der Mensch ist mehr als sein Datenprofil.
> Jeder Mensch hat ein Recht darauf, dass seine Arbeit angemessen bezahlt wird, wenn er Dienstleistungen im Internet erbringt oder sie über das Internet vermittelt.
> Alle Urheber und ausübenden Künstler haben das Recht auf einen fairen Anteil an den Erträgen der digitalen Nutzung ihrer Werke.
> Jeder Mensch hat ein Recht auf Datensicherheit.
> Jeder Mensch hat das Recht auf eine analoge Welt. Niemand darf ungerechtfertigt benachteiligt werden, weil er digitale Dienstleistungen nicht nutzt.[380]

Besonders umsetzungsorientiert ist die von privaten Bürgern und der *Zeit*-Stiftung initiierte »Europäische Charta für digitale Grundrechte«. Sie schlägt 23 Grundrechte und Prinzipien für den Umgang mit Big Data, künstlicher Intelligenz, Robotik und sozialer Verhaltenssteuerung vor. Seit Ende 2016 ist der Entwurf zunächst der Öffentlichkeit zur weiteren Diskussion übergeben. Auf der Webseite *digitalcharta.eu* kann jeder Bürger den Entwurf kommentieren und alternative Vorschläge unterbreiten. Ein guter Ansatz, denn jeder Bürger wird dazu angeregt, über digitale Ethik nachzudenken und eine eigene Position zum Umgang mit fortschrittlichen Technologien zu definieren. Später soll die Charta den Grundrechtekatalog der EU ergänzen.[381]

Genauso wichtig wie digitale Grund- und Menschenrechte sind verbindliche Regelungen für besonders riskante Entwicklungsvorhaben. Unternehmer und Forscher sollten immer dazu angehalten sein, das sogenannte »Vorsorgeprinzip« anzuwenden. Dieses Prinzip wurde 1998 auf einer akademischen Konferenz in Wingspread, USA, entwickelt und hat sich bisher als wichtiges Prinzip besonders der Umwelt- und Gesundheitspolitik etabliert. Es besagt: »Wenn eine Aktivität die Gefahr von Schäden für die menschliche Gesundheit oder die Umwelt erhöht, sollten Vorsorgemaßnahmen ergriffen werden, selbst wenn einige Zusammenhänge zwischen Ursache und Wirkung nicht wissenschaftlich belegt sind. In diesem Kontext ist es der Befürworter der Aktivität, nicht die Öffentlichkeit, der die Beweislast trägt.«[382] Die geforderten Vorsorgemaßnahmen können, müssen aber nicht von staatlicher Seite getrieben werden. So wurden zum Beispiel im Jahr 1975 (ohne dass das Vorsorgeprinzip explizit bekannt war) auf der internationalen Asilomar-Konferenz, einer privaten wissenschaftlichen Konferenz, Richtlinien zur Produktion und Handhabung gentechnisch veränderter Organismen vereinbart. Eine Kernempfehlung war, für das Einschleusen von Fremd-DNA nur Wirtsbakterien zu verwenden, die außerhalb des Labors nicht überleben können. Die Richtlinien der Konferenz gingen später in weiterentwickelter Form in die nationale Gesetzgebung vieler Länder über, unter anderem der deutschen. Im Bereich künstlicher Intelligenz könnte man das Vorsorgeprinzip zum Beispiel anwenden, indem man früh genug gesetzliche Regeln für Experimente mit fortgeschrittenen KIs festgelegt. Zeitlich noch dringender wäre eine internationale Konventionen zum Verbot beziehungsweise zur Beschränkung autonomer Waffensysteme.

Maßnahmen zur Stärkung der digitalen Wettbewerbsfähigkeit:

Immer mehr junge Eltern fragen sich heute, wie sie ihre Kinder am besten für die digitale Zukunft vorbereiten können. Doch nicht nur Eltern sind besorgt, genauso Lehrer, Professoren und alle weiteren Beschäftigten im Bildungssektor. Auch Studenten sind verunsichert. Letztlich muss sich eigentlich jeder die Frage stellen: »Wie kann ich mich am besten positionieren, um auf der Welle der Digitalisierung zu schwimmen und nicht von ihr umgeworfen zu werden?«. Wer diese Fragen stellt, hat (meiner Meinung nach) schon den ersten Schritt getan und erkannt, dass jedes Individuum zunächst selbst die Verantwortung trägt (und nicht etwa der Staat), sich für den digitalen Wandel zu wappnen.

Grundsätzlich gilt: Bildung ist wichtiger denn je, denn die Digitalisierung gefährdet langfristig vor allem Arbeitsplätze mit geringen Qualifikationsanforderungen. Elementar ist auch ein hohes Maß an Flexibilität und die Bereitschaft für lebenslanges Lernen. OECD-Forscher Andreas Schleicher drückt es so aus: »Vor einer Generation brachten Lehrer ihren Schülern etwas bei, das fürs ganze Leben halten sollte. Heute müssen sie ihre Schüler auf Technologien und Jobs vorbereiten, die erst noch erfunden werden.«[383] Glücklicherweise sind heute auch die Weiterbildungsmöglichkeiten viel besser als früher, vor allem dank öffentlicher Online-Kurse. Coursera, Khan-University oder iversity bieten Tausende Online-Kurse an und über die E-Learning-Plattformen von Harvard, Stanford und MIT kann jeder Mensch Vorlesungen an einer Eliteuniversität verfolgen. In manchen Disziplinen gibt es kostenlose Online-Vorlesungen der weltbesten Forscher, zum Beispiel von Andrew Ng oder Sebastian Thrun im Bereich künstlicher Intelligenz.

Darüber hinaus lassen sich die langfristigen Chancen auf dem Arbeitsmarkt erhöhen, indem man Fähigkeitsbereiche mit einer geringen Automatisierungswahrscheinlichkeit schult. Wie wir bereits gelernt haben, fallen darunter vor allem die Bereiche »Wahrnehmung und Manipulation in unstrukturierten Umgebungen«, »Kreativität« und »soziale Intelligenz«. Wer sich dazu noch besonders gute Kompetenzen im Bereich Technik und IT aneignet, ist gut aufgestellt. Denn diejenigen, die Maschinen bedienen und trainieren können, werden am längsten ihren Job behalten. Wie es der Zukunftsforscher Kevin Kelly formuliert: »In der Zukunft wird man danach bezahlt werden, wie gut man mit Robotern zusammenarbeitet.«[384]

Natürlich ist auch die Politik gefragt, die Wettbewerbsfähigkeit unseres Landes im Digitalumfeld zu stärken. Doch wie die Koalitionsverhandlungen Anfang 2018 zeigten, liegen die Prioritäten auf anderen Themen, wie auch Bitkom-Präsident Achim Berg kritisierte. Arzthonorare, Rentenniveau, Soli-Abschmelzung – »seltsam entrückt« komme ihm das alles vor. Die Politik beschränke sich beim Thema Digitalisierung bisher auf »Buzzword-Bingo«.[385] Zudem gibt es auch immer wieder Ablenkung durch die Dauerdebatte um die politische Verantwortlichkeit für Digitalthemen. Gegenwärtig liegt diese auf vier Ministerien verteilt (s. Kapitel 13). Regelmäßig wird daher der Ruf nach einem eigenen Digitalministerium laut. Die Befürworter dieses Schritts hoffen, der Digitalpolitik so das nötige Gewicht zu verleihen. Auch Ressortstreitigkeiten würden vermieden. Doch ließe sich mit diesem Schritt das gesetzte Ziel wirklich erreichen? Eigentlich sollte jedes Ministerium ein Digitalministerium sein. Die Digitalisierung ist ein Querschnittsthema, das sich durch alle Ressorts zieht. Es kann nicht einfach ausgelagert werden. Abgesehen davon wären auch mit einem eigenen Digitalministerium Kompetenz- und Budgetstreitigkeiten vorprogrammiert – nur eben zwischen Digitalressort und den Fachressorts. Es spricht also viel für eine Beibehaltung der gegenwärtigen Struktur. Darüber hinaus wäre die Gründung einer Digitalisierungsagentur sinnvoll. Diese könnte übergreifende strategische Themen bearbeiten und der Verwaltung helfen, digitale Dienstleistungen zu entwickeln.[386]

Abgesehen von den politischen Verantwortlichkeiten ist die Verbesserung der Bildungspolitik eines der drängendsten politischen Themen. Sie sollte sich bemühen, relevante Fähigkeiten im digitalen Zeitalter zu fördern. Wie kann es sein, dass Programmieren immer noch nicht auf dem Stundenplan aller Sekundarschulen in Deutschland steht, während in England, Finnland, Estland und vielen anderen Staaten bereits Grundschüler ganz selbstverständlich den Umgang mit Codes erlernen. Um die starke wirtschaftliche Position in Europa weiter zu behalten, darf Deutschlands IT-Bildungsstandard anderen Industrienationen nicht so weit hinterherhinken. Programmieren ist zu einer essenziellen Kulturtechnik geworden. Programmieren sollte daher ab der Grundschule genauso selbstverständlich gelehrt werden wie Lesen, Schreiben und Rechnen.

Gleichzeitig muss mit alten Paradigmen gebrochen werden. Heute ist es nicht mehr so wichtig, dass Kinder eine besonders schöne Handschrift haben oder zweistellige Zahlen im Kopf multiplizieren können. Dafür sollten sie unbedingt lernen, wie man in der digitalen Welt nach Informationen sucht, diese auswertet, daraus die richtigen Schlüsse zieht, Ideen entwickelt und verständlich kommuniziert. Anders gesagt muss eine breit gefasste Fähigkeit zur Mustererkennung, Ideenbildung und komplexen Kommunikation gezielt unterrichtet werden. Dabei macht es durchaus Sinn, das selbstständige Lernen von Kindern zu fördern und weniger strukturierte Stundenpläne festzulegen – zwei pädagogische Ansätze, die auch von Montessori-Schulen bekannt sind. Deren gern belächeltes Bildungskonzept hat immerhin die Gründer von Google (Larry Page und Sergey Brin), Amazon (Jeff Bezos), und Wikipedia (Jimmy Wales) hervorgebracht.[387]

Auch die deutsche Start-up-Szene muss intensiver gefördert werden. Es gibt wohl keinen besseren Weg, um Innovationen in die Wirtschaft zu tragen und neue Arbeitsplätze zu schaffen. Zudem können wir als Vorreiter der Digitalisierung wahrscheinlich besser die Risiken bewältigen, als wenn wir hinterherhinken. Wir behalten »das Ruder in der Hand« und können alternative Wege bestmöglich selbst bestimmen. Doch Unternehmensgründungen sind in Deutschland immer noch mit viel zu viel bürokratischem Aufwand verbunden. Regulatorische Unsicherheit in Zukunftsbranchen ist ein weiteres Problem, das junge Unternehmer zum Beispiel im Bereich »Autonomes Fahren« bremst. Wagniskapital ist für Startups zwar immer leichter zugänglich, doch es gibt weiterhin großen Nachholbedarf gegenüber Staaten wie den USA oder Israel. Besonders Folgeinvestitionen im hohen zweistelligen oder dreistelligen Millionenbereich werden in Deutschland selten gewährt. Das macht es schwieriger für deutsche Start-ups, zu globalen Playern zu werden. Hier sind natürlich eher Fonds und Unternehmen als der Staat gefragt. General Motors investierte im Jahr 2016 eine halbe Milliarde US-Dollar in den Uber-Konkurrenten *Lyft*.[388] Wann traut sich ein Dax-Konzern solch eine Investition zu?

Neben Start-ups könnte auch die Wissenschaft von weiteren Förderungsmaßnahmen profitieren. Hoch dotierte Wissenschaftspreise könnten zum Beispiel helfen. Vielversprechend ist diese Maßnahme besonders dann, wenn die Innovation bereits bekannt ist, aber die technologische Lösung fehlt. Ein erfolgreiches Beispiel sind die Wettbewerbe der US-Militärforschungsbehörde DARPA. Die *DARPA Robotics Challenge* war mit immerhin 30 Mio. US-Dollar ausgestattet. Solche Preise ziehen dann meist auch Investitionen aus der Privatwirtschaft nach sich, die die Höhe des Preisgelds deutlich übersteigen.[389]

Die Förderung von Digitalbildung, Unternehmertum und Wissenschaft kann sich ohne digitale Infrastruktur nicht optimal entfalten. Deutschland liegt beim Glasfaserausbau laut einer Bertelsmann-Studie auf Platz 28 von 32 untersuchten OECD-Ländern. Staaten wie Estland, Schweden oder Spanien bauten »Überholspuren für ihre Datenautobahnen«, Deutschland jedoch fahre »immer noch auf der Kriechspur«, kritisierten die Autoren der Studie. Demnach hat Spitzenreiter Estland bereits 73 Prozent der

Haushalte mit Glasfaseranschlüssen versorgt, Deutschland jedoch erst 7 Prozent.[390] Auch die Abdeckung mit Mobilfunknetzen lässt zu wünschen übrig und muss gerade im ländlichen Bereich erhöht werden. »Wir sollten lieber Straßenlöcher hinnehmen als Funklöcher«, sagte der ehemalige EU-Kommissar für die Digitale Gesellschaft, Günther Oettinger.[391] Damit brachte er auf den Punkt, mit welcher Haltung der Ausbau der Infrastruktur angegangen werden sollte.

Vorbereitung auf eine mögliche Beschäftigungskrise

Vieles spricht dafür, dass uns selbst hohe Investitionen in Bildung und Innovation langfristig nicht vor einer Beschäftigungskrise schützen können. Irgendwann in den nächsten Jahrzehnten könnte ein Punkt erreicht sein, an dem es nicht mehr genügend Arbeitsplätze gibt, die Menschen besser als eine Maschine ausfüllen. Als Reaktion auf diese Zukunftsperspektive werden quer durch die Gesellschaft Vorschläge gemacht, mit welchen Maßnahmen die Politik gesellschaftlichen Wohlstand und Frieden erhalten sollte:

Man könne die gnadenlose Automatisierung von Arbeitsplätzen doch einfach stoppen, wird gerne propagiert. Zum Beispiel könnten Gewerkschaften anregen, den Einsatz neuer, innovativer Roboter in ihrem Industriezweig zu verbieten. Dieser Ansatz ist in der globalisierten Welt schwierig. Ein Arbeiter muss im Vergleich zum Roboter entweder günstiger oder mit besserer Qualität arbeiten. Andernfalls ist die Aufrechterhaltung seines Arbeitsplatzes für jeden rational denkenden Unternehmer aus ökonomischer Sicht sinnlos. Selbst wenn alle anderen Unternehmen der Branche gemeinsam dem Vorschlag der Gewerkschaften folgten, oder der Staat ein entsprechendes Gesetz erließe, käme man spätestens im internationalen Wettbewerb ins Hintertreffen. Denn die Wahrscheinlichkeit ist äußerst gering, dass alle anderen Länder ebenfalls die Nutzung von Robotern einschränken. Um die Automatisierung von Arbeitsplätzen wirklich zu stoppen, müsste unsere Gesellschaft das bestehende, global abhängige Wirtschaftssystem aufgeben. Und zu dieser Forderung lassen sich dann doch nur die wenigsten hinreißen.[392]

Ein etwas weniger extremer Vorschlag zielt nicht auf ein Verbot, sondern auf eine Besteuerung von Robotern. Bill Gates ist ein prominenter Befürworter dieser Idee. Er argumentiert, dass der Staat die Einkommenssteuer verliert, wo in Zukunft Roboter statt Menschen arbeiten. Gates Lösung klingt einfach: »Wenn ein Roboter ins Spiel kommt und dieselbe Arbeit macht, die sonst ein Mensch machen würde, sollte man doch denken, dass man den Roboter auf einem ähnlichen Niveau besteuert«, sagt er.[393] So könne zeitweise die Geschwindigkeit des Wandels gebremst werden, was zu begrüßen sei, da dieser innerhalb weniger Jahre Millionen Arbeitsplätze obsolet zu machen droht – etwa den des Lkw-Fahrers oder Lagerarbeiters. Das durch die Steuer eingenommene Geld ließe sich zum Beispiel sehr gut für Umschulungsmaßnahmen einsetzen.

So nachvollziehbar Gates Argumente auf den ersten Blick erscheinen, so erstaunlich ist es auf den zweiten Blick, dass einer der größten Innovatoren der Gegenwart eine Steuer auf technischen Fortschritt fordert. Im europäischen Parlament wurde eine Robotersteuer Anfang 2017 dann auch abgelehnt, da eine solche »unverzichtbare Investitionen« in den technischen Fortschritt teurer mache. Dass Bill Gates mit der Robotersteuer falsch liege, meint auch – wenig überraschend – der Weltroboterverband IFR. Er schlägt stattdessen vor, die über die gesteigerte Produktivität erwirtschafteten Gewinne zu besteuern.[394]

Deutlich mehr Befürworter hingegen gibt es für die Idee eines bedingungslosen Grundeinkommens (BGE). Dieses Konzept sieht vor, dass alle Bürger unabhängig von ihrem Einkommen einen bestimmten Geldbetrag vom Staat ausgezahlt bekommen. Der Staat böte ein umfassendes Sicherheitsnetz, gleichzeitig könnten selbst Arbeitslose all ihre wirtschaftlichen Entscheidungen weiterhin unabhängig treffen. Obwohl höchst umstritten, hat das bedingungslose Grundeinkommen mittlerweile gerade im wirtschaftsliberalen Spektrum zahlreiche Anhänger – darunter Dax-Chefs, Wirtschafts-

Nobelpreisträger, Silicon-Valley-Größen und Wirtschaftsautoren.*
Viele Vorschläge für das Grundeinkommen sehen eine Variante
vor, die in Wirklichkeit doch nicht ganz so bedingungslos ist. Dabei
wird die Geldpauschale (zum Beispiel 1000 Euro pro Monat) nur
an Menschen am unteren Ende der Einkommensverteilung ausgezahlt. Mit steigenden Einkommen wird das Grundeinkommen allmählich reduziert, bis es ab einem bestimmten Einkommensniveau
gänzlich entfällt. Damit vermeidet man, dass Menschen, die ohnehin gut verdienen, steuerfinanzierte Geschenke bekommen. Ferner
kann es Sinn machen, das BGE mit bildungspolitischen Anreizen
zu verknüpfen. Der amerikanische Autor Martin Ford argumentiert
zum Beispiel in seinem Buch *Aufstieg der Roboter*, dass das Grundeinkommen an einen Highschool-Abschluss gekoppelt sein sollte.
Andernfalls würden vermehrt Schüler die Highschool abbrechen,
die schulische Probleme haben und sich daher wenig Hoffnung
auf ein erfolgreiches Studium machen können. Die Schulabbrecher
könnten ihr Verhalten damit rechtfertigen, dass sie mit Highschool-
Abschluss nur niedrig qualifiziert wären und damit ohnehin immer
weniger Chancen auf dem Jobmarkt haben. Warum also die Schule
abschließen, wenn jeder ein Grundeinkommen erhält? Ford erklärt,
warum es so wichtig ist, Anreize für erfolgreiche Schulabschlüsse zu
schaffen: »Wenn es unser Schicksal sein sollte, in ein Zeitalter über-
zutreten, wo traditionelle Arbeit ein knappes Gut wird, dann wird
eine gebildete Bevölkerung besser in der Lage sein, für das Mehr an
Freizeit eine konstruktivere Verwendung zu finden.«[395]

Immer wieder hört man als Alternative zum Grundeinkommen
auch die vage formulierte Idee, Mitarbeiter mehr an den Gewinnen
ihrer Unternehmen teilhaben zu lassen. Jeder müsse ein Aktienpaket

---

* Für das BGE haben sich zum Beispiel in der Vergangenheit ausgesprochen: Wirtschaftsnobelpreisträger Milton Friedman und der liberale Vordenker Friedrich August von Hayek (bereits in den 60er- beziehungsweise 70er-Jahren), die Dax-Chefs Timotheus Höttges (Tele-
kom) und Joe Kaeser (Siemens), Wirtschaftsnobelpreisträger Angus Deaton, die bekannten
Silicon-Valley-Größen Andreessen Horowitz, Peter Thiel und Elon Musk. Ebenso gibt es eine
Reihe von Befürwortern einer negativen Einkommenssteuer. Dieses Konzept hat jedoch große Ähnlichkeiten zum BGI, weshalb hier nicht näher darauf eingegangen wird.

vom eigenen Unternehmen erhalten; dazu vielleicht noch Anteile an professionell verwalteten Fonds. Dadurch würde das Kapital im Maschinenzeitalter gerechter verteilt und über Dividenden ein regelmäßiger Einkommensstrom garantiert.

Um zu verstehen, ob Maßnahmen wie das Grundeinkommen oder neue Kapitalbeteiligungsmodelle funktionieren können, ist politisches Experimentieren gefragt. Vielversprechende Ideen müssen systematisch getestet werden, um aus Erfolgen und Fehlern zu lernen – so wie in Finnland, wo man das Grundeinkommen gerade mit 2000 Menschen testet. Womöglich könnten Kapitalbeteiligungsmodelle auch ergänzend zum Grundeinkommen eingesetzt werden, ebenso wie eine Reihe weiterer Ansätze, die bisher nur angedacht, aber dennoch diskussionswürdig sind. So ließen sich bestimmte Kategorien an Tätigkeiten definieren, die aus ethischen oder sozialen Gründen nicht von Maschinen übernommen werden dürfen. Kinderbetreuung, Seelsorge oder Sterbebegleitung bieten sich als Kategorien an. Auch könnten Beschäftigungslose in staatlich subventionierten Non-Profit-Organisationen arbeiten, die sich sozialen Zielen und dem Umweltschutz verschrieben haben. Oder man könnte ein Produktlabel vorstellen, das die Strahlkraft des erfolgreichen Labels *Made in Germany* um ein Vielfaches übersteigt: *Made by a Human*.[396]

Zu guter Letzt das Wichtigste: Optimismus

Bisher war die Digitalisierung ein großer Glücksfall für die Menschheit. Sie hat die Welt zusammenwachsen lassen, nie dagewesene Bildungsmöglichkeiten geschaffen und den Alltag von Milliarden Menschen erleichtert. Regelmäßig beschert sie bahnbrechende Innovationen – und lässt uns staunen, was für technische Wunderwerke wir Menschen erschaffen können.

Dass diese großartige Entwicklung weiterhin zu unserem Wohlergehen beiträgt, ist nicht garantiert. Die digitale Zukunft stellt uns vor deutlich wichtigere Fragen als die Wahl unseres nächsten Smartphones. Wie wir gesehen haben, beschäftigt sich die Zukunftsforschung bereits mit beklemmenden Szenarien: Singularität, Maschinenmenschen, Cyberkriege etc.

Doch es gibt keinen Grund für Schwarzmalerei. Als Bürger und Wähler, als Angestellter oder Unternehmer kann jeder Einzelne von uns einen Teil dazu beitragen, dass apokalyptische Szenarien ausbleiben und die Digitalisierung weiterhin unser Leben verbessern wird. Dazu brauchen wir Optimismus, einen klaren Blick für die Herausforderungen am Horizont – und Gestaltungswillen. Diesen Willen hoffe ich bei Ihnen mit diesem Buch über die Grundlagen der Digitalisierung gestärkt zu haben.

Ich wünsche uns alles Gute für die digitale Zukunft!

Danksagung

Mein besonderer Dank gilt zwei Menschen, die mich bei diesem Buchprojekt stark unterstützt haben: Zum einen meiner Frau Felicia Vocke, die mich von Anfang an in meiner Idee ermutigt hat, dieses Buch zu schreiben – und sich nie beschwert hat, wenn ich mal wieder ein Wochenende hauptsächlich vor dem Laptop verbracht habe. Zum anderen meinem Freund Andreas Stahel, der mein Manuskript einmal von vorne bis hinten durchgelesen hat und mit seinem Sprachtalent und klugen inhaltlichen Anmerkungen zahlreiche Verbesserungen veranlasst hat.

Darüber hinaus gibt es noch eine ganze Reihe von Menschen, die mir durch ihr Feedback oder durch die Vermittlung von Kontakten sehr geholfen haben:

Meine Eltern Marion und Gerd Specht, mein Bruder Peter Specht sowie (in alphabetischer Reihenfolge) Julia Becker, Marc Bickel, Christian Figge, Marc Gassert, Nicolaus Heinen, Daniel Keiper-Knorr, Enzo Lange, Mocki Leicher, Nils Mathies, Andreas Müller, Julia Nüsslein, Christian Röhm, Isabell Russ, Franz Salzmann, Max Schilling, Anne Schnell, Laura Schröder, Arnd Slegers, Christian Theurer, Marius Volling und Nina Wöss. Vielen, vielen Dank für Eure Unterstützung!!!

Nicht zuletzt möchte ich auch meinem Ansprechpartnern beim Redline Verlag, Michael Wurster, Julian Nebel und Katharina Maier herzlich für die stets angenehme Zusammenarbeit danken.

Anmerkungen

1   Unkontrollierbare Auswüchse? Hawking warnt: Dieser Macht könnten Menschen in 100 Jahren ausgeliefert sein. (2015, 13. Mai). Abgerufen von http://www.focus. de/wissen/technik/wird-man-sie-kontrollieren-koennen-stephen-hawking-warnt-in-100-jahren-sind-computer-intelligenter-als-menschen_id_4681638.html

2   Kommer, J. (2014, 19. Juli). Stephen Hawking warnt vor den Folgen künstlicher Intelligenz. Abgerufen von http://www.huffingtonpost.de/jacques-kommer/stephen-hawking-warnt-vor-den-folgen-kuenstlicher-intelligenz_b_5349755.html

3   Elon Musk: Wir müssen alle Cyborgs werden. (2017, 14. Februar). Abgerufen von http://www.wired.de/collection/tech/elon-musk-wir-muessen-alle-cyborgs-werden

4   Kurzweil, R. (2014). Menschheit 2.0: Die Singularität naht. Berlin: Lola Books Verlag, S. 7

5   Döpfner, M. (2016, 28. Februar). Die Angst vor künstlicher Intelligenz ist hysterisch. Abgerufen von http://www.welt.de/wirtschaft/webwelt/article152719987/Die-Angst-vor-kuenstlicher-Intelligenz-ist-hysterisch.html

6   Kämper, V. (2013, 19. Juni). Abgerufen von http://www.spiegel.de/netzwelt/netzpolitik/kanzlerin-merkel-nennt-bei-obama-besuch-das-internet-neuland-a-906673.html

7   Kurzweil, R. (2014). Menschheit 2.0: Die Singularität naht. Berlin: Lola Books Verlag

8   Diamandis, P. (2015, 26. Januar). Ray Kurzweil's Mind-Boggling Predictions for the Next 25 Years. Abgerufen von https://singularityhub.com/2015/01/26/ray-kurzweils-mind-boggling-predictions-for-the-next-25-years/

9   Technologische Singularität. (o.D.). In *Wikipedia*. Abgerufen von https://de.wikipedia.org/wiki/Technologische_Singularität

10 Davies, P. (2006, 23. März). When computers take over. In Nature, Vol. 437, 440. Abgerufen von http://www.singularity.com/When_computers_take_over.pdf

11 McGinn, C. (2013, 21. März). Homunculism. Abgerufen von http://www.nybooks.com/articles/2013/03/21/homunculism/

12 Marcus, G. (2012, 15. November). Ray Kurzweil's dubious new theory of the mind. Abgerufen von https://www.newyorker.com/books/page-turner/ray-kurzweils-dubious-new-theory-of-mind

13   RapidTables: Text to binary converter. (2017). Abgerufen von http://www.ra-pidtables.com/convert/number/ascii-to-binary.htm

14   Kernighan, B. (2017). Understanding the Digital World: What You Need to Know about Computers, the Internet, Privacy, and Security. Princeton: Princeton University Press

15   Mayer-Schönberger, V. & Cukier, K. (2013). Big Data: Die Revolution, die unser Leben verändern wird. München: Redline Verlag

16   Gruber, A. (2016, 26. März). Kleiner geht's nicht: Physikalische Grenze der Chip-Entwicklung. Abgerufen von http://www.spiegel.de/netzwelt/web/moore-s-law-die-goldene-regel-der-chiphersteller-broeckelt-a-1083468.html

17   How much is 1 byte, kilobyte, megabyte, gigabyte, etc.? (2017). Abgerufen von https://www.computerhope.com/issues/chspace.htm

18   Mayer-Schönberger, V. & Cukier, K. (2013). Big Data: Die Revolution, die unser Leben verändern wird. München: Redline Verlag, S. 16.

19   Die 6 wichtigsten Programmiersprachen. (2016, 23. Oktober). Abgerufen von http://www.wirtschaft.com/die-7-wichtigsten-programmiersprachen/

20   JavaScript. In Wikipedia. Abgerufen von https://de.wikipedia.org/wiki/Java-Script

21   Kernighan, B. (2017). Understanding the Digital World: What You Need to Know about Computers, the Internet, Privacy, and Security. Princeton: Princeton University Press

22   UMTS und Wifi/WLAN. (2003, 12. März). Abgerufen von http://www.spiegel.de/netzwelt/tech/kurz-erklaert-umts-und-wifi-wlan-a-239795.html

23   WLAN Antennen. (2017, 9. März). Abgerufen von https://wiki.freifunk.net/WLANWLAN-Antennen

24   Reiss, S. (2006, 7. Januar). His Space. Abgerufen von https://www.wired.com/2006/07/murdoch-2/

25   World Wide Web. In Wikipedia. Abgerufen von https://de.wikipedia.org/wiki/World_Wide_Web

26   Total number of Websites. (2017, Juli). Abgerufen von http://www.internetlivestats.com/total-number-of-websites/

27   Utrace Domain Name Tracking. (2018, 24. Februar). Abgerufen von http://www.utrace.de/?query=spiegel.de

28   Definition URL. (2017). Abgerufen von http://www.onlinemarketing-praxis.de/glossar/url-uniform-resource-locator

29   Internet Exchange Directory (2018, 25. Februar). Abgerufen von https://www.pch.net/ixp/dir#!mt-zoom=%5B1.189207115002721%2C-0.10626445027209348%2C-0.11238016212215546%5D

30   Evans, D. (2011, April). The Internet of Things: How the Next Evolution of the Internet Is Changing Everything. Abgerufen von https://www.cisco.com/c/dam/en_us/about/ac79/docs/innov/IoT_IBSG_0411FINAL.pdf

31   .de Domains. (o.D.). Abgerufen von https://www.denic.de/domains/de-domains/registrierung/

32   What Does ICANN Do. (2012, 25. Februar). Abgerufen von https://www.icann.org/resources/pages/what-2012-02-25-en

33   Anzahl der Suchanfragen bei Google weltweit in den Jahren 2000 bis 2016 (in Milliarden). (o.D.). Abgerufen von https://de.statista.com/statistik/daten/studie/71769/umfrage/anzahl-der-google-suchanfragen-pro-jahr/

34   Brandon, B. (2015, 12. Januar). Which cloud providers had the best uptime last year? Abgerufen von http://www.computerworld.com/article/2866824/which-cloud-providers-had-the-best-uptime-last-year.html

35   Cisco Global Cloud Index: Forecast and Methodology, 2016–2021 White Paper. (o.D.). Abgerufen Juli 2017 von https://www.cisco.com/c/en/us/solutions/collateral/service-provider/global-cloud-index-gci/white-paper-c11-738085.html

36   AWS To Continue To Drive Growth For Amazon. (2017, 25. Mai). Abgerufen von https://www.forbes.com/sites/greatspeculations/2017/07/25/aws-to-continue-to-drive-growth-for-amazon/#11bdab074cfb

37   Schmergal, C. (2005, 17. Juli). Des Königs große Sorge. Abgerufen von http://www.welt.de/print-wams/article129962/Des-Koenigs-grosse-Sorge.html

38   Schöpferische Zerstörung. (o.D.). Abgerufen von http://www.bpb.de/nachschlagen/lexika/lexikon-der-wirtschaft/20588/schoepferische-zerstoerung

39   Christensen, C. (2016). The Innovators Dilemma: When New Technologies Cause Great Firm To Fail. Boston: Harvard Business School Publishing.

40   Wermuth, S. (2012, 19. Januar). Kodak: Vom Weltkonzern zum Sanierungsfall. Abgerufen von https://diepresse.com/home/wirtschaft/international/725294/Kodak_Vom-Weltkonzern-zum-Sanierungsfall

41   Keese, C. (2014). Silicon Valley: Was aus dem mächtigsten Tal der Welt auf uns zukommt. München: Albrecht Knaus Verlag, S. 17

42   Alton, L. (2016, 9. November). 6 Secrets to Silicon Valley's Success in Startups and Technology. Abgerufen von https://www.thebalance.com/silicon-valleys-success-in-startups-4056396

43   Keese, C. (2014). Silicon Valley: Was aus dem mächtigsten Tal der Welt auf uns zukommt. München: Albrecht Knaus Verlag, S. 56

44   Ebd., S. 61

45   Silicon Valley start-ups suffer fall in VC funding. (o.D.). Abgerufen von http://www.ft.com/content/9adcf5ea-d6d9-11e6-944b-e7eb37a6aa8e?mhq5j=e3

46 Kroker, M. (2017, 2. Februar). Venture Capital in Deutschland 2016: Mehr Deals, weniger Volumen – Berlin verliert Europa-Krone. Abgerufen von http://blog.wiwo. de/look-at-it/2017/02/02/venture-capital-in-deutschland-2016-mehr-deals-weniger-volumen-berlin-verliert-europa-krone/

47 Keese, C. (2014). Silicon Valley: Was aus dem mächtigsten Tal der Welt auf uns zukommt. München: Albrecht Knaus Verlag, S. 38

48 Ebd., S. 39

49 Tatsuno, S. (2013, 18. Juni). The Spirit of The Silicon Valley. Abgerufen von https://svgnetwork.com/2013/06/18/the-spirit-of-silicon-valley/

50 Decrypting Google: Don't be modest. (2014, 27. September). Abgerufen von http://www.economist.com/news/books-and-arts/21620056-search-giant-shares-some-its-business-methods-dont-be-modest

51 Anderson, S. (2016, März). Immigrants and billion dollar start-ups. Abgerufen von http://nfap.com/wp-content/uploads/2016/03/Immigrants-and-Billion-Dollar-Startups.NFAP-Policy-Brief.March-2016.pdf

52 Keese, C. (2016). Silicon Germany: Wie wir die digitale Transformation schaffen. München: Knaus Verlag, Rückseite Buch

53 Cole, T. (2015). Digitale Transformation: Warum die deutsche Wirtschaft gerade die digitale Transformation verschläft und was jetzt getan werden muss!. München: Franz Vahlen Verlag, S. 25

54 Rede von Bundeskanzlerin Merkel anl. des Jahrestreffens 2015 des World Economic Forum am 22. Januar 2015. (2015, 22. Januar). Abgerufen von https://www.bundeskanzlerin.de/Content/DE/Rede/2015/01/2015-01-22-merkel-wef.html

55 Keese, C. (2016). Silicon Germany: Wie wir die digitale Transformation schaffen. München: Knaus Verlag

56 Anger, V. (2013, 19. Juni). Die Kanzlerin entdeckt #Neuland. Abgerufen von http://www.spiegel.de/netzwelt/netzpolitik/kanzlerin-merkel-nennt-bei-obama-besuch-das-internet-neuland-a-906673.

57 Schneider, K. (2017, 24. Mai). Die deutsche Politik vernachlässigt unsere digitale Zukunft – Frankreich macht vor, wie es geht. Abgerufen von http://www.huffingtonpost.de/2017/05/24/zukunft-deutschland-digital-minister-frankreich_n_16783258.html

58 Bös, N. (2017, 31. Mai). Nächste Stunde: App programmieren. Abgerufen von http://www.faz.net/aktuell/beruf-chance/campus/informatik-in-der-schule-naechste-stunde-app-programmieren-15031281-p2.html

59 KPMG (2016). Deutscher Start-Up Monitor 2016. Abgerufen von http://deutscherstartupmonitor.de/fileadmin/dsm/dsm-16/studie_dsm_2016.pdf

60   Tesla gibt seine Patente frei. (2014, 13. Juni). Abgerufen von http://www.faz.
      net/aktuell/wirtschaft/unternehmen/elektroautohersteller-tesla-gibt-seine-pa-
      tente-frei-12987717.html

61   Fahrun, J. (2016, 21. Januar). Berlin etabliert sich als Start-up Hauptstadt Berlins
      Europas. Abgerufen von https://www.morgenpost.de/berlin-aktuell/startups/
      article206950833/Berlin-etabliert-sich-als-die-Start-up-Hauptstadt-Europas.html

62   Samwer-Brüder. (o.D.). In *Wikipedia*. Abgerufen von https://de.wikipedia.org/
      wiki/Samwer-Br%C3%BCder; Kaczmarek, J (2016, 14. April) Über 1 Milliarde
      in Immobilien? Samwers kaufen im großen Stil Gewerbeflächen. Abgerufen von
      https://www.digitalkompakt.de/news/samwers-immobilien-augustus-picus/

63   Hegemann, L. (2014, 27. August). Die Maschen der Samwer Brüder. Abgerufen
      von www.handelsblatt.com/finanzen/maerkte/ipo/rocket-internet-die-maschen-
      der-samwer-brueder/10611654.html

64   Butcher, M. (2011, 22. Dezember). In confidential email Samwer describes on-
      line furniture strategy as a Blitzkrieg. Abgerufen von https://techcrunch.com/
      2011/12/22/in-confidential-email-samwer-describes-online-furniture-strategy-
      as-a-blitzkrieg/

65   Applying Design Thinking to Sustainable Energy. (2016, 21. März). Abgerufen
      von http://innodigest.com/design-thinking-to-sustainable-energy/

66   Gut zu finden auf YouTube unter »Dropbox Intro Video« oder https://www.
      youtube.com/watch?v=w4eTR7tci6A

67   Wauters, R. (2009, 2. November). Amazon Closes Zappos Deal, Ends Up Paying
      $1.2 Billion. Abgerufen von https://techcrunch.com/2009/11/02/amazon-clo-
      ses-zappos-deal-ends-up-paying-1-2-billion/

68   Why Oculus's $2bn sale to Facebook sparks fury from Kickstarter funders.
      (2014, 26. März). Abgerufen von https://www.theguardian.com/technology/
      shortcuts/2014/mar/26/oculus-rift-facebook-fury-kickstarter-funders

69   Westerheide, F. (2015, 8. September). 7 Finanzierungsmöglichkeiten für Start-
      ups – von Bootstrapping bis Venture-Capital. Abgerufen von http://bootstrap-
      ping.me/finanzierungsmoeglichkeiten-fuer-start-ups/

70   Was ist eigentlich Bootstrapping. (2007, 31. Januar). Abgerufen von http://www.
      manager-magazin.de/unternehmen/karriere/a-463262.html

71   Die 9 besten Wege, Ihr Start-up zu finanzieren. (o.D.). Abgerufen von http://
      www.starting-up.de/geld/kredite/unternehmensfinanzierung.html

72   Das EXIST-Gründerstipendium. (o.D.). Abgerufen von http://www.exist.de/
      DE/Programm/Exist-Gruenderstipendium/inhalt.html;jsessionid=73CA52C-
      D818A56CD6BAD17B406385F79

73   Weber, E. (2016, 3. Mai). 42 Acceleratoren, die Startups fördern wollen. Abgerufen
      von https://www.gruenderszene.de/allgemein/uebersicht-acceleratoren-deutschland

74   Rapoza, K. (2017, 6. September). China's ICO Ban Doesn't Mean It's Giving Up On Crypto-Currencies. Abgerufen von https://www.forbes.com/sites/kenrapoza/2017/09/06/chinas-ico-ban-doesnt-mean-its-giving-up-on-crypto-currencies/#2066269f7aeb

75   Crunchbase. (2017). Uber. Abgerufen von https://www.crunchbase.com/funding-round/3561e055-8d4f-a07f-0dc2-7a9d380fd0ae

76   Westerheide, F. (2015, 8. September). Wie du eine Venture Capital Firma gründest – Teil 1 – die rechtliche Struktur. Abgerufen von http://bootstrapping.me/gruendung-venture-capital-firma-rechtliche-struktur/

77   Viele Investoren erwarten sogar eine noch höhere Verzinsung, und die meisten VC-Fonds haben den Anspruch, eine noch höhere Verzinsung als 12 Prozent zu erreichen.

78   Venture Capital Funds – How the Math Works. (o.D.) Abgerufen von http://www.angelblog.net/Venture_Capital_Funds_How_the_Math_Works.html

79   Dean, T. (2017, 1. Juni). The meeting that showed me the truth about VCs. Abgerufen von https://techcrunch.com/2017/06/01/the-meeting-that-showed-me-the-truth-about-vcs/

80   Venture Capital Exit Times (o.D.). Abgerufen von http://www.angelblog.net/Venture_Capital_Exit_Times.html

81   Venture Capital Funds – How the Math Works. (o.D.). Abgerufen von http://www.angelblog.net/Venture_Capital_Funds_How_the_Math_Works.html

82   Thiel, P. (2014). Zero to One: Wie Innovation unsere Gesellschaft rettet. Frankfurt: Campus Verlag, S. 87.

83   ARD, ZDF (2018, 28. Januar). ARD/ZDF Online-Studie. Abgerufen von http://www.ard-zdf-onlinestudie.de/index.php?id=571

84   Metadata: Story Of How Whatsapp And Other Chat Apps Collect Data. (2017, 27. Januar). Abgerufen von https://fossbytes.com/WhatsApp-chats-collect-data-metadata/

85   42 Milliarden Nachrichten täglich. (2016, 2. Februar). Abgerufen von http://www.manager-magazin.de/unternehmen/it/WhatsApp-hat-jetzt-mehr-als-1-milliarde-nutzer-a-1075181.html

86   Jauernig, H. (2017, 3. März). Blitzanalyse zum Börsengang. Riskante Wette auf den nächsten großen Snap. Abgerufen von http://www.spiegel.de/wirtschaft/unternehmen/snap-furioser-boersengang-und-eine-riskante-wette-auf-die-zukunft-a-1137090.html

87   Facebook kauft Wahrheits-App für 100 Millionen Dollar. (2017, 17. Oktober). Abgerufen von https://diepresse.com/home/techscience/technews/5304480/Facebook-kauft-WahrheitsApp-fuer-100-Millionen-Dollar

88 Solon, O. (2016, 10. November). Facebook's failure: did fake news and polarized politics get Trump elected? Abgerufen von https://www.theguardian.com/technology/2016/nov/10/facebook-fake-news-election-conspiracy-theories

89 Kolf, F. (2016, 21. Oktober). Einfach aus dem Markt geklickt. Abgerufen von http://www.handelsblatt.com/unternehmen/handel-konsumgueter/amazon-fresh-wirbelt-lebensmittelhandel-auf-einfach-aus-dem-markt-geklickt/v_premium_not_allowed/14717312.html

90 Lischka, K (2011, 18. Februar) 30 Prozent auf alles. Abgerufen von http://www.spiegel.de/netzwelt/web/30-prozent-auf-alles-entwickler-fuerchten-apples-abofalle-a-746272.html

91 Statista. (2017). Marktanteile führender Suchmaschinen in Deutschland in den Jahren 2014 bis 2016. Abgerufen von https://de.statista.com/statistik/daten/studie/167841/umfrage/marktanteile-ausgewaehlter-suchmaschinen-in-deutschland/

92 Lee, J. (2013, 20. Juni). No. 1 Position in Google Gets 33% of Search Traffic. Abgerufen von https://searchenginewatch.com/sew/study/2276184/no-1-position-in-google-gets-33-of-search-traffic-study

93 Sullivan, D. (2010, 11. November). Dear Bing, We Have 10,000 Ranking Signals To Your 1,000. Love, Google. Abgerufen von https://searchengineland.com/bing-10000-ranking-signals-google-55473

94 Gabbert, E. (2017, 18. Dezember). The 25 Most Expensive Keywords in AdWords – 2017 Edition! Abgerufen von http://www.wordstream.com/blog/ws/2017/06/27/most-expensive-keywords, http://pages.searchmetrics.com/Top-100-AdWords.html

95 Pulizzi, J. (2016, 1. Juli). The History of Content Marketing. Abgerufen von http://contentmarketinginstitute.com/2016/07/history-content-marketing/

96 Rohampton, J. (2017, 22. Mai). Online marketing influencers to keep your eyes on in 2017. Abgerufen von https://www.forbes.com/sites/jimmyrohampton/2017/05/22/17-online-marketing-influencers-to-keep-your-eyes-on-in-2017/#10aa248f799b

97 Patel, N. (o.D.). Social-Media-Marketing einfach gemacht: Eine Schritt-für-Schritt-Anleitung. Abgerufen von http://neilpatel.com/de/social-media-marketing-einfach-gemacht-eine-schritt-fur-schritt-anleitung/

98 Statista. (2017). Anzahl der monatlich aktiven Facebook-Nutzer weltweit vom 3. Quartal 2008 bis zum 4. Quartal 2017 (in Millionen). Abgerufen von https://de.statista.com/statistik/daten/studie/37545/umfrage/anzahl-der-aktiven-nutzer-von-facebook/

99 Patel, N. (o.D.). Social-Media-Marketing einfach gemacht: Eine Schritt-für-Schritt-Anleitung. Abgerufen von http://neilpatel.com/de/social-media-marketing-einfach-gemacht-eine-schritt-fur-schritt-anleitung/

100 Faeth, B. (2012, 1. September). Gary Vaynerchuk: »If Content is King, then Context is God.« Abgerufen von http://www.inboundmarketingagents.com/ inbound-marketing-agents-blog/bid/214177/Gary-Vaynerchuk-If-Content-is-King-then-Context-is-God

101 Konstantinides, A. (2016, 7. Dezember). Nice work if you can get it: The world's highest earning YouTube stars who make up to $15m a year from their online shows. Abgerufen von http://www.dailymail.co.uk/news/article-4007938/The-10-Highest-Paid-YouTube-stars.html

102 The Ten Commandments of an Awesome Lead-Generating Website. (o.D). Abgerufen von https://blog.kissmetrics.com/lead-generating-website/

103 Madrigal, A. (2012, 29. November). Hey, I Need to Talk to You About This Brilliant Obama Email Scheme. Abgerufen von https://www.theatlantic.com/ technology/archive/2012/11/hey-i-need-to-talk-to-you-about-this-brilliant-obama-email-scheme/265725/

104 Siehe zum Beispiel https://www.youtube.com/watch?v=hER0Qp6QJ-NU&t=398s

105 MaxAudience. (2016). Millennials check their phones 157 times a day! Facebook, 01.04.2016. Abgerufen von https://www.facebook.com/maxaudience-marketing/posts/1072911816083584

106 Tamir, D. & Mitchell, J. (2012, 7. Februar). Disclosing information about the self is intrinsically rewarding. Abgerufen von http://www.pnas.org/content/109/21/8038. abstract

107 Kramper, G. (2017, 20. Januar) Generationsporträt von Simon Sinek. Abgerufen von https://www.stern.de/wirtschaft/job/verwoehnt--handy-suechtig-und-un-geduldig---unternehmensberater-rechnet-mit-millennials-ab-7290572.html

108 Dante, D'Orazio (2012, 11. November). Study: viewers have no patience for buffe-ring, abandon videos after two seconds of waiting. Abgerufen von https://www.the-verge.com/2012/11/11/3628530/online-video-study-no-patience-for-buffering

109 Crossmann, D. (2016). Simon Sinek on Millennials in the Workplace. In: YouTube. Abgerufen von https://www.youtube.com/watch?v=hER0Qp6QJ-NU&t=398s

110 Richtel, M. (2010, 21. November). Growing Up Digital, Wired for Distraction. Abgerufen von http://www.nytimes.com/2010/11/21/technology/21brain. html?pagewanted=all

111 Emling, S. (2013, 2. August). Study Shows Millennials Are More Forgetful Than Seniors. Abgerufen von http://www.huffingtonpost.com/2013/08/02/millenni-al-forgetfulness_n_3695512.html

112 Nott, G. (2015, 15. August). Gen Y workers forgetful and easily distracted, says survey. Abgerufen von https://www.cio.com.au/article/605110/gen-y-wor-kers-forgetful-easily-distracted-says-survey/

113 Gregoire, C. (2015, 9. Oktober). The Internet May Be Changing Your Brain In Ways You've Never Imagined. Abgerufen von http://www.huffingtonpost.com/entry/internet-changing-brain-nicholas-carr_us_5614037de4b0368a1a613e96

114 Richtel, M. (2010, 21. November). Growing Up Digital, Wired for Distraction. Abgerufen von http://www.nytimes.com/2010/11/21/technology/21brain.html?pagewanted=all&_r=0

115 Greenmeier, L. (2011, 14. Juli). Piece of Mind: Is the Internet Replacing Our Ability to Remember? Abgerufen von https://www.scientificamerican.com/article/internet-transactive-memory/

116 Nesterak, M. (2016, 12. Juli). Me, Me, Me: The Rise Of Narcissism In The Age Of The Selfie. Abgerufen von http://www.npr.org/2016/07/12/485087469/me-me-me-the-rise-of-narcissism-in-the-age-of-the-selfie

117 Syzygy (2017, Januar). Egotech: Wie man Kopf, Herz und Geldbeutel von Konsumenten gewinnt. Abgerufen von https://syzygy-net.s3-eu-west-1.amazonaws.com/uploads/media/58cba5171ccfb/egotech-germany-presentation.pdf

118 Beispielsweise: Forsa-Studie von 2014, vgl. https://www.tagesspiegel.de/medien/studie-jugend-3-0-uebermaessige-mediennutzung-macht-krank/10647720.html; Blikk-Studie vom 2017, vgl. https://www.computerbase.de/2017-05/studie-medienkonsum-zuviel-nutzung-kindern-jugendlichen/

119 Amid, C. (2016, 30. April). Research Links Heavy Facebook And Social Media Usage To Depression. Abgerufen von https://www.forbes.com/sites/amitchowdhry/2016/04/30/study-links-heavy-facebook-and-social-media-usage-to-depression/#e4917944b535

120 Campell, D. (2017, 19. Mai). Facebook and Twitter 'harm young people's mental health'. Abgerufen von https://www.theguardian.com/society/2017/may/19/popular-social-media-sites-harm-young-peoples-mental-health

121 Thiel, T. (2012, 3. Juli). Im Netz wartet schon der übermächtige Doppelgänger. Abgerufen von http://www.faz.net/aktuell/feuilleton/buecher/rezensionen/sachbuch/eli-pariser-filter-bubble-im-netz-wartet-schon-der-uebermaechtige-doppelgaenger-11675351.html

122 Cadwalladr, C. (2016, 4. Dezember). Google, democracy and the truth about internet search. Abgerufen von https://www.theguardian.com/technology/2016/dec/04/google-democracy-truth-internet-search-facebook

123 Schulz, T. (2017, 1. April). Zuckerbergs Zweifel. Der Spiegel, S. 12

124 Rede von Bundeskanzlerin Merkel zur Eröffnungsveranstaltung der 30. Medientage am 25. Oktober 2016. (2016, 25. Oktober). Abgerufen von https://www.bundesregierung.de/Content/DE/Rede/2016/10/2016-10-25-merkel-medientage.html

125 Google will Suchformel nicht offenlegen. (2015, 19. März). Abgerufen von http://www.spiegel.de/netzwelt/web/google-algorithmus-konzern-will-suchformel-nicht-offenlegen-a-1024467.html

126 Brien, J. (2017, 20. Januar). 1000 Dollar pro Stunde, verdient mit Fake News. Abgerufen von https://www.welt.de/wirtschaft/webwelt/article161350590/1000-Dollar-pro-Stunde-verdient-mit-Fake-News.html

127 Silverman, C. (2016, 4. November). How Teens In The Balkans Are Duping Trump Supporters With Fake News. Abgerufen von https://www.buzzfeed.com/craigsilverman/how-macedonia-became-a-global-hub-for-pro-trump-misinfo?utm_term=.cfk4eVVn2k#.hpwBJEEYGm

128 Submaranian, S. (2017, 31. März). Zu Besuch im Tal der Fake News. Abgerufen von https://www.wired.de/collection/life/fake-news-mazedonien-veles-trump-clinton-wahlkampf

129 Allcott, H. & Gentzkow, M. (2016). Social Media and Fake News in the 2016 Election. Journal of Economic Perspectives. 31 (2), 211-236. Abgerufen von https://web.stanford.edu/~gentzkow/research/fakenews.pdf

130 Remnick, D. (2016, 28. November). Obama Reckons with a Trump Presidency. Abgerufen von http://www.newyorker.com/magazine/2016/11/28/obama-reckons-with-a-trump-presidency. (Übersetzung s. https://www.stopfake.org/de/obama-neue-medien-haben-eine-welt-geschaffen-in-der-alles-wahr-und-nichts-falsch-ist)

131 Reuter, M. (2016, 29. November). Fake-News, Bots und Sockenpuppen – eine Begriffsklärung. Abgerufen von https://netzpolitik.org/2016/fakenews-social-bots-sockenpuppen-begriffsklaerung/

132 Gianmarco, F. (2017, 23. Mai). Ansichten eines Trolls. Abgerufen von http://www.zeit.de/2017/22/internet-trolle-hetze-aussteiger

133 von Westphalen, A. (2015, 10. April). Umkämpfte Meinungsfront im Internet. Abgerufen von https://www.heise.de/tp/features/Umkaempfte-Meinungsfront-im-Internet-3371178.html

134 Schmidt, F. (2015, 5. August). Die Trolle des Kremls. Abgerufen von http://www.faz.net/aktuell/politik/ausland/wie-trolle-russlands-propaganda-im-internet-verbreiten-13734569-p2.html

135 Smirnova, J. (2016, 29. Mai). Hip, jung und gewissenlos – das sind Putins Trolle. Abgerufen von https://www.welt.de/politik/ausland/article155772105/Hip-jung-und-gewissenlos-das-sind-Putins-Trolle.html

136 Banse, D. & Müller, U. (2017, 27. August). Verfassungsschutz warnt vor russischer Einflussnahme. Abgerufen von https://www.welt.de/politik/deutschland/article168021550/Verfassungsschutz-warnt-vor-russischer-Einflussnahme.html

137 Bezahlt wird nach Leistung. (2014, 13. Juni). Abgerufen von http://www.sueddeutsche.de/politik/propaganda-aus-russland-putins-trolle-1.1997470-3

138 Cisco. (2017). What Is the Difference: Viruses, Worms, Trojans, and Bots? Abgerufen von http://www.cisco.com/c/en/us/about/security-center/virus-differences.html

139 Gefährlicher als »I love you«. (2000, 19. Mai). Abgerufen von http://www.spiegel.de/netzwelt/tech/newlove-virus-gefaehrlicher-als-i-love-you-a-77204.html

140 Suche nach Schuldigen läuft. (o.D.). Abgerufen von http://www.taz.de/!5409098/

141 Was-ist-malware.de. (2017). Was ist Phishing und wie funktioniert das Prinzip? Abgerufen von http://www.was-ist-malware.de/virenschutz/phishing/

142 Greenwald, G. (2013, 6. Juni). NSA collecting phone records of millions of Verizon customers daily. Abgerufen von https://www.theguardian.com/world/2013/jun/06/nsa-phone-records-verizon-court-order; Ebd. (2013, 11. Juni). Edward Snowden: the whistleblower behind the NSA surveillance revelations. Abgerufen von https://www.theguardian.com/world/2013/jun/09/edward-snowden-nsa-whistleblower-surveillance

143 Greenwald, G. (2014). No place to hide: Edward Snowden, the NSA and the U.S. surveillance state. New York: Metropolitan Books

144 Ebd.

145 Ebd.

146 Ebd.

147 Drescher, J. (2013, 25. November). Schnüffel-Software soll auf über 50 000 Computer laufen. Abgerufen von http://www.pc-magazin.de/news/nsa-spionage-software-50-000-pc-nrc-nl-snowden-dokumente-1897294.html

148 Harding, L. (2014, 1. Februar). How Edward Snowden went from loyal NSA contractor to whistleblower. Abgerufen von https://www.theguardian.com/world/2014/feb/01/edward-snowden-intelligence-leak-nsa-contractor-extract

149 Lindner, R. (2016, 29. März). Das FBI braucht Apple nicht mehr. Abgerufen von http://www.faz.net/aktuell/wirtschaft/netzwirtschaft/apple-steve-jobs/fbi-knackt-iphone-von-san-bernardino-attentaeter-ohne-apple-14149168.html

150 Beuth, P. (2017, 9. Mai). »Keine Daten zu erzeugen ist so unmöglich, wie kein Wasser zu nutzen«. Abgerufen von http://www.zeit.de/digital/datenschutz/2017-05/privatsphaere-amazon-andreas-weigend-data-for-the-people

151 Ebd.

152 Amokschütze von München besorgte sich Waffe im Darknet. (2016, 24. Juli). Abgerufen von http://www.sueddeutsche.de/panorama/eil-amokschuetze-von-muenchen-besorgte-sich-waffe-im-darknet-1.3092518

153 Hostettler, O. (2017). Darknet: Die Schattenwelt des Internets. Zürich: NZZ Libro

154 Ebd.

155 Beckedahl, M. (2011, 4. August). Interview: Tor, Anonymität und der arabische Frühling. Abgerufen von https://netzpolitik.org/2011/interview-tor-anonymitat-und-der-arabische-fruhling/

156 Tor Project. (2017). Tor: Sponsors. Abgerufen von https://www.torproject.org/about/sponsors.html.en

157 Ball, J., Schneider, B. & Greenwald, G. (2013, 4. Oktober). NSA and GCHQ target Tor network that protects anonymity of web users. Abgerufen von https://www.theguardian.com/world/2013/oct/04/nsa-gchq-attack-tor-network-encryption

158 Francesco-Bichhierai, L. (2013, 4. Oktober). The Silk Road Online Drug Marketplace by the Numbers. Abgerufen von http://mashable.com/2013/10/04/silkroad-by-the-numbers/#ee.CSAwjhaqc

159 NG, A. (2017, 21. Juli). Buyers, sellers and cops on the hunt for AlphaBay's successor. Abgerufen von https://www.cnet.com/news/alphabay-hansa-silk-road-dream-market-dark-web-shuts-down/

160 Popper, N. (2017, 10. Juni). Opioid Dealers Embrace the Dark Web to Send Deadly Drugs by Mail. Abgerufen von https://www.nytimes.com/2017/06/10/business/dealbook/opioid-dark-web-drug-overdose.html

161 Britisches Model sollte als Sexsklavin verkauft werden. (2017, 5. August 2017). Abgerufen von https://www.welt.de/vermischtes/article167413651/Britisches-Model-sollte-als-Sexsklavin-verkauft-werden.html

162 Columbus, L. (2016, 27. November). Roundup Of Internet Of Things Forecasts And Market Estimates, 2016. Abgerufen von https://www.forbes.com/sites/louiscolumbus/2016/11/27/roundup-of-internet-of-things-forecasts-and-market-estimates-2016/#45cfcdf0292d

163 Randy, F. (2013). Understanding Smart Sensors. Boston: Artech House, S. xvii

164 Firma implantiert Mitarbeitern Mikrochips. (2017, 4. April). Abgerufen von http://www.spiegel.de/karriere/schweden-cyborg-firma-implantiert-mitarbeitern-mikrochips-a-1141826.html

165 Es gibt unterschiedliche Konzepte von Nanobots, nur manche davon sehen Konnektivität vor. Nanobots, deren Größe tatsächlich im Nanobereich liegt (also im Bereich von Millionstel Millimetern), sind zu klein, um sie mit einer Internetverbindung auszustatten.

166 Big Data. (o.D.). In Wikipedia. Abgerufen von https://de.wikipedia.org/wiki/Big_Data

167 Landesanstalt für Medien Nordrhein-Westfalen. (2013, 31. Januar). Digital kompakt – kleine Daten, große Wirkung. Abgerufen von http://www.lfm-nrw.de/foerderung/digitalisierung/digitalkompakt/06-kleine-daten-grosse-wirkung.html, S. 8

168 Mirca, E. (2015). Big-Data – Big Business: Tools, Methods, Application. ESAM e.K.

169 Statista (2017). Prognose zum Volumen der jährlich generierten digitalen Datenmenge weltweit in den Jahren 2016 und 2025 (in Zettabyte). Abgerufen von https://de.statista.com/statistik/daten/studie/267974/umfrage/prognose-zum-weltweit-generierten-datenvolumen/

170 How much is 1 byte, kilobyte, megabyte, gigabyte, etc.? (2017, 29. Dezember). Abgerufen von https://www.computerhope.com/issues/chspace.htm http://dncapital.com/thoughts/beyond-big-data-to-data-driven-decisions/

171 Beyond »Big Data« to data driven decisions. (2015, 17. März). Abgerufen von http://dncapital.com/thoughts/beyond-big-data-to-data-driven-decisions/

172 Internet live stats (2017, Juli). Abgerufen von http://www.internetlivestats.com/one-second/#E-Mail-band http://www.internetlivestats.com/one-second/#E-Mail-band

173 The Zettabyte Era: Trends and Analysis. (2017, 7. Juni). Abgerufen von https://www.cisco.com/c/en/us/solutions/collateral/service-provider/visual-networking-index-vni/vni-hyperconnectivity-wp.html

174 Mayer-Schönberger, V. & Cukier, K. (2013). Big Data: Die Revolution, die unser Leben verändern wird. München: Redline Verlag, Kapitel 2–4

175 Mayer-Schönberger, V. & Cukier, K. (2013). Big Data: Die Revolution, die unser Leben verändern wird. München: Redline Verlag, S. 73 f.

176 Duhigg, C. (2012). The Power of Habit: Why We Do What We Do in Life and Business. New York: Random House Publishing Group

177 Hardy, Q. (2012, 28. März). Bizarre Insights From Big Data. Abgerufen von https://bits.blogs.nytimes.com/2012/03/28/bizarre-insights-from-big-data/

178 Herzenstein, M. (2016, 6. November). When Words Sweat: Identifying Signals for Loan Default in the Text of Loan Applications. Abgerufen von https://papers.ssrn.com/sol3/papers.cfm?abstract_id=2865327

179 Stephens-Davidowitz. (2017). Everybody lies: Big Data, New Data, and What the Internet Can Tell Us About Who We Really Are. New York: Harper-Collins Publishers, S. 258

180 Bostrom, N. (2003). Are you living in a computer simulation? Abgerufen von http://www.simulation-argument.com/simulation.html

181 Vanian, J. (2017, 1. März). Google Has Shipped Millions of Cardboard Virtual Reality Devices. Abgerufen von http://fortune.com/2017/03/01/google-cardboard-virtual-reality-shipments/

182 Lang, B. (2016, 16. Januar). The Oculus Rift is Now 4 Months Backordered. Abgerufen von http://www.roadtovr.com/oculus-rift-pre-order-backorder-july/

183 Helsel, S. (2016, 18. Dezember). IDC Projects AR/VR Headset Sales to Jump to 76 Million in 2020. Abgerufen von http://virtualrealitysummit.com/news/idc-projects-arvr-headset-sales-to-jump-to-76-millio-in-2020/41869/

184 Hierzu finden sich zahlreiche Artikel, u.a.: Rosenbaun, S. (25. April 2016). Piecing Together Apple's Real Virtual Reality Plans. Abgerufen von https://www.forbes.com/sites/stevenrosenbaum/2016/04/25/apples-secret-weapon-vr/#275e01152792

185 Funktionsweise VR Brille. (o.D.). Abgerufen von https://www.brillen-sehhilfen. de/vr-brillen/funktionsweise-vr-brille.php

186 Aukstakalnis, S. (2017). Practical Augmented Reality: A Guide to the Technologies, Applications, and Human Factors for AR and VR. Pearson Education

187 Murphy, K. (2015, 14. November). Feeling Woozy? It May Be Cyber Sickness. Abgerufen von https://well.blogs.nytimes.com/2015/11/14/feeling-woozy-it-may-be-cyber-sickness/

188 Grebey, J. (2016, 20. Dezember). 'Pokemon GO' Players Have Walked Enough Miles to Reach Pluto. Abgerufen von https://www.inverse.com/article/25517-pokemon-go-players-total-distance-walked-2016

189 (2017, 16. Februar). Pokémon Go: Update und 80 neue Mini-Monster im Anmarsch. Abgerufen von http://www.t-online.de/spiele/id_78416972/pokemon-go-update-und-80-neue-mini-monster-im-anmarsch.html

190 Google patentiert Kontaktlinsen mit Kameras. (o.D.) Abgerufen von https:// www.golem.de/news/nachfolger-von-google-glass-google-patentiert-kontaktlin-sen-mit-kameras-1404-105895.html

191 Kaden, J. (o.D.). Augmented Reality: So funktioniert es. Abgerufen von http://www.pc-magazin.de/ratgeber/augmented-reality-funktionswei-se-3196764-15362.html

192 Klotz, M. (2014, 11. Februar). Amazon Flow: Ist Amazons neue App der Anfang vom Ende des Einzelhandels? Abgerufen von http://t3n.de/news/ama-zon-flow-seitenhieb-gegen-528120/

193 Space Station 3-D Printer Builds Ratchet Wrench To Complete First Phase Of Operations. (2014, 22. Dezember). Abgerufen von https://nasa3d.arc.nasa.gov/ detail/wrench-mis

194 Kotack, M. (2016, 22. März). A little 3-D Printer on the ISS is a huge step for space exploration. Abgerufen von https://www.wired.com/2016/03/little-3-d-printer-iss-huge-step-space-exploration/

195 Stinson, E. (2013, 3. Juli). Is this 3-D printed cast the future of healing broken bones? Abgerufen von https://www.wired.com/2013/07/is-this-cast-the-future-of-healing-broken-bones/

196 Sharma, R. (2013, 8. Juli). The 3D Printing Revolution You Have Not Heard About. Abgerufen von https://www.forbes.com/sites/rakeshshar-ma/2013/07/08/the-3d-printing-revolution-you-have-not-heard-about/#7d95b3ad1a6b

197 Start-up druckt komplettes Haus mit 3D-Drucker. (2017, 7. März). Abgerufen von https://futurezone.at/thema/start-ups/start-up-druckt-komplettes-haus-mit-3d-drucker/250.493.678

198 Pryde, O. (2013, 29. Oktober). Wo die Bitcoin wirklich rollt. Abgerufen von https://www.vice.com/de_at/article/nnk8gb/wo-bitcoin-wirklich-rollt

199 Vigna, P. & Casey, M. (2016). The Age of Cryptocurrency: How Bitcoin and the Blockchain Are Challenging the Global Economic Order. New York: Picador, S. 122

200 Stand Anfang März 2018

201 Lange, K. (2017, 7. Dezember). Lohnt es sich, für 120 Millionen Dollar eine Mülldeponie umzugraben? Abgerufen von http://www.manager-magazin.de/finanzen/artikel/bitcoin-brite-james-howells-warf-bitcoin-festplatte-auf-den-muell-a-1182083.html

202 CB Insights. (2017, 21. November). What is blockchain technology? Abgerufen von https://www.cbinsights.com/research/what-is-blockchain-technology/

203 Dörner, A. & Kort, Katharina. (2017, 13. September). Bitcoins sind „schlimmer als die Tulpenzwiebeln". Abgerufen von http://www.handelsblatt.com/my/finanzen/maerkte/devisen-rohstoffe/jp-morgan-chef-kritisiert-kryptowaehrung-bitcoins-sind-schlimmer-als-die-tulpenzwiebeln/20321516.html?ticket=ST-4338698-g1714JfjpXTqgwLhCUOW-ap2

204 Bernegg, M. (2017, 28. September). Bitcoin doch kein Betrug? Morgan Stanley widerspricht Rivalen JP Morgan. Abgerufen von http://www.deraktionaer.de/aktie/bitcoin-doch-kein-betrug--morgan-stanley-widerspricht-rivalen-jp-morgan-338040.htm

205 Goldman-Sachs-Chef zeigt sich offen für Bitcoin. (2017, 4. Oktober). Abgerufen von http://www.handelsblatt.com/finanzen/maerkte/devisen-rohstoffe/kryptowaehrung-goldman-sachs-chef-zeigt-sich-offen-fuer-bitcoin/20409310.html

206 Australian Craig Wright claims to be Bitcoin creator. (2016, 2. Mai). Abgerufen von http://www.bbc.com/news/technology-36168863

207 Kaplan, J. (2016). Artificial Intelligence: What everyone needs to know. New York: Oxford University Press, S. 15, eigene Übersetzung aus dem Englischen

208 Karger, R. (2017, 20. Februar). Keine Angst vor Roboter-Reportern. Abgerufen von http://www.zeit.de/karriere/2017-02/kuenstliche-intelligenz-journalismus-roboter-digitalisierung/seite-3

209 Albert, A., Böhm, M., Gröhn, A., Gruber & A., Kremp, M. (2017, 4. Januar). Turing-Test, Chatbots, neuronale Netzwerke. Künstliche Intelligenz – endlich verständlich. Abgerufen von http://www.spiegel.de/netzwelt/gadgets/kuenstliche-intelligenz-turing-test-chatbots-neuronale-netzwerke-a-1126718.html#sponfakt=1

210 Kaplan, J. (2016). Artificial Intelligence: What everyone needs to know. New York: Oxford University Press

211 Albert, A., Böhm, M., Gröhn, A., Gruber & A., Kremp, M. (2017, 4. Januar). Turing-Test, Chatbots, neuronale Netzwerke. Künstliche Intelligenz – endlich verständlich. Abgerufen von http://www.spiegel.de/netzwelt/gadgets/kuenstliche-intelligenz-turing-test-chatbots-neuronale-netzwerke-a-1126718.html#sponfakt=5

212 Computer »Watson« schlägt Quiz-Champions. (2011, 17. Februar). Abgerufen von https://www.tagesspiegel.de/weltspiegel/jeopardy-computer-watson-schla-egt-quiz-champions/3854400.html

213 Go-Duell Mensch vs. Software: Spiel vier geht an den Go-Profi. (2016, 13. März). Abgerufen von http://www.spiegel.de/netzwelt/gadgets/alphago-gegen-lee-sedol-partie-vier-geht-an-den-go-profi-a-1082068.html

214 Kurzweil, R. (2014). Menschheit 2.0: Die Singularität naht. Berlin: Lola Books Verlag

215 Eberl, U. (2016). Smarte Maschinen: Wie künstliche Intelligenz unser Leben verändert. München: Carl Hanser Verlag

216 Ebd.

217 Thomsin, I. (2013, 4. September). Bionym bracelet promises to replace passwords with ECG biometrics. Abgerufen von https://www.theregister.co.uk/2013/09/04/bionym_bracelet_promises_to_replace_passwords_with_ecg_biometrics/

218 Spehr, M. (2016, 10. September). Der versteht es. Abgerufen von http://www.faz.net/aktuell/technik-motor/digital/spracherkennung-dragon-15-der-versteht-es-14420742.html

219 Albert, A., Böhm, M., Gröhn, A., Gruber & A., Kremp, M. (2017, 4. Januar). Turing-Test, Chatbots, neuronale Netzwerke: Künstliche Intelligenz – endlich verständlich. Abgerufen von http://www.spiegel.de/netzwelt/gadgets/kuenstliche-intelligenz-turing-test-chatbots-neuronale-netzwerke-a-1126718.html#sponfakt=7

220 46. Narrative Science A.I. software that turns data into narratives (2016, 1. März). Abgerufen von https://www.cnbc.com/2015/05/12/narrative-scien-ce-disruptor-50.html

221 Künstliche Intelligenz wird zum Wachstumsmotor für deutsche Industrie. (o.D.). Abgerufen von https://www.mckinsey.de/kuenstliche-intelligenz-wird-zum-wachstumsmotor-fuer-deutsche-industrie

222 Top500 List – June 2017. (2017, Juni). Abgerufen von https://www.top500.org/list/2017/06/?page=1

223 Eberl, U. (2016). Smarte Maschinen: Wie künstliche Intelligenz unser Leben verändert. München: Carl Hanser Verlag

224 Ebd.

225 Pollmann, M. (2014, 10. Januar). Neuromorphe Computersysteme. Abgerufen von http://www.weltderphysik.de/gebiet/technik/neuromorphe-computersysteme/

226 Kaplan, J. (2016). Artificial Intelligence: What everyone needs to know. New York: Oxford University Press

227 Ebd.

228 Ebd.

229 Horchert, J., Kremp, M. & Stocker, C. (2015, 14. Februar). Digitale Revolution: Fünf Technologien, die unseren Alltag verändern werden. Abgerufen von http://www.spiegel.de/netzwelt/gadgets/roboter-kuenstliche-intelligenz-uebersetzer-technik-der-zukunft-a-1017501.html

230 Humanoider Roboter Atlas macht Salto rückwärts. (2017, 17. November). Abgerufen von https://www.golem.de/news/boston-dynamics-humanoider-roboter-atlas-macht-salto-rueckwaerts-1711-131213.html

231 Eberl, U. (2016). Smarte Maschinen: Wie künstliche Intelligenz unser Leben verändert. München: Carl Hanser Verlag

232 Ebd.

233 Stephenson, K. (2017, 23. Februar). Video: The record breaking robot that teaches humans how to play table tennis. Abgerufen von http://www.guinnessworldrecords.com/news/2017/2/japan-tour-table-tennis-robot-earns-a-futuristic-record-title-463501

234 Eberl, U. (2016). Smarte Maschinen: Wie künstliche Intelligenz unser Leben verändert. München: Carl Hanser Verlag, S. 66 ff.

235 Federn statt Muskeln: Roboter »ATRIAS« geht wie ein Mensch (o.D.). Abgerufen von http://www.in.tum.de/forschung/forschungs-highlights/federn-statt-muskeln-roboter-atrias-geht-wie-ein-mensch/

236 Wax-Filled Nanotech Yarn Behaves Like Super-Strong Muscle. (2012, 15. November). Abgerufen von http://www.utdallas.edu/news/2012/11/15-20871_Wax-Filled-Nanotech-Yarn-Behaves-Like-Super-Strong_article-wide.html

237 Eberl, U. (2016). Smarte Maschinen: Wie künstliche Intelligenz unser Leben verändert. München: Carl Hanser Verlag

238 Wenn Roboter wie Kinder lernen. (2016, 4. Oktober). Abgerufen von https://www.welt.de/wirtschaft/webwelt/article160311341/Wenn-Roboter-wie-Kinder-lernen.html

239 Ebd.

240 Uncanny Valley. In Wikipedia. Abgerufen von https://de.wikipedia.org/wiki/Uncanny_Valley

241 Ring, C. (2017, 7. Juli). „Irgendwas stimmt nicht, irgendwas ist anders". Abgerufen von https://www.welt.de/wissenschaft/article166260065/Irgendwas-stimmt-nicht-irgendwas-ist-anders.html

242 Service-Roboter statt Pflegeheim. (2016, 25. April). Abgerufen von https://www.bmbf.de/de/service-roboter-statt-pflegeheim-2727.html

243 Umfrage: Die Mehrheit würde sich von einem Roboter operieren lassen. (2017, 11. April). Abgerufen von https://www.futurezone.de/science/article210234127/Umfrage-Die-Mehrheit-wuerde-sich-von-einem-Roboter-operieren-lassen.html

244 Umfrage zu Robotern: Je persönlicher es wird, desto stärker die Ablehnung (2017, 25. August). Abgerufen von https://industriemagazin.at/a/umfrage-zu-robotern-je-persoenlicher-es-wird-desto-staerker-die-ablehnung

245 Zehrt, W. (2014, 20. November). Künstliche Intelligenz – das digitale Dynamit? Abgerufen von http://www.huffingtonpost.de/wolfgang-zehrt/kunstliche-intelligenz---das-digitale-dynamit_b_5841068.html

246 Ebd.

247 McKinsey Global Institute. (May 2013). Disruptive technologies: Advances that will transform life, business, and the global economy. Abgerufen von https://www.mckinsey.com/~/media/McKinsey/Business%20Functions/McKinsey%20Digital/Our%20Insights/Disruptive%20technologies/MGI_Disruptive_technologies_Full_report_May2013.ashx

248 James Cameron produziert »Die phantastische Reise«. (2009, 11. Dezember). Abgerufen von https://www.kino.de/film/die-phantastische-reise-1965/news/james-cameron-produziert-die-phantastische-reise/

249 Honey, C. (2016, 14. Januar). Eine Amöbe hat kein Kugellager. Abgerufen von https://www.golem.de/news/nanobots-kleine-aerzte-die-man-schlucken-kann-1601-118515-2.html

250 Roboter im Blut. (2015, 22. Dezember). Abgerufen von http://www.tagesspiegel.de/wissen/medizinischer-fortschritt-roboter-im-blut/12751850.html

251 Legions of nanorobots target cancerous tumours with precision. (2016, 15. August). Abgerufen von http://www.polymtl.ca/salle-de-presse/en/newsreleases/legions-nanorobots-target-cancerous-tumours-precision

252 Roboter im Blut. (2015, 22. Dezember). Abgerufen von http://www.tagesspiegel.de/wissen/medizinischer-fortschritt-die-nanorobter-sind-winzige-medikamententransporter/12751850-2.html

253 Eberl, U. (2016). Smarte Maschinen: Wie künstliche Intelligenz unser Leben verändert. München: Carl Hanser Verlag

254 Ebd.

255 Neurotechnology Provides Near-Natural Sense of Touch. (2015, 9. November). Abgerufen von https://www.darpa.mil/news-events/2015-09-11

256 Eberl, U. (2016). Smarte Maschinen: Wie künstliche Intelligenz unser Leben verändert. München: Carl Hanser Verlag

257 Doudna, J. & Sternberg, S. (2017). A Crack in Creation: Gene Editing and the Unthinkable Power to Control Evolution. New York: Houghton Mifflin Harcourt Publishing Company

258 Kurzweil, R. (2014). Menschheit 2.0: Die Singularität naht. Berlin: Lola Books Verlag

259 Tirell, M. (2015, 10. Dezember). Unlocking my genome: Was it worth it? Abgerufen von https://www.cnbc.com/2015/12/10/unlocking-my-genome-was-it-worth-it.html

260 Bahnsen, U. (2012, 6. September). Encode Projekt. Der Schaltplan des Menschen. Abgerufen von http://www.zeit.de/2012/37/Encode-Projekt-Birney

261 Ebd.

262 Merlot, J. (2017, 2. August). Forscher befreien menschliche Embryonen von Erbkrankheit. Abgerufen von http://www.spiegel.de/wissenschaft/medizin/crispr-us-forscher-manipulieren-erbgut-menschlicher-embryonen-a-1160993.html

263 Stockrahm, S. (2017, 11. August). Schwein ist mein ganzes Herz. Abgerufen von http://www.zeit.de/wissen/gesundheit/2017-08/crispr-gentechnik-organspende-schweine-transplantation#crispr-infobox-themenseite-2-tab

264 Bearbeitung von Genen. Schreckensvision der Menschenzucht. (2015, 23. März). Abgerufen von http://www.sueddeutsche.de/wissen/genome-editing-sauberer-schnitt-in-die-menschliche-evolution-1.2402385-2

265 Belluck, P. (2017, 4. August). Gene Editing for 'Designer Babies'? Highly Unlikely, Scientists Say. Abgerufen von https://www.nytimes.com/2017/08/04/science/gene-editing-embryos-designer-babies.html

266 Malberger, L. (2017, 12. Juli). So lassen sich Videos in Bakterien speichern. Abgerufen von http://www.zeit.de/digital/internet/2017-07/crispr-daten-speichern-bakterien-dna

267 Stockrahm, S. (2013, 24. Januar). DNA-Speicherung: Das Erbgut wird zum Datenspeicher der Zukunft. Abgerufen von http://www.zeit.de/wissen/2013-01/DNA-Datenspeicher

268 Erlich, Y. & Zielinski, D. (2017, 3. März). DNA Fountain enables a robust and efficient storage architecture. Abgerufen von http://science.sciencemag.org/content/355/6328/950

269 Müller-Jung, J. (2017, 3. März). Durchbruch mit DNA-Speicher: Die Festplatte für die Ewigkeit. Abgerufen von http://www.faz.net/aktuell/wissen/physik-mehr/durchbruch-mit-dna-speicher-die-festplatte-fuer-die-ewigkeit-14907820.html

270 DNA als robuster Datenspeicher. (2017, 6. März). Abgerufen von http://www.scinexx.de/wissen-aktuell-21220-2017-03-06.html

271 Kelly, K. (2016). The Inevitable: Understanding the 12 Technological Forces That Will Shape Our Future. New York: Viking, Zusammenfassung der Hypothesen aus den 12 Kapiteln des Buches. Zitate übersetzt von den Seiten 11, 144, 210, 237

272 Lemm, K. (2016, 3. August). »Ein Superorganismus aus Menschen und Maschinen entsteht«. Abgerufen von https://www.wired.de/collection/tech/ein-superorganismus-entsteht-bestseller-autor-kevin-kelly-ueber-die-vernetzte

273 Wienands, H. (o.D.). Smart im Haushalt: Lebens- und Produktwelten wachsen zusammen. Abgerufen von http://www.faz.net/asv/smart-home-1/smart-im-haushalt-lebens-und-produktwelten-wachsen-zusammen-13182277.html

274 Aktuelle Studie 2016: Endkundenbefragung Smart Home. (o.D.). Abgerufen von http://www.smarthome-deutschland.de/aktuelles/studien/detail/aktuelle-studie-2016-endkundenbefragung-smart-home.html

275 Hauptfleisch, K. (o.D.). Internet der Dinge: Neue Technologien für Smart Home. Abgerufen von http://www.faz.net/asv/smart-home-1/internet-der-dinge-neue-technologien-fuer-smart-home-13182320.html

276 Quandt, R. (2012, 17. Dezember). Japanisches High-Tech-Klo lässt sich per Android-Smartphone fernbedienen. Abgerufen von https://www.mobilegeeks.de/japanisches-high-tech-klo-lasst-sich-per-android-smartphone-fernbedienen/

277 Borbe, A. (2013, 8. Juli). Egg Minder: Smarter Eierhalter hat die Frische immer im Blick. Abgerufen von http://www.pc-magazin.de/news/smarter-eierhalter-hat-die-frische-immer-im-blick-1522964.html

278 Goldman Sachs. (2014). The Internet of Things: Making sense of the next mega-trend. Abgerufen von http://www.goldmansachs.com/our-thinking/outlook/internet-of-things/iot-report.pdf

279 Beuth, P. (2017, 27. April). Amazons Schlafzimmerblick. Abgerufen von http://www.zeit.de/digital/datenschutz/2017-04/echo-look-amazon-kamera-schlafzimmer-style

280 Warren, C. (2017, 3. Juli). Amazon Agrees to Hand Over Data in Echo Murder Case. Abgerufen von https://gizmodo.com/amazon-agrees-to-hand-over-data-in-echo-murder-case-1793039360

281 Textor, M. (o.D.). Die Zukunft der Sexualität. Abgerufen von http://www.zukunftsentwicklungen.de/Sex.html

282 Wann haben die Deutschen das erste Mal Sex? (o.D.). Abgerufen von http://www.bild.de/ratgeber/evergreen/alltagsfrage/wann-haben-die-deutschen-das-erste-mal-sex-51605864.bild.html

283 Future of Sex. (2016). Future of sex report. Abgerufen von https://futureofsex.net/sex-tech/new-report-9-incredible-predictions-future-sex/

284 S. http://www.littleriot.com/pillow-talk/

285 Sexroboter – Schlafen wir bald mit Maschinen? (2017, 8. August). Abgerufen von http://www.spiegel.de/netzwelt/gadgets/sexroboter-im-tech-podcast-netzteil-schlafen-wir-bald-mit-maschinen-a-1161723.html

286 Future of Sex. (2016). Future of sex report. Abgerufen von https://futureofsex.net/sex-tech/new-report-9-incredible-predictions-future-sex/

287 »Meine Frau erträgt die Silikonpuppe widerwillig«. (2017, 9. Juli). Abgerufen von https://www.welt.de/vermischtes/article166463119/Meine-Frau-ertra-egt-die-Silikonpuppe-widerwillig.html

288 FRR. (2017, 5. July). FRR Report: Our Sexual Future with Robots. Abgerufen von https://responsiblerobotics.org/2017/07/05/frr-report-our-sexual-futu-re-with-robots

289 Erster Sex-Roboter der Welt soll Herzen der Männer erobern. (2010, 11. Januar). Abgerufen von http://www.krone.at/179818

290 Beschorner, T. (2017, 6. Juni). Dingsbums – Sex mit der Maschine. Abgerufen von http://www.zeit.de/wirtschaft/2017-06/sex-roboter-gummipuppe-messe

291 Menschen mit Robotern: Prognose für die Liebe der Zukunft. (2018, 20. Februar). Abgerufen von http://www.chip.de/news/Sex-mit-Robotern-Das-Liebes-Spiel-mit-der-Zukunft_105826163.html

292 dpa (2018, 28. Februar). Abgerufen von http://www.chip.de/news/Men-schen-mit-Robotern-Prognose-fuer-die-Liebe-der-Zukunft_105826163.html

293 Bodkin, H. (2016, 20. Dezember). Sex will be just for special occasions in the future as robots will satisfy everyday needs. Abgerufen von https://www.telegraph.co.uk/science/2016/12/19/rise-sex-robots-will-make-people-appreciate-real-thing/

294 Bellinger, I. & Göring, M. (2017, September). Die neuen Arzthelfer. National Geographic, S. 68

295 Ebd.

296 Lomas, N. (2017, 29. Juni). Accel leads $22.8M Series A in Swedish telehealth startup, KRY. Abgerufen von https://techcrunch.com/2017/06/29/accel-leads-22-8m-series-a-in-swedish-telehealth-startup-kry/

297 Schnell, C. (2018, 8. Januar). Allianz investiert in Telemedizin. Abgerufen von http://www.handelsblatt.com/finanzen/vorsorge/versicherung/beteiligung-alli-anz-investiert-in-telemedizin/20824734.html

298 Nützel, N. (2018, 9. Januar). Grundlegende Wende in der Telemedizin. Abgerufen von https://www.br.de/nachrichten/grundlegende-wende-in-der-telemedi-zin-100.html

299 Schröder, T. (2015, 27. März). Googles Armband soll den Krebs besiegen. Abgerufen von https://www.wired.de/collection/gadgets/google-patentiert-arm-band-zur-krebstherapie, S. 303 ff.

300 Studie: Jeder Dritte würde Gesundheitsdaten an Versicherer geben. (2015, 20. Januar). Abgerufen von https://www.heise.de/newsticker/meldung/Studie-Je-der-Dritte-wuerde-Gesundheitsdaten-an-Versicherer-geben-2522194.html;

301 Ernst & Young. (o.D.). Dying, surviving or Thriving. Abgerufen von http://www.ey.com/ch/de/industries/financial-services/insurance/ey-dying-surviving-or-thriving-ii

302 Schadwinkel, A. (2015, 20. April). Die 10 000 Fragezeichen. Abgerufen von http://www.zeit.de/wissen/gesundheit/2015-04/quantified-self-fitness-gesundheit-wissenschaft

303 Ebd.

304 Ebd.

305 Eberl, U. (2016). Smarte Maschinen: Wie künstliche Intelligenz unser Leben verändert. München: Carl Hanser Verlag

306 »Watson« wird zum Arzthelfer. (2016, 2. Juni). Abgerufen von http://www.wienerzeitung.at/themen_channel/wissen/technologie/822458_Watson-wird-zum-Arzthelfer.html

307 Telgheder, M. (2016, 5. April). Der Doktor und sein Computer. Abgerufen von http://www.handelsblatt.com/my/unternehmen/dienstleister/ibm-watson-der-doktor-und-sein-computer/13401672.html?ticket=ST-1152807-3dHMkKkFaxmnhd29Aqbx-ap1

308 Donath, A. (2016, 14. März). Google schließt schwerere Unfälle autonomer Autos nicht aus. Abgerufen von https://www.golem.de/news/chris-urmson-google-schliesst-schwerere-unfaelle-autonomer-autos-nicht-aus-1603-119723.html

309 Urmson, C. (2015, 11. Mai). The View from the Front Seat of the Google Self-Driving CarAbgerufen von https://medium.com/backchannel/the-view-from-the-front-seat-of-the-google-self-driving-car-46fc9f3e6088

310 Waymo. (2017). GoogleAutoWaymo disengage report 2016. Abgerufen von https://www.dmv.ca.gov/portal/wcm/connect/946b3502-c959-4e3b-b119-91319c27788f/GoogleAutoWaymo_disengage_report_2016.pdf?MOD=AJPERES

311 Reese, H. (2016, 20. Januar). Updated: Autonomous driving levels 0 to 5: Understanding the differences. Abgerufen von https://www.techrepublic.com/article/autonomous-driving-levels-0-to-5-understanding-the-differences/

312 Wie viele Fahrstunden braucht man für den Führerschein? (o.D.). Abgerufen von https://www.markt.de/ratgeber/fahrzeuge/Wie-viele-Fahrstunden-braucht-man-fuer-den-Fuehrerschein/

313 Was steckt hinter dem autonomen Fahren? (2015, 29. Dezember). Abgerufen von https://www.computerwoche.de/a/was-steckt-hinter-dem-autonomen-fahren,3221168

314 Greis, F. (2015, 25. August). Autonomes Fahren. Auf dem Highway ist das Lenkrad los. Abgerufen von https://www.golem.de/news/autonomes-fahren-auf-dem-highway-ist-das-lenkrad-los-1508-115367-2.html

315 Motor aus – mitten auf der Autobahn. (2015, 22. Juli). Abgerufen von http://www.sueddeutsche.de/auto/auto-aus-der-ferne-gehackt-der-fahrer-ist-machtlos-1.2577174-2

316 Ethik-Kommission zum automatisierten Fahren legt Bericht vor. (2017, 20. Juni). Abgerufen von https://www.bmvi.de/SharedDocs/DE/Pressemitteilungen/2017/084-dobrindt-bericht-der-ethik-kommission.html

317 Korosec, K. (2016, 7. Juni). Autonomous Car Sales Will Hit 21 Million by 2035, IHS Says. Abgerufen von http://fortune.com/2016/06/07/autonomous-car-sales-ihs/

318 Boudette, N. (2017, 15. Februar). U.S. Traffic Deaths Rise for a Second Straight Year. Abgerufen von https://www.nytimes.com/2017/02/15/business/highway-traffic-safety.html

319 Bertoncello, M. & Wee, D. (2015, Juni). Ten ways autonomous driving could redefine the automotive world. Abgerufen von http://www.mckinsey.com/industries/automotive-and-assembly/our-insights/ten-ways-autonomous-driving-could-redefine-the-automotive-world

320 Einige Idee angelehnt an: Keese, C. (2014). Silicon Valley: Was aus dem mächtigsten Tal der Welt auf uns zukommt. München: Albrecht Knaus Verlag

321 Kagermann, H. u.a. (2011, 1. April). Industrie 4.0: Mit dem Internet der Dinge auf dem Weg zur 4. industriellen Revolution. Abgerufen von https://www.ingenieur.de/technik/fachbereiche/produktion/industrie-40-mit-internet-dinge-weg-4-industriellen-revolution/

322 Böhme, T. (2014, 22. August). Industrie 4.0: Zwei Beispiele für die Fabrik der Zukunft. Abgerufen von https://news.sap.com/germany/industrie-4-0-zwei-beispiele-fur-die-fabrik-der-zukunft/

323 IT-Unternehmen bauen Angebote für die Industrie 4.0 aus. (2017, 20. März). Abgerufen von https://www.bitkom.org/Presse/Presseinformation/IT-Unternehmen-bauen-Angebote-fuer-die-Industrie-40-aus.html

324 Drescher, R. (2015, 2. November). Deutschland ist bei der Industrie 4.0 auf dem Holzweg. Abgerufen von https://www.welt.de/wirtschaft/article148316428/Deutschland-ist-bei-der-Industrie-4-0-auf-dem-Holzweg.html

325 Eckert, D. (2016, 27. August). Roboter werden Millionen Jobs vernichten. Abgerufen von https://www.welt.de/wirtschaft/article157872907/Roboter-werden-Millionen-Jobs-vernichten.html

326 Spät, P. (2015, 9. Februar). Adieu, Jobs! Willkommen, Maschine! Abgerufen von http://www.zeit.de/karriere/2015-01/kapitalismus-arbeitsplaetze-digitalisierung-maschinen

327 »Uns steht eine Katastrophe bevor«. (1978, 17. April). Abgerufen von http://www.spiegel.de/spiegel/print/d-40615677.html

328 Hagelüken, A. (2016, 18. Dezember). Der Mensch schafft sich ab. Abgerufen von http://www.sueddeutsche.de/wirtschaft/zukunft-der-arbeit-der-mensch-schafft-sich-ab-1.3297804

329 Eberl, U. (2016). Smarte Maschinen: Wie künstliche Intelligenz unser Leben verändert. München: Carl Hanser Verlag

330 Ford, M. (2016). Aufstieg der Roboter: Wie unsere Arbeitswelt gerade auf den Kopf gestellt wird – und wie wir darauf reagieren müssen. Kulmbach: Plassen Verlag

331 O' Callaghan, J. (2015, 26. Mai). Meet the robot BUILDER: Fully automated bricklaying machine can create an entire house in just two days. Abgerufen von http://www.dailymail.co.uk/sciencetech/article-3140546/Meet-robot-BUILDER-Fully-automated-bricklaying-machine-create-entire-house-just-two-days.html

332 Eberl, U. (2016). Smarte Maschinen: Wie künstliche Intelligenz unser Leben verändert. München: Carl Hanser Verlag

333 Oremus, W. (2014, 17. März). The First News Report on the L.A. Earthquake Was Written by a Robot. Abgerufen von http://www.slate.com/blogs/future_tense/2014/03/17/quakebot_los_angeles_times_robot_journalist_writes_article_on_la_earthquake.html

334 Merchant, B. (2015, 5. Februar). The Poem That Passed the Turing Test. Abgerufen von https://motherboard.vice.com/en_us/article/vvbxxd/the-poem-that-passed-the-turing-test

335 Gershgorn, D. (2016, 15. Dezember). You probably can't tell the difference between Bach and music written by AI in his style. Abgerufen von https://qz.com/864199/you-probably-cant-tell-the-difference-between-bach-and-music-written-by-ai-in-his-style/

336 Ein spannende Übersicht darüber, über welche beeindruckenden Fähigkeiten künstliche Intelligenz mittlerweile verfügt, findet in einem Artikel des Business Insider unter dem Link http://www.businessinsider.de/artificial-intelligence-ai-most-impressive-achievements-2017-3?op=1

337 Frey, C. & Osborne, M. (2013, 17. September). The future of employment. Abgerufen von https://www.oxfordmartin.ox.ac.uk/downloads/academic/The_Future_of_Employment.pdf

338 Heinen, N., Heuer, A. & Schautschick P. (2017). Künstliche Intelligenz und der Faktor Arbeit. Sonderdruck aus: Wirtschaftsdienst, 97. Jg. H.10, S. 714-720

339 Ebd.

340 Siems, D. (2016, 18. Mai). Diese Arbeitnehmer haben künftig noch gute Chancen. Abgerufen von https://www.welt.de/wirtschaft/article155468431/Diese-Arbeitnehmer-haben-kuenftig-noch-gute-Chancen.html

341 The Boston Consulting Group. (2015, September). Man and Machine in Industry 4.0. Abgerufen von http://englishbulletin.adapt.it/wp-content/uploads/2015/10/BCG_Man_and_Machine_in_Industry_4_0_Sep_2015_tcm80-197250.pdf

342 Susskind, R. & Susskind, P. (2015). The Future of the Professions: How Technology Will Transform the Work of Human Experts. New York: Oxford University Press

343 Brynjolffson, E. & McAfee, A. (2014). The Second Machine Age: Wie die nächste digitale Revolution unser aller Leben verändern wird. Kulmbach: Plassen Verlag

344 Global Wealth Report 2017: Wo stehen wir zehn Jahre nach der Krise? (2017, 14. November). Abgerufen von https://www.credit-suisse.com/corporate/de/articles/news-and-expertise/global-wealth-report-2017-201711.html

345 Inspiration für dieses Gedankenexperiment war ein ähnliches, deutlich ausführlicheres Szenario aus: Ford, M. (2016). Aufstieg der Roboter: Wie unsere Arbeitswelt gerade auf den Kopf gestellt wird – und wie wir darauf reagieren müssen. Kulmbach: Plassen Verlag.

346 Digitale Identität. Revolution für das Selbst? (o.D). Abgerufen von https://www.goethe.de/de/kul/med/20640532.html

347 Ebd.

348 Schmidt, E. & Cohen, J. (2013). Die Vernetzung der Welt: Ein Blick in unsere Zukunft. Lübeck: Rowohlt Verlag

349 Ebd.

350 Quenqua, D. (2015, 19. Januar). Facebook Knows You Better Than Anyone Else. Abgerufen von https://www.nytimes.com/2015/01/20/science/facebook-knows-you-better-than-anyone-else.html

351 Al-Ani, A. (2014, 13. Oktober). Der Algorithmus bestimmt die Karriere. Abgerufen von http://www.zeit.de/karriere/beruf/2014-09/datenschutz-zukunft-arbeitnehmer

352 Kelly, K. (2016). The Inevitable: Understanding the 12 Technological Forces That Will Shape Our Future. New York: Viking. S. 49

353 Harari, Y. (2017). Homo Deus: Eine Geschichte von Morgen. München: C. H. Beck, S. 9, die nachfolgenden Zitate finden sich auf den Seiten 34, 64, 273

354 Ebd.

355 Kurzweil, R. & Grossmann, T. (2005). Fantastic Voyage: Live Long Enough to Live Forever. New York: Rodale

356 Schneider, K. (2017, 6. Mai). Der Tod ist nur ein Problem: Mit diesen irren Taktiken will die Silicon-Valley-Elite unsterblich werden. Abgerufen von http://www.huffingtonpost.de/2017/05/06/silicon-valley-unsterblichkeit-taktik_n_16451270.html

357 Calico Landing Page. (2017). Abgerufen von http://www.calicolabs.com

358 Armbruster, A. (2017, 30. November). »Hier geht es um die Interessen der gesamten Menschheit«. Abgerufen von http://www.faz.net/aktuell/wirtschaft/gentechnik-hier-geht-es-um-die-interessen-der-gesamten-menschheit-15223898.html

359 Schneider, K. (2017, 6. Mai). Der Tod ist nur ein Problem: Mit diesen irren Taktiken will die Silicon-Valley-Elite unsterblich werden. http://www.huffingtonpost.de/2017/05/06/silicon-valley-unsterblichkeit-taktik_n_16451270.html

360 »Slaughterbot« Autonomous Killer Drones | Technology. (2017). Abgerufen von https://www.YouTube.com/watch?v=oSyGbDDG2c4

361 Department of Defense Announces Successful Micro-Drone Demonstration. (2017, 9. Januar). Abgerufen von https://www.defense.gov/News/News-Releases/News-Release-View/Article/1044811/department-of-defense-announces-successful-micro-drone-demonstration/

362 Freidel, M. (2017, 18. September). Wenn Maschinen Krieg führen. Abgerufen von http://www.faz.net/aktuell/politik/inland/autonome-waffen-wenn-maschinen-krieg-fuehren-15202125-p4.html

363 Ebd.

364 Gibbs, S. (2014, 27. Oktober). Elon Musk: artificial intelligence is our biggest existential threat. Abgerufen von https://www.theguardian.com/technology/2014/oct/27/elon-musk-artificial-intelligence-ai-biggest-existential-threat

365 Bostrom, N. (2014). Superintelligence: Paths, Dangers, Strategies. Oxford: Oxford Universitiy Press, S. 259, eigene Übersetzung

366 Eberl, U. (2016). Smarte Maschinen: Wie künstliche Intelligenz unser Leben verändert. München: Carl Hanser Verlag, S. 361

367 Kaplan, J. (2016). Artificial Intelligence: What everyone needs to know. New York: Oxford University Press, S. 141

368 Garling, C. (2015, Mai). Andrew Ng: Why >Deep Learning< Is a Mandate for Humans, Not Just Machines. Abgerufen von https://www.wired.com/brandlab/2015/05/andrew-ng-deep-learning-mandate-humans-not-just-machines/

369 Kurzweil, R. (2014). Menschheit 2.0: Die Singularität naht. Berlin: Lola Books Verlag

370 Ebd.

371 Graue Schmiere. In Wikipedia. Abgerufen von https://de.wikipedia.org/wiki/Graue_Schmiere

372 Oxford Internet Institute Landing Page. (2018). Abgerufen von https://www.oii.ox.ac.uk/research/digital-ethics-lab/

373 Bruttonationalglück. In *Wikipedia*. Abgerufen von https://de.wikipedia.org/wiki/Bruttonationalgl%C3%BCck

374 Genuine Progress Indicator. In *Wikipedia*. Abgerufen von https://en.wikipedia.org/wiki/Genuine_progress_indicator

375 Leonhard, G. (2017). Technology vs. Humanity: Unsere Zukunft zwischen Mensch und Maschine. München: Verlag Franz Vahlen

376 Ebd.

377 Vereinte digitale Nationen. (2017, 27. Mai). Abgerufen von http://www.zeit. de/2017/22/menschenrechte-schutz-der-privatheit-digitalcharta/seite-2

378 Teilweise gekürzt und paraphrasiert wiedergegeben aus:

379 Leonhard, G. (2017). Technology vs. Humanity: Unsere Zukunft zwischen Mensch und Maschine. München: Verlag Franz Vahlen

380 Maas, H. (2015, 10. Dezember). Unsere digitalen Grundrechte. Abgerufen von http://www.zeit.de/2015/50/internet-charta-grundrechte-datensicherheit

381 Digitalcharta EU Landing Page. (2018). Abgerufen von https://digitalcharta.eu/

382 World Health Organization. (o.D.). Wingspread Statement on the Precautionary Principle. Abgerufen von www.who.int/ifcs/documents/forums/forum5/wing-spread.doc

383 Hagelüken, A. (o.D.). Deutschland braucht dringend ein neues Bildungssystem. Abgerufen von http://www.sueddeutsche.de/bildung/digitalisierung-deutsch-land-braucht-dringend-ein-neues-bildungssystem-1.3804449

384 Kelly, K. (2012, Dezember). Better than Human: Why Robots Will – and Must – Take Our Jobs. Abgerufen von https://www.wired.com/2012/12/ff-robots-will-take-our-jobs/

385 Löhr, J. (2018, 2. Februar). Digitalisierung zerstört 3,4 Millionen Stellen. Abgerufen von http://www.faz.net/aktuell/wirtschaft/diginomics/digitalisie-rung-wird-jeden-zehnten-die-arbeit-kosten-15428341.html

386 Djeffal, C. (2017, 18. September). Deutschland braucht nicht ein Digitalminis-terium, sondern viele! Abgerufen von http://www.sueddeutsche.de/digital/digitalisierung-deutschland-braucht-nicht-ein-digitalministerium-sondern-vie-le-1.3669617

387 Brynjolffson, E. & McAfee, A. (2014). The Second Machine Age: Wie die nächs-te digitale Revolution unser aller Leben verändern wird. Kulmbach: Plassen Ver-lag, S. 196

388 Dahlmann, D. (2016, 4. Januar). Uber-Konkurrent Lyft bekommt 500 Millionen Dollar von General Motors. Abgerufen von https://www.gruenderszene.de/all-gemein/lyft-500-millionen-gm

389 Marsiske, H. (2012, 12. Oktober). Startschuss zum nächsten großen Roboter-wettbewerb steht bevor. Abgerufen von https://www.heise.de/newsticker/meldung/Startschuss-zum-naechsten-grossen-Roboterwettbewerb-steht-be-vor-1728504.html

390 Studie: Deutschland hinkt beim Glasfaser-Ausbau im OECD-Vergleich hinterher. (2017, 10. Mai). Abgerufen von https://www.welt.de/newsticker/news1/artic-le164432398/Studie-Deutschland-hinkt-beim-Glasfaser-Ausbau-im-OECD-Ver-gleich-hinterher.html

391 Keese, C. (2016). Silicon Germany: Wie wir die digitale Transformation schaffen. München: Knaus Verlag

392 S. auch: Ford, M. (2016). Aufstieg der Roboter: Wie unsere Arbeitswelt gerade auf den Kopf gestellt wird – und wie wir darauf reagieren müssen. Kulmbach: Plassen Verlag

393 Bill Gates fordert Roboter-Steuer. (2017, 19. Februar). Abgerufen von http:// www.faz.net/aktuell/wirtschaft/netzwirtschaft/automatisierung-bill-gates-fordert-roboter-steuer-14885514.html

394 Wilkens, A. (2017, 27. Februar). Weltroboterverband IFR: Bill Gates hat mit Robotersteuer Unrecht. Abgerufen von https://www.heise.de/newsticker/ meldung/Weltroboterverband-IFR-Bill-Gates-hat-mit-Robotersteuer-Unrecht-3635466.html

395 Ford, M. (2016). Aufstieg der Roboter: Wie unsere Arbeitswelt gerade auf den Kopf gestellt wird – und wie wir darauf reagieren müssen. Kulmbach: Plassen Verlag

396 Brynjolffson, E. & McAfee, A. (2014). The Second Machine Age: Wie die nächste digitale Revolution unser aller Leben verändern wird. Kulmbach: Plassen Verlag

Stichwortverzeichnis

3-D 188f., 197, 205-211, 244, 269, 273, 275f., 279f., 291ff., 307

A

analoge Technik 24, 43f., 108, 338

App 36, 39, 83, 85, 105-108, 110, 113, 116, 176, 188, 191, 196, 201-206, 216, 241, 267ff., 272, 275, 281, 283f., 297, 303, 305, 315, 331

Arbeitsspeicher (RAM) 27f., 30-33, 36, 60, 180

Augmented Reality (AR) 111, 188, 198-205, 259, 272, 279, 297, 331

Autonomes Fahren / Autonome Fahrzeuge 15, 224, 229, 272, 287-298, 343

B

Berners-Lee, Tim 50f.

Betriebssystem 35ff., 39, 154, 157, 241

Big Data 110, 177, 180-186, 226, 230, 249, 251, 265, 279, 285f., 339

Bildschirm 21, 27f., 34, 57, 58, 60, 67, 189ff., 196, 200f., 203, 205, 248, 258f., 269, 272, 280, 297, 303

Biotechnologie 248-255

Bit 22-25, 31, 44f., 51f., 54f., 210

Bitcoin 157, 170f., 211-221

Blockchain 211, 213-220, 279

Bluetooth 48, 267

Byte 22-25, 31f., 51f., 54f., 63, 210

C

Cloud 22, 60-64, 115, 177, 220, 222, 226, 241, 258f., 263, 266, 270, 286, 307

Computerchip 29f., 66, 72, 176-179, 188, 232f., 248, 262, 268f.

Computerviren 137, 146, 153-157

CSS 40f., 57ff.

Cyborgs 18, 179, 321f., 333, 337

D

Darknet 137, 166-172

Datenüberwachung 103, 159-165, 169

Design Thinking 82-87

DSL 44f.

E

Eberl, Ulrich 239, 326

E-Commerce 102, 111, 113, 126, 170, 305

E-Mail 9, 53, 60, 81, 86f., 102ff., 132-135, 153-156, 158, 160f., 164, 166, 167, 169, 172, 181, 206, 212, 220, 332

Ethernet 43, 46, 55

F

Fake News 137, 146-150, 152

Fernseher 46, 67, 109, 176, 197, 303, 330

Fernsehkabel 43ff.

Festplatte 27, 30, 32f., 36, 46, 62, 215, 254-256

G

Gaming 48, 111, 194, 197

Gates, Bill 19, 325, 345

Gehirnscan 16, 18, 66, 235

Genetik 10, 17, 253, 255

Glasfaser 44f., 160, 162, 343f.

GPS 49, 165, 201, 203, 283, 289-292

H

Harari, Yuval Noah 317-323

Hardware 21f., 25-35, 38, 46, 72, 91, 115, 154, 180, 191, 199, 205, 211, 223, 232f., 256

Homo Deus 265, 317-323

HTML 40f., 56-59, 123

I

Identität 183, 193, 212, 265, 312-317, 338

Industrie 4.0 298-302, 307

Internet of Things (IoT) 66, 110, 175-181, 256, 279, 300, 331

IP-Adresse 51-55, 58, 168

ISDN 43f.

J

Jacquard-Webstuhl 25

K

Kaplan, Jerry 223, 326

Kasparow, Garri 223, 310

Kelly, Kevin 256-264, 317, 341

künstliche Intelligenz (KI) 10f., 17, 19, 66, 69, 110, 137, 175, 221ff., 226-236, 254, 257f., 261, 263, 265, 277, 279, 285, 293f., 303, 305, 307, 316f., 324f., 329-332, 339f.

Kurzweil, Ray 10, 18ff., 179, 225, 319, 322, 326

L

Lean-Start-up 85-88

M

Machine Learning 225f., 230, 267, 278, 326

Marketing 92, 94, 118f., 124, 127-131, 134f., 142, 178, 183, 307

Messenger 103ff., 116, 138

Millennials 137-143

Mobilfunk 43, 47, 67, 177, 344

Moore's Law 30, 66, 232

Moravecs Paradox 237f.

Motherboard 27, 34

Musk, Elon 10, 15, 325, 346

Minimal Viable Product (MVP) 82, 85-88

N

Nanobots 16f., 179, 244ff., 279f., 284, 322, 327f.

Nanotechnologie 10, 17, 175, 179, 244-248, 254, 279, 326f.

P

Privatsphäre 63, 103, 161, 163, 165f., 198, 204, 212f., 313, 315, 331

Prozessor (CPU) 27-31, 34f., 38, 180, 201, 218, 226

R

RFID 48f., 177, 300

Roboter 15, 66, 175, 229, 231, 236-245, 258, 271ff., 277-280, 292, 297, 300, 302-305, 310, 312, 323ff., 334, 341, 344ff.

Robotik 17, 66, 223, 231, 236-243, 254, 278, 303, 330ff., 336, 339

Router 55f.,162

S

Search Engine Advertising (SEA) 119, 124f.

Search Engine Optimization (SEO) 119-124, 127

Selfie 142, 266, 305, 313

Server 46, 52ff., 56, 58-64, 103, 126, 160ff., 165, 167, 212, 222, 260, 270, 313, 315

Silicon Valley 12, 29, 64, 69-77, 79, 89, 91, 108, 112, 298, 303, 319f., 333, 335f., 346

Sinek, Simon 138, 140

Smart Factory 299ff.

Smart Health 178, 279, 331

Smart Home 177, 265-270

Smartphone 9, 12, 43, 67, 101, 112, 123, 138ff., 143, 164f., 191, 196, 205f., 222, 231, 241, 263, 267ff., 272, 273, 275, 281ff., 285, 303, 315, 347

Snowden, Edward 104f., 159-164

Social Media 103-107, 119, 127-130, 142

Software 34-39, 42f., 51, 60, 62, 64, 66, 72, 85, 113-116, 130, 133-136, 153, 155-159, 168, 170f., 177, 178, 181, 190, 199, 201f., 204, 206, 207, 210, 213f., 216, 222-226, 228-231, 233, 241, 248ff., 256, 259f., 262, 270, 279f., 284, 287-294, 299-305, 309, 315, 320, 323, 338

Start-up 12, 13, 60, 71, 73, 75, 79-83, 87, 89-97, 99, 107, 179, 188, 193f., 202, 209, 281, 285, 320, 342f.

Streaming / Stream 62, 67, 109f., 114f., 135, 139, 188, 258, 261, 297

Superintelligenz 231, 233, 264, 325, 326

T

Technologische Singularität 16-19, 326, 348

Troll 150-153

U

URL 52, 56, 58, 122f.

V

Venture Capital 73, 89, 92, 94-99

Virtual Reality (VR) 87, 111, 187-199, 256, 262, 265, 276, 279, 297, 331

Wearables 178, 262f., 279, 283, 285, 331

W

WLAN (Wireless LAN) 21, 43, 46f., 177, 201, 267, 297